Max-Planck-Institut für ausländisches öffentliches Recht und Völkerrecht

Beiträge zum ausländischen
öffentlichen Recht und Völkerrecht

Begründet von Viktor Bruns

Herausgegeben von
Armin von Bogdandy · Rüdiger Wolfrum

Band 183

Uwe Säuberlich

Die außervertragliche Haftung im Gemeinschaftsrecht

Eine Untersuchung der Mehrpersonenverhältnisse

Liability in European Community Law.
A Study of the Cases Involving Damage Caused by Several Parties

(English Summary)

Springer
the language of science

ISSN 0172-4770
ISBN 3-540-30520-3 Springer Berlin · Heidelberg · New York

Bibliografische Information Der Deutschen Bibliothek

Die Deutsche Bibliothek verzeichnet diese Publikation in der Deutschen Nationalbibliografie; detaillierte bibliografische Daten sind im Internet über <http://dnb.ddb.de> abrufbar.

Printed in Germany

Satz: Reproduktionsfertige Vorlagen vom Autor
Druck- und Bindearbeiten: Strauss Offsetdruck, Mörlenbach
SPIN: 11590651 64/3153 – 5 4 3 2 1 0 – Gedruckt auf säurefreiem Papier

Vorwort

Der tragende Grund einer jeden Haftung ist die Zurechnung. Sie bedeutet die Verantwortung für einen Schaden. Dies gilt auch bei der Haftung von Hoheitsträgern nach dem Gemeinschaftsrecht. Wer aber trägt die Verantwortung für Schäden in Gemengelagen des Handelns verschiedener Hoheitsträger, die unter verschiedenen Rechtsordnungen handeln?

Für die Beantwortung dieser Frage ist eine Aufteilung der Verantwortungssphären der beteiligten Rechtsträger notwendig. Eine solche Aufteilung ist jedoch insbesondere deshalb schwierig, weil der Ersatz von Schäden durch unterschiedlichste Rechtsbehelfe sowohl vor nationalen Gerichten als auch vor Gemeinschaftsgerichten geltend gemacht werden kann. Die nationalen Rechtsordnungen sind zwar ebenso wie die Gemeinschaftsrechtsordnung auf den Grundsatz des effektiven Rechtsschutzes verpflichtet, eine Abstimmung der Rechtsordnungen zur Gewährung eines hinreichenden Niveaus effektiven Rechtsschutzes ist aber nicht vorgesehen. Im gemeinschaftsrechtlichen Haftungsrecht manifestiert sich diese Problematik daran, dass der Europäische Gerichtshof den gemeinschaftsrechtlichen Staatshaftungsanspruch lediglich als Rumpftatbestand konzipiert hat, der von den Mitgliedstaaten auszugestalten ist. Gesteigert wird die Komplexität der damit zusammenhängenden Problemstellung, wenn weitere Akteure hinzutreten, etwa internationale Organisationen oder Drittstaaten.

Diese Untersuchung hat sich zum Ziel gesetzt, die Konzeption eines rechtsordnungsübergreifenden Rechtsschutzstandards für das gemeinschaftsrechtliche Haftungsrecht zu entwickeln.

Die Arbeit ist während meiner Tätigkeit als Wissenschaftlicher Mitarbeiter am Lehrstuhl für Öffentliches Recht, Europa- und Völkerrecht an der Johann-Wolfgang-Goethe-Universität in Frankfurt entstanden und lag im Wintersemester 2004/2005 dem rechtswissenschaftlichen Fachbereich der Johann-Wolfgang-Goethe Universität in Frankfurt, Main als Doktorarbeit vor. Die Literatur ist bis Ende 2004 berücksichtigt.

Den Anstoß zu dieser Arbeit gab mir mein Doktorvater Herr Prof. Armin von Bogdandy, der meinen Umgang mit dem Europarecht und nicht nur dieser Rechtsmaterie nachhaltig geprägt hat. Ihm bin ich ebenso zu Dank verpflichtet wie meinen Kollegen am Fachbereich für die wertvollen Diskussionen und zahllosen Anregungen. Herrn Prof. Manfred Zuleeg danke ich für die Erstellung des Zweitgutachtens.

Danken möchte ich aber auch Frau Isa Weyknecht-Diehl für die Durchsicht des Manuskripts sowie Herrn Eric Pickett für die Überarbeitung der englischen Zusammenfassung.

Den Direktoren des Max-Planck-Institutes für ausländisches öffentliches Recht und Völkerrecht, Prof. Armin von Bogdandy und Prof. Rüdiger Wolfrum danke ich für die freundliche Aufnahme der vorliegenden Arbeit in die Schriftenreihe „Beiträge zum ausländischen öffentlichen Recht und Völkerrecht".

Mein besonderer Dank richtet sich nicht zuletzt an meine Familie, die mich auf dem langen Bildungsweg bis zum Abschluss der Promotion stets uneingeschränkt unterstützt hat. Dies gilt insbesondere für meinen Vater, der mir in jeder Phase der Dissertation eine unersetzliche Hilfe war, und für meine Frau Lilja, die mir stets mit Liebe und Geduld beiseite gestanden hat.

Frankfurt, im Januar 2005 Uwe Säuberlich

Inhaltsverzeichnis

Abkürzungsverzeichnis

a.A.	anderer Ansicht
ABl.	Amtsblatt der Europäischen Gemeinschaften
Abs.	Absatz
AöR	Archiv des öffentlichen Rechts (Zeitschrift)
Art.	Artikel
Aufl.	Auflage
BB	Der Betriebsberater (Zeitschrift)
Bd.	Band
BVerfGE	Sammlung der Entscheidungen des Bundesverfassungsgerichts
CDE	Cahier de droit européen (Zeitschrift)
CML Rev.	Common Market Law Review (Zeitschrift)
ders.	derselbe
dies.	dieselben
DÖV	Die Öffentliche Verwaltung (Zeitschrift)
DV	Die Verwaltung (Zeitschrift)
DVBl.	Deutsches Verwaltungsblatt (Zeitschrift)
EAG	Europäische Atomgemeinschaft
EAGV	Vertrag zur Gründung der Europäischen Atomgemeinschaft
ebd.	ebenda
EG	Vertrag über die Gründung der Europäischen Gemeinschaft
EGKS	Europäische Gemeinschaft für Kohle und Stahl (=Montanunion)
EGKSV	Vertrag zur Gründung der Europäischen Gemeinschaft für Kohle und Stahl
EJIL	European Journal of International Law (Zeitschrift)
ELJ	European Law Journal (Zeitschrift)
ELR	European Law Review (Zeitschrift)

EPL	European Public Law (Zeitschrift)
EU	Europäische Union
EuG	Europäisches Gericht erster Instanz
EuGH	Gerichtshof der Europäischen Gemeinschaften
EuGRZ	Europäische Grundrechte-Zeitschrift (Zeitschrift)
EuR	Europarecht (Zeitschrift)
EUV	Vertrag über die Europäische Union
EuZW	Europäische Zeitschrift für Wirtschaftsrecht (Zeitschrift)
EWG	Europäische Wirtschaftsgemeinschaft
EWS	Europäisches Wirtschafts- und Steuerrecht (Zeitschrift)
f.	folgende
ff.	fortfolgende
Fn.	Fußnote
FS	Festschrift, Festgabe
GA	Generalanwalt
Hg.	Herausgeber
i.V.m.	In Verbindung mit
JuS	Juristische Schulung (Zeitschrift)
JZ	Juristische Zeitschrift (Zeitschrift)
KJ	Kritische Justiz (Zeitschrift)
NJW	Neue Juristische Wochenschrift (Zeitschrift)
No.	Number
Nr.	Nummer
NVwZ	Neue Zeitschrift für Verwaltungsrecht (Zeitschrift)
RabelsZ	Rabels Zeitschrift für ausländisches und internationales Privatrecht (Zeitschrift)
RIW	Recht der internationalen Wirtschaft (Zeitschrift)
Rn.	Randnummer
Rs.	Rechtssache
RTDE	Revue trimestrielle du droit européen
s.	siehe
S.	Seite
Slg.	Sammlung
u.	unten

u.a.	und andere
VerfO	Verfahrensordnung
vgl.	vergleiche
VO	Verordnung
VVDStRL	Veröffentlichungen der deutschen Staatsrechtslehrer
WUW	Wirtschaft und Wettbewerb (Zeitschrift)
ZaöRV	Zeitschrift für ausländisches öffentliches Recht und Völkerrecht (Zeitschrift)
z.B.	zum Beispiel
ZEuS	Zeitschrift für europarechtliche Studien (Zeitschrift)
ZHR	Zeitschrift für das gesamte Handelsrecht und Wirtschaftsrecht (Zeitschrift)
z.T.	zum Teil

Einleitung

Das Recht der außervertraglichen Haftung nach dem Gemeinschaftsrecht beschäftigt die Wissenschaft seit der Errichtung der Europäischen Wirtschaftsgemeinschaft; jedoch findet der Bereich nur periodisch verstärkte Beachtung. Eine solche verstärkte Auseinandersetzung mit der Materie erfolgte in ihrer Frühphase, als es darum ging die grundsätzlichen Weichen zu stellen, insbesondere durch Ermittlung der in Art. 288 Abs. 2 EG erwähnten allgemeinen Rechtsgrundsätze den Tatbestand der außervertraglichen Haftung der Europäischen Gemeinschaft auszuformen[1]. Einen zweiten Höhepunkt der Beachtung fand das Recht der außervertraglichen Haftung mit der Einführung eines Haftungsanspruches gegen die Mitgliedstaaten durch den EuGH[2]. Diese Rechtsprechung provozierte nicht nur eine wahre Flut von Veröffentlichungen zu dem neuen Staatshaftungsanspruch[3]. Sie führte darüber hinaus zu einem erneuten Interesse an der Haftung der Union nach Art. 288 Abs. 2 EG[4]. Diesen Werken liegt jedoch zumeist eine sehr generelle Herangehensweise zu Grunde, die auf die Untersuchung des Anspruchstatbestandes in seiner Gesamtheit gerichtet ist. Selten wurden spezielle Haftungskonstellationen näher untersucht[5].

Seit Erlass des Urteils in der Rechtssache Francovich sind nunmehr über zehn Jahre vergangen. Die Befassung mit dem außervertraglichen Haftungsrecht in der Europäischen Union hat mit steigender – zumin-

---

1 *Fuß*, FS Raschhofer, 53; *ders.*, EuR 1968, 353; *Grabitz* in FS Kutscher, 215; *Ipsen*, Europäisches Gemeinschaftsrecht, 537.

2 EuGH, Rs. C-6/90 und C-9/90, Francovich u.a./Italienische Republik, Slg. 1991, I-5357.

3 Z.B. *Albers*, Die Haftung der Bundesrepublik; *Geiger*, Der gemeinschaftsrechtliche Grundsatz der Staatshaftung; *Wolf*, Die Staatshaftung der Bundesrepublik Deutschland und der Französischen Republik für Verstöße gegen das Europäische Gemeinschaftsrecht.

4 *Czaja*, Außervertragliche Haftung; siehe z.B. auch die zahlreichen Beiträge in Heukels/McDonnell, The Action for Damages in Community Law.

5 Soweit ersichtlich nur *Aubin*, Die Haftung der EWG und ihrer Mitgliedstaaten; *Friese*, Kompensation von Embargoschäden; *Renzenbrink*, Gemeinschaftshaftung und mitgliedstaatliche Rechtsbehelfe: Vorrang, Subsidiarität oder Gleichstufigkeit?; *Schmitz*, Die Haftung der Europäischen Wirtschaftsgemeinschaft für Verordnungsunrecht im Abgaben- und Beihilfenbereich.

dest faktischer[6] – Akzeptanz der Rechtsprechung des EuGH in diesem Bereich nachgelassen, wenn auch, insbesondere zur Haftung der Mitgliedstaaten, noch zahlreiche Untersuchungen veröffentlicht werden[7]. Da somit nunmehr ein wenig Ruhe eingekehrt ist in die vormals nahezu hektische Auseinandersetzung mit den großen Fragen der Haftung, ist es an der Zeit, sich mit den Details der maßgeblich durch Rechtsprechung fortentwickelten außervertraglichen Haftung auseinanderzusetzen. Die vorliegende Arbeit wählt daher bewusst einen speziellen Ausschnitt aus dem Haftungsrecht, der einer einheitlichen dogmatischen Kategorisierung zugeführt werden soll.

Es soll versucht werden, aufzuzeigen, wie das gemeinschaftsrechtliche Haftungssystem mit schadensverursachender Drittbeteiligung umgeht, d.h. unter welchen Bedingungen ein Schaden, der unmittelbar zumindest auch durch einen Dritten verursacht wird, auf die EU oder einen Mitgliedstaat übergeleitet wird. Diese Problematik wurde bislang nur in Teilbereichen (Umsetzung und Anwendung des Unionsrechts durch nationale Behörden, Haftung für Embargomaßnahmen) behandelt. Eine bereichsübergreifende, gleichsam im Querschnitt betrachtende Herangehensweise liegt bislang nicht vor.

---

[6] *Ossenbühl*, Staatshaftungsrecht, 496 ff., lehnt den Anspruch gegen die Mitgliedstaaten zwar noch immer als unzulässige Rechtsfortbildung ab, erkennt aber seine Existenz kraft ständiger Rechtsprechung an.

[7] z.B. jüngst *Beljin*, Staatshaftung im Europarecht; *Stefanou/Xanthaki*, The individual strikes back; *Tridimas*, General Principals of EC Law, 313 ff.

1. Teil

Vorbemerkungen

A. Bestimmung des Untersuchungsgegenstands

Gegenstand der Untersuchung sind die außervertraglichen Haftungsverhältnisse mit mehreren Beteiligten, welche sich aus dem primären Gemeinschaftsrecht ergeben. Dies bedarf weiterer Präzisierung und Erläuterung.

Die außervertragliche Haftung nach dem Primärrecht ist die Haftung der Hoheitsträger in der Europäischen Union, d.h. entweder der Europäischen Union[8] nach Art. 288 Abs. 2 EG oder der Mitgliedstaaten nach der Rechtsprechung des EuGH[9]. Sekundärrechtlich eingeführte Ansprüche außervertraglicher Natur, wie z.B. aus dem Produkthaf-

---

[8] Nach der Rechtsprechung des EuGH ist unklar, ob die Organe oder die Union Anspruchsgegner sind, siehe EuG Rs. T-572/93, Odigitria, Slg. 1995, II-2025, Rn. 22. In der Literatur wird zumeist aber von der Passivlegitimation der Union ausgegangen, siehe *v.Bogdandy* in: Grabitz/Hilf, Art. 288 EG, Rn. 38 f. *Gilsdorf/Niejahr* (Fn. 8), Art. 288, Rn. 13; *Schmahl*, ZEuS 1999, 415, 416 ff. Da es in der vorliegenden Arbeit um eine Abgrenzung zwischen Ansprüchen gegen die Mitgliedstaaten und Ansprüchen gegen die Europäische Union geht, werden jedenfalls nicht die Organe, sondern der jeweilige Verband als Anspruchsgegner bezeichnet. Dies rechtfertigt sich insbesondere dadurch, dass die Union und die Mitgliedstaaten zumindest "Zurechnungsendsubjekt" eines Anspruchs sind, denn letztlich werden die Forderungen nicht aus dem eigenen Haushalt der Organe beglichen.

In der vorliegenden Arbeit wird eine "Endzurechnung" des Haftungsanspruchs an die Europäische Union zugrunde gelegt, da von einem Verständnis der Union als übergreifender Organisation ausgegangen wird, die die drei Gemeinschaften umschließt. Das Gemeinschaftsrecht stellt dabei einen qualifizierten Teil des Unionsrechts dar. Näher zur Diskussion über das Verhältnis von Europäischer Union und Europäischen Gemeinschaften *Kadelbach*, *Koenig*, *Zuleeg*, *v.Bogdandy*, *Everling* in: EuR Beiheft 2/1998.

[9] EuGH, Rs. C-6/90 und C-9/90, Francovich u.a./Italienische Republik, Slg. 1991, I-5357.

tungsrecht[10] oder dem Umwelthaftungsrecht[11] fallen nicht darunter. Die zu betrachtenden Mehrpersonenverhältnisse betreffen als anspruchsverpflichtete Person einen der zuvor genannten Hoheitsträger. Nicht notwendig ist, dass alle möglicherweise Anspruchsverpflichteten Träger gemeinschaftlicher Hoheitsgewalt sind. Vielmehr werden auch solche Haftungsverhältnisse in Betracht genommen, bei denen weitere Personen zur Schadensentstehung beitragen. Dies können Private, Drittstaaten oder internationale Organisationen sein. Entscheidend ist allein, dass entweder die EU oder ein Mitgliedstaat als mögliche Haftungsverpflichtete Teil des Haftungsverhältnisses sind. Ausgespart werden die Probleme der Haftungsverursachung mehrerer Organe derselben juristischen Person[12]. Eine Unterscheidung zwischen Ansprüchen gegen die EU und Ansprüchen gegen Mitgliedstaaten wird nicht getroffen, da – wie noch zu zeigen ist – mit dem EuGH von einer grundsätzlichen Parallelität der Haftung der Union zur Haftung der Mitgliedstaaten ausgegangen wird[13].

Soweit in dieser Arbeit von Ansprüchen aus dem Gemeinschaftsrecht die Rede ist, wird darunter das aus dem Vertrag zur Gründung der Europäischen Gemeinschaft fließende Recht verstanden. Dieses wird als qualifizierter Teil des Unionsrechts angesehen, da hier von einem Verständnis der Europäischen Union ausgegangen wird, wonach die Union

---

[10] Richtlinie 85/374/EG über die Haftung für fehlerhafte Produkte, Abl. 1985 Nr. L 210 29.

[11] Kommissionsvorschlag über eine Umwelthaftungsrichtlinie, KOM 2002/17.1.2002, siehe dazu *Lee, Maria*, EPL 7 (2001), 375.

[12] Siehe z.B. EuGH Rs. C-319/96, Brinkmann Tabakfabriken, Slg. 1998, I-5255, Rn. 27 ff., wo gleichermaßen Anhaltspunkte für eine Haftung für legislatives wie auch für administratives Unrecht vorlagen; dazu *Anagnostaras*, ELR 26 (2001), 139, 143 ff.

[13] EuGH, verb. Rs. C-46/93 und C-48/93, Brasserie du Pêcheur, Slg. 1996, I-1029, Rn. 42; GA Tesauro, ibidem, 1100 ff.; EuGH, Rs. C-352/98 P, Laboratoires pharmaceutiques Bergaderm SA, Slg. 2000, I-5291, Rn. 41. Zur Parallelität der Haftung im Einzelnen *Wathelet/van Raepenbusch*, CDE 33 (1997), 13; *Tridimas*, CMLRev. 2001, 301, 321.

die drei Gemeinschaften EG, EGKS[14] und EAG als einheitlicher Verband organisatorisch umschließt[15].

B. Problemaufriss

Haftungsrelevante Mehrpersonenverhältnisse entstehen in zahlreichen Konstellationen im Gemeinschaftsrecht. Die vielleicht unscheinbarste aber gleichzeitig offensichtlichste Möglichkeit für eine Haftung besteht in der Durchführung von EG-Sekundärrecht durch nationale Behörden. In diesem Bereich des so genannten indirekten Verwaltungsvollzugs ist es umstritten, für welche Handlungen die Union und für welche Handlungen die Mitgliedstaaten einzustehen haben, denn sowohl die Union[16] als auch die Mitgliedstaaten[17] haften nach dem Gemeinschaftsrecht für rechtswidrige Handlungen.

Es erscheint selbstverständlich, die Ebene in Anspruch zu nehmen, auf der die haftungsbegründende Handlung vorgenommen worden ist. Ist sie durch die Unionsorgane[18] erfolgt, haftet die Union, haben sich nationale Behörden rechtswidrig verhalten, ist der jeweilige Mitgliedstaat in Anspruch zu nehmen. Vielfach ist aber eine eindeutige Zuordnung des Fehlverhaltens nur schwer möglich, denn sie erfolgt auf zwei Ebenen. Vollzieht z.B. eine nationale Behörde eine rechtswidrige gemeinschaftsrechtliche Verordnung, so ist sowohl das legislative Handeln der Unionsorgane als auch der nationale Vollzugsakt gegenüber dem Unions-

---

[14] Die relevanten Art. 34, 40 EGKSV haben mit dem in Art. 97 EGKSV festgelegten Auslaufen des EGKSV am 23.7.2002 ohnehin ihre Geltung verloren. Eine Verlängerung wurde auch im Vertrag von Nizza nicht vereinbart.

[15] Siehe *v.Bogdandy/Nettesheim*, NJW 1995, 2324. Zur Diskussion siehe Fn. 8.

[16] EuGH Rs. 5/71, Schöppenstedt/Rat, Slg. 1971, 975.

[17] EuGH, verb. Rs. C-46/93 und C-48/93, Brasserie du Pêcheur, Slg. 1996, I-1029.

[18] Unionsstellen, die keine Organqualität besitzen, bleiben außerhalb der Betrachtung. Soweit Stellen mit eigener Rechtspersönlichkeit geschaffen werden, unterliegen diese regelmäßig einem eigenständigen, in dem jeweiligen Gründungsstatut festgelegten Haftungsregime, siehe z.B. die Haftung der Umweltagentur nach Art. 18 VO (EWG) Nr. 1210/90, ABl. 1990, Nr. L 120, 1 und die Haftung der Agentur für die Beurteilung von Arzneimitteln nach Art. 60 VO (EWG), Nr. 2309/93, ABl. 1993, Nr. L 214, 1.

bürger rechtswidrig. Sofern die mitgliedstaatlichen Stellen jedoch beim Vollzug keine eigenständige zu der bereits von der rechtswidrigen Verordnung vorgegebenen Rechtswidrigkeit ausüben, geht die Rechtsprechung von der Verantwortlichkeit der Union aus[19]. Eine solch eindeutige Zuordnung der Zuständigkeit ist indes nicht immer möglich. Sie setzt voraus, dass es sich im Einzelfall um eine gewissermaßen "reine" Form des indirekten Verwaltungsvollzugs durch nationale Behörden handelt. Nicht selten finden sich jedoch Mischformen des Verwaltungsvollzugs, bei denen sich sowohl Elemente des direkten Verwaltungsvollzugs durch die Kommission als auch des Verwaltungsvollzugs durch nationale Behörden finden[20]. In diesen Fällen ist eine eindeutige Zuordnung der Verantwortlichkeit nicht immer leicht. Unterläuft hoheitlich handelnden Stellen beispielsweise ein schadensbegründender Fehler im Rahmen eines Zulassungsverfahren für neuartige Lebensmittel nach der "Novel-Food-Verordnung"[21], welche in bestimmten Fällen einen Zuständigkeitswechsel von den nationalen Behörden zur Kommission vorsieht, so ist nicht offensichtlich, wer einen Schaden zu verantworten hat, der bereits während der Zuständigkeit der nationalen Stellen angelegt worden ist und sich auch bei der nachfolgenden Zuständigkeit der Unionsorgane fortgesetzt hat.

Nicht im Einzelnen geklärt ist darüber hinaus die Zuordnung des haftungsbegründenden Verhaltens, wenn nicht ein rechtswidriger Legislativakt das Verhalten der nationalen Behörden rechtlich verbindlich festlegt. Häufig hatten die europäischen Gerichte die Frage einer Haftung wegen administrativer Einflussnahme durch Unionsorgane auf die mitgliedstaatliche Ausführung von Rechtsakten zu beurteilen. Hier bietet die Rechtsprechung ein uneinheitliches Bild. Nimmt die Kommission in rechtlich verbindlicher Weise auf mitgliedstaatliches Rechtshandeln Einfluss, so ist nach der Rechtsprechung des Gerichtshofs die Union verantwortlich. In der Rechtssache Krohn hielt der Gerichtshof daher die Union für schadensersatzpflichtig, weil eine deutsche Behörde auf Weisung der Kommission die Erteilung einer Einfuhrlizenz für ein bestimmtes ausländisches Erzeugnis verweigert hatte[22], da die von den

---

[19] EuGH verb. Rs. C-104/89 und C-37/90, Mulder/Rat und Kommission, Slg. 1992, I-3061, Rn. 9.

[20] Siehe dazu *Kahl*, DV 29 (1996), 341, 373 f.

[21] VO (EG) Nr. 258/97 des Parlaments und des Rates v. 27.1.1997 über neuartige Lebensmittel und neuartige Lebensmittelzutaten, ABl. 1997, Nr. L 43, 1.

[22] EuGH Rs. 175/84, Krohn/Kommission, Slg. 1986, 753, Rn. 21 ff.

deutschen Behörden auszuführende Verordnung die Möglichkeit der Kommission vorsah, in rechtlich bindender Form in die Lizenzvergabe durch die mitgliedstaatlichen Behörden einzugreifen[23].

Unklar ist dagegen, ob der gleiche Maßstab heranzuziehen ist, wenn die Kommission in anderer Weise als durch rechtlich verbindliche Weisung Einfluss auf den mitgliedstaatlichen Verwaltungsvollzug nimmt. In zahlreichen Fällen vollzogen nationale Stellen das Gemeinschaftsrecht entsprechend der Auslegungshinweise der Kommission[24]. Nicht selten ging es dabei um die Beurteilung der Erstattungsfähigkeit nationaler Zahlungen aus Gemeinschaftsfonds, wie z.B. dem Europäischen Ausrichtungs- und Garantiefonds für die Landwirtschaft (EAGFL)[25]. Nur wenn die nationalen Ausgaben den Vorgaben der entsprechenden Regeln der Fonds entsprechen, erstattet die Kommission die Ausgaben aus den Mitteln des entsprechenden Gemeinschaftsfonds. Andernfalls fällt eine Ausgabe dem Mitgliedstaat zur Last, selbst wenn sie ausdrücklich im Rahmen einer Gemeinschaftspolitik erfolgt. Trotz der damit verbundenen massiven faktischen Einflussnahme der Kommission wies der EuGH Klagen auf Schadensersatz gegen die Kommission wegen rechtsfehlerhafter Auslegungshinweise als unbegründet ab. Eine bloße Stellungnahme sei nicht geeignet, rechtliche Wirkungen gegenüber dem Geschädigten zu entwickeln. Das Verhalten der mitgliedstaatlichen Behörden sei nach außen unmittelbar ursächlich für den entstandenen Schaden[26].

Entgegen dieser ständigen Rechtsprechung prüfte der EuGH in der Rechtssache KYDEP – einer Schadensersatzklage gegen die EU aus dem Jahr 1994 – ob ein Schreiben der Kommission, in dem diese einem Mitgliedstaat ihre Auslegung über die Vorschriften der Erstattungsfähigkeit bestimmter Interventionszahlungen aus dem EAGFL mitteilte, inhaltlich gemeinschaftsrechtswidrig gewesen sei. Obwohl das Schreiben für die mitgliedstaatlichen Behörden nicht rechtlich verbindlich sei,

---

[23] Art. 7 Abs. 1 VO 2029/82 (EWG) zur Einfuhrregelung fuer Erzeugnisse der Tarifstelle 07.06 A des Gemeinsamen Zolltarifs mit Ursprung in Thailand, die 1982 aus diesem Land ausgefuehrt werden, ABl. 1982, Nr. L 218, 8.

[24] EuGH Rs. 133/79, Sucrimex/Kommission, Slg. 1980, 1299, Rn. 22; Rs. 217/81, Compagnie Interagra/Kommission, Slg. 1982, 2233, Rn. 8 f.; Rs. C-50/90, Sunzest/Kommission, Slg. 1991, I-2917, Rn. 18.

[25] VO Nr. 62/25 EWG, ABl. 1962, Nr. P 30, 991.

[26] EuGH Rs. 133/79, Sucrimex/Kommission, Slg. 1980, 1299, Rn. 22; Rs. 217/81, Compagnie Interagra/Kommission, Slg. 1982, 2233, Rn. 8 f.; Rs. C-50/90, Sunzest/Kommission, Slg. 1991, I-2917, Rn. 18.

könne es den Mitgliedstaat veranlassen, eine Zahlung abzulehnen, da zu befürchten sei, dass deren Erstattung durch den EAGFL von der Kommission verweigert werde[27]. Von der vorherigen Rechtsprechung distanzierte sich der EuGH jedoch nicht. Etwa vier Jahre später konnte daher das Gericht erster Instanz unter Berufung auf die "alte" Rechtsprechung urteilen, dass ein Schreiben, mit dem eine mitgliedstaatliche Behörde aufgefordert wurde, keine Interventionszahlungen für Olivenöle zu leisten, keinen unmittelbar ursächlichen Zusammenhang mit der Zurückhaltung der Zahlung durch den Mitgliedstaat und der dadurch entstandenen Schädigung des Klägers aufweise[28]. Vielmehr sei das mitgliedstaatliche Verhalten unabhängig von der "informellen Zusammenarbeit" mit der Kommission. Ein gegebenenfalls entstandener Schaden sei allein den nationalen Behörden zuzurechnen[29].

Mit dieser in sich widersprüchlichen Rechtsprechung bleibt offen, welcher Art ein beeinflussendes Verhalten der Unionsstellen sein muss, um einen unmittelbar ursächlichen Zusammenhang mit einem Schaden bei mitgliedstaatlicher Beachtung des Verhaltens der Unionsorgane zu etablieren. Ist allein auf die Kompetenzen für die Vornahme von Handlungen gegenüber dem Einzelnen abzustellen, so dass nur ein dem Einzelnen gegenüber rechtlich verbindliches Verhalten eine hinreichende Kausalbeziehung zwischen dem Verhalten der Unionsorgane und dem Schaden begründen kann? Oder ist vielmehr das Urteil in der Rechtssache Oleifici Italiana als "Ausrutscher" zu begreifen, so dass zumindest die Gefahr eines finanziellen Nachteils des Mitgliedstaates einen unmittelbaren Kausalzusammenhang begründet? Aber selbst in diesem Fall ist nicht geklärt, welche Anforderungen an ein haftungsbegründendes Verhalten der Unionsorgane in kooperativen Verwaltungsverhältnissen zu stellen sind. Reicht unter Umständen sogar ein reiner auf ihre Kompetenz kraft ihrer Rolle als Hüterin der Verträge gestützter rechtlicher Hinweis der Kommission an die Mitgliedstaaten aus[30]? Oder muss zumindest ein Element des Zwangs oder der "Herrschaft" innerhalb eines

---

[27] EuGH Rs. C-146/91, KYDEP/Rat und Kommission, Slg. 1994, I-4199, Rn. 26.

[28] EuG Rs. T-54/96, Oleifici Italiana und Fratelli Rubino/Kommission, Slg.1998, II-3377, Rn. 67.

[29] EuG Rs. T-54/96, Oleifici Italiana und Fratelli Rubino/Kommission, Slg.1998, II-3377, Rn. 67.

[30] Hinsichtlich der Kompetenz der Kommission für rechtliche Hinweise an die Mitgliedstaaten EuGH Rs. C-146/91, KYDEP/Rat und Kommission, Slg. 1994, I-4199, Rn. 30.

Kooperationsverfahrens hinzutreten? Wie kann gegebenenfalls ein solches aussehen? Reicht ein Hinweis auf die möglicherweise zu versagende Entlastung aus oder muss diese konkret angedroht werden?

Eine gänzlich andere Gruppe von Haftungsfällen in Mehrpersonenverhältnissen stellen die Fälle dar, in denen die Kläger ihre Ansprüche auf Haftung nach dem Gemeinschaftsrecht auf die Verletzung von Pflichten stützen, die dem Schutz des Einzelnen dienen. Im Urteil Francesconi ging es um auf den europäischen Weinmarkt gelangten methanolhaltigen Wein, an dessen Genuss mehrere Personen gestorben waren. Die Hinterbliebenen machten Ansprüche wegen Tötung geltend. Sie begründeten ihre Ansprüche mit dem Vorbringen, die Kommission habe die ihr obliegenden Aufsichtspflichten über den Weinmarkt verletzt[31]. In einem weiteren Rechtsstreit beriefen sich italienische Landwirte darauf, die Kommission sei ihrer aus verschiedenen Bestimmungen des EG-Vertrags fließenden Pflicht zur Verhinderung der Ausbreitung der BSE-Seuche nicht ausreichend nachgekommen[32]. In ähnlicher Weise werden auch Schadensansprüche gegen die Mitgliedstaaten geltend gemacht. In der Rechtssache Schmidberger machten Spediteure Ersatzansprüche für Schäden geltend, weil Österreich eine Blockade der Brenner-Autobahn durch Demonstranten nicht aufgelöst hatte, was bei den betroffenen Spediteuren zu wirtschaftlichen Schäden geführt hatte[33].

Diese Fälle sind dadurch charakterisiert, dass der Ersatz eines Schadens begehrt wird, den ein Dritter dem Einzelnen, ohne ein Zutun des in Anspruch genommenen Hoheitsträgers, zugefügt hat. Im Gegensatz zu den vorgenannten Fällen liegt hier der Vorwurf nicht in der arbeitsteiligen Schädigung des Einzelnen. Weder hat der Hoheitsträger einen rechtswidrigen Rechtsakt erlassen noch hat er den Dritten zu seinem schädigenden Verhalten überhaupt nur veranlasst. Das Besondere liegt in diesen Fällen vielmehr darin, dass eine Schädigung völlig unabhängig von dem Verhalten der Hoheitsträger erfolgt. Eine schadensersatzrechtliche Inanspruchnahme des Hoheitsträgers kann ihre Begründung allein darin finden, dass einer nach dem Gemeinschaftsrecht bestehenden Pflicht, bestimmte Schäden oder Verhaltensweisen Dritter zu verhindern, nicht nachgekommen worden ist. Daher ist auch fraglich, ob sich

---

[31] EuGH verb. Rs. 326/86 und 66/88, Francesconi u.a./Kommission, Slg. 1989, 2087, Rn. 5.

[32] EuG Rs. T-149/96, Coldiretti u.a./Rat und Kommission, Slg. 1998, II-3841, Rn. 67.

[33] EuGH Rs. C-112/00, Schmidberger/Österreich, Slg. 2003, I-5659.

die Unabhängigkeit von dem unmittelbaren Schädiger auf das Verhältnis zu Ansprüchen gegen den unmittelbaren Schädiger in anderer Weise auswirken kann.

Kommt es in den zuvor beschriebenen Fällen gegebenenfalls zu einer Haftungsverantwortlichkeit von Union und Mitgliedstaaten, so ist unabhängig von der Frage der materiellen Haftungsverantwortlichkeit zu entscheiden, wie konkurrierende Ansprüche und Rechtsbehelfe zueinander stehen. Dieses Verhältnis ist äußerst umstritten. Die Problematik liegt dabei in dem Umstand, dass zwar keine Berechtigung vorhanden ist, Ansprüche gegen die Union und Ansprüche gegen die Mitgliedstaaten unterschiedlich zu behandeln. Jedoch werden Ansprüche gegen die Mitgliedstaaten nur von nationalen Gerichten, Ansprüche gegen die Union nur von Gemeinschaftsgerichten beurteilt. Daher besteht bei Gesamtschuldlösungen oder bei einer anteiligen Haftung immer die Gefahr uneinheitlicher Beurteilung des Sachverhalts durch die beiden zuständigen Gerichte, so dass es sowohl zugunsten als auch zulasten des Einzelnen zu Divergenzen der Rechtsprechung kommen kann.

Daher wird zumeist angenommen, die Rechtsprechung gehe von einer umfassenden Subsidiarität der Haftungsansprüche gegen die Gemeinschaft aus. In einer der ersten Entscheidungen über einen Anspruch nach Art. 288 Abs. 2 EG hatte Deutschland rechtswidrig Maßnahmen zum Schutz des deutschen Mais-Marktes vor Einfuhren aus Frankreich erlassen. Diese wurden von der Kommission nachfolgend genehmigt[34]. Durch die Schutzmaßnahme erlitten deutsche Getreideimporteure erhebliche Einbußen, da sie bereits im Vertrauen auf die Bewilligung von Einfuhren Kaufverträge abgeschlossen hatten. Da offen war, wen die Geschädigten in Anspruch nehmen könnten, reichten die Geschädigten sowohl Klagen gegen die Bundesrepublik vor deutschen Gerichten als auch gegen die Europäische Gemeinschaft vor dem EuGH ein. Die gegen die Kommission gerichtete Schadensersatzklage betrachtete der EuGH zwar als zulässig; sie sei jedoch solange nicht entscheidungsreif als über den parallel gegen den Mitgliedstaat zu verfolgenden Schadensersatzanspruch keine rechtskräftige Entscheidung vorläge[35]. Damit stellte er einen Grundsatz des Vorrangs des Rechtsschutzes vor nationalen Gerichten auf, nach welchem Schadensersatzklagen gegen die Union gegenüber allen innerstaatlichen Rechtsbehelfen subsidiär sind. Es fragt

---

[34] EuGH verb. Rs. 5, 7 und 13 bis 24/66, Kampffmeyer/Kommission, Slg. 1967, 331.

[35] EuGH verb. Rs. 5, 7 und 13 bis 24/66, Kampffmeyer/Kommission, Slg. 1967, 331, 358.

sich indes, ob ein solcher Grundsatz, welcher nur in einem einzigen Urteil seinen Niederschlag gefunden hat, noch heute gilt und ob er auf alle zuvor beschriebenen Haftungskonstellationen anzuwenden ist.

Ein Folgeproblem dieser Rechtsprechung besteht darin zu entscheiden, ob und gegebenenfalls welche Ansprüche im Innenverhältnis zwischen den Schädigern bestehen. Denn kann der Union ebenso wie einem Mitgliedstaat materiell ein Schaden zugerechnet werden, so erscheint es ungerechtfertigt, allein dem Mitgliedstaat den Ausgleich des Schadens aufzubürden.

Zu guter Letzt ist darüber hinaus zu fragen, ob die zu den oben angeschnittenen Fragen gewonnenen Ergebnisse auch auf Haftungsfälle mit anderen Beteiligten übertragen werden können. Denn vielfach stellen sich in Verbindung mit Drittstaaten oder internationalen Organisationen ganz ähnliche Probleme der Schadensversursachung durch mehrere Beteiligte. So machte im Fall Dorsch Consult[36] der Kläger geltend, die EU habe durch Erlass der Embargo-Verordnung Nr. 2340/90[37] gegen den Irak, den irakischen Staat dazu veranlasst, ein Gesetz zu erlassen, aufgrund dessen keine Zahlungen an ausländische Unternehmen geleistet werden durften. Das EuG sah keinen Hinweis in dem irakischen Gesetz, dass dieses gerade wegen der Embargo-Verordnung der Union erlassen worden sei. Aber selbst wenn der Erlass des irakischen Gesetzes eine unmittelbare Reaktion auf den Erlass der streitigen Verordnung gewesen wäre, sei letztendlich nicht die Verordnung sondern bereits der Erlass der Resolution Nr. 661 des Sicherheitsrates der Vereinten Nationen, mit dem das Embargo angeordnet worden sei, unmittelbar ursächlich für den Umstand, dass der Kläger seine Forderung im Irak nicht geltend machen konnte und damit für den Schaden[38]. Eine Forderung könne daher nicht an die EU gerichtet werden.

Fraglich ist aber, ob diese Lösung kohärent im Hinblick auf die zuvor beschriebene Aufteilung der Verantwortungsbereiche im EU-internen Bereich des Gemeinschaftsrechtsvollzugs ist. Kann eine EU-Umsetzungsmaßnahme in keinem Fall die Haftungsverantwortlichkeit der EU begründen, so kommt es nicht darauf an, ob sie einen ihr zustehenden

---

36 EuG Rs. T-184/98, Dorsch Consult/Rat und Kommission, Slg. 1998, II-667.

37 ABl. 1990, Nr. L 213, 1.

38 EuG Rs. T-184/98, Dorsch Consult/Rat und Kommission, Slg. 1998, II-667, Rn. 73; bestätigt durch EuGH Rs. C-237/98 P, Dorsch Consult/Rat und Kommission, Slg. 2000, I-4549.

Ermessensspielraum bei der Umsetzung des Beschlusses des Sicherheitsrates der Vereinten Nationen genutzt hat. Damit würde aber eine Verantwortlichkeit der EU bei der Umsetzung von Beschlüssen und sonstigen Akten internationaler Organisationen vollständig entfallen. Angesichts der zuvor beschriebenen Haftungsverteilung im Rahmen des Gemeinschaftsverwaltungsrecht und der erheblichen Bedeutung, die der EuGH insbesondere in seiner Haftungsrechtsprechung, dem Grundsatz des effektiven Rechtsschutzes beimisst, erscheint eine solche Auslegung zumindest besonders begründungsbedürftig.

C. Methode der Untersuchung

Art. 288 Abs. 2 EG legt die Tatbestandsvoraussetzungen einer außervertraglichen Haftung der Union nur rudimentär fest. Aus dem Wortlaut lassen sich lediglich die Voraussetzungen des Vorliegens eines Schadens, des Verhaltens eines Organs oder eines Bediensteten der Gemeinschaft und einer Kausalbeziehung zwischen Verhalten und Schaden folgern. Im Übrigen verweist die Norm auf die allgemeinen Rechtsgrundsätze, "die den Rechtsordnungen der Mitgliedstaaten gemeinsam sind". Der EuGH scheint den Tatbestand der außervertraglichen Haftung der Union nach Art. 288 Abs. 2 EG im Wege der wertenden Rechtsvergleichung auszuformen; zwar lässt sich dies aus den zumeist sehr knapp gehaltenen Urteilen des EuGH meist nicht eindeutig erkennen[39], aus den Schlussanträgen der Generalanwälte ergibt sich aber, dass die Rechtsprechung zur Haftung der Europäischen Union in erheblichem Maße von der Ermittlung allgemeiner Rechtsgrundsätze im Wege der Rechtsvergleichung geprägt ist[40].

---

[39] Eine Ausnahme bildet EuGH, verb. Rs. 7/56 und 3 – 7/57, Algera, Slg. 1957, 83, 118. Hier beruft sich der EuGH ausdrücklich auf die in den meisten modernen Rechtsordnungen herrschende Auffassung.

[40] Insbesondere in der frühen Rechtsprechung finden sich rechtsvergleichende Ausführungen in vielen Schlussanträgen, siehe GA Gand, Schlussanträge in EuGH, Rs. 5, 7 und 13/66, Kampfmeyer I, Slg. 1967, 361, 378 f.; Generalanwalt Mayras, Schlussanträge in EuGH, Rs. 11/72, Giordano, Slg. 1973, 427, 431; GA Roemer, Schlussanträge in EuGH, verb. Rs. 63 – 69/72, Werhahn, Slg. 1973, 1254, 1273. Die Tatsache, dass später seltener rechtsvergleichende Ausführungen auftauchen, bedeutet nicht, dass solche Überlegungen nicht mehr angestellt werden, *Lenaerts*, RTDE 37 (2001), 487, 491 f.

Dies gilt ebenfalls für die Haftung der Mitgliedstaaten wegen Verstoßes gegen das Gemeinschaftsrecht, hat doch der EuGH in der Rechtssache Brasserie du Pêcheur die allgemeinen Rechtsgrundsätze als Erkenntnisquelle für die Voraussetzungen der gemeinschaftsrechtlichen Staatshaftung benannt und herangezogen[41]. Es läge daher nahe, an eine Untersuchung über die gemeinschaftsrechtliche außervertragliche Haftung mit einer rechtsvergleichenden Methode heranzugehen[42]. Aus zwei Gründen soll der vorliegenden Arbeit jedoch ein anderer Ansatz zugrunde gelegt werden.

Zum einen ist die Methode der Rechtsvergleichung zur Ermittlung allgemeiner Rechtsgrundsätze weniger hilfreich als dies auf den ersten Blick erscheint. Denn ein einheitlicher Rechtskorpus außervertraglicher Haftungsgrundsätze für Hoheitsträger lässt sich in den Mitgliedstaaten kaum ausmachen[43]. Eine Rechtsvergleichung kann daher nicht auf Grundsätze zurückgreifen, die tatsächlich allen Mitgliedstaaten gemeinsam sind.

Die gängige Antwort auf dieses Problem wird von dem überwiegenden Teil des Schrifttums mit der Ermittlung allgemeiner Rechtsgrundsätze im Wege der wertenden Rechtsvergleichung gegeben[44]. Danach kommt es nicht auf eine Übereinstimmung aller mitgliedstaatlichen Rechtsordnungen an; es wird kein kleinster gemeinsamer Nenner gebildet. Maßgebend ist vielmehr diejenige rechtliche Lösung, zu der die Mehrzahl der verglichenen Rechtsordnungen tendieren und die gleichzeitig den Zielsetzungen der Gemeinschaft am nächsten kommt[45]. Die mitgliedstaatlichen Rechtsordnungen dienen unter Verwendung einer solchen

---

[41] EuGH, verb. Rs. C-46/93 und C-48/93, Brasserie du Pêcheur, Slg. 1996, I-1029, Rn. 29.

[42] So z.B. die Ansätze bei *Czaja* (Fn. 4), 23 ff.; *Aubin* (Fn. 5), 26 f.

[43] *Jaenicke*, Die Staatshaftung in rechtsvergleichender Sicht, 859 ff.; *Fines*, La responsabilité extracontractuelle de la CEE, 111 ff., 202; *Tridimas*, General Principles of EC Law, 314. Dieser Umstand kann auch die deutliche Zurückhaltung mancher Autoren hinsichtlich der Bedeutung der Verweisung auf die allgemeinen Rechtsgrundsätze erklären, siehe z.B. *Kutscher*, Thesen zu den Methoden der Auslegung des Gemeinschaftsrechts aus der Sicht eines Richters, I-1, I-24; *Detterbeck*, AöR 125 (2000), 202, 209.

[44] *Zweigert*, RabelsZ 28 (1964), 601, 611; *Fuß*, FS Raschhofer, 43, 53; *ders.*, Grundfragen der Gemeinschaftshaftung, EuR 1968, 353, 356; *Herdegen*, Haftung für fehlerhafte Rechtssetzungsakte, 41; *Aubin* (Fn. 5), 26; *Jurina*, ZaöRV 28 (1968), 365, 376; *Nicolaysen*, EuR 1972, 375, 383.

[45] *van Gerven*, Mélanges Schockweiler, 593, 593 f.

Methode mehr als "Modellkästen"[46] denn als Maßstab für die Gewinnung einheitlicher Rechtsgrundsätze[47]. Ein Kriterium für die Wahl zwischen Lösungen verschiedener nationaler Haftungsrechte ist nicht ersichtlich. Die rechtsvergleichende Methode selbst liefert solche Kriterien nicht.

Darüber hinaus ist die von der Methode der wertenden Rechtsvergleichung vorausgesetzte Rückbindung an die nationalen Rechtsordnungen problematisch, soweit diese spezifisch gemeinschaftliche Problemlagen nicht berücksichtigen. Die Einführung der Haftung für normatives Unrecht zeigt im Übrigen die Grenzen der Methode der wertenden Vergleichung der nationalen Staatshaftungsrechte deutlich auf, sehen doch nur wenige mitgliedstaatliche Rechtsordnungen eine solche Haftung vor[48]. Bezeichnenderweise liegt die Entwicklung der Methode der wertenden Rechtsvergleichung zeitlich vor Erlass des Urteils in der Rechtssache Schöppenstedt[49], mit dem der EuGH die außervertragliche Haftung für normatives Unrecht eingeführt hat[50]. Damit soll weder dem EuGH die Legitimation zur Fortentwicklung der Rechtsordnung abgesprochen werden[51] noch die Methode der wertenden Rechtsvergleichung selbst als ungeeignet gekennzeichnet werden. Vielmehr werden mit den vorstehenden Ausführungen die Grenzen dieser Methode für die Untersuchung von Fragen der außervertraglichen Haftung nach dem Gemeinschaftsrecht offengelegt[52].

---

46 *Nicolaysen* (Fn. 44), 375, 383.

47 *van Gerven* (Fn. 45), 593, 596 sieht in dem Verweis auf die allgemeinen Rechtsgrundsätze in Art. 288 Abs. 2 EG einerseits einen Hinweis auf die Rechtsfortbildung durch die europäischen Gerichte, andererseits aber auch eine Möglichkeit Rechtsfortbildungen durch die europäischen Gerichte an das nationale Recht rückzubinden und somit die Konsensfähigkeit des Unionsrechts zu stärken.

48 *Herdegen* (Fn. 44), 53 ff.

49 EuGH Rs. 5/71, Schöppenstedt, Slg. 1971, 975

50 *Zweigert* (Fn. 44), 601.

51 Teilweise wird aus dem Verweis auf die allgemeinen Rechtsgrundsätze in Art. 288 Abs. 2 EG gerade ein Auftrag zur richterrechtlichen Ausprägung des gemeinschaftsrechtlichen Haftungstatbestandes gefolgert, siehe *Fines* (Fn. 43), 55 ff., 106.

52 So wendet auch Grabitz bei der Untersuchung der Haftung für normatives Unrecht nicht die Methode der wertenden Rechtsvergleichung an, sondern versteht die allgemeinen Rechtsgrundsätze auf einem höheren Abstraktionsgrad

Zu Recht betrachtet der EuGH Art. 288 Abs. 2 EG daher als einen selbständigen Rechtsbehelf mit eigener Funktion im System der Klagemöglichkeiten und macht die Haftungsklage von Voraussetzungen abhängig, die ihrem besonderen Zweck angepasst sind[53]. Folgerichtig entwickelt der EuGH das außervertragliche Haftungsrecht mit einer gewissen Autonomie gegenüber den nationalen Rechtssystemen fort[54] und nimmt zur Fortentwicklung Anleihen bei seiner eigenen Rechtsprechung, die er auf neue Fallkonstellationen überträgt. Eine solche autonome Fortentwicklung zeigt sich beispielsweise in dem Verzicht auf das ursprüngliche Tatbestandsmerkmal einer *Entscheidung mit wirtschaftspolitischen Gehalt* bei der Haftung für normatives Unrecht, mit dem er der Weiterentwicklung der Union weg von einer auf rein wirtschaftliche Belange beschränkten Gemeinschaft Rechnung trägt[55]. Auch die Einführung der Staatshaftung durch die Entscheidung in der Rechtssache Francovich[56], die sich weitestgehend an die Rechtsprechung zu Art. 288 Abs. 2 EG anlehnt, zeigt Rückwirkung auf die außervertragliche Haftung der Unionsorgane. War ursprünglich hinsichtlich der Anforderungen an die Qualifiziertheit der notwendigen Rechtsverletzung zwischen administrativem und normativem Unrecht unterschieden worden[57], kommt es nunmehr unter Berücksichtigung der Rechtsprechung zum gemeinschaftsrechtlichen Staatshaftungsanspruch nach einem einheitlichen Maßstab nur darauf an, ob das Organ

---

als nicht subsumtionsfähige Rechtsgrundsätze, welche konkrete Rechtssätze anleiten, *Grabitz* (Fn. 1), 215, 219.

[53] EuGH Rs. 81/86, de Boer Buizen/Rat und Kommission, Slg. 1987, 3677, Rn. 9.

[54] *Grossrieder Tissot*, RTDE 37 (2001), 91, 92.

[55] *Tridimas* (Fn. 13). Ursprünglich galt diese Haftungseingrenzung nur für normative Akte mit wirtschaftspolitischen Gehalt; EuGH verb. Rs. 83 und 94/76, 4, 15 und 40/77, HNL, Slg. 1978, 1209, Rn. 6; kritisch dazu schon *Czaja* (Fn. 4), 79.

[56] EuGH, Rs. C-6/90 und C-9/90, Francovich u.a./Italienische Republik, Slg. 1991, I-5357.

[57] Von Anfang an forderte der Gerichtshof für die Haftung wegen legislativen Unrechts eine qualifizierte Rechtsverletzung, EuGH Rs. 5/71, Schöppenstedt, Slg. 1971, 975, Rn. 11. Die Haftung wegen administrativen Unrechts setzte hingegen nur eine einfache Rechtsverletzung voraus, EuGH Rs. C-55/90, Cato, Slg. 1992, I-2533, Rn. 18.

bei Anwendung des verletzenden Rechtsaktes über einen weiten Ermessensspielraum verfügte[58].

Ein solcher Abgleich der Rechtsprechung in sich ist legitim, da der EuGH schon aus Gründen der Rechtssicherheit auf die Widerspruchsfreiheit seiner Rechtsprechung zu achten hat[59]. Konsequenterweise kann sich die Untersuchung daher nicht auf einen Ausschnitt des Haftungsrechts beschränken, z.B. die umstrittene Situation der Haftung in Gemengelagen gemischter Zuständigkeiten bei indirektem Vollzug von Gemeinschaftsrecht, sondern muss alle möglichen Fälle in Betracht nehmen, in denen ein Mehrpersonenverhältnis maßgeblich für die Begründung einer Haftung ist.

D. Parallelität der Staatshaftung und Haftung der Union

Die Haftung der Europäischen Union nach Art. 288 Abs. 2 EG und die vom EuGH entwickelte Haftung der Mitgliedstaaten für Verstöße gegen Gemeinschaftsrecht sind zwei eigenständige Ansprüche. Art. 288 Abs. 2 EG ist ein Rechtsbehelf, der vor den Gemeinschaftsgerichten geltend zu machen ist. Über den gemeinschaftsrechtlichen Staatshaftungsanspruch hingegen urteilen die nationalen Gerichte. Gleiche Voraussetzungen unter beiden Tatbeständen sind mithin nicht selbstverständlich. Gleichwohl ist das Ziel vorliegender Untersuchung, grundlegende Strukturen beider Tatbestände in Bezug auf haftungsrechtliche Mehrpersonenverhältnisse aufzuzeigen. Die gemeinsame Untersuchung beider Tatbestände ist jedoch nur gerechtfertigt, wenn beide Anspruchsnormen zwar nicht identische, zumindest aber in maßgeblichen Punkten vergleichbare Tatbestandsvoraussetzungen fordern. Ob letztlich die unterschiedliche Stellung, die der Union und den Mitgliedstaaten im Gefüge des Unionsrecht zukommt, zu unterschiedlichen Anforderungen an die Haftungsnormen führt, wird an geeigneter Stelle im Einzelfall zu prüfen sein. Entscheidend für den Untersuchungsansatz ist zunächst, dass der Tatbestand des Art. 288 Abs. 2 EG und der vom EuGH entwickelte Staatshaftungsanspruch im Wesentlichen parallel geregelt sind.

---

[58] EuGH, Rs. C-352/98 P, Laboratoires pharmaceutiques Bergaderm SA, Slg. 2000, I-5291, Rn. 40.

[59] EuGH, Rs. 314/85, Foto Frost, Slg. 1987, 4199, Rn. 16; *Tridimas* (Fn. 7), 330; *Nowak*, EuR 2000, 724, 725; *van Gerven* (Fn. 45), 593, 596.

I. Grundsätzliches Erfordernis der Parallelität

Das Unionsrecht stellt dem Einzelnen ein System umfassenden Rechtsschutzes zur Verfügung[60]. Trotz ihrer Heterogenität stellen die verschiedenen Rechtsbehelfe eine Einheit dar, in deren Rahmen für den Einzelnen der Grundsatz des effektiven Rechtsschutzes verwirklicht werden soll[61]. Aufgrund der einheitlichen Gesamtzielsetzung der einzelnen Rechtsbehelfe zur Gewährung effektiven Rechtsschutzes geht der EuGH von der "Kohärenz des vom Vertrag geschaffenen Rechtsschutzsystems"[62] aus. Das System gemeinschaftlichen Rechtsschutzes wird jedoch nicht nur durch Rechtsbehelfe vor europäischen Gerichten allein gebildet. Miteinbezogen in dieses System sind die individualschützenden Rechtsbehelfe vor mitgliedstaatlichen Gerichten, soweit sie dem Rechtsschutz gegenüber mitgliedstaatlichem Vollzug von Gemeinschaftsrecht dienen[63].

Das System individuellen Rechtsschutzes erschöpft sich überdies nicht in der Gewährung repressiven Rechtsschutzes. Auch die Schadensersatzklage fügt sich in ein System von Rechtsbehelfen ein, die essentiell für die Garantie effektiven Rechtsschutzes in einem rechtsstaatlich verfassten Gemeinwesen sind[64]. Auch Schadensersatzansprüche sind mithin so auszugestalten, dass sie kohärenter Teil des gemeinschaftlichen Rechtsschutzsystems sind.

Angesichts dieses Bestrebens nach Kohärenz des Rechtsschutzes erscheint eine unterschiedliche Ausgestaltung des Anspruchs aus Amtshaftung der Gemeinschaft und des Anspruchs aus Amtshaftung der Mitgliedstaaten wegen Verletzung des Gemeinschaftsrechts willkürlich. Denn mit beiden gemeinschaftsrechtlichen Klagen wird Rechtsschutz gegen die Verletzung von europäischem Gemeinschaftsrecht gewährt. Daher gehen die Gemeinschaftsgerichte davon aus, dass gemeinschaftsrechtswidriges Verhalten von Stellen der Union und von solchen der Mitgliedstaaten eine Haftung der sie tragenden Körperschaft nach

---

[60] EuGH, Rs. 222/84, Johnston, Slg. 1986, 1651, Rn. 17 ff.

[61] *Nowak* (Fn. 59), 724, 725.

[62] EuGH, Rs. 314/85, Foto Frost, Slg. 1987, 4199, Rn. 16.

[63] EuGH, Rs. 265/78, Ferweda, Slg. 1980, 617, Rn. 10; *Koenig/Sander*, Einführung in das EG-Prozeßrecht, 13 f., 17 ff.

[64] *Koenig/Sander* (Fn. 63), 194, die zutreffend Lückenfüllung des Rechtsschutzes gegen Normativakte durch das Haftungsrecht betonen.

grundsätzlich gleichen Regeln auslöse[65]. Diese Parallelisierung der Haftungsvoraussetzungen entspricht im Übrigen der zunehmenden Aufgabenverschränkung nationaler und supranationaler Stellen unter dem EG-Vertrag. Insbesondere aus der Perspektive des Rechtsunterworfenen erscheint es oft zufällig und dem Außenstehendem nicht ersichtlich, in welchem rechtlichen und organisatorischen Rahmen hoheitliche Befugnisse ihm gegenüber in Anspruch genommen werden. Es darf daher im Grundsatz keinen Unterschied machen, ob ein unter dem EGV eingeräumtes Recht von einer nationalen oder europäischen Stelle verletzt wird[66].

Damit hat der EuGH seine anfängliche, bei Entscheidung in der Rechtssache Francovich an den Tag gelegte Zurückhaltung gegenüber der Vorgabe gleicher Maßstäbe für die Haftung der Union und die Haftung des Staates aufgegeben. Die zögerliche Parallelisierung beider Haftungstatbestände[67] dürfte damit zu erklären sein, dass die Rechtsprechung zur Haftung nach Art. 288 Abs. 2 EG so engen Voraussetzungen unterlag, dass die einfache Übernahme der Haftungsmaßstäbe kein zufrieden stellendes Ergebnis des mit der Rechtsprechung in der Rechtssache Francovich primär verfolgten Ziels der Garantie der vollen Wirksamkeit der verletzten Norm zu erreichen gewesen wäre[68]. Da der EuGH aber auf der Kohärenz des von ihm ausgestalteten Rechtsschutzes besteht, ist es nicht plausibel, den Rechtsschutz des einzelnen Individuums unterschiedlich zu behandeln, je nachdem ob der schadensverursachende Hoheitsträger den Mitgliedstaaten oder der Union zugeordnet ist.

Dieses Spannungsverhältnis zwischen der Sicherung der vollen Wirksamkeit des Gemeinschaftsrechts und der Wahrung der Kohärenz des Rechtsschutzes löste der Gerichtshof erst dadurch, dass er die Heranziehung der Grundsätze der Haftung nach Art. 288 Abs. 2 EG unter den Vorbehalt "der vollen Wirksamkeit der Gemeinschaftsrechtsnor-

---

65 EuGH verb. Rs. C-46/93 und C-48/93, Brasserie, Slg. 1996, I-1029, Rn. 42; ausf. GA Tesauro, ebenda, 1100 ff.; Rs. C-352/98 P, Laboratoires pharmaceutiques Bergaderm, Slg. 2000, I-5291, Rn. 41; GA Mischo Schlussanträge in verb. Rs. C-6/90 und C-9/90, Francovich, Slg. 1991, I-5357, 5396.

66 *v.Bogdandy* (Fn. 8), Art. 288, Rn. 6.

67 Zu den anfänglichen Unterschieden der Haftungstatbestände siehe *Goffin*, CDE 33 (1997), 531, 536 ff.

68 *Herdegen/Rensmann*, ZHR 161 (1997), 522, 535.

men und des effektiven Schutzes der durch sie verliehenen Rechte"[69] stellte. Folge der unter diesem Vorbehalt eingeführten Parallelität ist nicht nur, dass die Rechtsprechung zur gemeinschaftsrechtlichen Staatshaftung sich an der bisherigen Rechtsprechung zu Art. 288 Abs. 2 EG zu orientieren hat. In gleichem Maße stellt die Parallelisierung eine Herausforderung auch an die außervertragliche Haftung der Union dar, wodurch die Möglichkeit eröffnet wird, die außervertragliche Haftung der Union unter Hinweis auf die mitgliedstaatliche Haftung zu reformieren und eventuelle Fehlentwicklungen zu korrigieren.

II. Folgerung des Parallelitätstopos für die Haftungstatbestände

Nachfolgend soll in einem kurzen Überblick dargestellt werden, wie weit diese Parallelität die Rechtsprechung zu beiden Haftungsinstituten tatsächlich bestimmt, um zu klären, ob die Untersuchung von einem tatsächlich vergleichbaren Bestand der Haftungsgrundsätze ausgehen kann oder ob die Parallelität lediglich eine Forderung an die zukünftige Ausgestaltung der gemeinschaftsrechtlichen außervertraglichen Haftung von Hoheitsträgern darstellt.

Dabei soll der Überblick auf die haftungsbegründenden Merkmale beschränkt werden, da Gegenstand der Arbeit die Begründung der Haftung, d.h. die Tatbestandsseite, nicht die Rechtsfolgenseite mit der Haftungsausfüllung ist. Haftungsausfüllende Merkmale, wie z.B. die Bestimmung des Schadensumfangs, bleiben unberücksichtigt. Da nach der Konzeption der gemeinschaftsrechtlichen Staatshaftung die Durchführung und Ausformung den Mitgliedstaaten überantwortet ist, was sich insbesondere auf die Haftungsausfüllung bezieht, ließe sich aufgrund der vielfältigen Regelungsmodelle der Staatshaftung in den verschiedenen Mitgliedstaaten auch kaum ein einheitlicher Anspruchstatbestand festlegen.

Auch bei der Bestimmung der haftungsbegründenden Merkmale ist einschränkend anzumerken, dass sich die nachfolgenden Ausführungen auf die weitgehend abstrakte Beschreibung der Tatbestandsmerkmale beschränken und nicht auf die konkrete Anwendung eingehen, da es angesichts der unterschiedlichen Anforderungen an den Haftungsanspruch immer unterschiedliche Ausprägungen in speziellen Fällen gibt.

---

[69] EuGH verb. Rs. C-46/93 und C-48/93, Brasserie, Slg. 1996, I-1029, Rn. 39.

Im vorliegenden Zusammenhang geht es um eine allgemeine Parallelität der Tatbestände, die eine gemeinsame Darstellung und Lösungsansätze sowohl für die Haftung der Union als auch der Mitgliedstaaten rechtfertigt.

Die Anforderungen an die gemeinschaftsrechtliche außervertragliche Haftung legen nur eine Parallelisierung im Grundsatz fest. Damit soll ebenso wie im Verwaltungsrecht bei Durchführung von gemeinschaftlichen Rechtsakten durch die Mitgliedstaaten ein Mindeststandard gewährleistet werden[70]. Da die Durchführung von Gemeinschaftsrecht nur unter dem Vorbehalt der Nichtdiskriminierung und der Effektivität steht[71], wäre im Einzelnen selbst ein nicht unerhebliches Abweichen voneinander zulässig. Dies zeigt sich insbesondere an der Tatsache, dass der EuGH lediglich die drei Grundvoraussetzungen der gemeinschaftsrechtlichen Staatshaftung Rechtswidrigkeit, Schaden und Kausalität festlegt, die konkrete Ausgestaltung aber den nationalen Rechtsordnungen überlässt, die im Rahmen der Bindung durch Art. 10 Abs. 2 EG auf das nationale Staatshaftungsrecht rekurrieren können[72]. Gleichwohl lässt sich eine große Parallelität und in jüngster Zeit sogar eine Konvergenz beider Haftungssysteme konstatieren.

1. Verletzte Norm

Sowohl die Haftung der EU als auch die gemeinschaftsrechtliche Staatshaftung sind von der Rechtsprechung als Systeme der Unrechtshaftung ausgestaltet[73]. Neben der damit vorausgesetzten Rechtswidrig-

---

[70] *Herdegen/Rensmann* (Fn. 68), 522, 535.

[71] EuGH, verb. Rs. 205-215/82, Deutsche Milchkontor, Slg. 1983, 2633, Rn. 22 f.

[72] Siehe dazu insbesondere *Steiner*, EPL 4 (1998), 69, 95 ff., die insofern skeptisch einer einheitlichen Wahrung des Rechts gegenübersteht.

[73] Es gibt jedoch in der jüngeren Rechtsprechung der Gemeinschaftsgerichte Hinweise dafür, dass der Einführung einer Haftung der Union auch bei rechtmäßigem Verhalten der Weg bereitet werden soll, siehe EuG Rs. T-184/95, Dorsch Consult, Slg. 1998, II-667, Rn. 59; EuGH Rs. C-237/98 P, Dorsch Consult/Rat und Kommission, Slg. 2000, I-4549, Rn. 53. Mit einem Haftungsanspruch auch bei rechtmäßigem Verhalten der Unionsorgane würde ein vollständig neuer Anspruch eingeführt, der nicht – wie der bisherige Amtshaftungsanspruch – maßgeblich auf Verhaltensunrecht zur Haftungsbegründung abstellt, sondern den Ausgleich von Sonderopfern bezwecken würde. Daher würde ein solcher Anspruch eigenen, anderen Regeln folgen und soll hier außer Betracht

keit des haftungsbegründenden Verhaltens sind das Vorliegen eines Schadens sowie die Kausalität zwischen Rechtswidrigkeit und Schaden Voraussetzungen für die Entstehung eines Anspruchs[74]. Die Bestimmung der Norm, deren Verletzung eine Haftung auslöst, weist bislang eine uneinheitliche Terminologie auf. Während die Haftung nach Art. 288 Abs. 2 EG bei der Haftung für Handlungen von allgemeiner Geltung der Unionsorgane (Rechtsetzungsakte) die "Verletzung einer höherrangigen, dem Schutz der Einzelnen dienenden Rechtsnorm"[75], bei Verwaltungshandeln keine ausdrückliche Qualifizierung der Norm voraussetzte, fordert der Gerichtshof für die Haftung des Staates die Verletzung einer Vorschrift, welche "*bezweckt,* dem einzelnen Rechte zu verleihen"[76].

Eine sachliche Unterscheidung hinsichtlich der Bestimmung der für eine Haftungsbegründung notwendigen Normverletzung ergibt sich aus der unterschiedlichen Terminologie nicht. Sowohl die Haftung der EU als auch die gemeinschaftsrechtliche Staatshaftung werden nach der Formulierung ihrer Tatbestandsvoraussetzungen letztlich durch die Verletzung von zumindest auch den Einzelnen schützenden Rechtsnormen ausgelöst. Dass es für die Begründung der Staatshaftung der Verletzung einer Norm bedarf, welche bezweckt dem Einzelnen Rechte zu verleihen, rechtfertigt keine Differenzierung. Angesichts der geringen Anforderungen, die beide Haftungsregime an den individualschützenden Charakter der verletzten Norm stellen, ist davon auszugehen, dass die geforderte Normverletzung identisch ist[77]. In der Sache geht es in beiden Fällen darum, eine Popularklagebefugnis auszuscheiden, in-

---

bleiben. Zur Begründung eines Anspruchs bei rechtmäßigem Verhalten der Unionsorgane siehe *Haack*, Die außervertragliche Haftung der Europäischen Gemeinschaft für rechtmäßiges Verhalten ihrer Organe, 1995; *v.Bogdandy* (Fn. 8), Art. 288 EG, Rn. 94 ff.

[74] Siehe z.B. EuGH verb. Rs. C-46/93 und C-48/93, Brasserie, Slg. 1996, I-1029, Rn. 51 (Staatshaftung); EuG, Rs. T-201/99, Royal Olympic Cruises/Rat und Kommission, Slg. 2000, II-4005, Rn. 21 (Haftung der Unionsorgane).

[75] EuGH Rs. 5/71, Schöppenstedt, Slg. 1971, 975, Rn. 11; seitdem ständige Rechtsprechung, vgl. etwa EuG Rs. T-390/94, Schröder u.a., Slg. 1997, II-501, Rn. 52.

[76] EuGH verb. Rs. C-6/90 und C-9/90, Francovich, Slg. 1991, I-5357, Rn. 40; Rs. C-5/94, Hedley Lomas, Slg. 1996, I-2553, Rn. 25; Rs. C-140/97, Rechberger, Slg. 1999, I-3499, Rn. 21 f.

[77] *Beljin* (Fn. 7), 148 f. mwN.; *v.Bogdandy* (Fn. 8), Art. 288 EG, Rn. 130; *Goffin* (Fn. 67), 531, 538.

dem eine größere Nähe des Geschädigten zur handelnden Verwaltung gefordert wird als der ebenfalls an der Wahrung der objektiven Rechtsordnung interessierten Allgemeinheit[78]. Zwischen der Haftung der Union für Rechtsetzungsakte und der gemeinschaftsrechtlichen Staatshaftung besteht somit kein Unterschied hinsichtlich der verletzten Norm. Der Kreis der Schutznormen wird von den Gemeinschaftsgerichten weit ausgelegt. Es reicht aus, wenn eine Norm dem Schutz des Geschädigten neben anderen, auch allgemeinen Zwecken, dient[79]. Der Gerichtshof und das Gericht Erster Instanz haben als Schutznormen etwa die gemeinschaftsrechtlichen Grundrechte[80], oder das Sorgfaltsprinzip[81] sowie die Grundsätze ordentlicher Verwaltung[82] anerkannt. Schutznormen können demnach sowohl im geschriebenen wie im ungeschriebenen sowohl Primär- als auch Sekundärrecht verankert sein[83].

Bei der Haftung für Einzelakte und sonstiges Verhalten setzt der Gerichtshof mit der von ihm verwandten Formel nur eine Rechtsverletzung voraus[84]. Man könnte daher schlussfolgern, jede Verletzung einer gemeinschaftsrechtlichen Norm, gleich ob sie Schutznormcharakter besitzt, begründe eine Haftung für den Fall der Schädigung durch Einzelakte der Unionsorgane. Die Gemeinschaftsgerichte prüfen aber regelmäßig, ob eine Norm verletzt wird, auf die sich der Kläger auch gegenüber den Organen berufen kann[85]. Daher ist auch für Haftungsansprüche wegen rechtswidriger Einzelakte der Unionsorgane der Charakter als Schutznorm Haftungsvoraussetzung.

Unklar und umstritten ist weiterhin nur, wie sich die Normverletzung bei der Geltendmachung eines Schadensersatzanspruchs wegen Nichtumsetzung von Richtlinien durch Mitgliedstaaten in die Parallelisierung

---

78 *Fuß*, EuR 1968, 353, 359.

79 EuGH, verb. Rs. 5, 7 u. 13 bis 24/66, Kampffmeyer/Kommission, Slg. 1967, 331, 355.

80 Vgl. die Nachweise bei *v.Bogdandy* (Fn. 8), Art. 288 EG, Rn. 72.

81 EuG, Rs. T-167/94, Nölle/Rat und Kommission, Slg. 1995, II-2589, Rn. 73 ff.

82 EuG, Rs. T-575/93, Koelman, Slg. 1996, II-1, 35, Rn. 85 ff.

83 *v.Bogdandy* (Fn. 8), Art. 288 EG, Rn. 70.

84 EuGH, Rs. T-390/94, Schröder/Kommission, Slg. 1997, II-501, Rn. 51.

85 EuG, Rs. T-231/97, New Europe Consulting, Slg. 1999, II-2403, Rn. 42, 49; EuGH, Rs. 53/84, Adams/Kommission, Slg. 1985, 3595, Rn. 15.

der Haftungsvoraussetzungen einfügt[86]. Dabei kommt es nicht darauf an, ob eine Schutznorm unmittelbare Wirkung haben muss. Bedeutsam ist eher die Frage, wie eine Norm, die ein Recht erst verleihen soll, schon vor Rechtsverleihung als Schutznorm in Betracht kommen kann. Wie später dargelegt wird, handelt es sich um einen Anspruch, der sich nicht gänzlich in die Dogmatik und den Funktionszusammenhang des übrigen gemeinschaftsrechtlichen Amtshaftungsrechts einfügt. Da er eine Sonderstellung einnimmt, muss er nicht in vollem Umfang den Parallelitätsanforderungen genügen.

Eine Erklärung für die unterschiedliche Terminologie bieten die jeweiligen Entstehungsgeschichten beider Ansprüche. Die Rechtsprechung zur Haftung der Union hat ihren Ursprung in der Haftung der Hohen Behörde der Montanunion nach Art. 40 EGKS[87]. Die Rechtsprechung zu Art. 40 EGKS war zunächst prägend für die Auslegung von Art. 288 II EG. Da Art. 40 EGKS sehr viel detaillierter die Tatbestandsvoraussetzungen eines Haftungsanspruchs regelt und zudem bereits sechs Jahre vor dem EWG-Vertrag in Kraft getreten war, hatte sich bereits eine Rechtsprechung hierzu entwickelt. Wegen des Wortlauts von Art. 40 EGKS stand die Amtspflichtverletzung als zentrales Kriterium im Mittelpunkt der Anspruchsbegründung. Mithin war Voraussetzung die Verletzung einer Schutznorm, d.h. die Verletzung einer Norm, welche zumindest auch den Kläger schützt.

Die Einführung der Staatshaftung erfolgte in einer gänzlich anderen Situation und hatte anderen Anforderungen zu genügen. Mit diesem Rechtsinstitut antwortete der EuGH in seinem ersten Fall auf die für die Gewährleistung der effektiven Wirkung von Gemeinschaftsrecht als unzureichend empfundene Situation, dass Richtlinien, die Rechtsbeziehungen zwischen zwei Privaten regeln, in dieser Privatrechtsbeziehung keine unmittelbare Wirkung entfalten können[88]. Daher musste er eine Formulierung wählen, die den Fall der Berufung auf eine nicht unmittelbare Richtlinienbestimmung zur Haftungsbegründung umfasste[89]. Im

---

86 Siehe die Beschreibung der verschiedenen Ansätze bei *v.Bogdandy* (Fn. 8), Art. 288 EG, Rn. 132.

87 EuGH Rs. 7/56 und 3/57 bis 7/57, Algera, Slg. 1957, 83,137 f.; EuGH verb. Rs. 9 und 12/60, Vloeberghs/Hohe Behörde, Slg. 1961, 427, 465.

88 EuGH verb. Rs. C-6/90 und C-9/90, Francovich, Slg. 1991, I-5357, 5415, Rn. 34.

89 EuGH verb. Rs. C-6/90 und C-9/90, Francovich, Slg. 1991, I-5357, 5415, Rn. 40.

Nachfolgeurteil wurde der Kreis der haftungsbegründenden Normverletzungen erweitert und präzisiert. Seit der Entscheidung in der Rechtssache *Brasserie du Pêcheur* setzt der gemeinschaftsrechtliche Staatshaftungsanspruch die Verletzung einer Norm voraus, welche *bezweckt*, dem einzelnen Rechte zu verleihen[90]. Damit knüpft die Tatbestandsvoraussetzung "Normverletzung" in der Logik der Rechtssache *Francovich* an die Dogmatik zur unmittelbaren Wirksamkeit von Gemeinschaftsrechtsnormen an[91]. Denn der Figur der unmittelbaren Wirksamkeit liegt der Gedanke zugrunde, den Bedeutungsgehalt einer Norm im Wege der Verleihung von für das Individuum einforderbaren Rechten zu stärken[92]. Jedoch ist diese Formulierung weit genug, um auch den speziellen Fall der Haftung wegen Nichtumsetzung von Richtlinien zu erfassen.

Die These der Konvergenz der Haftungsvoraussetzung "Normverletzung" für den Anspruch nach Art. 288 Abs. 2 EG und den gemeinschaftsrechtlichen Staatshaftungsanspruch wird auch durch die seit der Rechtsmittelentscheidung in der Rechtssache *Bergaderm* zu beobachtende Annäherung beider Haftungssysteme belegt. In dieser Rechtssache betonte der EuGH zunächst die Parallelität der Haftungstatbestände im Zusammenhang mit der Prüfung der Haftung der Union nach Art. 288 Abs. 2 EG aufgrund des Erlasses einer angeblich rechtswidrigen Richtlinie der Kommission[93], um später darzulegen, dass in der Vorinstanz durch das EuG keine Verletzung einer Vorschrift festgestellt worden sei, die bezwecke, dem Einzelnen Rechte zu verleihen. Dabei hatte das EuG in erster Instanz noch unter Anwendung der herkömmlichen Tatbestandsformulierung für generelle Akte geprüft, ob eine "höherrangige, den Einzelnen schützende Norm" verletzt worden war[94]. Es kann folglich mit dem EuGH von einer Gleichwertigkeit beider Formulierungen des Tatbestandes ausgegangen werden.

---

[90] EuGH, verb. Rs. C-46/93 und C-48/93, Brasserie, Slg. 1996, I-1029, Rn. 51, 74; ständige Rechtsprechung, vgl. EuGH, Rs. C-5/94, Hedley Lomas, Slg. 1996, I-2553, Rn. 25; Rs. C-140/97, Rechberger, Slg. 1999, I-3499, Rn. 22.

[91] *v.Bogdandy* (Fn. 8), Art. 288 EG, Rn. 131.

[92] EuGH Rs. 8/81, Becker, Slg. 1982, 53, Rn. 23; Rs.70/83, Kloppenburg, Slg. 1984, 1075, Rn. 10 ff.; Rs. 14/83, von Colson und Kamann, Slg. 1984, 1891, Rn. 22 ff.

[93] EuGH, Rs. C-352/98 P, Laboratoires pharmaceutiques Bergaderm, Slg. 2000, I-5291.

[94] EuG, Rs. T-199/96, Laboratoires pharmaceutiques Bergaderm, Slg. 1998, II-2805, Rn. 48, 50.

Folgerichtig prüft das Gericht erster Instanz in der die Haftung der Union betreffenden Rechtssache *Cordis*, ob eine Bestimmung des GATT eine Norm ist, die "bezweckt, dem Einzelnen Recht zu verleihen"[95]. Daher ist davon auszugehen, dass nunmehr auch die Rechtsprechung in der unterschiedlichen Formulierung der Tatbestandsvoraussetzung "Normverletzung" keinen sachlichen Unterschied sieht. Offensichtlich verwendet die Rechtsprechung die Formulierung der Rechtsbezweckung in Fällen, in denen es ebenso wie bei der gemeinschaftsrechtlichen Staatshaftung für die Nichtumsetzung von Richtlinien schon vor Klärung des Schutznormcharakters der verletzten Vorschrift unklar ist, ob die Norm aufgrund ihrer Rechtsqualität überhaupt geeignet ist, dem Einzelnen ein Recht zu gewähren, auf das er sich vor Gerichten berufen kann.

2. *Intensität der Rechtsverletzung*

Kritik erfahren unter dem Blickwinkel einer Parallelität der Haftungstatbestände die Anforderungen an die Intensität der Rechtsverletzung. Grundsätzlich kann jede Rechtsverletzung einen Haftungsanspruch nach Art. 288 Abs. 2 EG oder einen gemeinschaftsrechtlichen Staatshaftungsanspruch begründen. Ansprüche nach Art. 288 Abs. 2 EG unterliegen jedoch je nach Art der Verletzung unterschiedlichen Anforderungen in Bezug auf die Intensität der Rechtsverletzung. Bei der Haftung für Einzelakte setzt die Rechtsprechung lediglich einfache Rechtswidrigkeit für die Anspruchsbegründung voraus[96]. Bei der Haftung aufgrund genereller Akte, d.h. Rechtsetzungsakte, legt der EuGH bislang die Haftungsschwelle höher an. Hier wurde zusätzlich eine hinreichend qualifizierte Rechtsverletzung gefordert[97]. Dieses Merkmal

---

[95] EuG, Rs. T-18/99, Cordis/Kommission, Slg. 2001, II-913, Rn. 45 ff.; *v.Bogdandy* (Fn. 8), Art. 288 EG, Rn. 73.

[96] EuGH, Rs. 145/83, Adams/Kommission, Slg. 1985, 3539, Rn. 53, 55; Rs. 353/88, Briantex/Kommission, Slg. 1989, 3623, Rn. 9, 11.

[97] Ständige Rspr. seit EuGH, Rs. 5/71, Schöppenstedt, Slg. 1971, 975, Rn. 11; Rs. C-152/88, Sofrimport, Slg. 1990, I-2477, Rn. 25; verb. Rs. C-104/89 und C-37/90, Mulder, Slg. 1992, I-3061, Rn. 12; zusammenfassender Überblick in EuG Rs. T-120/89, Peine-Salzgitter, Slg. 1991, II-279, Rn. 74; das Merkmal der qualifizierten Rechtsverletzung entstammt dem französischen Verwaltungsrecht, wo es als Tatbestandsmerkmal der "faute lourde" das maßgebliche Instrument zur Steuerung des Ausgleichs zwischen staatlichen Interessen und Rechten des Bürgers darstellt, *Chapus*, Droit administratif général, Tome 1, Rn. 1462.

war zunächst nur auf Rechtsetzungsakte anwendbar, "deren Erlass wirtschaftspolitische Entscheidungen voraussetzt"[98]. Durch die Entwicklung in der jüngeren Rechtsprechung kann jedoch als gesichert gelten, dass das Erfordernis einer qualifizierten Rechtsverletzung auf alle generellen Akte der Unionsorgane Anwendung findet, bei denen dem Organ ein "Ermessensspielraum" zusteht[99].

Eine solche qualifizierte Rechtsverletzung liegt vor, wenn "das handelnde Organ die Grenzen seiner Befugnisse offenkundig und erheblich überschritten hat"[100]. Damit besitzt das Merkmal zwei Komponenten. Das Offenkundigkeitskriterium bezieht sich auf den dem betreffenden Organ zustehenden Ermessensspielraum[101]. Das Merkmal der Erheblichkeit hingegen präzisiert die Auswirkungen der rechtswidrigen Handlung und wird zumeist als Sonderopferkriterium verstanden[102]. Es setzt voraus, dass der Schaden über die Grenzen der üblichen wirtschaftlichen Risiken hinausgeht und einen begrenzten und klar umrissenen Personenkreis betrifft[103].

Auch die gemeinschaftsrechtliche Staatshaftung setzt eine qualifizierte Rechtsverletzung voraus[104]. Im Hinblick auf die geforderte Parallelität der Haftungstatbestände sind allerdings in zweifacher Hinsicht Bedenken vorgetragen worden.

Zum einen gilt das Erfordernis der qualifizierten Rechtsverletzung bei der gemeinschaftsrechtlichen Staatshaftung für alle Rechtsakte, gleich ob Einzelakte oder generelle Handlungen der mitgliedstaatlichen Orga-

---

98 EuGH, verb. Rs. 83 und 94/76, 4, 15 und 40/77, HNL, Slg. 1978, 1209, Rn. 4.

99 EuGH Rs. C-390/95 P, Antillean Rice Mills, Slg. 1999, I-797, Rn. 57 f.; *v.Bogdandy* (Fn. 8), Art. 288, Rn. 84.

100 EuGH, verb. Rs. 83 und 94/76, 4, 15 und 40/77, HNL, Slg. 1978, 1209, Rn. 6.

101 Eingehend zu diesem Tatbestandsmerkmal siehe *Czaja* (Fn. 4), 81 ff.

102 *v.Bogdandy* (Fn. 8), Art. 288, Rn. 89; *Czaja* (Fn. 4), 86; *v.Danwitz*, DVBl. 1997, 1, 9; *Hegels*, EG-Eigenverwaltungsrecht und Gemeinschaftsverwaltungsrecht, 141; zur Kritik an diesem Tatbestandsmerkmal siehe *Grabitz* in: Schweitzer, Europäisches Verwaltungsrecht, 166, 191 f.; *Fines* (Fn. 43), 339 ff.

103 EuGH, Rs. 238/78, Ireks-Arkady, Slg. 1979, 2955, Rn. 11 f.; verb. Rs. 241, 242 und 245–250/78, DGV, Slg. 1979, 3017, Rn. 11, 13; verb. Rs. 64 und 113/76 und 239/78, 27, 28 und 45/79, Dumortier frères, Slg. 1979, 3091, Rn. 11, 13.

104 Ständige Rspr. seit EuGH, verb. Rs. C-46/93 und C-48/93, Brasserie, Slg. 1996, I-1029, Rn. 55.

ne. Angesichts der postulierten Parallelität ist diese Unterscheidung bei der Haftung unter Art. 288 Abs. 2 EG nicht mehr hinnehmbar. Wohl aus diesem Grund und aufgrund der Schwierigkeit zwischen Einzelakten und generellen Handlungen der Unionsorgane zu unterscheiden hat der EuGH in seiner jüngeren Rechtsprechung auf eine Qualifizierung eines Aktes als generell oder einzelfallbezogen verzichtet und auf den dem Organ zustehenden Ermessensspielraum abgestellt[105]. Daher lässt sich insofern aus der Rechtsprechung des Gerichtshofs kein Einwand gegen eine Parallelität der Haftungstatbestände ziehen[106].

In einer anderen Hinsicht besteht hingegen noch immer ein großer Unterschied in der Ausgestaltung der Anspruchsvoraussetzungen. Die Übernahme des Erfordernisses einer qualifizierten Rechtsverletzung erfolgt nämlich nur hinsichtlich der Anforderung an das Organverhalten. Die weiter hinzutretende Konkretisierung der Auswirkungen der Schädigung als Sonderopfer taucht in der Rechtsprechung zur gemeinschaftsrechtlichen Staatshaftung nicht auf[107]. Der gemeinschaftsrechtliche Staatshaftungsanspruch setzt daher nicht die Belastung einer bestimmten, abgegrenzten Gruppe mit einem über das gewöhnliche wirtschaftliche Risiko hinausgehenden Schaden voraus, sondern findet selbst bei Handlungen oder Unterlassungen Anwendung, die auf die gesamte Bevölkerung gleichermaßen einwirken. Inzwischen ist diese Rechtsprechung, die ursprünglich von dem Erfordernis der Betroffenheit einer kleinen Gruppe ausging, insoweit relativiert als es ausreicht, dass es sich um eine klar abgegrenzte Gruppe handelt, auf deren zahlenmäßige Größe es nicht mehr ankommt[108].

Somit widerspricht diese spezielle Ausgestaltung der Haftung der Union für generelle Handlungen ihrer Organe einer Parallelität der Haftungstatbestände. Daraus folgend wird von einigen Autoren die Aufga-

---

105 EuGH, Rs. C-352/98 P, Laboratoires pharmaceutiques Bergaderm, Slg. 2000, I-5291, Rn. 46.

106 So aber noch auf der Grundlage der vorherigen Rechtsprechung *Hegels* (Fn. 102), 141 f.

107 Zwar wird in der Rechtssache Dillenkofer auf die Voraussetzungen der Erheblichkeit und Offenkundigkeit für die Begründung der qualifizierten Rechtsverletzung hingewiesen. Geprüft wird hingegen nur, ob Deutschland den ihm zustehenden Ermessensspielraum erheblich überschritten hat, vgl. EuGH verb. Rs. C-178/94, C-179/94, C-188/94 u. C-190/94, Dillenkofer, Slg. 1996, I-4845, Rn. 25, 27.

108 Siehe z.B. EuGH, verb. Rs. C-104/89 und C-37/90, Mulder, Slg. 1992, I-3061, wo eine generelle Maßnahme über 12.000 Milchbauern betraf.

be des Sonderopferkriteriums gefordert[109] oder zumindest eine Angleichung des Haftungsmaßstabs, da es schlichtweg nicht verständlich sei, dass bei Verletzung der gleichen Norm ein Mitgliedstaat leichter haftet als die Union[110]. Jedoch erscheint eine Unterscheidung im Einzelfall gerechtfertigt im Hinblick auf die praxisnahe Anwendung unter dem Gesichtspunkt des Schutzes der Funktionstüchtigkeit der Organe, die in ihrer Aufgabe der Rechtsetzung – im Gegensatz zur lediglich durchführenden Funktion der Mitgliedstaaten – nicht durch unübersehbare Haftungsrisiken gehemmt werden sollen, wenn das Gemeinschaftsinteresse den Erlass von Rechtsetzungsakten gebietet, die Interessen des Einzelnen beeinträchtigen können[111]. Im Übrigen ist zu berücksichtigen, dass sich die Ausformung der Haftungstatbestände noch immer im Fluss befindet und eine Angleichung der Haftungsvoraussetzung leicht zu deren Verschärfung zulasten der Geschädigten führen kann, was das bereits jetzt schon recht niedrige Rechtsschutzniveau weiter herabsetzen würde[112].

Hinsichtlich der übrigen Haftungsvoraussetzungen Schaden und Kausalität lassen sich keine Abweichungen feststellen, sieht man davon ab, dass die Konstruktion des EuGH, die gemeinschaftsrechtliche Staatshaftung auf nationales Recht gründet, soweit Voraussetzungen wie Verjährung, Entschädigungsumfang nicht gemeinschaftsrechtlich vorgegeben sind[113], notwendigerweise zu gewissen Unterschiedlichkeiten führt. Diese gefährden jedoch nicht die Einheitlichkeit des Gemeinschaftsrechts. Denn die Mitgliedstaaten sind auch bei judikativem Handeln durch Art. 10 EG verpflichtet, das Gemeinschaftsrecht so durchzuführen, dass seine Effektivität gewahrt bleibt[114]. In den haftungsbegründenden Grundstrukturen entsprechen sich die Tatbestandsmerkmale Schaden und Kausalität[115].

---

[109] *Czaja* (Fn. 4), 90 ff.; *Herdegen*, Die Haftung der Europäischen Wirtschaftsgemeinschaft für fehlerhafte Rechtsetzungsakte, 133 ff.

[110] *Wathelet/van Raepenbusch* (Fn. 13), 13, 41.

[111] *v.Bogdandy* (Fn. 8), Art. 288, Rn. 90.

[112] *Czaja* (Fn. 4), 90 ff; *Herdegen*, Die Haftung der Europäischen Wirtschaftsgemeinschaft für fehlerhafte Rechtsetzungsakte, 86 ff.

[113] EuGH, verb. Rs. C-46/93 und C-48/93, Brasserie, Slg. 1996, I-1029, Rn. 67.

[114] EuGH, verb. Rs. 205-215/82, Deutsche Milchkontor, Slg. 1983, 2633, 2666; Rs. C-188/95, Fantask S/A, Slg. 1997, I-6783, Rn. 38.

[115] *Detterbeck* (Fn. 43), 202, 233; *Goffin* (Fn. 67), 531, 542 f.

3. Fazit

Es zeigt sich, dass aus dem Gesichtspunkt der Kohärenz des Rechtsschutzsystems eine Parallelität der Ansprüche aus gemeinschaftsrechtlicher außervertraglicher Haftung gegenüber den Mitgliedstaaten und der Union besteht. Diese Parallelität ist nicht vollkommen. Einerseits dient sie der Entwicklung des Rechtsinstituts als Leitfaden und führt gerade in den letzten Jahren zu einer Konvergenz beider Ansprüche. Andererseits sind gewisse Abweichungen notwendig, damit der besonderen Situation der Haftung der Mitgliedstaaten und der Haftung der Union Rechnung getragen wird. Der Annahme einer grundsätzlichen Parallelität stehen sie nicht entgegen.

2. Teil

Konzeption einer Haftung in Mehrpersonenverhältnissen

A. Kategorien der Haftung in Mehrpersonenverhältnissen

Das Haftungsrecht ist ein Instrument zur Verteilung der Kosten und Risiken einer Schädigung durch das Verhalten eines anderen. Ziel von Haftungsregeln ist die Steuerung der Übernahme des Schadens des Rechtsgutsträgers durch die Person des Ersatzpflichtigen. Eine Schadensübernahme ist allerdings nur die Rechtsfolge eines Haftungsanspruchs. Die Verbindung zwischen der Verletzung und dem Schaden einerseits und der Person des Haftungsverpflichteten andererseits wird durch die Zurechnung hergestellt. Die Zurechnung ist der tragende Grund einer Haftung[116]. Sie ist die Erklärung, dass eine Person für ein Verhalten oder einen Erfolg im Hinblick auf eine Rechtsfolge verantwortlich ist[117]. Ohne die Zurechnung verbliebe es bei dem Satz casum sentit dominus oder der so genannten "absolute property rule", nach der jeder Eigentümer vollumfänglich für seine Rechtsgüter verantwortlich ist und das Risiko für Verlust und Beschädigung trägt.

Dogmatisch kann die Zurechnung auf verschiedenste Art und Weise ausgestaltet werden. Im Zivilrecht lässt sich die Ausformung haftungsrechtlicher Zurechnung idealtypisch in drei Grundtypen von Haftungstatbeständen unterteilen: Risiko-, Aufopferungs- und Unrechtshaftung[118]. Diese unterschiedlichen Ausgestaltungen der Haftungszurechnungsgründe bewegen sich zwischen der reinen Kausalhaftung ("absolute liability")[119], bei der die Person zum Schadensersatz verpflichtet

---

[116] *Deutsch*, Allgemeines Haftungsrecht, 16.

[117] *Deutsch* (Fn. 116), 58.

[118] *Esser/Weyers*, Schuldrecht Besonderer Teil, Bd. 2, 533 ff.; *Larenz/Canaris*, Schuldrecht II/2, 349 ff.

[119] z.B. der Schadensersatzanspruch für jegliche Art von Justizirrtum oder judikatives Unrecht in Art. 106 der Spanischen Verfassung.

wird, die den Schaden herbeigeführt hat, ohne dass es weiterer Zurechnungsgründe bedarf, und der "absolute property rule", wonach jeder für die Integrität seiner Vermögensgüter selbst verantwortlich ist. Die verschiedenen Typen der Zurechnungstatbestände lassen sich freilich nicht immer trennscharf voneinander unterscheiden. Insbesondere die Unrechts- und die Gefährdungshaftung ähneln sich bis zur annähernden Unmöglichkeit der Unterscheidung. Gleichwohl soll an diesen Kategorien festgehalten werden, da die mit ihnen ausgestaltete Zurechnung auf unterschiedlichen Wertungen beruht. Diese Unterteilung der Haftungsgründe hat sich im Zivilrecht bewährt und findet sich im Übrigen auch im französischen Staatshaftungsrecht, wo zwischen responsabilité pour faute und responsabilité sans faute, die in responsabilité pour risque und responsabilité pour rupture de l'égalité devant les charges publiques unterschieden wird[120]. Diese Dreiteilung der Zurechnungs- und damit der Haftungsgründe lässt sich auch auf die Haftung der Hoheitsträger übertragen[121].

Der Verweis auf die unterschiedlichen Wertungen macht deutlich, dass Zurechnung ein normativer Begriff ist. Daher wird eine Interpretation des Haftungsrechts, die allein auf den Wortlaut der durch den EuGH ausgeformten Haftungsvoraussetzungen abstellt, der Funktion der Haftungszurechnung im System des gemeinschaftlichen Rechtsschutzes nicht gerecht. Es bedarf vielmehr einer wertenden Auslegung der die Zurechnung konkretisierenden Haftungsvoraussetzungen unter Berücksichtigung der Funktion der gemeinschaftsrechtlichen Haftung, wie sie durch die Rechtsprechung Gestalt gewonnen hat. Diese Vorgehensweise entspricht auch der Arbeit des EuGH, der ausdrücklich betont, der gemeinschaftsrechtliche Anspruch aus außervertraglicher Haftung sei ein Rechtsbehelf mit eigener Funktion im System der Klagemöglichkeiten nach dem EG-Vertrag und daher von den Voraussetzungen abhängig zu machen, die seinem besonderen Zweck entsprächen[122].

---

[120] *Chapus* (Fn. 97), Rn. 1450 ff., 1484 ff. mwN.

[121] *Rebhahn*, Staatshaftung wegen mangelnder Gefahrenabwehr, 28. Dies stellt nur eine mögliche Einteilung dar. Andere Kategorien von Haftungsgründen für die Staatshaftungsrechte der Mitgliedstaaten der Union bildet z.B. *Bender*, Staatshaftungsrecht, 3. Aufl. 1981, 5 ff., der mehr auf die häufigsten Haftungsgründe des Staatshaftungsrechts, wie Amtsfehler, Verschulden und Rechtswidrigkeit abstellt. Hingegen lassen auch diese Kategorien in die oben genannten integrieren.

[122] EuGH Rs. 81/86, de Boer Buizen/Rat und Kommission, Slg. 1987, 3677, Rn. 9.

Dieser besondere Zweck kann aber je nach Konstellation variieren. Wie nachfolgend aufzuzeigen sein wird, wirkt sich das insbesondere bei der hier untersuchten Haftung in Mehrpersonenverhältnissen aus. Daher ist nach der nun folgenden Darstellung der verschiedenen Konstellationen der Haftung in Mehrpersonenverhältnissen zu klären, welchen Funktionen und Zwecken die gemeinschaftsrechtliche Haftung allgemein und in speziellen Konstellationen dient.

Sowohl die Haftung der Europäischen Gemeinschaft nach Art. 288 Abs. 2 EG als auch die vom EuGH entwickelte gemeinschaftsrechtliche Staatshaftung statuieren Pflichten zur Übernahme deliktisch verursachter Schäden, ohne schon eine Kausalhaftung festzulegen. Die Kriterien der Haftungsverteilung sind die einer Unrechtshaftung[123]. Unrechtshaftung liegt immer dann vor, wenn der Haftungsgrund in einem Verstoß gegen Gebote oder Verbote der Rechtsordnung liegt. Wie bereits ausgeführt, setzen sowohl die gemeinschaftsrechtliche Staatshaftung als auch die Haftung der Union eine Verletzung in bestimmter Form qualifizierter Rechte voraus. Aus der Ausgestaltung der Ansprüche als Unrechtshaftung folgt, dass die Rechtsverletzung den eigentlichen Zurechnungsgrund darstellt. Die weiteren Voraussetzungen der Kausalität und des Schadens begründen nicht die Zurechnung, sondern gestalten sie aus.

I. Definition der haftungsrechtlichen Mehrpersonenverhältnisse

Um Unterschiede in der Beurteilung von Mehrpersonenverhältnissen aufzuzeigen, ist zunächst zu klären, was unter einem solchen Mehrpersonenverhältnis zu verstehen ist.

Nach der oben erfolgten Kennzeichnung der Haftung der Gemeinschaft und der gemeinschaftsrechtlichen Staatshaftung als Unrechtshaftung ist ein Mehrpersonenverhältnis zunächst jedes Haftungsverhältnis, in dem mehrere Personen als Verpflichtete in Betracht kommen oder ihnen ein rechtswidriges Verhalten vorzuwerfen ist. Diese Haftungskonstellation setzt voraus, dass es sich bei zumindest einer der poten-

---

[123] *Brüggemeier*, Prinzipien des Haftungsrechts, 149; *Grossrieder Tissot* (Fn. 54), 91, 101; *Ossenbühl* (Fn. 6), 563; *Rebhahn* (Fn. 121), 64 f. Soweit Fuß den Amtsfehler und nicht die Rechtswidrigkeit eines Organhandelns als haftungsbegründend ansieht, steht dies im Sinne der vorgenannten Dreiteilung der Haftungsgründe nicht einer Qualifizierung als Unrechtshaftung entgegen, da auch Amtsfehler ein rechtswidriges Verhalten voraussetzen, vgl. *Fuß*, EuR 1968, 353, 356 f.

tiell in Anspruch zu nehmenden Personen um einen Hoheitsträger handelt, der überhaupt nach dem Recht der außervertraglichen Haftung der Europäischen Union haften kann. Haftungssubjekte der hier zu untersuchenden Haftungsnormen sind jedoch lediglich die Europäische Union und die Mitgliedstaaten. Um andere Problemsituationen des gemeinschaftlichen Rechts der außervertraglichen Haftung in den Blick zu nehmen, ist der Kreis von Fällen der außervertraglichen Haftung in Mehrpersonenverhältnissen weiter zu fassen. Daher sind Mehrpersonenverhältnisse in dem hier zu untersuchenden Sinne auch solche Haftungskonstellationen, in denen neben einem nach dem Unionsrecht rechtswidrig handelnden Hoheitsträger mindestens eine weitere Person zur Entstehung eines Schadens beiträgt, unabhängig davon, ob diese nach dem Gemeinschaftsrecht in Anspruch genommen werden kann. Zwei-Personen-Verhältnisse sind dagegen solche, in denen eine Schädigung ausschließlich durch einen Hoheitsträger unter Verstoß gegen das Unionsrecht verursacht wird, ohne dass ein anderer Hoheitsträger oder weiterer Handelnder dazwischen tritt.

In Zwei-Personen-Verhältnissen ist zu ermitteln, ob der Geschädigte den Schaden selbst zu tragen hat oder ob und gegebenenfalls in welcher Höhe ein Schaden einem anderen zuzurechnen ist. Mit eindeutiger Feststellung der Schadenszurechnung sind die rechtlichen Beziehungen in der Schädiger-Geschädigten Relation umfassend beschrieben.

Anders stellt sich die Situation bei der Beteiligung von mehr als zwei Personen an einem deliktischen Haftungsverhältnis dar. Da es nicht nur einen Schädiger in dem jeweiligen Haftungsverhältnis gibt, gestaltet sich schon die Schadenszurechnung schwieriger als im Zwei-Personen-Verhältnis. Denn es muss ermittelt werden, welchem mehrerer möglicher Schädiger ein Schaden zugerechnet werden kann. Es gibt die Möglichkeit, Schäden allen Schädigern nebeneinander vollständig zuzurechnen (Gesamtschuldnerschaft) oder eine Haftung nach Bruchteilen anzunehmen. Der Klärung bedarf daneben die Frage, ob das Verhalten eines Schädigers die Haftung eines anderen vollständig entfallen lässt, da eine neue Kausalkette in Gang gesetzt wird. Zusätzlich entsteht im Innenverhältnis der in Anspruch genommenen Personen die Frage, welche rechtlichen Beziehungen, insbesondere Regressansprüche, sich zwischen ihnen ergeben.

Damit lässt sich feststellen, dass die Haftung in Mehrpersonenverhältnissen auf die Haftung in Zwei-Personenverhältnissen aufbaut, jedoch weitere Differenzierungen hinsichtlich der Zurechnung erfordert, die mit dem Anlegen der für Zweipersonenverhältnisse entwickelten Maßstäbe nicht zu lösen sind.

II. Abgrenzung der Kategorien

In Mehrpersonenverhältnissen lassen sich anhand des Inhalts der Zurechnung verschiedene Kategorien unterscheiden. Maßstab für die Unterscheidung ist dabei, ob eigenes oder fremdes Fehlverhalten zugerechnet wird.

1. Haftung für Schädigung in Gemengelagen

Die Zurechnung eigenen Fehlverhaltens in Mehrpersonenverhältnissen setzt voraus, dass eine Schädigung durch eine Gemengelage von Schadensbeiträgen von mindestens zwei Rechtsträgern erfolgt. Beide Rechtsträger befinden sich durch ihre eigenen Tatbeiträge in einer Schädiger-Geschädigten-Relation mit dem Geschädigten. Bei jedem der Handelnden lässt sich ein Anknüpfungspunkt für eine außervertragliche Haftung ausmachen. Auf die Art und Qualität des Handelns kommt es für die Bestimmung der Fallgruppe zunächst nicht an. Entscheidend ist vielmehr, dass die Schädiger jeweils einen eigenen Schädigungsbeitrag leisten, der ihrem eigenen Interesse dient, z.B. der Erfüllung bestimmter Aufgaben und dass beide Schadensbeiträge zur Entstehung des Schadens beitragen. Bestimmt wird daher diese Gruppe der Fälle durch die Tatsache, dass dem in Anspruch genommenen Rechtsträger eine Schädigung zugerechnet wird, die er zumindest teilweise selbst hervorgerufen hat. Die Schädigung als solche erfolgt hingegen in einer Art arbeitsteiligem Vorgehen beider Beteiligter.

Da bei einer Schädigung in Gemengelagen Anknüpfungspunkte für die Zurechnung zum Handeln zumindest zweier Personen vorliegen, liegt das Hauptproblem darin, zu bestimmen, wen der Geschädigte in Anspruch nehmen kann. Darüber hinaus ergibt sich nach erfolgreicher Inanspruchnahme das Problem der Verteilung der Verantwortlichkeit im Verhältnis zwischen den Schädigern.

2. Haftung für Verletzung von Schadensabwendungspflichten

Anderen Zurechnungsmaßstäben unterliegen die Fälle, in denen ein Hoheitsträger nach dem Gemeinschaftsrecht in Anspruch genommen wird, weil er eine Schadensabwendungspflicht verletzt hat. Eine Schadensabwendungspflicht liegt vor, wenn einem Hoheitsträger nach dem Unionsrecht die Pflicht obliegt, zu verhindern, dass ein Dritter (EU,

Mitgliedstaat, Drittstaat oder Bürger) – der unmittelbare Schädiger – einen Einzelnen schädigt.

Die Haftung wegen einer Schädigung in Gemengelagen unterscheidet sich deutlich von der Konstellation einer Schädigung durch Verletzung von Schadensabwendungspflichten, denn zugerechnet wird ausschließlich fremdes Verhalten. Die Schädigung erfolgt vollständig durch einen unmittelbaren Schädiger. Der in Anspruch genommene Rechtsträger leistet zu dieser Schädigung keinen aktiven oder arbeitsteiligen Beitrag. Auch hat er kein eigenes rechtliches Interesse an dieser Schädigung. Er befindet sich gleichermaßen außerhalb der Schädiger-Geschädigten-Relation. Der in Anspruch genommene Rechtsträger befindet sich in einer ähnlichen Situation wie ein Versicherer, allerdings mit dem Unterschied, dass er sowohl die Pflicht als auch die Mittel hat, bestimmte Schädigungen zu verhindern. Ihm wird zugerechnet, dass ein unmittelbarer Schädiger einen Schaden hervorgerufen hat. Da es hierbei vorwiegend um die Zurechnung fremden Fehlverhaltens geht, bedarf es einer besonderen Begründung, die notwendigerweise anderen Kriterien folgen muss als die Beurteilung der Frage einer Haftung für eigenes Fehlverhalten.

Drei Konstellationen von Schädigungen, die aus Schadensabwendungspflichten folgen, sind denkbar. Erstens: die Schädigung geht von dem Geschädigten selbst aus, dem Hoheitsträger obliegt jedoch die Pflicht, den Geschädigten vor sich selbst zu schützen. Zweitens: Die Schädigung erfolgt unabhängig von einer anderen Person durch Vorgänge in der Natur, ohne jede Beteiligung einer dritten Person. Drittens: Die Schädigung erfolgt durch die Handlung einer dritten Person. Im Zusammenhang der Untersuchung soll nur die dritte Gruppe betrachtet werden, da nur bei ihr dogmatische Probleme hinsichtlich eines Mehrpersonenverhältnisses auftreten. Die erste und zweite Möglichkeit einer Schädigung betrifft fast ausschließlich die Frage der objektiven Pflichtenstellung des in Anspruch genommenen Hoheitsträgers.

Im Gegensatz zur Problematik der Haftung für die Verletzung von Schadensabwendungspflichten ist in dieser Kategorie entscheidend, ob überhaupt gehaftet werden soll. Daneben kommt es aber auch hier darauf an, ob der unmittelbare Schädiger in Anspruch genommen werden kann und wie das Verhältnis zwischen Schutzverpflichtetem und dem unmittelbaren Schädiger ausgestaltet ist.

3. Haftung für Nichtumsetzung oder schlechte Umsetzung von privatrechtsgestaltenden Richtlinien

Die Haftung der Mitgliedstaaten wegen unterlassener oder schlechter Umsetzung privatrechtsgestaltender Richtlinien lässt sich in die zwei vorstehend beschriebenen Kategorien nicht recht einordnen. Auf den ersten Blick scheint es sich um eine Haftung wegen Verletzung von Schadensabwendungspflichten zu handeln. Eine solche Zuordnung setzt aber die Annahme voraus, den Mitgliedstaaten würden durch Richtlinien Pflichten zum Schutz bestimmter Rechtsgüter des Einzelnen auferlegt. Kommt ein Mitgliedstaat diesen Schutzpflichten nicht nach und entsteht dadurch ein Schaden an den zu schützenden Rechtsgütern des Einzelnen, haftet der Mitgliedstaat für Schäden, die bei korrekter Ausübung seiner Schutzpflicht nicht entstanden wären. Dabei betrachtet man das Handeln des unmittelbar schädigenden Dritten und das Handeln des Mitgliedstaates als vollständig unabhängig voneinander. Zugerechnet wird dem Mitgliedstaat eigenes, nicht fremdes Verhalten.

Bei anderer Betrachtungsweise ließe sich jedoch auch eine Einordnung dieser Haftungsfälle in die Kategorie der Haftung für Schädigung in Gemengelagen begründen. Berücksichtigt man, dass eine Schädigung durch das Unterlassen oder die Fehlerhaftigkeit der Richtlinienumsetzung zumindest erleichtert wird, so wird deutlich, dass hier auch ein arbeitsteiliges Vorgehen zur Schädigung führt. Zwar führt der Einzelne letztendlich die Handlung aus, die die letzte Ursache für die Entstehung des Schadens setzt. Diese Handlung wird aber von dem Mitgliedstaat erst dadurch ermöglicht, dass er die in der Richtlinie vorgesehenen Rechte gegen den Dritten in seinem nationalen Recht nicht einführt und damit dem Geschädigten das Recht vorenthält, sich gegen eine solche Schädigung zu wehren. Umgekehrt, aus der Perspektive des Mitgliedstaats betrachtet, lässt sich argumentieren, nicht schon das Unterlassen der Umsetzung oder die Fehlerhaftigkeit der Umsetzung führe zu einer Schädigung[124], sondern erst das Handeln des Dritten, welcher zwar unter Verstoß gegen die Richtlinienbestimmungen, aber rechtmäßig nach dem nationalen Recht dem Geschädigten einen finanziellen Nachteil zufügt. Sein Verhalten legt erst den konkreten Schaden fest. Ohne sein Handeln wäre der auszugleichende Schaden nicht zu bestimmen. Es bleibt folglich festzustellen, dass es zur Entstehung des Schadens der

---

[124] So aber ausdrücklich GA Tesauro Schlussanträge, verb. Rs. C-46/93 und C-48/93, Brasserie du Pêcheur, Slg. 1996, I-1029, Rn. 58.

Mitwirkung beider Beteiligten bedarf, was gegen die Zuordnung dieser Fälle in die Kategorie der Haftung für Verletzung von Schadensabwendungspflichten spricht. Dagegen wird die gemeinschaftsrechtliche Staatshaftung damit begründet, dass der Mitgliedstaat seine Pflicht verletzt, gewisse Schädigungen des Einzelnen durch Verleihung individueller Rechte abzuwenden. Dies entspricht wiederum den Voraussetzungen der Kategorie der Haftung für Verletzung von Schadensabwendungspflichten.

Diese Unterschiede erfordern, die Haftung der Mitgliedstaaten wegen unterlassener oder fehlerhafter Umsetzung von Richtlinien als eigene Kategorie zu sehen. Da sie aber teilweise Überschneidungen mit beiden Kategorien aufweist, wird zu untersuchen sein, inwieweit die Dogmatik beider Kategorien auch auf diese Fälle übertragen werden kann.

B. Zwecke der gemeinschaftsrechtlichen außervertraglichen Haftung

Bislang wurde selten nach den Zwecken der außervertraglichen Haftung im Gemeinschaftsrecht gefragt. Wenn dies geschah, betrafen die Ausführungen zumeist die Haftung der Gemeinschaft[125]. Eine viel größere Bedeutung im Haftungsrecht erlangte hingegen die Frage nach den dogmatischen Grundlagen und der dogmatischen Anknüpfung des Haftungsanspruchs, vor allem bei der Erörterung des gemeinschaftsrechtlichen Staatshaftungsanspruchs, insbesondere unter dem Gesichtspunkt der Überprüfung der Rechtmäßigkeit des durch den EuGH entwickelten Staatshaftungsanspruchs[126]. Inzwischen ist in die teilweise sehr leidenschaftlich geführte Diskussion um die Rechtmäßigkeit der Rechtsfortbildung durch den EuGH ein wenig Ruhe eingekehrt. Die einschlägigen Argumente sind in großem Umfang ausgetauscht worden. Angesichts der kritischen Akzeptanz, welche der gemeinschaftsrechtliche Staatshaftungsanspruch erfahren hat[127], erübrigt sich daher eine er-

---

[125] Z.B. *Fuß*, EuR 1968, 353, 357 ff.; *Grabitz* (Fn. 1), 215.

[126] *Eilmansberger*, Rechtsfolgen und subjektives Recht im Gemeinschaftsrecht, 42 ff.; *Geiger* (Fn. 3), 76 ff.; *Albers* (Fn. 3), 129 ff.

[127] Siehe z.B. *Ossenbühl* (Fn. 6), 497; die Akzeptanz des gemeinschaftsrechtlichen Staatshaftungsanspruchs in den Mitgliedstaaten zeigt sich insbesondere daran, dass die mitgliedstaatlichen Gerichte das Haftungsinstitut inzwischen ohne vorherige Vorlage an den EuGH eigenständig anwenden, siehe z.B. LG

neute Erörterung der dogmatischen Haftungsgrundlagen. Vielmehr kann die Möglichkeit der Geltendmachung gemeinschaftsrechtlicher Haftungsansprüche gegen die Union und gegen die Mitgliedstaaten als gefestigter Grundsatz angesehen werden, der fortzuführen und auszudifferenzieren ist.

Erfolgt dies unter Berücksichtigung der leitenden Zwecke der gemeinschaftsrechtlichen Haftungstatbestände, so ist dies nicht ohne Verbindung zu der Diskussion um die dogmatischen Grundlagen der Haftung. Denn die dogmatischen Grundlagen für eine Haftung legitimieren einen Haftungsanspruch in gleichem Maße wie sie dessen Zweck festlegen. Jedoch vermeidet die Betrachtung der Haftungszwecke die Diskussion um die Legitimität des gesamten Anspruchs und kann daher freier verschiedene Zwecke des Anspruchs berücksichtigen, auch wenn ihre Rolle als dogmatische Grundlage überaus umstritten ist[128]. Darüber hinaus können Gesichtspunkte Berücksichtigung finden, die sich nicht als Grundlage eines Haftungsanspruchs eignen, den Anspruch gleichwohl mitbestimmen.

Allerdings ist zu berücksichtigen, dass durch die Heranziehung von Haftungszwecken nicht einseitig entgegen der Systematik der Verträge entschieden werden kann. Auch Zweckmäßigkeitsüberlegungen können nur im Rahmen der Systematik der Verträge als Interpretationshilfe herangezogen werden, soll nicht die durch einheitliche Systematik der Regelungen garantierte Rechtssicherheit gefährdet werden[129].

I. Ermittlung des Zwecks einer Norm des Gemeinschaftsrechts

So fragt es sich zunächst, wie die Zwecke des Haftungsrechts zu ermitteln sind. Im nationalen Recht wird für die Ermittlung des Normzwecks vielfach die Ermittlung der Intentionen des ursprünglichen Normgebers als zulässig erachtet[130]. Aus mehreren Gründen verbietet

---

Bonn, Urteil v. 16.4.1999, NJW 2000, 815 (Nichtumsetzung der Einlagensicherungsrichtlinie); LG Bonn vom 25.10.1999, RIW 2000, 144 ff.; LG Hamburg, Urteil vom 6.8.1999, NVwZ 2000, 477 (deutsche BSE-Verordnung).

[128] Hinsichtlich der Untersuchung der dogmatischen Grundlagen der Staatshaftung siehe statt vieler *Eilmansberger* (Fn. 126), 35 ff.; *Geiger* (Fn. 3), 72 ff.

[129] GA Tizzano Schlussanträge, verb. Rs. C-80/99 bis C-82/99, Flemmer, Slg. 2001, I-7211, Rn. 27 f.

[130] Siehe z.B. *Bydlinski*, Juristische Methodenlehre und Rechtsbegriff, 449 ff.

sich jedoch ein solches Vorgehen bei der Ermittlung von Zwecken der gemeinschaftsrechtlichen außervertraglichen Haftung.

Zunächst steht einer solchen Methode bereits entgegen, dass der Wortlaut so gut wie keinen Anhaltspunkt für die Ermittlung der ursprünglichen Intention der Vertragsparteien liefert. Der Wortlaut des Art. 288 Abs. 2 EG bestimmt allein eine Haftung für die von ihren Organen oder Bediensteten verursachten Schäden. Damit sind lediglich die drei Tatbestandsmerkmale Verhalten eines Organs oder Bediensteten, Schaden und Kausalität festgelegt. Weitere konkretisierende Tatbestandsmerkmale lassen sich dem Wortlaut der Norm nicht entnehmen. Sie ergeben sich erst aus der Art, in der die Rechtsprechung des EuGH den Tatbestand im Laufe der letzten vierzig Jahre konkretisiert hat. Diese Offenheit der Norm verbietet es, aus ihr die Intentionen der ursprünglichen Normsetzer zu folgern. Noch deutlicher ist dieser Befund bei der Auslegung des gemeinschaftsrechtlichen Staatshaftungsanspruchs, der sich ausschließlich aus der Rechtsprechung des EuGH ergibt. Im Wortlaut des Vertrags findet sich auf einen solchen Anspruch kein Hinweis[131].

Eine solche subjektiv-historische Herausarbeitung der Zwecke unter Beachtung des wahren Willens des ursprünglichen Normsetzers[132] scheitert aber auch bereits an der Unmöglichkeit der Ermittlung des Willens der Vertragsparteien. Es existiert kein Hinweis darauf, welche Ansicht der am Abschluss der Gemeinschaftsverträge Beteiligten den Ausschlag geben soll; Verhandlungsniederschriften zu den Gemeinschaftsverträgen sind nicht veröffentlicht. Nicht zugängliche Materialien können aber nicht für die Ermittlung von Normzwecken herangezogen werden[133]. Daher wird heute zu Recht die Berücksichtigung subjektiv-historischer Ansatzpunkte bei der Auslegung des Gemeinschaftsrechts allgemein abgelehnt[134].

---

[131] Auf diesen Punkt stützt sich maßgeblich die Kritik derer, die die Einführung der gemeinschaftsrechtlichen Staatshaftung mit der Francovich-Rechtsprechung als illegitime Rechtsfortbildung durch den EuGH betrachten. Siehe *Ossenbühl* (Fn. 6), 496 f. mwN.

[132] *Ophüls*, Festgabe Müller-Armack, 279, 285 ff. setzt sich unter Betonung des Zustandekommens der Römischen Verträge in der Art völkerrechtlicher Verträge nachdrücklich für diese Methode ein.

[133] So *Zuleeg*, EuR 1969, 97, 101.

[134] *Ipsen* (Fn. 1), 132; *Schroeder*, JuS 2004, 180, 183.

Diese Bedenken könnten mit einer objektiv-historischen Auslegung umgangen werden. Sie betrachtet die Funktion einer Norm im Zeitpunkt ihres Erlasses. Diese Methode ignoriert jedoch den besonderen dynamischen Charakter des Gemeinschaftsrechts, der in der Entwicklungsoffenheit und -notwendigkeit des Unionsrechts angelegt ist[135]. Da das Gemeinschaftsrecht auf Veränderung angelegt ist, ändern sich mit der Modifizierung der jeweiligen Rechtswirklichkeit auch die Zwecke gemeinschaftsrechtlicher Normen[136]. Maßgeblich darf daher nicht der historische, sondern allein der gegenwärtige Zweck einer Norm sein. Nur der gegenwärtige Normzweck zeigt die Funktion der Norm, d.h. ihrer Wirkungsweise in der gegenwärtigen Normsituation[137]. Aus ihr lässt sich ableiten, wie die Norm anzuwenden und auszulegen ist, sofern die durch die Norm hervorgerufene Rechtsfolge als solche akzeptiert ist. Die Akzeptanz wiederum lässt sich aus der Tatsache der verbindlichen Auslegung der Norm durch die Rechtsprechungsorgane herleiten.

Jedoch lassen sich die Zwecke einer Norm nicht einheitlich festlegen. Sie variieren je nach den konkreten Situationen oder Bereichen, in denen sie wirksam werden[138]. Da die Zwecke außerhalb des Wortlauts der Norm stehen, können sie auch leichter Veränderungen unterworfen sein. Mit Hilfe des Zwecks ist es daher möglich, auf die jeweilige aktuelle Anforderung an einen Tatbestand zu antworten. Diese unterschiedlichen Anforderungen verändern sich nicht nur mit der Zeit, sondern auch mit der konkreten Situation, in der der Tatbestand Anwendung findet.

Gleichwohl lassen sich einige Grundkonstanten feststellen, die als leitende Zwecke das gesamte Haftungsrecht durchziehen. Daher sollen in

---

135 EuGH, Gutachten 1/78, Slg. 1979, 2871, Rn. 44; Rs. C-35/90, Kommission/Spanien, Slg. 1991, I-5073, Rn. 9.

136 War beispielsweise die Gemeinschaft zunächst vorwiegend auf die Erreichung einer wirtschaftlichen Integration ihrer Mitgliedsstaaten ausgelegt, hat sich nach und nach der Fokus auf den Schutz anderer Rechte des Individuums gerichtet und so allmählich die Fixierung des Unionsrechts auf die bloße Etablierung bestimmter ökonomischer Zustände abgelöst, siehe *v.Bogdandy*, JZ 2001, 157, ebd. Diese Veränderungen können natürlich auch auf die Norminterpretation ausstrahlen.

137 *Larenz*, Methodenlehre der Rechtswissenschaft, 350 f.

138 Unterschiedliche Funktionen von Haftung je nach Konstellation lassen sich insbesondere im privaten Deliktsrecht ausmachen, siehe *Esser/Weyers* (Fn. 118), 133.

einem ersten Schritt die allgemein zu berücksichtigenden leitenden Zwecke der gemeinschaftsrechtlichen außervertraglichen Haftung dargestellt werden. In einem zweiten Schritt sollen dann in den jeweiligen Abschnitten die speziellen Zwecke und ihre Bedeutung für die einzelnen bereits angeführten Fallkonstellationen herausgearbeitet werden, um die offenen Fragen der einzelnen Konstellationen zu beantworten.

II. Hauptzwecke

1. Schadensausgleich

Leitet man die Zwecke, wie dargelegt, aus der Funktion der Haftung ab, so springt unweigerlich deren offensichtlichster Regelungszweck ins Auge: der Schadensausgleich. Diese Funktion ergibt sich aus der mit dem Tatbestand angestrebten Rechtsfolge der Haftungsansprüche. Verstärkt wird sie durch den Grundsatz der vollen Kompensation, nach dem grundsätzlich der gesamte Schaden, den der Betroffene erlitten hat, ersetzt wird[139]. Für die Analyse deliktischer Rechtsbeziehungen zwischen Privaten (Zivilrecht) bedeutete diese Feststellung bereits eine Erkenntnisquelle für eine weitere Auslegung des Tatbestands, da hiermit deutlich wird, dass von dem Grundsatz "casum sentit dominus" abgewichen werden soll, wonach jeder Rechtsgutsinhaber das Risiko der Verletzung seiner eigenen Rechtsgüter selbst zu tragen hat. In privaten Rechtsbeziehungen konnte eine Überwälzung des Schadensrisikos auf den Schädiger zunächst nicht als Selbstverständlichkeit betrachtet werden[140]. Vielmehr könnte eine Ordnung der rechtlichen Beziehungen zwischen Privaten, in der die Risikozuständigkeit für die Unversehrtheit aller Rechtsgüter beim jeweiligen Rechtsgutsinhaber verbleibt, derart gedeutet werden, dass sie das – legitime – Ziel verfolgt, auf eine jeden Betroffenen gleichermaßen belastende und berechtigende Weise, die Selbstverantwortlichkeit des Individuums zu stärken. Eine solche zugegebenermaßen geradezu liberalistische Konzeption des Schutzes individueller Rechtsgüter durch das Zivilrecht wäre wohl im allgemeinen vor-

---

[139] *Brüggemeier*, FS Deutsch, 45, 59 ff. Freilich erfolgt eine Rückkorrektur über die Berücksichtigung des Mitverschuldens und die Festlegung des Umfangs des Schadens.

[140] *Brüggemeier*, Deliktsrecht, 44 ff.; die Bedeutung dieses Grundsatzes wird zutreffend betont von *Larenz/Canaris* (Fn. 118), 351.

stellbar, ließe man im Einzelfall bestehende hoheitliche Schutzpflichten für bestimmte Rechtsgüter außer Betracht[141].

a) Gemeinschaftsrechtliche Haftung als Rechtsschutzinstrument

Für die gemeinschaftsrechtliche außervertragliche Haftung ist indes eine reine Geltung des Grundsatzes "casum sentit dominus" nicht möglich. Dem steht schon der Charakter der Europäischen Gemeinschaft als Rechtsgemeinschaft[142] entgegen. Aus dem die Rechtsgemeinschaft beherrschenden Rechtsprinzip[143], welches als nichtstaatliches Pendant zum Rechtsstaatsprinzip inzwischen auch durch Art. 6 Abs. 1 EU Eingang in den Wortlaut der Verträge gefunden hat, lässt sich herleiten, dass die Union auf das dem Rechtsprinzip innewohnende Gebot der Gerechtigkeit verpflichtet ist. Dieses allgemeine Gerechtigkeitspostulat kann nicht erfüllt werden, wenn die Union keinen Ausgleich für rechtswidrige Schädigungen durch Unionsorgane vorsieht[144]. Daher ist die Haftung der Union nicht nur ausdrücklich im Vertrag vorgesehen, sondern gleichfalls eine notwendige Folge des Selbstverständnisses der Europäischen Union als Rechtsgemeinschaft[145]. Dies gilt im gleichen Maße für die Mitgliedstaaten, wenn sie im Anwendungsbereich der Gemeinschaftsverträge tätig werden, da sie insoweit den Erfordernissen des gemeinschaftlichen Rechtsschutzsystems unterliegen[146].

Das gemeinschaftsrechtliche außervertragliche Haftungsrecht dient daher als notwendige Ergänzung der dem gemeinschaftsrechtlichen

---

[141] Siehe *Brüggemeier* (Fn. 140), 44. Selbst wenn man staatliche Schutzpflichten in Betracht zieht, würden diese wohl zumindest in Deutschland und Österreich nur ein geringes Schutzniveau durch privatrechtliche Vorschriften erfordern, *Rebhahn* (Fn. 121), 149.

[142] EuGH, Rs. 294/83, Les Verts/Europäisches Parlament, Slg. 1986, 1339, Rn. 23, im Anschluss an *Hallstein*, Die Europäische Gemeinschaft, 51 - 77; zum Begriff der Rechtsgemeinschaft im Einzelnen *Zuleeg*, NJW 1994, 545.

[143] *Zuleeg* in: v.d.Groeben/Schwarze, Art. 1, Rn. 44.

[144] So für das deutsche Staatshaftungsrecht *Brugger*, JuS 1999, 625, 628; *Schoch*, DV 2001, 261, 275. Dies lässt sich jedoch als allgemeine Erwägung übertragen, die auch auf die Union Anwendung findet.

[145] *Grossrieder Tissot* (Fn. 54), 91; *Grabitz* (Fn. 1), 215, 216; *Ipsen* (Fn. 1), 537.

[146] *Hidien*, Die gemeinschaftsrechtliche Staatshaftung der EU-Mitgliedstaaten, 62; *Zuleeg* (Fn. 142), 545, 549.

Rechtsprinzip inhärenten Grundsätze des effektiven Rechtsschutzes[147] und der Rechtmäßigkeit der Verwaltung[148]. Die Haftung der Union und die gemeinschaftsrechtliche Staatshaftung sind damit zunächst als Rechtsschutzinstrumente aufzufassen, welche sich in das gemeinschaftsrechtliche Rechtsschutzsystem kohärent einzufügen haben[149]. Die Haftung stellt sich als die Kehrseite der Rechtsverletzung durch den jeweiligen Hoheitsträger dar. Denn der Schadensausgleich erfolgt für die Rechtswidrigkeit hoheitlichen Verhaltens.

Auch die Rechtsprechung nimmt diese grundsätzliche Einordnung des Haftungsrechts in das gemeinschaftliche Rechtsschutzsystem vor, wenn sie hinsichtlich der Abgrenzung der Haftungsklage von der Nichtigkeitsklage postuliert, die Haftungsklage sei „als ein selbständiger Rechtsbehelf mit eigener Funktion im System der Klagemöglichkeiten geschaffen worden“[150].

Ist somit die grundlegende Funktion des Schadensausgleichs zwar nahezu eine rechtsstaatliche Selbstverständlichkeit, so kann sie doch als ein alles überragender Zweck verstanden werden, welcher aus "rechtstaatlichen" Gründen als übergeordnetes Korrektiv die Mindestanforderungen an den Haftungstatbestand beschreibt. Diesen Zweck zieht der EuGH etwa heran, wenn er eine effektive Ausgestaltung des gemeinschaftsrechtlichen Staatshaftungsanspruchs im mitgliedstaatlichen Recht derart fordert, dass die Erlangung von Schadensersatz nicht praktisch unmöglich gemacht oder übermäßig erschwert werden darf[151]. Des Weiteren hebt der EuGH bisweilen hervor, dass die Mitgliedstaaten verpflichtet sind, "die einem einzelnen durch einen Verstoß gegen das Gemeinschaftsrecht verursachten Schäden wiedergutzumachen"[152]. Da

---

147 Zum Grundsatz des effektiven Rechtsschutzes siehe *Nettesheim*, JZ 2002, 928 ff.; *Schilling*, EuGRZ 2000, 3, 17 ff.

148 Zum Grundsatz der Rechtmäßigkeit der Verwaltung siehe *Kadelbach*, Verwaltungsrecht unter europäischem Einfluß, 119 f.; *Schwarze*, Europäisches Verwaltungsrecht, Bd. 1, 219 ff.

149 So wohl *Meij*, in: Heukels/McDonnell, The Action for Damages in Community Law, 273, 276 f.; *Stefanou/Xanthaki* (Fn. 7), 122 f.

150 Ständige Rspr. seit EuGH, Rs. 4/69, Lütticke/Kommission, Slg. 1971, 325, Rn. 6; Rs. 20/88, Roquettes frères/Kommission, Slg. 1989, 1553, Rn.15; EuG Rs. T-93/95, Laga/Kommission, Slg. II-195, Rn. 48; Rs. T-180/00, Astipesca/Kommission, Slg. 2002, II-3985, Rn. 139.

151 EuGH, Rs. C-6/90 und C-9/90, Francovich u.a./Italienische Republik, Slg. 1991, I-5357, Rn. 43.

152 EuGH, Rs. C-66/95, Sutton, Slg. 1997, 2163, Rn. 35.

die Grundsätze der Rechtsgemeinschaft nicht nur die Mitgliedstaaten bei Ausführung des Gemeinschaftsrechts binden, sondern in besonderen Maße Anwendung auf die Unionsorgane finden und da eine grundsätzliche Parallelität zwischen der Haftung der Mitgliedstaaten und der Haftung der Union besteht, kann davon ausgegangen werden, dass dieser Zweck ebenfalls die äußeren Grenzen der Haftung der Union nach Art. 288 Abs. 2 EG bestimmt.

Für die Bestimmung der Anspruchsvoraussetzungen im Einzelnen lassen sich aus dem Zweck des Schadensausgleichs indes kaum Erkenntnisse gewinnen.

b) Gemeinschaftsrechtliche Haftung als Gebot der ausgleichenden Gerechtigkeit

Der zuvor angesprochene Zweck der Wahrung formeller rechtsstaatlicher Bedingungen durch den Haftungsanspruch könnte auf der Grundlage vor allem der älteren Rechtsprechung der Gemeinschaftsgerichte zu Art. 288 Abs. 2 EG dahingehend weiter ausdifferenziert werden, dass die gemeinschaftsrechtliche außervertragliche Haftung auf einer tieferen Ebene neben dem bloßen Rechtsschutz bezweckt, die Gerechtigkeit wiederherzustellen, die durch die Belastung des Einzelnen mit einem besonderen Opfer gestört worden ist[153]. In der Tat verlangte die Rechtsprechung bis in die siebziger Jahre im Rahmen der Anwendung des Tatbestandsmerkmals der qualifizierten Rechtsverletzung, dass „eine begrenzte und klar umrissene Gruppe von Unternehmen betroffen“ sei und der „Schaden über die Grenzen der wirtschaftlichen Risiken hinaus geht, die eine Betätigung in dem betroffenen Wirtschaftszweig mit sich bringt“[154]. Damit zog sie die Auswirkungen der Rechtsverletzung als Tatbestandsmerkmal des Haftungstatbestands heran. Dies lässt sich dahingehend deuten, dass sich die Rechtsprechung zur außervertraglichen Haftung an der deutschen Sonderopfertheorie[155] bzw. an dem auf ähnlichen Grundannahmen basierenden französischen Konzept der

---

[153] *Grabitz* (Fn. 1), 215, ebd., unter Berufung auf die Staatshaftungstheorie von *Mayer*, Deutsches Verwaltungsrecht, Bd. II, 304.

[154] EuGH Rs. 238/78, Ireks-Arkady, Slg. 1979, 2955, Rn. 11; verb. Rs. 241, 242 und 245–250/78, DGV, Slg. 1979, 3017, Rn. 11; verb. Rs. 261 und 262/78, Interquell Stärke-Chemie, Slg. 1979, 3045, Rn. 14; verb. Rs. 64 und 113/76 und 239/78, 27, 28 und 45/79, Dumortier frères, Slg. 1979, 3091, Rn. 11.

[155] Zur Sonderopfertheorie vgl. *Ossenbühl* (Fn. 6), 171 ff.

"responsabilité pour rupture de l'égalité devant les charges publiques"[156] orientiert, welche die Hauptfunktion der Staatshaftung in der Gewährung ausgleichender Gerechtigkeit sehen. Die durch hoheitliches Handeln verursachten Sonderopfer des Bürgers sind aus Mitteln der Allgemeinheit auszugleichen und so auf alle Bürger gleichmäßig zu verteilen[157]. Die Zugrundelegung der Sonderopfertheorie bzw. des Konzepts der "responsabilité pour rupture de l'égalité devant les charges publiques" begegnen jedoch erheblichen Bedenken. Beide Institute bilden seit langem ausschließlich nur noch die theoretische Grundlage für die Haftung bei rechtmäßigem Verhalten der Hoheitsträger[158]. Die gemeinschaftsrechtliche außervertragliche Haftung ist jedoch zunächst als Unrechtshaftung ausgestaltet. Diese eindeutige Ausgestaltung muss als Absage an die Konzepte verstanden werden, die auf dem Prinzip der Lastengleichheit und dem Gedanken der Ausgleichsbedürftigkeit beruhen[159]. Eine gleichzeitige Anwendung der Kriterien der Unrechtshaftung und einer Haftung für Sonderopfer würde zu einer Kumulation von Haftungselementen wesensverschiedener Konzepte führen, die eine übermäßige Einschränkung des Ausgleichsanspruchs zur Folge hätte[160]. Darüber hinaus finden sich in der Konzeption des gemeinschaftsrechtlichen Staatshaftungsanspruchs keine haftungsbeschränkenden Merkmale, welche auf die Besonderheit des Schadens abstellen[161]. Unter Berücksichtigung der bereits ausgeführten Parallelität zwischen Unions- und Staatshaftung sowie des Grundsatzes der Kohärenz des gemeinschaftlichen Rechtsschutzes kann deshalb ein Ansatz, nach welchem eine Haftung im Hinblick auf besondere Belastungen des Geschädigten konzipiert ist, nicht die Grundlage des Haftungsanspruchs darstellen[162].

---

[156] Zum Prinzip der Lastengleichheit im französischen Staatshaftungsrecht vgl. *Chapus* (Fn. 97), Rn. 1506 mwN.

[157] *Mayer* (Fn. 153), 347.

[158] *Ossenbühl* (Fn. 6), 171 ff.; *Chapus* (Fn. 97), Rn. 1506.

[159] *Fuß*, EuR 1968, 353, 359; *Wathelet/van Raepenbusch* (Fn. 13), 13, 42; so auch die Kritik von GA Capotorti Schlussanträge in verb. Rs. 83 und 94/76, 4, 15 und 40/77, HNL, Slg. 1978, 1226 ff., 1234 ff.

[160] *Herdegen*, Die Haftung der Europäischen Wirtschaftsgemeinschaft für fehlerhafte Rechtsetzungsakte, 130.

[161] *v.Bogdandy* (Fn. 8), Art. 288 Abs. 2 , Rn. 89.

[162] So auch *v.Bogdandy* (Fn. 8), Art. 288 Abs. 2, Rn. 89; *Czaja* (Fn. 4), 93 f.; *Herdegen*, Die Haftung der Europäischen Wirtschaftsgemeinschaft für fehlerhafte Rechtsetzungsakte, 130.

Konzipiert man das Merkmal der Außergewöhnlichkeit der Haftungsfolgen indes nicht als haftungsbegründendes, sondern als haftungsbeschränkendes Merkmal, welches einer konturenlosen Ausuferung des Haftungstatbestandes entgegenwirkt und sicherstellt, dass es sich nicht um eine reine Legalitätskontrolle durch das Haftungsrecht handelt, so kommt dem restriktiven Merkmal im Hinblick auf die Sicherung der Funktionsfähigkeit der Hoheitsträger eine gewisse Berechtigung zu[163]. Für die Begründung eines grundlegenden Haftungszwecks der Herstellung ausgleichender Gerechtigkeit kann ein solches Tatbestandsmerkmal nicht herangezogen werden.

Auch die Gemeinschaftsgerichte haben inzwischen den Verweis auf die besondere Belastung etwas abgemildert, indem sie auf die Beschränkung des Haftungsanspruchs auf Schäden verzichten, die lediglich eine kleine Gruppe erleidet. Seit dem Urteil Mulder reicht es aus, dass die betroffene Gruppe klar abgegrenzt ist, auf ihre zahlenmäßige Größe kommt es nicht mehr an[164]. Bedeutung erlangen Sonderopferkriterien neuerdings vielmehr in der sich entwickelnden, jedoch noch nicht endgültig anerkannten Rechtsprechung zur Haftung bei rechtmäßigem Verhalten der Unionsorgane[165].

2. *Schutz individueller Rechte*

Bildet der Zweck des Schadensausgleichs nur die aus dem gemeinschaftsrechtlichen Rechtsprinzip folgende Mindestvoraussetzung der Existenz einer Haftungsklage als Teil des gemeinschaftsrechtlichen Rechtsschutzsystems ab, so können aus weiteren Funktionen des Haftungsrechts in der konkreten Gestalt, die es durch die Rechtsprechung der Gemeinschaftsgerichte gefunden hat, nähere Erkenntnisse gewonnen werden.

---

[163] *Gilsdorf*, in: Zuleeg/van Gerven, Sanktionen im Gemeinschaftsrecht, 125, 129 ff. Auch Grabitz scheint im Übrigen die Sonderopfertheorie nicht dem Haftungsrecht zugrunde zu legen, sieht er doch jede Rechtswidrigkeit hoheitlichen Verhaltens als ein Sonderopfer begründend an, vgl. *Grabitz* (Fn. 1), 215, 222.

[164] EuGH verb. Rs. C-104/89 und C-37/90, Mulder/Rat und Kommission, Slg. 1992, I-3061, Rn. 16 f.

[165] EuG Rs. T-184/98, Dorsch Consult/Rat und Kommission, Slg. 1998, II-667, Rn. 59; EuG, Rs. T-196/99, Area Cova/Rat und Kommission, Slg. 2001, II-3592, Rn. 171; allgemein zur Rechtmäßigkeitshaftung siehe *Haak*, Die Rechtmäßigkeitshaftung der Europäischen Gemeinschaften.

Der Anspruch nach Art. 288 Abs. 2 EG als auch der gemeinschaftsrechtliche Staatshaftungsanspruch sind als Unrechtshaftung konzipiert. Haftungsbegründend kann grundsätzlich jede Rechtsverletzung sein. Eine allgemeine Legalitätskontrolle findet durch das gemeinschaftliche Haftungsrecht nicht statt. Haftungsauslösend ist nach der neueren Rechtsprechung eindeutig nur die Verletzung einer Norm, welche *bezweckt, dem Einzelnen Rechte zu verleihen*[166] bzw. *einer höherrangigen, den Einzelnen schützenden Norm*[167]. Nach allgemeiner Ansicht ist daher Voraussetzung die Verletzung einer Schutznorm[168]. Damit werden durch die Haftungsfolge die dem Schutz des Einzelnen dienenden Normen aus dem Kreis der gemeinschaftlichen Rechtsnormen herausgehoben. Geschützt werden somit ausschließlich individuelle Rechte. Verstärkt und offensichtlicher wird die Funktion des Schutzes individueller Rechte durch das gemeinschaftsrechtliche Haftungsrecht dadurch, dass bei Vorliegen aller Tatbestandsvoraussetzungen des Art. 288 Abs. 2 EG eine volle Kompensation der beim Betroffenen durch die Verletzung seiner individuellen Rechte eingetretenen Schäden erfolgt[169]. Dem Einzelnen wird der vollständige Vermögenswert seines Rechtes garantiert, so dass der Betroffene vermögensmäßig so gestellt wird, als sei kein rechtsfehlerhaftes Handeln erfolgt[170]. Dieser Schutz individueller Rechte gilt nicht nur gegenüber bestimmten hoheitlichen Tätigkeiten, sondern umfassend gegenüber allen hoheitlichen Tätigkeiten. Es geht nicht um die Steuerung bestimmter hoheitlicher Funktionen, insbesondere der Rechtsbefolgung durch die Mitgliedstaaten. Vielmehr steht der Schutz des Einzelnen vor Verletzung seiner ihm gemeinschaftsrechtlich

---

[166] EuGH, Rs. C-352/98 P, Bergaderm/Kommission, Slg. 2000, I-5291, Rn. 41 f.; EuG, Rs. T-18/99, Cordis/Kommission, Slg. 2001, II-913, Rn. 45.

[167] EuGH verb. Rs. 9 und 12/60, Vloeberghs/Hohe Behörde, Slg. 1961, 427, 469; Rs. C-282/90, Vreugdenhil, Slg. 1992, I-1937, Rn. 19 ff.

[168] *v.Bogdandy* (Fn. 8), Art. 288 Abs. 2, Rn. 68; *Fuß*, EuR 1968, 353, 359; *Wathelet/van Raepenbusch* (Fn. 13), 13, 42; GA Darmon Schlussanträge in Rs. C-55/90, Cato, Slg. 1992, I-2533, 2555, 2561.

[169] Dieser erfolgt nach der Differenzhypothese. Es ist der Zustand wieder herzustellen, der bei rechtmäßigem Verhalten der Unionsorgane bestünde, *Kluth,* Die Haftung der EG nach Art. 288 II EGV, § 74, Rn. 42.

[170] So ausdrücklich GA Tesauro Schlussanträge, verb. Rs. C-46/93 und C-48/93, Brasserie du Pêcheur, Slg. 1996, I-1029, Rn. 34.

verliehenen Rechte durch unter dem Gemeinschaftsrecht agierende Hoheitsträger im Vordergrund[171].

Der Schutz individueller Rechte ist dabei in zweifacher Hinsicht gesichert. Zum einen wird der materielle Gehalt des jeweiligen Rechtes dadurch geschützt, dass im Falle seiner Verletzung sein Vermögenswert gewährleistet wird. Zum anderen kommt dem gemeinschaftsrechtlichen außervertraglichen Haftungsrecht Art. 288 Abs. 2 EG eine verfahrensrechtliche Dimension zu, in der der Schutz individueller Rechte nicht den materiellen Gehalt des Rechts betrifft, sondern in der Funktion der Gewährung effektiven Rechtsschutzes gegen eine Rechtsverletzung zu Tage tritt[172].

Die gleiche Fokussierung auf den Schutz von Individualrechten bestimmt auch den gemeinschaftsrechtlichen Staatshaftungsanspruch. Auch seine Tatbestandsvoraussetzungen sind auf den Schutz individueller Rechte zugeschnitten. Schadensersatz wird nur bei der Verletzung von Normen gewährt, die *bezwecken, dem Einzelnen Rechte zu verleihen*[173]. Schadensersatz wird mithin nur für die Verletzung individueller Interessen oder Rechte geleistet. Die geforderte Normverletzung unterscheidet sich inhaltlich nicht von der für die Erfüllung der Tatbestandsvoraussetzungen des Art. 288 Abs. 2 EG erforderlichen Schutznormverletzung[174]. Der einzige Unterschied besteht darin, dass die Rechtsverletzung vor den mitgliedstaatlichen Gerichten und nicht vor den Gerichten der Europäischen Union einzufordern ist, was den Zweck des Schutzes individueller Rechte jedoch lediglich auf diese Gerichte verlagert. Der EuGH betont daher ausdrücklich: „Nach ständiger Rechtsprechung müssen die nationalen Gerichte, die im Rahmen ihrer Zuständigkeiten die Bestimmungen des Gemeinschaftsrechts anzuwenden haben, [...] die Rechte schützen, die das Gemeinschaftsrecht dem einzelnen verleiht [...]“[175]. Damit steht der terminologische Unterschied

---

[171] So vor allem *v.Bogdandy* (Fn. 8), Art. 288 EG, Rn. 9 ff.; *Classen*, Verwaltungsarchiv 88 (1997), 645, 673; *Reich*, Bürgerrechte in der Europäischen Union, 138, 142; *ders.*, EuZW 1996, 709, 710.

[172] *v.Bogdandy* (Fn. 8), Art. 288 EG, Rn. 13.

[173] Ständige Rspr. seit EuGH, Rs. C-6/90 und C-9/90, Francovich u.a./Italienische Republik, Slg. 1991, I-5357, Rn. 40.

[174] *v.Bogdandy* (Fn. 8), Art. 288 Abs. 2 , Rn. 131; *Detterbeck* (Fn. 43), 202, 235 f.; *Goffin* (Fn. 67), 531, 538; *Herdegen/Rensmann* (Fn. 68), 522, 539.

[175] EuGH, Rs. C-6/90 und C-9/90, Francovich u.a./Italienische Republik, Slg. 1991, I-5357, Rn. 32. Der EuGH betont in ständiger Rechtsprechung die Aufgabe nationaler Gerichte, gemeinschaftsrechtlich verliehene Rechte effektiv

zu den Voraussetzungen einer Haftung nach Art. 288 Abs. 2 EG der Funktion des effektiven Schutzes individueller Rechte und ihres materiellen Gehalts auch durch den Staatshaftungsanspruch nicht entgegen. Er lässt sich vielmehr dadurch erklären, dass der EuGH den gemeinschaftsrechtlichen Staatshaftungsanspruch zur Sicherung der Einheitlichkeit der Rechtsprechung zunächst aus den Voraussetzungen der unmittelbaren Anwendbarkeit einer gemeinschaftsrechtlichen Norm entwickelt hat[176], was jedoch aufgrund der individualschützenden Funktion des Instituts der unmittelbaren Anwendbarkeit gemeinschaftsrechtlicher Normen dem Zweck des Individualrechtsschutzes nicht entgegensteht.

3. *Prävention*

Neben der Funktion des Individualschutzes dient das gemeinschaftliche außervertragliche Haftungsrecht der Prävention, denn diese Funktion stellt gleichermaßen eine notwendige Folge der Schadensausgleichsfunktion dar. Die Prävention gründet allgemein auf der Annahme, durch die Belastung mit einer Schadensersatzforderung werde der Ausgleichspflichtige dazu angeleitet, sich künftig zur Vermeidung finanzieller Lasten rechtstreu zu verhalten[177]. Damit dienen Schadensersatzpflichten nicht nur dem Ausgleich etwaiger Beeinträchtigungen gemeinschaftsrechtlich verliehener Rechte, sondern auch dem Ziel, zukünftigen Rechtsbrüchen vorzubeugen. Jedoch ist eine Prävention durch Haftungsansprüche je nach Situation und Art des verletzten Interesses unterschiedlich stark ausgeprägt[178].

Bisweilen wird über den Gesichtspunkt der normalen Präventionswirkung hinaus, die jeder deliktischen Haftungsregel innewohnt, insbe-

---

im nationalen Rechtsschutzsystem zu schützen, EuGH, verb. Rs. C-397/98 und C-410/98, Metallgesellschaft Ltd. u.a. und Hoechst (UK) Ltd./Commissioners of Inland Revenue und HM Attorney General, Slg. 2001, I-1727, Rn. 85.

[176] *Eilmansberger* (Fn. 126), 71; *Geiger* (Fn. 3), 58 f.; *Schockweiler*, EuR 1993, 107, 114 f. Zunehmend bildet der gemeinschaftliche Staatshaftungsanspruch aber eine Einheit mit dem Anspruch aus Art. 288 Abs. 2 EG. Fortentwicklungen erfolgen daher nicht vor dem Hintergrund der Rechtsprechung zur unmittelbaren Anwendbarkeit, sondern der Rechtsprechung zur Haftung, siehe z.B. EuGH, Rs. C-352/98 P, Bergaderm/Kommission, Slg. 2000, I-5291; siehe dazu *Tridimas*, CMLRev. 2001, 301, 321.

[177] *Deutsch*, JZ 1971, 244, 246.

[178] *Rebhahn* (Fn. 121), 150.

sondere der gemeinschaftsrechtliche Staatshaftungsanspruch als weiteres Instrument zur Durchsetzung des Gemeinschaftsrechts gegen gemeinschaftsrechtswidriges Handeln der Mitgliedstaaten gedeutet[179]. Für die Haftung der Union nach Art. 288 Abs. 2 EG besteht kein Bedürfnis nach solch einem Zweck; die Gemeinschaftsorgane haben das Recht selbst gesetzt und deshalb kein Interesse, dieses zu umgehen. Anders sieht dies hingegen bei der Anwendung des Gemeinschaftsrechts durch die Mitgliedstaaten aus. Ihnen obliegt in Gestalt des Gemeinschaftsrechts die Befolgung eines Rechts, welches sie nicht erlassen haben und das nicht immer unmittelbar ihren eigenen Interessen dient. Daher kann eine weitere Funktion des Haftungsrechts in Bezug auf die Mitgliedstaaten auch darin bestehen, die Anwendung des Gemeinschaftsrechts abzusichern, indem die Nichtbeachtung gemeinschaftsrechtlicher Vorschriften mit einer Sanktion belegt wird und somit zur Durchsetzung des Rechts gegen die Mitgliedstaaten im Integrationsinteresse der Europäischen Union beigetragen wird. Der Gerichtshof begründet daher den gemeinschaftsrechtlichen Staatshaftungsanspruch sowohl mit der Sicherung der Effektivität des Gemeinschaftsrechts als auch mit dem Schutz der individuellen Rechte:

> „Nach ständiger Rechtsprechung müssen die nationalen Gerichte, die im Rahmen ihrer Zuständigkeiten die Bestimmungen des Gemeinschaftsrechts anzuwenden haben, die volle Wirkung dieser Bestimmungen gewährleisten und die Rechte schützen, die das Gemeinschaftsrecht dem einzelnen verleiht“[180].

Für deliktische Privatrechtsbeziehungen ist ein solcher Präventionszweck als Kehrseite der Schadensausgleichsfunktion weithin anerkannt[181]. Denn in privatrechtlichen Beziehungen ist die Kompensation von Schäden ohne gleichzeitige Erzeugung präventiver Wirkung nicht denkbar[182]. Für das Recht der gemeinschaftlichen außervertraglichen Haftung ist jedoch schon die Eignung des Haftungsanspruchs zur Er-

---

179 *v.Danwitz*, Verwaltungsrechtliches System und Europäische Integration, 314; *Masing*, Die Mobilisierung des Bürgers für die Durchsetzung des Rechts, 48 f.; *Ossenbühl* (Fn. 6), 495.

180 EuGH, Rs. C-6/90 und C-9/90, Francovich u.a./Italienische Republik, Slg. 1991, I-5357, Rn. 32.

181 *Deutsch* (Fn. 177), 244, 246; *Mertens*, in: Münchener Kommentar, Bd. 5, Vor §§ 823 - 853, Rn. 44.

182 *Deutsch* (Fn. 177), 244, 246; *Mertens*, in: Münchener Kommentar, Bd. 5, Vor §§ 823 - 853, Rn. 44.

zeugung präventiver Wirkungen umstritten. In der Argumentation lassen sich zwei Begründungsstränge unterscheiden. Einerseits wird eine Präventionswirkung abgelehnt, weil angeblich die Haftungsregelungen nicht hinreichend auf diesen Zweck ausgerichtet seien. Andererseits werden Zweifel an den Präventionsmöglichkeiten schlechthin gegenüber Hoheitsträgern im System des Gemeinschaftsrecht angeführt.

Ausgehend vom gemeinschaftlichen Rechtssystem könnte argumentiert werden, das außervertragliche Haftungsrecht diene keinesfalls der Sicherung des rechtmäßigen Verhaltens durch Sanktionen. Für Sanktionierung und eine daraus folgende verhaltensleitende Wirkung sehe das Unionsrecht andere Instrumente vor. Diese stellten ein ausschließliches Sanktionssystem des Gemeinschaftsrechts dar, wie z.B. die Art. 227 f. EG als Sanktionen gegenüber den Mitgliedstaaten. Dem ist zu entgegnen, dass unabhängig von der Tatsache, dass spezielle Sanktionsinstrumente zur Verfügung stehen, weiteren Rechtsinstrumenten wie dem Haftungsrecht präventive Wirkungen nicht aberkannt werden müssen.

Haupteinwand ist sicherlich, die Schadensersatzforderungen seien regelmäßig zu gering, um verhaltensleitend auf die Hoheitsträger einwirken zu können[183]. Während Haftungsansprüche gegenüber Privaten wegen des oft unberechenbaren Risikos, das bis in prohibitive Höhe ansteigen kann, eine erhebliche Präventionswirkung erzeugten, seien demgegenüber die Haftungssummen in der gemeinschaftsrechtlichen außervertraglichen Haftung so gering, dass eine Beeinflussung des Verhaltens ausgeschlossen werden könne, zumal ein Mitgliedstaat einen gegebenenfalls erhöhten Finanzbedarf jederzeit über die Erhöhung der Geldmenge oder Steuererhebungen decken könne. In der Tat ist die Präventionswirkung maßgeblich von der Höhe des Schadensersatzanspruchs abhängig[184]. Da die mit Schadensersatzklagen geltend gemachten Entschädigungssummen unterschiedlich hoch sind, folgt daraus zunächst nur eine unterschiedlich starke Präventionswirkung. Betrachtet man nun die tatsächliche Höhe der Haftungsansprüche, kann von einer Irrelevanz in Höhe zum Gesamtbudget nicht ausgegangen werden. So erhielten die Kläger in der Rechtssache Mulder im Endurteil einen Schadensersatzanspruch in Höhe von 836.000 Ecu[185], bei Einnahmen

---

[183] *Lee, Ian*, Jean Monnet Working Paper no. 9/99, 35 in Anwendung der ökonomischen Analyse des Rechts auf die gemeinschaftsrechtliche Staatshaftung.

[184] *Esser/Weyers* (Fn. 118), 134.

[185] EuGH, verb. Rs. C-104/89 und C-37/90, Mulder u.a./Rat und Kommission, Slg. 2000, I-203.

des Gemeinschaftshaushalts von etwa 89.000 Mio. Ecu. Ebenso können Haftungsansprüche gegen die Mitgliedstaaten erhebliche Größenordnungen erreichen. In der Rechtssache Brasserie du Pêcheur machte der Kläger gegen Deutschland einen Anspruch in Höhe von über 900.000 DM geltend[186]. Zwar blieb die Klage im Ergebnis erfolglos, da der BGH eine qualifizierte Rechtsverletzung durch die Bundesrepublik Deutschland verneinte[187]. Das Haftungsrisiko war aber erheblich, hatte doch der EuGH im Vorlageverfahren angedeutet, er sehe die Tatbestandsvoraussetzungen für einen Haftungsanspruch als erfüllt an[188].

Darüber hinaus bergen auch Haftungsansprüche wegen Nicht- oder Schlechtumsetzung von Richtlinien ein erhebliches Haftungsrisiko, insbesondere wenn die Nichtumsetzung von Richtlinien zur Schädigung großer Personengruppen führt. So klagten in der Rechtssache Dillenkofer die Geschädigten vor dem Landgericht Bonn im Wesentlichen auf Erstattung der Beträge, die sie als Reisepreis an ein in Insolvenz geratenes Reiseunternehmen gezahlt hatten[189]. Betroffen waren hiervon nur fünf Parteien; es ist aber leicht vorstellbar, dass ein vergleichbares Verfahren mehrere Tausend Kläger umfasst. In einem solchen Fall stiege das Haftungsrisiko derart, dass die Bedeutung dieses Anspruchs für den Gesamthaushalt nicht in Abrede gestellt werden könnte.

Die vorstehenden Überlegungen gehen von einem rationalen Verhalten der Haftungsverantwortlichen aus. Von anderen Autoren, die sich gegen die Annahme einer Präventionswirkung wenden, wird dagegen gerade eine Orientierung der Verantwortlichen am rationalen Kriterium einer Kosten/Nutzen-Relation in Abrede gestellt. Diese Meinung stützt sich im Wesentlichen auf drei Argumente:

Einmal ließen sich Haftungsfälle trotz des Willens zu rechtstreuem Verhalten wegen der Unklarheit vieler gemeinschaftsrechtlicher Regelungen häufig nicht vermeiden[190], dann ließen sich Haftungsansprüche in der Mehrzahl nicht effektiv gegen die Schädiger durchsetzen[191] und

---

[186] EuGH, verb. Rs. C-46/93 und C-48/93, Brasserie du Pêcheur, Slg. 1996, I-1029.

[187] BGHZ 134, 30.

[188] EuGH, verb. Rs. C-46/93 und C-48/93, Brasserie du Pêcheur, Slg. 1996, I-1029, Rn. 59.

[189] EuGH Rs. C-178/94, 179/94, 188/94 und 190/94, Dillenkofer, Slg. 1996, I-4845.

[190] *Harlow*, ELJ 2 (1996), 199, 209 f.

[191] *Harlow* (Fn. 190), 199, 207.

die für eine Schädigung persönlich Verantwortlichen würden durch die Auferlegung einer Haftung nicht beeinträchtigt; daher bestehe für sie auch keine Notwendigkeit, ihr Verhalten an den Kosten einer Haftung auszurichten[192].

Dem ersten Argument steht entgegen, dass schon der Haftungstatbestand selbst den Schwierigkeiten bei der Ermittlung des Inhalts gemeinschaftsrechtlicher Pflichten Rechnung trägt, indem eine einfache Rechtsverletzung für eine Haftung nicht ausreicht. Vielmehr bedarf es einer qualifizierten Rechtsverletzung. Zwar dient das Erfordernis einer qualifizierten Rechtsverletzung vor allem dem Zweck, dem Hoheitsträger einen gerichtsfreien Ermessensspielraum einzuräumen[193], daneben berücksichtigt der EuGH aber im Rahmen der Prüfung der Qualifiziertheit einer Rechtsverletzung auch Schwierigkeiten bei der Auslegung gemeinschaftsrechtlicher Normen. So ist die Frage der Qualifiziertheit der Rechtsverletzung auch von dem Maß der Klarheit und Genauigkeit der verletzten Norm abhängig[194]. Eine Rechtsverletzung, die ein Hoheitsträger in der vermeintlichen Überzeugung begeht, sich rechtmäßig zu verhalten, vermag daher keine Haftung zu begründen. Die Entstehung eines Haftungsanspruchs wegen Verletzung von Gemeinschaftsrecht ist daher bei ordnungsgemäßer rechtlicher Prüfung des Verhaltens vermeidbar. Dennoch steht dies der Annahme einer Sanktionswirkung im Übrigen nicht entgegen, sondern verstärkt eher die Vermutung zugunsten von Präventionswirkungen des Tatbestandes.

Das Argument mangelnder Durchsetzungsmöglichkeiten von Haftungsansprüchen lässt sich nicht von der Hand weisen. Tatsächlich nimmt die Durchsetzung von Haftungsansprüchen Einzelner häufig derart lange Zeit in Anspruch, dass viele Kläger angesichts der Unsicherheit und Dauer eines Verfahrens von der Geltendmachung ihrer Ansprüche absehen. Allerdings widerspricht dieser Umstand eher dem Zweck eines effektiven Schutzes individueller Rechte als dem Zweck der Prävention. Die Präventionsfunktion entsteht nämlich schon bei Vornahme der rechtswidrigen Handlung, d.h. sie ist unabhängig vom Ausgang des einzelnen Verfahrens. Der Schutz individueller Zwecke ist hingegen vom Ausgang des konkreten Rechtsstreits abhängig.

---

[192] *Lee* (Fn. 183), 35.

[193] *Detterbeck* (Fn. 43), 202, 214 f., 244.

[194] EuGH Rs. C-319/96, Brinkmann Tabakfabriken, Slg. 1998, I-5255, Rn. 30.

Auch das dritte Argument besitzt eine gewisse Berechtigung. Die Haftung nach dem Gemeinschaftsrecht stellt eine originäre Organisationshaftung dar, so dass der einzelne Amtsträger nicht von dem Geschädigten in Anspruch genommen werden kann. Dabei darf allerdings nicht das Innenverhältnis zwischen dem Amtsträger und dem Dienstherren außer Acht bleiben. Denn nach Art. 22 des Beamtenstatuts[195] steht dem Dienstherrn bei schwerwiegendem Verschulden des Amtsträgers die Möglichkeit des Regresses zu[196]. Daher hat der handelnde Amtsträger zumindest in gewissem Umfang ein unmittelbar persönliches Interesse an der Rechtmäßigkeit seines Handelns. Soweit es die Fälle nicht schwerwiegenden Verschuldens des Amtsträgers betrifft, würde die Widerlegung des Arguments der fehlenden Anreizwirkung für den einzelnen Amtsträger die Auseinandersetzung mit einer Vielzahl unterschiedlichster Verantwortungsstrukturen und ihrer Evaluierung in der Wirkung auf einzelne Entscheidungsträger erfordern. Hier kann aber nur ein genereller Überblick über die Funktionen der Haftung auf die Hoheitsträger als Ganzes erfolgen. Daher muss die These ausreichen, dass finanzielle Sanktionen im Gemeinschaftsrecht eine verhaltenssteuernde Wirkung haben und ein zumindest teilweise effizientes Mittel zur Rechtsdurchsetzung darstellen[197]. Belegt wird dies durch die zahlreichen im Gemeinschaftsrecht gegenüber Hoheitsträgern gebrauchten finanziellen Sanktionsmechanismen[198]. Obwohl bislang keine gesicherten Erkenntnisse über die Wirksamkeit finanzieller Sanktionen bestehen, stellen doch beispielsweise das Rechnungsabschlussverfahren bei der

---

[195] Statut der Beamten der Europäischen Gemeinschaften, eingeführt durch Verordnung (EWG, Euratom, EGKS) Nr. 259/68 des Rates zur Festlegung des Statuts der Beamten der Europäischen Gemeinschaften und Beschäftigungsbedingungen für die sonstigen Bediensteten dieser Gemeinschaften sowie zur Einführung von Sondermaßnahmen, die vorübergehend auf die Beamten der Kommission anwendbar sind, ABl. 1968, Nr. L 56, 1, zuletzt geändert durch Verordnung (EG, Euratom) Nr. 2182/2003 des Rates zur Angleichung der Dienst- und Versorgungsbezüge der Beamten und sonstigen Bediensteten der Europäischen Gemeinschaften sowie der Berichtigungskoeffizienten, die auf diese Dienst- und Versorgungsbezüge anwendbar sind, ABl. 2003, Nr. L 327, 3.

[196] Siehe hierzu *Gilsdorf/Niejahr* (Fn. 8), Art. 288 Rn. 104.

[197] *Gilsdorf* (Fn. 163), 125. Kritischer *Tesauro*, in: Zuleeg/van Gerven, Sanktionen im Gemeinschaftsrecht, 17, 22, der jedoch die Wirksamkeit von finanziellen Sanktionen gänzlich in Abrede stellt.

[198] Für einen Überblick siehe *Stober*, in: Wolff/Bachof/Stober, Verwaltungsrecht, Bd. 2, § 65, Rn. 11 ff.

Durchführung der Gemeinsamen Agrarpolitik[199] oder die seit dem Vertrag von Maastricht in Art. 228 Abs. 2 EG vorgesehenen Sanktionen[200] den Paradefall der Durchsetzung des Gemeinschaftsrechts gegenüber den Mitgliedstaaten dar. Zwar ist bislang die genaue Wirkung dieser Sanktionen nicht bis in jede Einzelheit untersucht, jedoch steht außer Zweifel, dass sie erheblichen Einfluss auf die Entscheidung der Mitgliedstaaten ausüben, sich gemeinschaftsrechtskonform zu verhalten[201].

4. Lückenfüllung

Eng verwandt mit der Funktion des effektiven Schutzes individueller Rechte ist die Funktion der Schließung von Rechtsschutzlücken. Grundlage dieser Funktion ist das rechtstaatliche Postulat effektiven Rechtsschutzes, welches aufgrund des Charakters der Union als Rechtsgemeinschaft, als Maßstab für das Niveau des gemeinschaftsrechtlichen Rechtsschutzes herangezogen werden muss. Dieses Postulat gebietet nicht nur, die einzelnen Rechtsbehelfe so auszugestalten, dass die mit ihnen justiziabel werdenden Rechte effektiv durchgesetzt werden können, sondern es folgt auch daraus, dass der durch die Union zu gewährende Rechtsschutz umfassend zu sein hat[202]. Danach müssen im Unionsrecht Rechtsbehelfe vorhanden sein, die eine gerichtliche Kontrolle von Rechtsakten ermöglichen, welche den Einzelnen in einem bestimmten Maße individuell beschweren[203]. Etwaige Rechtsschutzlücken, das heißt Fälle, in denen rechtswidriges Handeln der Unionsorgane und der mitgliedstaatlichen Stellen keiner gerichtlichen Nachprüfung zugängig sind, sind zu füllen. Denn mit dem EG-Vertrag sollte ein lücken-

---

[199] Verordnung (EG) Nr. 1258/99 des Rates vom 17.05.1999 über die Finanzierung der Gemeinsamen Agrarpolitik, ABl. Nr. L 160, 103.

[200] Siehe dazu etwa EuGH, Rs. C-387/97, Kommission/Griechenland, Slg. 2000, I-5047.

[201] Für den Bereich des Rechnungsabschlussverfahrens siehe *Priebe*, in: Zuleeg/van Gerven, Sanktionen im Gemeinschaftsrecht, 55, 57 ff.; für den Bereich des Erlasses von Zwangsgeldern siehe *Härtel*, EuR 2001, 617, die allerdings eine Schwäche der Zwangsgeldanordnung in der mangelnden Vollstreckbarkeit sieht.

[202] GA Roemer, Schlussanträge in EuGH, Rs. 6/68, Zuckerfabrik Watenstedt, Slg. 1968, 611, 624 ff. spricht von dem "verfassungsrechtlichen Gedanken umfassenden Rechtsschutzes"; siehe auch *Allkemper*, Der Rechtsschutz des Einzelnen nach dem EG-Vertrag, 42 ff.; *Tonne*, Effektiver Rechtsschutz durch staatliche Gerichte als Forderung des Europäischen Gemeinschaftsrechts, 200.

[203] *Nettesheim* (Fn. 147), 928, 933.

loses „System" des Rechtsschutzes geschaffen werden[204]. Zwar kann dieses Postulat nicht als dogmatische Grundlage eines Rechtsbehelfs herangezogen werden. Die Ausführung und Ausgestaltung gemeinschaftsrechtlicher Rechtsbehelfe sind aber an der Verfolgung dieser Funktion zu orientieren.

Für die Schadensersatzklage folgt daraus, dass ihr neben der bereits angesprochenen Funktion als Sekundärrechtsschutz für den Ausgleich von Schadensfolgen einer Rechtsverletzung die Funktion eines primären Rechtsschutzes zukommt. In dieser Funktion kompensiert die Schadensersatzklage das Fehlen anderer individueller Rechtsschutzmöglichkeiten[205]. Dies ist insbesondere der Fall bei der sehr restriktiven Gewährung von Primärrechtsschutz. So besteht keine Möglichkeit, Nichtigkeitsklagen gegen Realakte zu erheben und auch gegen Rechtsetzungsakte sind Nichtigkeitsklagen nur in engem Umfang zulässig, denn individuelle Nichtigkeitsklagen setzen voraus, dass der Kläger unmittelbar und individuell betroffen ist[206]. Dies wird bei unmittelbar wirkenden Normativakten jedoch in der Regel nicht der Fall sein.

Dagegen gewährt der EuGH in weiterem Umfang Rechtsschutz unter den Voraussetzungen einer Schadensersatzklage nach Art. 235, 288 Abs. 2 EG. Der Umstand, dass die Verletzungshandlung in einem legislativen Tun besteht, schließt die Haftungsklage im Gegensatz zur Nichtigkeitsklage nicht aus. So hat der EuGH in der Rechtssache *Schöppenstedt* grundsätzlich eine Haftung für legislatives Verhalten für zulässig gehalten[207]. Maßgeblicher Legitmationsgrund für die Annahme einer Haftung wegen legislativen Handelns war die Schließung einer Rechtsschutzlücke[208].

Auch die Einführung der gemeinschaftsrechtlichen Staatshaftung mit der Entscheidung Francovich lässt sich mit der Funktion der Füllung

---

204 EuGH, Rs. C-50/00, Unión de Pequeños Agricultores/Rat, Slg. 2002, I-6677, Rn. 40; Rs. C-314/91, Weber/Europäisches Parlament, Slg. 1993, 1093, Rn. 8 ff.

205 EuG, Rs. T-167/94, Nölle/Rat und Kommission, Slg. 1995, II-2589, Rn. 41 f.; *Allkemper* (Fn. 202), 129; *Koenig/Sander* (Fn. 63), 194.

206 *v.Bogdandy* (Fn. 8), Art. 288 EG, Rn. 42.

207 EuGH Rs. 5/71, Schöppenstedt/Rat, Slg. 1971, 975; im konkreten Fall scheiterte die Klage an der nicht nachweisbaren Rechtsverletzung.

208 *v.Bogdandy* (Fn. 8), Art. 288 EG , Rn. 27; *Grabitz* (Fn. 1), 215, 221; *Schmahl* (Fn. 8), 415, 423.

von Rechtsschutzlücken erklären[209]. Der dortige Kläger berief sich auf ihm zu verleihende Rechte einer Richtlinie. Diese Rechte konnte er vor nationalen Gerichten mangels Umsetzung und mangels Vorliegen der Voraussetzung für eine unmittelbare Anwendung der Richtlinie nicht geltend machen. Wird somit die Francovich-Rechtsprechung zu Recht unter dem Gesichtspunkt des Indvidualrechtsschutzes[210] oder der Durchsetzung des Gemeinschaftsrechts[211] betrachtet, so kann nicht geleugnet werden, dass die Möglichkeit einer Schadensersatzklage für den Kläger gleichermaßen als Kompensation für das Fehlen anderweitigen Primärrechtsschutzes wirkt. Stellt diese Wirkung auch nur einen Nebenaspekt der bereits angesprochenen Hauptzwecke dar, so wird er doch vom EuGH anerkannt und in der Urteilsbegründung verwandt[212]. Dabei ist anzumerken, dass es explizit nur um die Schließung von Lücken im Rechtsschutz geht, auf eventuelle Vertragslücken, wie manche Autoren behaupten, geht der Gerichtshof nicht ein[213].

Zusammenfassend lässt sich also feststellen, dass unabhängig davon, in welchem Maß Rechtsschutz nach dem Gemeinschaftsrecht geschuldet ist und gegen wen sich dieser Rechtsschutz zu richten hat, dem gemeinschaftsrechtlichen außervertraglichen Haftungsanspruch in seiner verfahrensrechtlichen Dimension als Schadensersatzklage die Funktion zukommt, einzelne Lücken im gemeinschaftsrechtlichen System umfassenden Rechtsschutzes zu schließen und somit in einem den Bedürfnissen der Union entsprechenden flexibel gestalteten Rechtsschutzsystem einen Mindeststandard an Rechtsschutz zu gewährleisten. Folglich ist als weiterer Zweck der gemeinschaftsrechtlichen außervertraglichen Haftung die Lückenfüllung im Rechtsschutzsystem zu berücksichtigen. Dieser Zweck führt jedoch nicht dazu, dass ein einheitlicher Rechtsschutzstandard gewährt wird. Lediglich dort, wo Rechtsschutz schwer zu erreichen ist, aber eigentlich aus rechtsstaatlichen Erwägungen gewährt werden müsste, wird er als letztes Mittel durch Zulässigkeit einer Schadensersatzklage gewährt. Diese Funktion lässt sich gleichermaßen

---

209 Sehr stark machen diesen Punkt *Charrier*, Revue d'intégration européenne 20 (1996), 35, 37; *Geiger* (Fn. 3), 72 ff, *Diehr*, Der Staatshaftungsanspruch des Bürgers, 26 ff.

210 *Reich*, EuZW 1996, 709, 710.

211 *Masing* (Fn. 179), 48 f.

212 EuGH, Rs. C-6/90 und C-9/90, Francovich u.a./Italienische Republik, Slg. 1991, I-5357, Rn. 34.

213 *Geiger* (Fn. 3), 72.

auf den Gedanken der Gerechtigkeit zurückführen. Durch die Schließung von Rechtsschutzlücken wird dem Gebot der Gerechtigkeit auch im Einzelfall Rechnung getragen und ein alle Individuen umfassender gleicher Mindeststandard des Rechtsschutzes gewährleistet.

III. Zweckstaffelung – Individualrechtsschutz vor Integration?

Bisher wurde aufgezeigt, dass die gemeinschaftsrechtliche außervertragliche Haftung von verschiedenen Zwecken bestimmt ist. Diese Zwecke sind durch die Verfolgung unterschiedlicher Ziele gekennzeichnet, die je nach Fallkonstellation oder je nach Rechtsbereich unterschiedlich stark verfolgt werden. Soll der Normzweck zur Auslegung der Vorschriften herangezogen werden und können die verschiedenen Zwecke nicht in gleicher Weise mit jeder Auslegung verfolgt werden, bedarf es einer Staffelung der Zwecke entsprechend ihrer Bedeutung für die Norminterpretation.

Die Schadensabnahme lässt sich unschwer als das erste und hauptsächliche Ziel der gemeinschaftsrechtlichen außervertraglichen Haftung feststellen. Dieser Zweck ergibt sich unmittelbar aus der Rechtsfolge des Haftungstatbestands, die Pflicht zum Ausgleich des Schadens. Er stellt dabei kein Spezifikum der gemeinschaftsrechtlichen außervertraglichen Haftung dar, sondern ist vielmehr jeder deliktsrechtlichen Schadensausgleichsvorschrift immanent und fordert, bei Erfüllung der Tatbestandsvoraussetzungen das Schadensrisiko auf den Schädiger überzuwälzen. Der Zweck der Schadensabnahme vermag jedoch keine Antwort darauf zu geben, warum eben diese Schadensveranlagung nach dem Gemeinschaftsrecht stattfinden soll. Daher kann dieser Zweck nur bedingt als Auslegungsmaßstab herangezogen werden.

Maßgeblich für die Auslegung der Anspruchsnormen sind vielmehr Haftungszwecke, die auf einer anderen Ebene anzusiedeln sind. Dies sind die Zwecke, die sich als Folge der Schadensverlagerung unter den spezifischen Voraussetzungen der Haftungsansprüche ergeben. Sie bilden besondere Funktionen des Haftungsrechts ab und können deshalb für eine kohärente Auslegung der Anspruchsvoraussetzungen herangezogen werden. Die wichtigsten Zwecke auf dieser weiteren Funktionsebene des Haftungsrechts der Gemeinschaft sind, wie bereits dargestellt, der Schutz individueller Rechte und die Sicherung der einheitlichen Wirksamkeit des Gemeinschaftsrechts.

Wie bereits ausgeführt, erfüllt die gemeinschaftsrechtliche außervertragliche Haftung beide Funktionen. Denn mit der Sanktionierung werden die Interessen zweier unterschiedlicher Rechtsträger verfolgt. Einerseits stellt die Haftungsklage einen Rechtsbehelf für den Einzelnen dar, mit dem er die Verletzung seiner durch die Gemeinschaft verliehenen Rechte kompensieren kann. Andererseits werden die Interessen der Union gewahrt, indem diese gemeinschaftsrechtlich verliehenen Rechte mittels einer Haftungssanktion gegen den jeweiligen Hoheitsträger durchgesetzt werden. Auf den ersten Blick betrachtet, kann daher von einer Interessenidentität ausgegangen werden[214]. Bei genauerer Betrachtung lässt sich eine komplette Interessenidentität nur für die Durchsetzung des Unionsrechts gegenüber den Mitgliedstaaten konstatieren. Für die Durchsetzung des Rechts gegenüber den Unionsorganen bedarf es ebenso wenig eines spezifischen Sanktionsinstrumentes wie für die Durchsetzung staatlichen Rechts gegenüber einem Staat. Gegenüber den Mitgliedstaaten besteht jedoch ein spezifisches Interesse der Rechtsdurchsetzung. Vielfach wird daher angenommen, die vom EuGH eingeführte gemeinschaftsrechtliche Staatshaftung bezwecke vor dem Hintergrund des Integrationsgedankens vorwiegend die wirksame Durchsetzung des Gemeinschaftsrechts, während die tatsächlich restriktive Rechtsprechung des Gerichtshofs zur Haftung der Europäischen Union als Kehrseite des Integrationsgedankens sicherstelle, dass das Gemeinschaftsrecht nicht in Frage gestellt werde[215].

Folgt man diesem Ansatz, besitzen die Haftung der Union und die gemeinschaftsrechtliche Staatshaftung zwei vollständig unterschiedliche Funktionen. Während die Haftung der Union vorwiegend die Funktion hat, dem Grundsatz der Rechtsgemeinschaft folgend den materiellen Gehalt individueller Rechte voll zu gewährleisten und diese effektiv zu schützen, bezweckt die gemeinschaftsrechtliche Staatshaftung vor allem die Durchsetzung des Gemeinschaftsrechts gegenüber den Mitgliedstaaten. Dieses Konzept unterscheidet sich wesentlich von dem entgegenstehenden Konzept, nach dem sowohl die Haftung der Union als auch die gemeinschaftsrechtliche Haftung vor allem den individuellen Rechtsschutz bezwecken.

Diese Unterscheidung der Haftungsfunktionen hat nicht nur theoretische Bedeutung. Aus zwei Gründen bedarf es einer Entscheidung über

---

[214] *Hegels* (Fn. 102), 180.

[215] *v.Danwitz* (Fn. 179), 108, 177, 232; *Ossenbühl* (Fn. 6), 495; *Tomuschat*, FS Everling, 1585, 1593.

die Rangfolge der Zwecke Individualschutz und Prävention im außervertraglichen, gemeinschaftlichen Haftungsrecht. Zum einen wirkt sich bei der Auslegung der Staatshaftung die Frage der Hauptfunktion der Haftung auf die Anforderungen an die individualschützenden Haftungsvoraussetzungen, wie z.B. die Verletzung eines individuellen Rechts, aus. Zum anderen und dies vor allem entscheidend ist aber, dass – wie aufgezeigt – von einer Parallelität beider Haftungsansprüche ausgegangen wird. Eine solche Parallelität ist jedoch nur möglich, wenn beide Haftungsansprüche annähernd gleiche Funktionen besitzen, da nur dann Rechtsprechung gegenseitig übertragen werden kann.

Hinsichtlich der Haftung der Union ist es fraglich, ob von einem Gemeinschaftsinteresse hinsichtlich der effektiven Durchsetzung des Gemeinschaftsrechts auch gegenüber der Union ausgegangen werden muss. Dieses wird wohl primär über das Selbstverständnis der Union als Rechtsgemeinschaft abgesichert, welche die allgemeinen rechtstaatlichen Grundsätze wie z.B. die Rechtmäßigkeit der Verwaltung beinhaltet und über den Grundsatz des effektiven Rechtsschutzes zum Zwecke des Individualschutzes durchgesetzt werden kann[216]. Da vorliegend von der Parallelität der Haftung der Union nach Art. 288 Abs. 2 EG mit der gemeinschaftsrechtlichen Staatshaftung ausgegangen wird und eine solche nur für den Fall zumindest annähernd gleicher Zwecke denkbar ist, kann auch diese Frage hier nicht unentschieden bleiben.

Das Verhältnis beider Zwecke ist äußerst umstritten. Die Diskussion um die Einordnung beider Zwecke wird nur selten auf der Ebene der Rechtsdurchsetzungsinstrumente geführt[217]. Zumeist erfolgt eine Erörterung des streitigen Verhältnisses beider Zwecke auf der Ebene der Gewährung individueller Rechte und ihrer Funktion im Unionsrecht[218]. Die Gewährung individueller Rechte ist nicht identisch mit deren

---

[216] *Zuleeg* (Fn. 142), 545, 547; EuGH, Rs. 294/83, Les Verts, Slg. 1986, 1339, Rn. 23.

[217] *Eilmansberger* (Fn. 126); *Grzeszick*, EuR 1998, 417; *Reich*, EuZW 1996, 709.

[218] *Classen* (Fn. 171), 645, 670. Die für das deutsche öffentliche Recht zentrale Figur des "subjektiv-öffentlichen Rechts" ist enger als die vergleichbare Figur im Unionsrecht, da es sich einerseits nur gegen die öffentliche Gewalt richtet und geringere Anforderungen an die Individualisierung geschützter Interessen stellt, siehe *Hölscheidt*, EuR 2001, 376, 387. Daher wird hier die im Unionsrecht üblichere Terminologie des "individuellen Rechts" verwandt, welches eher dem französischen "droit subjectif" oder "droit individuel" und dem englischen "individual right" entspricht, siehe *Schilling* (Fn. 147), 3, 26 f.

Schutz oder deren Durchsetzung. Aus der Einräumung eines individuellen Rechts lässt sich noch nicht notwendigerweise ein Anspruch auf Schadensersatz für den Fall seiner Verletzung ableiten. Gleichwohl besteht ein enger Zusammenhang, denn die Bedeutung der Subjektivität eines Rechts liegt gerade in der Vermittlung eines Anspruchs, der notfalls auch gerichtlich durchgesetzt werden kann. Die Diskussion um die individuellen Rechte im Gemeinschaftsrecht dreht sich daher im Kern um die Frage, ob individuelle Rechte des Einzelnen Ansprüche gegen Hoheitsträger begründen oder ob Ansprüche gegenüber Hoheitsträgern, die der Einhaltung der objektiven Rechtsordnung dienen, als Rechtsreflex individuelle Rechte begründen, die dem Einzelnen eher zufällig günstig sind[219]. Wenn auch ein individuelles Recht nicht notwendig in der Form eines Schadensersatzanspruchs und seiner gerichtlichen Geltendmachung durchzusetzen ist, verlaufen die Diskussion über die Gestalt und Funktion subjektiver Rechte im Gemeinschaftsrecht und über das Verhältnisses beider Haftungszwecke absolut parallel. Da damit die Diskussion um die subjektiven Rechte eine Entscheidung für die Haftungszwecke nach sich zieht, kann die Diskussion übertragen werden.

Verallgemeinert lassen sich die Ansichten zwischen zwei Polen verorten. Auf der einen Seite steht ein Verständnis, nach welchem der außervertragliche Haftungsanspruch und insbesondere die gemeinschaftsrechtliche Staatshaftung im Unionsrecht primär der Durchsetzung des Unionsrechts dienen[220]. Die Ansprüche sollen danach nicht der Durchsetzung der individuellen Rechte um deren selbst willen dienen, sondern der Ermöglichung einer objektiven Rechtskontrolle, die neben die Aufsicht durch die Kommission tritt und diese ergänzt. Der Schutz individueller Rechte besitzt daneben "keine eigenständige oder jedenfalls nebengeordnete Bedeutung"[221]. Der Einzelne erfüllt die Rolle eines "Vollzugsorgans"; er ist "Informant"[222] der Kommission.

Auf der anderen Seite findet sich ein Verständnis der Haftungsansprüche, in dem der Individualschutz die zentrale Rolle spielt. Der Einzelne setzt seine Rechte nicht zur Aufrechterhaltung der objektiven Rechtsordnung sondern um ihrer selbst willen durch. Rechtsbehelfe, die das

---

[219] *Eilmansberger* (Fn. 126), 60 ff.

[220] Vor allem vertreten von *v.Danwitz* (Fn. 179), 175; *Masing* (Fn. 179), 48 f.; *Schilling* (Fn. 147), 3, 27.

[221] *Masing* (Fn. 179), 46.

[222] *v.Danwitz* (Fn. 179), 108, 177, 232.

Gemeinschaftsrecht vorsieht, dienen vorwiegend der Garantie des Grundsatzes des effektiven Individualrechtsschutzes. Der Umstand, dass ein Unionsbürger seine Rechte wahrnimmt, dient nur nachrangig auch der Sicherung der Effektivität des Gemeinschaftsrechts[223].

Wie bereits dargestellt, lassen sich problemlos beide Funktionen der Haftung im Gemeinschaftsrecht nachweisen. Einige Autoren sprechen daher von einer Doppelfunktion der individuellen Rechte im Gemeinschaftsrecht[224]. Ein solches Verständnis der beiden Zwecke ist jedoch unbefriedigend. Gewiss, beide zielen in die gleiche Richtung, auf die Durchsetzung bestimmter Rechte. Werden aber die Haftungszwecke als Maßstab für eine Auslegung herangezogen, so bedarf es einer Entscheidung hinsichtlich des Stellenwerts des jeweiligen Haftungszwecks. Denn beide sprechen zwar für eine Haftung, führen aber zu unterschiedlicher Auslegung der Tatbestandsmerkmale. Die Verleihung individueller Rechte zum Zwecke der Ermöglichung objektiver Rechtskontrolle durch den Einzelnen rechtfertigt es, an die Einbeziehung des Einzelnen in den Kreis der Anspruchsberechtigten geringere Ansprüche zu stellen als bei der Verfolgung lediglich individueller Interessen. Denn in diesem Fall dient die Geltendmachung eines Haftungsanspruchs dem Gemeinschaftsinteresse[225]. Daher hängt der Maßstab, welcher hinsichtlich des Individualschutzes an eine Norm gestellt wird, von der Entscheidung über das Verhältnis beider Zwecke ab. Eine Beschreibung des Haftungsregimes als Rechtsbehelf mit Doppelfunktion ist mithin nicht ausreichend.

Schon aus dem Tatbestand selbst ergibt sich eindeutig eine Fixierung der außergemeinschaftlichen Haftung. Wie zuvor bereits ausgeführt, stellen sowohl der Anspruch unter Art. 288 Abs. 2 EG als auch die gemeinschaftsrechtliche Staatshaftung den Individualrechtsschutz in den Mittelpunkt. Offensichtlich wird dies insbesondere in der Tatsache, dass beide eindeutig die Verletzung eines individuellen Rechts voraus-

---

[223] Vor allem vertreten von *v.Bogdandy* (Fn. 8), Art. 288 EG, Rn. 9 ff.; *Classen* (Fn. 171), 645, 673; *Reich*, Bürgerrechte (Fn. 171), 138, 142; *ders.*, EuZW 1996, 709, 710.

[224] *Anagnostaras*, ELR 26 (2001), 139, 151; *Charrier* (Fn. 209), 35, 39, 45; *Grossrieder Tissot* (Fn. 54), 91; *Epiney*, VVDStRL 61 (2001), 362, 393; *Reich*, Bürgerrechte (Fn. 171), 56 f.; *Scheuing*, in: Hoffmann-Riem/Schmidt-Aßmann, Innovation und Flexibilität, 289, 314, für den gemeinschaftsrechtlich determinierten mitgliedstaatlichen Rechtsschutz siehe *Schoch* (Fn. 144), 261, 275; *ders.*, NVwZ 1999, 457; *Winter*, NVwZ 1999, 467.

[225] *Classen* (Fn. 171), 645, 648.

setzen und damit Vorstellungen einer Popularklage, die der reinen Durchsetzung des Rechts förderlich wäre, eine Absage erteilt wird[226]. Auch Tatbestandsmerkmale die zunächst sehr hohe Hürden für den Rechtsschutz des Einzelnen aufstellten, wie z.B. die Voraussetzung der Betroffenheit einer kleinen Gruppe, sind nach und nach vermindert o-der abgeschafft worden[227].

Aus der gesamten Konstruktion der Haftungstatbestände und ihrer Fixierung auf die Garantie individueller Rechte kann ein Vorrang des Individualschutzes gefolgert werden. Diese primäre Ausrichtung auf den Individualrechtsschutz wird unterstützt durch die Tatsache, dass das Gemeinschaftsrecht im Primärrechtsschutz Instrumente zur objektiven Legalitätskontrolle vorzuweisen hat[228]. Durch den Primärrechtsschutz wird Rechtsverletzung mit erga-omnes-Wirkung festgestellt. Der angefochtene Rechtsakt wird endgültig beseitigt. Das Sekundärrecht hingegen schützt nur die individuellen Rechte der Kläger und auch nur ihnen gegenüber wirkt die Feststellung der Rechtswidrigkeit eines Rechtsaktes. Insgesamt ist das Gemeinschaftsrecht zurückhaltend mit der Gewährung von Primärrechtsschutz gegen Rechtsakte des Gemeinschaftsrechts. Dies gilt insbesondere im Bereich des legislativen Unrechts. Wollte man eine spezifische Legalitätskontrolle durch den Einzelnen, hätte der EuGH die Klagezulassung weiter konzipieren können[229].

Von den Befürwortern der Funktionalisierung des Einzelnen wird dagegen bisweilen vorgebracht, die Tatsache, dass nur individuelle Rechte durch Rechtsbehelfe des Einzelnen geschützt würden, spreche nicht zwangsläufig dagegen, den Individualschutz als bloßen Rechtsreflex gemeinschaftsrechtlicher Rechtsbehelfe des Einzelnen zu sehen. Denn

---

226 EuGH Rs. 5/71, Schöppenstedt/Rat, Slg. 1971, 975, Rn. 11 ff.; verb. Rs. 83 und 94/76, 4, 15 und 40/77, HNL, Slg. 1978, 1209, Rn. 5; Rs. 238/76, I-reks-Arkady, Slg. 1979, 2955, Rn. 11; Rs. 20/88, Roquettes frères/Kommission, Slg. 1989, 1553, Rn.15; EuG Rs. T-178/98, Fresh Marine Company, Slg. 2000, II-3331, Rn. 57.

227 EuGH verb. Rs. C-104/89 und C-37/90, Mulder/Rat und Kommission, Slg. 1992, I-3061, Rn. 16; verb. Rs. C-46/93 und C-48/93, Brasserie du Pêcheur, Slg. 1996, I-1029. Für einen Überblick zur Individualisierung des unter Art. 288 Abs. 2 EG entwickelten Fallrechts siehe *Stefanou/Xanthaki* (Fn. 7), 41 ff.

228 *Grzeszick* (Fn. 217), 417, 419.

229 GA Jacobs, Schlussanträge, EuGH, Rs. 50/00 P, Unión de Pequeños Agricultores/Rat, Rn. 72, der kritisiert, dass der EuGH gegenüber Individualklägern zu zurückhaltend sei. Dies führe noch immer zu einem unbefriedigenden Rechtsschutz des Einzelnen.

erforderlich für die Instrumentalisierung des Einzelnen sei nicht, dass eine wirksame Kontrolle der Rechtsdurchsetzung ausschließlich durch den Einzelnen erfolge. Dieser stehe nur neben objektiven Rechtsdurchsetzungsmöglichkeiten, wie das Vertragsverletzungsverfahren nach Art. 226 EG und ergänze diese Durchsetzungsmöglichkeiten[230]. Dies sei vom EuGH schon in der Rechtssache Van Gend & Loos erkannt worden, wo der Gerichtshof feststellt:

> "Die Wachsamkeit der an der Wahrung ihrer Rechte interessierten Einzelnen stellt eine wirksame Kontrolle dar, welche die durch die Kommission und die Mitgliedstaaten gemäß den Artikeln 169 [jetzt 226] und 170 [jetzt 227] ausgeübte Kontrolle ergänzt"[231].

Allerdings lässt sich diese Urteilspassage in zwei Richtungen deuten. Denn ebenso wie man diese Aussage als Konzeption für eine Funktionalisierung des Einzelnen lesen kann, ist ein entgegengesetzes Verständnis möglich. Individuelle Rechte sind auch nach Ansicht des Gerichtshofs in der Rechtssache Van Gend & Loos die Grundlage der Kontrolle. Die Vorstellung einer Kontrolle der Einhaltung des Gemeinschaftsrechts durch den Bürger begründen diese individuellen Rechte hingegen nicht. Daher liegt es näher, den Individualschutz im gemeinschaftlichen Rechtsschutzsystem als wichtigstes Ziel anzusehen und demgegenüber die Durchsetzung des Gemeinschaftsrechts als Rechtsreflex zu werten. Dies entspricht letztlich auch der Begründung des Urteils van Gend & Loos, in dem der Gerichtshof in der gleichen Passage auf den effektiven Schutz individueller Rechte verweist[232].

Weiter wird zur Begründung der These, der Zweck der Durchsetzung des Gemeinschaftsrechts beherrsche das gemeinschaftliche Rechtsschutzsystem, vorgebracht, dass es bei der gerichtlichen Durchsetzung individueller Rechte nicht um den Individualschutz gehe, da hinter den individuellen Rechten nicht individualisierbare Rechtsgüter stünden. Vielfach handele es sich bei den geschützten Rechtsgütern nur um allgemeine Interessen[233]. Tatsächlich ist die individuelle Berechtigung nach dem Gemeinschaftsrecht oft in sehr viel breiterem Maß als unter deutschem Recht gewährt[234]. Daher werden dem Einzelnen wesentlich mehr

---

230 *Masing* (Fn. 179), 44.

231 EuGH, Rs. 26/62, van Gend & Loos, Slg. 1963, 1, Tz. 15.

232 EuGH, Rs. 26/62, van Gend & Loos, Slg. 1963, 1, Tz. 15.

233 *Masing* (Fn. 179), 30 ff.

234 *Classen* (Fn. 171), 645, 650, 658 ff.

Rechtsgüter als individuelles Rechtsgut zugewiesen[235]. Gleichwohl lässt sich daraus nicht eine Irrelevanz des Individualrechtsschutzes folgern.

Zum einen ist gerade für Schadensersatzklagen ein höherer Individualisierungsgrad der verletzten Rechtsgüter erforderlich, da nur Schäden an Rechtsgütern ersatzfähig sind, die dem Einzelnen auch als vermögenswertes Rechtsgut zugeordnet sind. Der Verstoß gegen eine bloß objektive Rechtsregel kann einen Ersatzanspruch nicht auslösen. Zum anderen fußt diese Argumentation gänzlich auf der deutschen Konzeption des subjektiv-öffentlichen Rechts[236]. Damit wird verkannt, dass die Gemeinschaftsrechtsordnung im Gegensatz zum deutschen Recht nicht von einer Privatbezogenheit der individuellen Rechte ausgeht und Allgemeininteressen allein dem Schutz durch Hoheitsträger unterstellt. Dem Gemeinschaftsrecht liegt vielmehr das Bild des aktiven Unionsbürgers zugrunde, der auch den Schutz der Rechtsgüter begehrt, deren Schutz nach deutschem Verständnis allein staatliche Aufgabe ist[237]. Damit werden dem Einzelnen Rechte verliehen, deren Verfolgung sich in weitem Maße auch mit dem Allgemeininteresse deckt.

Schließlich und vor allem zeigt die Parallelisierung der Haftung der Gemeinschaft und der Mitgliedstaaten, dass der Präventionszweck als Teil des Integrationsgedankens die Haftung nicht anleitet, denn eine spezifische Durchsetzung des Gemeinschaftsrechts gegenüber den Mitgliedstaaten unter gleichzeitigem Schutz der Gemeinschaft ist mit einer Parallelisierung beider Haftungstatbestände nicht vereinbar. Unterschiedliche Haftungsschwellen, die sich zwangsläufig durch eine solche Differenzierung ergäben widersprechen der Parallelisierung[238].

Somit ist festzustellen, dass der Zweck des Individualschutzes maßgeblich die Funktion des außervertraglichen Haftungsrechts der Gemeinschaft leitet. Dieser Zweck wird verstärkt durch den bereits herausge-

---

[235] Insbesondere im Bereich der Umweltvorschriften werden dem Einzelnen z.T. weitere Individualrechte zugestanden als nach deutschem Recht. Bei genauerer Betrachtung zeigt sich jedoch keine so erhebliche Abweichung, dass von rein allgemeinen Interessen auszugehen wäre, siehe *Classen* (Fn. 171), 645, 650, 658 ff.

[236] *Masing* (Fn. 179), 176 ff. zeigt auf, dass das deutsche subjektiv-öffentliche Recht sich nicht mit dem individuellen Recht europäischer Prägung deckt. Er zieht daraus entgegen der hier vertretenen Ansicht den Schluss, mit der Rechtsverleihung im Gemeinschaftsrecht werde maßgeblich das Ziel verfolgt, das Gemeinschaftsrecht effektiv gegenüber den Mitgliedstaaten durchzusetzen.

[237] *v.Bogdandy* (Fn. 8), Art. 288 EG, Rn. 16; Schwarze, DVBl. 2002, 1297.

[238] *v.Bogdandy* (Fn. 8), Art. 288 EG, Rn. 11.

stellten Zweck der Lückenfüllung. Dieser ist ein eigenständiger Zweck. Gleichwohl steht er in engem Zusammenhang mit dem Individualschutz, den er verstärkt.

IV. Haftungsbegrenzende Zwecke

Effektiver Rechtsschutz wird optimal garantiert, wenn zu jeder Rechtsverletzung Ausgleichspflichten entstehen. Grundsätzlich kann jedes hoheitliche Verhalten eines mitgliedstaatlichen oder eines Unionsorgans eine Haftung auslösen[239]. Prinzipielle Einschränkungen wie z.B. der Ausschluss einer Haftung für legislatives Unrecht nach den Grundsätzen des deutschen Amtshaftungsrechts existieren nicht[240]. Eine Einschränkung durch ein Verschuldenserfordernis erfolgt ebenfalls nicht. Hinsichtlich des Schadens gilt der Grundsatz der Vollkompensation, d.h. jeder Schaden wird vollumfänglich ersetzt[241]. Auch reine Vermögensschäden[242] sowie der entgangene Gewinn[243] stellen ersatzfähige Schadenspositionen dar. Dieser umfassende Rechtsschutz durch das Haftungsrecht wird, insbesondere bei der Haftung der Mitgliedstaaten von dem Gedanken getragen, dass ohne einen weitgehenden haftungsrechtlichen Schutz dieser Rechte, deren Bestand nicht effektiv gewährleistet ist[244]. Die außervertragliche Haftung nach dem Gemeinschaftsrecht geht daher sehr weit.

---

[239] GA Tesauro Schlussanträge, verb. Rs. C-46/93 und C-48/93, Brasserie du Pêcheur, Slg. 1996, I-1029, Rn. 48.

[240] Zur Haftung für judikatives Unrecht hat sich der Gerichtshof erst kürzlich geäußert. In der Rechtssache EuGH Rs. C-224/01, Köbler, Slg. 2003, I-10239, entschied der Gerichtshof, dass im Prinzip eine Haftung auch der Gerichte für Verstöße gegen Gemeinschaftsrecht besteht. Auch schon zuvor wurde eine Haftung für judikatives Handeln für möglich gehalten, *Anagnostaras*, EPL 7 (2001), 281 ff. Streitig war aber, ob eine solche Haftung im deutschen Recht durch die Anwendung des § 839 Abs. 2 BGB ausgeschlossen werden kann. Zu dieser Diskussion siehe *Deckert*, EuR 1997, 203, 226; *Detterbeck*, in: Detterbeck/Windthorst/Sproll, Staatshaftungsrecht, 67; *Herdegen/Rensmann* (Fn. 68), 522, 554 f.; *Czaja* (Fn. 4), 157 ff.

[241] *Ruffert* in: Callies/Ruffert, Art. 288 Rn. 22.

[242] EuGH Rs. 40/75, Produits Bertrand, Slg. 1976, 1, Rn. 9 ff.

[243] EuGH Rs. 238/76, Ireks-Arkady, Slg. 1979, 2955, Rn. 13 f.

[244] GA Tesauro Schlussanträge, verb. Rs. C-46/93 und C-48/93, Brasserie du Pêcheur, Slg. 1996, I-1029, Rn. 31.

Der Verwirklichung der haftungsbegründenden Zwecke sind jedoch Grenzen gesetzt. Diese Grenzen sind ihrerseits zweckbestimmt. Dem Zweck der Schadensübernahme entspricht nämlich der Gegenzweck, das Haftungsrisiko überschaubar zu gestalten. Führt jede Verletzung eines Gemeinschaftsrechts zu einer Schadensverlagerung auf den jeweiligen Hoheitsträger, könnte es aufgrund der Haftungsgefahr zu einer Blockierung jeglicher hoheitlicher Tätigkeit kommen[245]. Da eine umfassende Versicherung gegen hoheitliche Schädigung nicht die Funktion von Haftungsinstituten sein kann[246], wird die Haftung vor dem Hintergrund der Aufrechterhaltung der Funktionsfähigkeit der Organe sowohl der Union als auch der Mitgliedstaaten, wie nachstehend erläutert, eingeschränkt. Der Gegenzweck lässt sich daher mit seiner Funktion als Schutz der Funktionsfähigkeit der Organe bezeichnen.

Der Gedanke des Schutzes der Funktionsfähigkeit der Organe als solcher ist dem Gemeinschaftsrecht nicht fremd. Auch in anderem Zusammenhang findet er sich im Gemeinschaftsrecht. Als zu schützendes "Funktionieren der Gemeinschaft" wird er als Maßstab für die Auslegung des Gemeinschaftsrechts ebenso herangezogen[247] wie die aus Art. 10 EG hergeleitete Pflicht der Mitgliedstaaten durch ein in ihrem eigenen Kompetenzbereich liegendes Verhalten nicht die Funktionsfähigkeit der Unionsorgane zu beeinträchtigen[248]. Da Funktionsfähigkeit nicht nur durch mitgliedstaatliches Verhalten, sondern auch durch einen überzogenen Schutz individueller Rechte gefährdet werden kann, verlangt auch die Auslegung der haftungsrechtlichen Bestimmungen die Berücksichtigung des Grundsatzes der Funktionsfähigkeit der Organe[249].

Der Schutz der Funktionsfähigkeit der Organe verhindert die starre Verfolgung des Zwecks der Schadensübernahme und erlaubt es, das Haftungsrisiko flexibel zu gestalten. Er eröffnet damit die Möglichkeit, Fallgruppen zu erarbeiten, mit denen den Beteiligten angemessene Risi-

245 Insoweit ist eine Präventionswirkung der Haftungstatbestände unbestritten.

246 *Rebhahn* (Fn. 121), 212 ff.

247 EuGH, Gutachten 1/75, Lokale Kosten, Slg. 1975, 1355, Rn. 29.

248 EuGH Rs. 208/80, Lord Donington, Slg. 1981, 2205, 2219; Rs. 85/85, Kommission/Belgien, Slg. 1986, 1149, 1168 f.

249 EuGH verb. Rs. 83 und 94/76, 4, 15 und 40/77, HNL, Slg. 1978, 1209, Rn. 5; EuGH, verb. Rs. C-46/93 und C-48/93, Brasserie du Pêcheur, Slg. 1996, I-1029, Rn. 45.

kosphären zugewiesen werden[250]. Angesichts des Umstandes, dass es um Haftungsansprüche gegen Hoheitsträger und damit um Zahlungen aus öffentlichen Mitteln geht, ist die Zuweisung von Risikosphären besonders wichtig, da es immer um eine Vermögensumverteilung durch die Judikative geht[251].

Trotz dieses spezifisch öffentlich-rechtlich geprägten Charakters der Haftung findet die Gegenüberstellung der Haftungszwecke Individualschutz und Schutz der Funktionsfähigkeit der Organe auch eine Parallele im privaten Deliktsrecht, welches durch die Spannungslage zwischen Güterschutz und Handlungsfreiheit bestimmt ist[252]. Auch bei der Bestimmung der Voraussetzungen der außervertraglichen gemeinschaftsrechtlichen Haftung geht es darum, die Handlungsspielräume der Unionsorgane und der mitgliedstaatlichen Stellen bei Ausführung von Gemeinschaftsrecht gegen den Schutzumfang individueller Rechte des Einzelnen abzugrenzen. Dabei wird z.B. durch das Merkmal der qualifizierten Rechtsverletzung bestimmt, in welchem Umfang der Einzelne einen Eingriff in seine Rechte ersatzlos hinzunehmen hat. Dieser Vergleich trägt indes nur begrenzt, da sich in dem Haftungsverhältnis nicht zwei Individuen gleichberechtigt gegenüberstehen, deren gleiche Rechte gegeneinander abzuwägen sind. Im gemeinschaftlichen Haftungsrecht geht es um das Verhältnis zwischen dem rechtsunterworfenen Privaten zum Träger gemeinschaftlicher Hoheitsgewalt. Die Funktionen des Individualschutzes und des Schutzes der Funktionsfähigkeit der Organe stehen nicht beiden Beteiligten zu. Darüber hinaus kann das Verhältnis zwischen beiden Zwecken nur in engen Grenzen ähnlich frei wie im Zivilrecht vor dem Hintergrund gesellschaftlicher Vorstellungen bestimmt werden. Das außervertragliche Haftungsrecht der Gemeinschaft ist maßgeblich bestimmt durch den Grundsatz der Rechtsgemeinschaft[253], der einer Abänderung des Abwägungsverhältnisses beider Zwecke enge Grenzen setzt. Daher lässt sich aus dem Spannungsverhältnis beider Zwecke auch nicht wie im Verhältnis zwischen Privaten die Funktion der Steuerung des Handelns der Unionsorgane oder

---

250 *v. Bogdandy* (Fn. 8), Art. 288 EG, Rn. 18.

251 *Rebhahn* (Fn. 121), 200 ff.

252 *Esser/Weyers* (Fn. 118), § 53 3.

253 *Zuleeg* (Fn. 142), 545, 547 f.

mitgliedstaatlicher Stellen herleiten[254]. Die Haftung stellt ein notwendiges Komplement des Grundsatzes der Rechtsgemeinschaft dar, welches Abwägungsgesichtspunkten nur in begrenztem Maße zugängig ist.

Während die haftungsbegründenden Zwecke maßgeblich über ein Kriterium, die Verletzung eines individuellen Rechts, gesteuert werden, lässt sich der Zweck des Schutzes der Funktionsfähigkeit der Organe an verschiedenen Tatbestandsmerkmalen ablesen. Zum einen ergibt er sich schon aus der Begrenzung auf die Verletzung individualschützender Normen. Allgemeine Interessen, welche keinen individualrechtlichen Schutz genießen, können keine Haftungsansprüche auslösen. Angesichts des oben angesprochenen Umverteilungscharakters ist dies verständlich. Besonders deutlich wird die Haftungsbegrenzung aber an der Haftungsvoraussetzung einer qualifizierten Rechtsverletzung, mit der die Haftungsschwelle erheblich über die einfache Rechtsverletzung hinausgehoben wird[255]. Auch die flexible Handhabung der Haftungsregelungen in Bezug auf den speziellen Fall wird durch dieses Merkmal in besonderem Maße ermöglicht, umso mehr als es inzwischen – wohl im Zuge der Parallelisierung der Tatbestände der Unionshaftung und der Staatshaftung – ohne Unterscheidung des jeweiligen Anwendungsbereichs dann Anwendung findet, wenn dem handelnden Organ ein weiter Handlungsspielraum zusteht[256].

Aber auch andere Tatbestandsvoraussetzungen erfüllen die Funktion der Haftungsbegrenzung und vermindern die Haftungsgefahr der nach dem Gemeinschaftsrecht verantwortlichen Hoheitsträger. So werden nach der Rechtsprechung zu Art. 288 Abs. 2 EG und zur Haftung der Mitgliedstaaten nur Schadensfolgen zugerechnet, die in einem unmittel-

---

[254] *Mertens,* in: Münchener Kommentar, Bd. 5, Vor §§ 823 –853, Rn. 46, leitet aus der Abgrenzung individueller Freiheitsräume gegen individuelle Schutzbereiche die soziale Steuerungsfunktion des Haftungsrechts ab.

[255] In der Tat ist diese Hürde nur schwer zu überwinden. Siehe Überblick bei *v.Bogdandy* (Fn. 8), Art. 288 EG, Rn. 83.

[256] EuGH, Rs. C-352/98 P, Laboratoires pharmaceutiques Bergaderm, Slg. 2000, I-5291, Rn. 46. Dazu erhebliche Kritik von *Köck/Hintersteininger*, Austrian Review of International and European Law 3 (1998), 17, 37 ff.; *Kluth* (Fn. 169), § 74, Rn. 26, da sie keinerlei Unterschiede hinsichtlich der Wichtigkeit des verletzten Rechtes vorsieht. In die gleiche Richtung zielt das Argument, diese Beschränkung sei als Voraussetzung Marktbürgern gegenüber entwickelt worden. Diesen gegenüber ist es sinnvoll, da sie auch an den Vorteilen des Marktes teilhaben. Anders hingegen sehe es bei unbeteiligten Unionsbürgern aus, siehe *Reich*, Bürgerrechte (Fn. 171), 141 ff.

baren Kausalzusammenhang mit dem rechtswidrigen Organverhalten stehen[257]. Das Unmittelbarkeitskriterium ist dabei nicht als starres Kriterium zu verstehen. Vielmehr erlaubt es eine wertende Zurechnung und das Ausscheiden entfernter Schadensfolgen, für die die Gemeinschaftsorgane nicht mehr einstehen sollen, wie z.B. Schäden, die dem normalen wirtschaftlichen Risiko entsprechen, das jeder Wirtschaftsteilnehmer zu tragen hat[258]. Denn die gemeinschaftsrechtliche außervertragliche Haftung stellt keine allgemeine Schadensversicherung dar[259].

V. Zusammenfassung

Der Schadensausgleich stellt als Primärfunktion den Hauptzweck der außervertraglichen, gemeinschaftsrechtlichen Haftung dar. Dieser Zweck wird maßgeblich angeleitet durch den Zweck des Individualschutzes, der auf der materiellrechtlichen Seite der Haftungsansprüche als Ausfluss des Grundsatzes der Rechtsgemeinschaft zu verstehen ist und in seiner verfahrensrechtlichen Dimension, die dem Haftungsanspruch ebenfalls inhärent ist, dem Grundsatz des effektiven Rechtsschutzes dient. Aus dieser verfahrensrechtlichen Perspektive betrachtet wird der Haftungszweck des Individualschutzes durch den Zweck der Lückenfüllung verstärkt, der den effektiven Individualrechtsschutz ergänzt. Demgegenüber präsentiert sich die Prävention bei Gemeinschaftsrechtsverstößen als nachgeordneter Zweck, welcher nur in den Grenzen des durch den Individualrechtsschutz vorgegebenen Rahmens Berücksichtigung findet. Das Verhältnis von Individualrechtsschutz und Prävention lässt sich so beschreiben, dass Schäden übernommen werden sollen und daneben nach Möglichkeit auch auf die Vermeidung zukünftiger Schäden hingewirkt werden soll.

---

[257] EuGH Rs. 153/73, Holtz & Willemsen, Slg. 1973, 675, Rn. 7; verb. Rs. 64 und 113/76, 167 und 239/78, 27, 28 und 45/79, Dumortier frères, Slg. 1979, 3091, Rn. 21; verb. Rs. C-46/93 und C-48/93, Brasserie du Pêcheur, Slg. 1996, I-1029, Rn. 51.

[258] EuGH Rs. 169/73, Compagnie Continentale, Slg. 1975, 117, Tz. 18/21; verb. Rs. 64 und 113/76, 167 und 239/78, 27, 28 und 45/79, Dumortier frères, Slg. 1979, 3091, Rn. 21.

[259] *Harlow*, ELJ 1996, 199, 220.

Die nachfolgende Untersuchung der Haftungsverhältnisse erfolgt daher primär aus der Perspektive des Individualrechtsschutzes sowohl in seiner materiellrechtlichen als auch seiner verfahrensrechtlichen Dimension. Damit richtet sich der Fokus auf die Auswirkungen des Haftungsrechts auf das Individuum. Die Sanktionsperspektive, welche eine Betrachtung mit Blick auf die Durchsetzung des Rechts zur Stärkung der europäischen Integration verlangt, findet in der vorliegenden Konzeption nur nachrangig Berücksichtigung. Dabei ist aber auch zu bedenken, dass die Verwirklichung der Haftungszwecke ihre Grenzen im Schutz der Funktionsfähigkeit der Organe findet. Durch diesen Zweck wird das Haftungsrecht von seiner starren Fixierung auf den Individualschutz geöffnet und ermöglicht die Erarbeitung von Fallgruppen, in welchen sich das Haftungsrisiko der speziellen Situation jeweils angemessen verallgemeinern lässt.

C. Konzeption der Haftung für Schädigung in Gemengelagen

Nachdem allgemein die für die Beurteilung notwendigen Funktionsbedingungen des gemeinschaftlichen außervertraglichen Haftungsrechts erörtert sind, soll nunmehr untersucht werden, wie sich diese auf die Haftung in den eingangs beschriebenen Gemengelagen auswirken. Dafür bedarf es zunächst einer Erörterung der spezifischen Ausgestaltung der Haftungszwecke in Fällen einer Gemengelage mehrerer Schädiger.

I. Zwecke der Haftung in Gemengelagen

Hauptzweck des gemeinschaftlichen außervertraglichen Haftungsrechts ist, wie zuvor festgestellt, die Gewährung effektiven Schutzes individueller Rechte. Daraus folgt, dass und wann es Rechtsschutz geben muss. Da sich mit Blick auf das Individuum die Haftung in Gemengelagen nicht anders darstellen kann als eine Haftung in zweipoligen Haftungsverhältnissen, findet dieser Zweck auch in Gemengelagen uneingeschränkt Anwendung und bestimmt maßgeblich die Begründung und Ausgestaltung des Haftungsanspruchs.

Das besondere Problem der Haftungsfälle in Gemengelagen liegt indes, wie bereits ausgeführt, in der Bestimmung des Haftungsverpflichteten. Während der Zweck des Individualrechtsschutzes für die Entscheidung der Frage, ob für eine bestimmte Schädigung gehaftet werden soll, Relevanz besitzt, können ihm für die Entscheidung der Frage, wer für Schäden haftet, die sich im arbeitsteiligen Zusammenwirken ergeben, zumindest unmittelbar keine Anhaltspunkte entnommen werden. Dem Zweck des Schutzes individueller Rechte wird Genüge getan, sobald eine Rechtsverletzung ausgeglichen und damit der Vermögenswert des verletzten Rechtes wieder hergestellt wird. Es kommt dabei nicht darauf an, wer diesen Ausgleich leistet, d.h. wem die Schädigung nach dem Haftungsrecht zugerechnet wird. Der Haftungszweck ist ausschließlich auf den Schutz des Einzelnen ausgerichtet.

Eine andere Blickrichtung ergibt sich mit der Heranziehung des Haftungszwecks der Prävention. Mit ihm wird die Normbindung der Unionsorgane und der mitgliedstaatlichen Stellen bei Ausführung des Gemeinschaftsrechts effektiviert und durchgesetzt[260]. Die Normbindung kann aber nur gegenüber dem Hoheitsträger durchgesetzt werden, dessen Stellen auch tatsächlich Normen verletzt haben. Da die gemeinschaftliche außervertragliche Haftung – zumindest in dem hier untersuchten Umfang – als eine Unrechtshaftung ausgestaltet ist, kann der Präventionszweck insoweit für die Beantwortung der hier interessierenden Fragen herangezogen werden, als gefragt werden kann, wem ein Normverstoß zugerechnet werden muss und wer daher als Haftungsschuldner in Anspruch zu nehmen ist.

Auch wenn in der Haftungskonstellation einer Schädigung in Gemengelagen der Präventionszweck eine erheblich höhere Bedeutung als in einfachen Zwei-Personen-Verhältnissen besitzt, so steht der Individualschutzzweck doch immer im Hintergrund und bildet ein übergeordnetes Korrektiv, sozusagen den Rahmen der Haftung. Daher ist stets zu berücksichtigen, ob mit einer bestimmten Lösung hinreichender Rechtsschutz gewährt wird. Wird der Rechtsschutz übermäßig erschwert, kann der als eigenständiger Zweck des Haftungsrechts anerkannte Zweck der Lückenfüllung herangezogen werden, um eine andere Haftungslösung zu begründen und somit wiederum das individuelle Recht effektiv zu schützen. Daher wird der für die Bestimmung des Haftungsverpflichteten maßgebliche Präventionszweck begrenzt durch die Zwecke der Lückenfüllung und des Individualrechtsschutzes. Dabei kann wegen der Parallelität der Haftung der Union und der Mitgliedstaaten prinzipiell von einer Gleichwertigkeit des Schutzes durch die Mitgliedstaaten und die Union ausgegangen werden.

---

[260] Für diese Funktion im deutschen Staatshaftungsrecht siehe *Komorowski*, Verwaltungsarchiv 2002, 62.

Festzuhalten bleibt, dass dem Haftungszweck der Prävention eine höhere Bedeutung zukommt, als in einfachen Zwei-Personen-Verhältnissen. Gleichwohl entfaltet er seine Bedeutung nur in den durch den Zweck des Individualschutzes gesteckten Grenzen.

II. Haftungsverteilung

Wie bereits dargestellt, bestimmt sich die Haftungskonstellation der Haftung in Gemengelagen dadurch, dass mehrere Personen in einer Weise zur Entstehung des Schadens beigetragen haben, dass jeder Schadensbeitrag nach der Äquivalenztheorie betrachtet, die von einer Gleichwertigkeit aller Schadensbeiträge ausgeht, kausal für den Schaden gewesen ist. Nicht in diese Kategorie fallen daher die Fälle, in denen Schäden eindeutig aufgeteilt und einzelnen Schädigern zugeordnet werden können.

Die gemeinschaftsrechtliche außervertragliche Haftung ist jedoch keine reine Kausalhaftung, d.h. eine Haftung tritt nicht für alle Schäden ein, für die ein Verhalten des Schädigers kausal war. Wie sich aus den Zwecken der gemeinschaftsrechtlichen außervertraglichen Haftung ergibt, dient der Haftungstatbestand der Abgrenzung von Risikosphären für Schäden des Einzelnen. Der Schädiger haftet nur für Schäden, die er auch zu verantworten hat, d.h. die ihm zuzurechnen sind[261]. Zugerechnet wird der Schaden zum rechtswidrigen Verhalten des Hoheitsträgers. Da nicht wie im deutschen Amtshaftungsrecht das Verhalten des Einzelnen, sondern ein "verobjektiviertes" Verhalten eines Organs zugerechnet wird, bietet sich die gemeinschaftsrechtliche außervertragliche Haftung besonders für die Bildung von Fallgruppen an. Denn den Organen steht ein Kanon vordefinierter Handlungsformen zur Verfügung[262]. Daher lassen sich Fallgruppen einfacher bilden als bei Hand-

---

[261] Im Bereich des deutschen zivilen Haftungsrechts ist Verantwortung mit Zurechnung gleichzusetzen, *Deutsch* (Fn. 116), 3.

[262] Für die Handlungen der Unionsorgane ergibt sich dieser Katalog aus Art. 249 EG sowie den einzelnen Bestimmungen des EU-Vertrags wie beispielsweise Art. 12 EU. Gleichwohl ist dieser nicht abschließend und lässt auch andere Handlungsformen, wie z.B. den Beschluss zu. Für einen Überblick über die Handlungsformenlehre im Unionsrecht siehe *Bast*, Handlungsformen, 479; *Scherzberg*, Verordnung – Richtlinie – Entscheidung, 17 ff. Zu der empirisch belegbaren Vielfalt der Handlungsformen *v. Bogdandy/Bast/Arndt*, ZaöRV 62 (2002), 77.

lungen einzelner Privater, deren Handlungen eine größere Heterogenität aufweisen.

Die Frage der Haftungszurechnung stellt sich in einer Vielzahl möglicher Fallkonstellationen in Gemengelagen. Quantitativ und inhaltlich die wichtigste Konstellation stellt für die gemeinschaftsrechtliche außervertragliche Haftung die Schädigung in Gemengelagen des Handelns von Unionsorganen und mitgliedstaatlichen Stellen dar. Daher soll zunächst die Haftungszurechnung in Gemengelagen zwischen Unionsorganen und mitgliedstaatlichen Stellen erarbeitet werden. Nachfolgend soll versucht werden, die Ergebnisse auch auf andere Gemengelagen, wie beispielsweise die Gemengelage zwischen EU und Drittstaaten oder internationalen Organisationen zu übertragen.

1. Abgrenzungsmaßstab für die Schadenszurechnung

Die Schadenszurechnung erfolgt nur für schadensursächliches Verhalten. Ursächlichkeit ist herkömmlicherweise gegeben, wenn Handlung und Erfolg zeitlich aufeinander folgen und naturgesetzmäßig miteinander verbunden sind[263]. Ohne Ursächlichkeitszusammenhang ist auch im Recht der außervertraglichen Haftung der Europäischen Union nicht auszukommen, da eine Haftung für schlichte Tätigkeit nicht vorgesehen ist. Allerdings bestimmt die Kausalität bei der gemeinschaftsrechtlich geregelten außervertraglichen Haftung der Union und der Mitgliedstaaten nur die äußeren Grenzen der Zurechnung. Denn Kausalität ist nicht mit Zurechnung gleichzusetzen. Die Kausalität betrifft die naturgesetzliche Verbundenheit, die Zurechnung die normative Verbindung.

Die Zurechnung des Schadens zur rechtswidrigen Handlung erfolgt im gemeinschaftlichen Haftungsrecht über das Tatbestandsmerkmal der "unmittelbaren Ursächlichkeit". Das Kriterium der "Unmittelbarkeit" des Zusammenhangs zwischen dem rechtswidrigen Verhalten und dem Schaden entstammt dem französischen Deliktsrecht[264]. Mit dem restriktiven kausalitätsbeschränkenden Merkmal des deutschen Staatshaftungsrechts besitzt es nur wenige Gemeinsamkeiten[265]. Meist wird diese

---

263 *Larenz*, Schuldrecht I, § 27 III a.

264 *v.Bogdandy* (Fn. 8), Art. 288 EG, Rn. 106; *Schmitz* (Fn. 5), 112 f.

265 *Ossenbühl* (Fn. 6), 248 ff., 302 ff. Allerdings ist für den Bereich der Aufopferungshaftung nach deutschem Recht, unabhängig von europarechtlichen Einflüssen, eine Annäherung in der Interpretation dieses Tatbestandsmerkmals

Tatbestandsvoraussetzung als Kausalitätsmerkmal beschrieben, welches der Voraussetzung Kausalität nach der sog. Adäquanztheorie[266] sehr nahe ist[267]. Ein Verhalten ist nur dann kausal für den Schaden, wenn es nach allgemeiner Lebenserfahrung geeignet ist, den Schaden herbeizuführen. Mit der Verwendung dieses Merkmals werden entferntere Schäden von der Zurechnung ausgeschlossen[268]. Zweck dieses Kriteriums ist daher nicht die grundsätzliche Beschränkung der Kausalität, sondern die Öffnung des Haftungstatbestandes für eine wertende Schadenszurechnung. Daneben verlangt der EuGH, dass der Schaden mit hinreichender Sicherheit auf der rechtswidrigen Amtshandlung beruht[269] und berücksichtigt damit über den Gesichtspunkt der Adäquanz hinaus auch den Rechtswidrigkeitszusammenhang, d.h. es wird geprüft, ob die verletzte Norm gerade auch dazu diente, den eingetretenen Schaden zu verhindern. Durch die Unmittelbarkeit wird daher der Tatbestand für eine rechtliche Wertung hinsichtlich der Schadenszurechnung geöffnet, was die Berücksichtigung der spezifischen Anforderungen an den Haftungstatbestand erlaubt.

Aus zwei Gründen erweist sich aber eine Zurechnung über das Kriterium der adäquaten Kausalität für die Abgrenzung von Risikosphären in Gemengelagen zwischen Handlungen der Unionsorgane und mitgliedstaatlicher Stellen als ungeeignet.

Zum einen besteht eine Schwäche der Adäquanzformel schon in ihrem Versagen für die Fälle, in denen adäquat verursachte Schäden außerhalb

---

als wertendes Zurechnungselement auszumachen. Siehe z.B. BGHZ 92, 34, 41 ff.; BGH NVwZ 1987, 1115 ff.

[266] Zur Adäquanztheorie siehe *Deutsch* (Fn. 116), 88 ff.

[267] *Berg*, in: Schwarze, EU-Kommentar, Art. 288, EU-Kommentar, Rn. 62; *v.Bogdandy* (Fn. 8), Art. 288 EG, Rn. 106; *Czaja* (Fn. 4), 39; *Detterbeck* (Fn. 43), 202, 216. Einige Generalanwälte haben in den Schlussanträgen ausdrücklich auf die Adäquanztheorie abgestellt: GA Roemer, Schlussanträge, verb. Rs. 63-69/72, Wehrhahn Hansamühle u.a./Rat, Slg. 1973, 1229, 1271; GA Trabucchi, Rs. 169/73, Compagnie Continentale France, Slg. 1975, 117, Rn. (149 f.); GA de Lamotke, Rs. 4/69, Lütticke/Kommission, Slg. 1971, 325, Rn. (347); a.A. *Rebhahn* (Fn. 121), 74 f., der davon ausgeht, dass dieses Merkmal weit über die im deutschen und österreichischen Recht gebräuchliche Adäquanztheorie hinausgeht.

[268] EuGH, verb. Rs. 64 und 113/76 und 239/78, 27, 28 und 45/79, Dumortier frères, Slg. 1979, 3091, Rn. 21.

[269] EuGH, verb. Rs. 64 und 113/76 und 239/78, 27, 28 und 45/79, Dumortier frères, Slg. 1979, 3091, Rn. 20 f.

des Normzwecks der den Schadensersatz auslösenden Norm liegen. Verletzt z.B. die Kommission den Grundsatz des Vertrauensschutzes, stellt sich jeder Vermögensschaden, den ein Geschädigter im Vertrauen auf den Fortbestand der bisherigen Rechtslage erleidet, als adäquat kausal verursachter Schaden dar[270]. Gleichwohl bezweckt der Grundsatz des Vertrauensschutzes nicht, einem Wirtschaftsteilnehmer die bisherigen wirtschaftlichen Ausgangsvoraussetzungen zu garantieren. Änderungen müssen daher in den Verantwortungsbereich des Unternehmers selbst fallen.

Zum anderen handelt es sich bei der Zurechnung nach der Adäquanztheorie um eine wertende Zurechnung. Diese Wertung wird aber nur sehr vage vorgegeben, indem der Gerichtshof unter Verwendung einer subjektiv geprägten, d.h. auf die Sicht des Geschädigten ausgerichteten Adäquanzformel prüft, ob die schädlichen Folgen des Handelns für einen in diesem Politikbereich erfahrenen Schädiger vorhersehbar waren[271]. Kriterien der Vorhersehbarkeit lassen sich aus dieser Rechtsprechung aber nicht ableiten[272]. Dieser Mangel wirkt sich gerade auf die hier interessierende Haftungskonstellation aus. Mit einer Zurechnung über die Adäquanztheorie wird zwar die Möglichkeit einer flexiblen Haftungskasuistik geschaffen, über die eine im Einzelfall gerechte Entscheidung getroffen werden kann: ein Kriterium, anhand dessen in einer Gemengelage entschieden werden kann, welchem von mehreren kausalen Schadensbeiträgen ein Schaden zuzurechnen ist, ergibt sich daraus aber nicht.

Auch die Einführung des Normzweckkriteriums hilft hier nicht weiter, da in den relevanten Fällen unterschiedliche Normen verletzt sind. So ging es z.B. in der Rechtssache New Europe Consulting um die Verletzung des Grundsatzes der ordnungsgemäßen Verwaltung[273], in der Rechtssache Ireks Arkady hingegen um eine Verletzung von Art. 33 EG[274]. In wieder anderen Fällen ging es um Verstöße gegen sekundär-

---

[270] So der Sachverhalt in EuGH Rs. 74/74, CNTA, Slg. 1975, 533.

[271] *v.Bogdandy*, EuR 1997, 321, 330.

[272] Die mangelnde Exaktheit der Adäquanztheorie wird allgemein kritisiert, siehe *Brüggemeier* (Fn. 123), 103, Fn. 522; *Deutsch* (Fn. 116), 95 f.

[273] EuG, Rs. T-231/97, New Europe Consulting, Slg. 1999, II-2403, Rn. 38 ff.

[274] EuGH, Rs. C-146/91, KYDEP, Slg. 1994, I-4199 Rn. 60 f.

rechtliche Vorschriften[275]. Daher kann aus den Normzwecken kein allgemeines Kriterium entwickelt werden.

Das Problem der Haftungsverteilung in Gemengelagen der Unionsorgane und mitgliedstaatlichen Stellen kann daher weder mit der adäquaten Kausalität einer Handlung noch mit der Berücksichtigung des Schutzzwecks der verletzten Norm gelöst werden. In der Literatur wird es zumeist dem der Kausalitätslehre zugehörigen Gesichtspunkt der Unterbrechung des Kausalzusammenhangs zugeordnet[276]. Aber auch dieser Ansatzpunkt für eine Zurechnung überzeugt für die vorliegende Untersuchung nicht. Denn es lässt sich aus der Kausalitätslehre ebenso wenig wie aus der Adäquanzkausalität ein Maßstab für eine Haftungszurechnung in Gemengelagen herleiten. Eine Unterbrechung des Kausalzusammenhangs ist vielmehr nur eine anschauliche Beschreibung der Rechtsfolgen einer Handlung. Eine Begründung ergibt sich daraus nicht.

Die Abgrenzung der Schadenszurechnung zwischen den Beteiligten einer Schädigung in Gemengelagen ergibt sich mithin nicht eindeutig aus dem Merkmal des unmittelbar ursächlichen Zusammenhangs zwischen der Schädigung und dem Verhalten. Dieses Merkmal öffnet lediglich den Tatbestand für wertende Zurechnung. Als Maßstab der Zurechnung bedarf es daher eines übergeordneten allgemeineren Merkmals, welches einerseits grundsätzlich das Verhältnis zwischen den Mitgliedstaaten und der Union berücksichtigt und andererseits den zuvor herausgestellten Haftungszwecken dient. Nur so kann die notwendige Kohärenz und Vorhersehbarkeit von Entscheidungen sichergestellt werden.

Zusammenfassend ist festzuhalten, dass die Haftungsverteilung grundsätzlich durch Kausalitätserwägungen erfolgt. Diese bieten aber nur einen vagen Maßstab[277]. Daher bedarf es eines übergeordneten Leitgedankens. Ein solcher kann in dem Tatbestandsmerkmal der Unmittelbarkeit Berücksichtigung finden. Diese Haftungsvoraussetzung erschöpft sich nicht in den Kategorien der Äquivalenz- und Adäquanztheorie, sondern besitzt insbesondere die Funktion der Öffnung

---

275 Siehe z.B. EuGH Rs. C-152/88, Sofrimport, Slg. 1990, I-2477, Rn. 26; Rs. 43/72, Merkur, Slg. 1973, 1055, Rn. 9 ff.

276 *v.Bogdandy* (Fn. 8), Art. 288 EG, Rn. 106; *Czaja* (Fn. 4), 39.

277 Dies gilt allgemein für die Deliktshaftung, siehe z.B. *Höfling*, VVDStRL 2001, 261, 277 für das deutsche Staatshaftungsrecht.

des Tatbestandes für den Einfluss weiterer grundsätzlicher, normativer Haftungseinschränkungen[278].

Nachfolgend soll daher ergründet werden, wie unter Berücksichtigung der eingangs dargelegten Haftungszwecke ein solcher Leitgedanke für die Haftungszurechnung aussehen kann.

a) Handeln der mitgliedstaatlichen Stellen als Unionsorgane?

Zunächst könnte angenommen werden, dass die Mitgliedstaaten im Falle des Vollzugs oder der Umsetzung von Gemeinschaftsrecht als Organe der Union tätig werden. Nach Art. 288 Abs. 2 EG haftet die Union für schädigende Handlungen ihrer Organe, die Mitgliedstaaten haften nach der Francovich-Rechtsprechung für gemeinschaftsrechtswidriges Verhalten ihrer Stellen. Dies ist eine erste wichtige Unterscheidung, wenn auch insoweit gerade zu klären wäre, ob mitgliedstaatliche Stellen bei der Ausführung von Unionsrecht als staatliche oder Unionsorgane handeln.

Nach der so genannten Theorie des dédoublement fonctionnel ist nicht auf die formelle organisationsrechtliche Zuordnung zu einem Rechtsträger abzustellen, sondern eine funktionelle Betrachtungsweise zugrundezulegen, d.h. die handelnde Stelle wird dem Verband zugerechnet, dessen Recht sie ausführt[279]. Danach handelten die mitgliedstaatlichen Behörden beim Vollzug des Gemeinschaftsrechts als Gemeinschaftsorgane[280].

Diese Theorie ist zu Recht auf erhebliche Kritik gestoßen, da sie nicht geeignet ist, die Komplexität der Unionsrechtsordnung angemessen zu beschreiben[281]. Gegen die Einbeziehung mitgliedstaatlicher Stellen in den Kreis der Unionsorgane spricht schon die Tatsache, dass die Union bei der Durchführung des Gemeinschaftsrechts keine Einzelweisungsbefugnis gegenüber mitgliedstaatlichen Stellen besitzt[282]. Vielmehr sind

---

[278] *Detterbeck* (Fn. 43), 202, 251.

[279] *Scelle*, FS Wehberg, 324, 331 f.

[280] *Kovar*, Le pouvoir réglementaire de la Communauté Européene du Charbon et de l'Acier, 321 ff.; *Ophüls*, FS Carl Heymanns Verlag, 519, 546.

[281] *Bünten*, Staatsgewalt und Gemeinschaftshoheit bei der innerstaatlichen Durchführung des Rechts der Europäischen Gemeinschaften durch die Mitgliedstaaten, 39.

[282] *Kadelbach* (Fn. 148), 110.

die Mitgliedstaaten selbst für die Rechtmäßigkeit der Handlungen ihrer Organe zuständig und müssen auf die handelnden Stellen einwirken. Zwar besitzt die Kommission nach Art. 211 EG die Kompetenz zur allgemeinen Aufsicht über die Rechtmäßigkeit der mitgliedstaatlichen Handlungen. Ein Rechtsverstoß durch mitgliedstaatliche Stellen führt jedoch allenfalls zu einem Vorgehen der Kommission gegenüber dem betreffenden Mitgliedstaat, nicht aber gegenüber der ausführenden Stelle. Darüber hinaus ignoriert diese Ansicht die Tatsache, dass die Organstellung sich nicht aus der Wahrnehmung bestimmter Befugnisse ergibt, sondern durch die jeweiligen Rechtsordnungen bestimmt wird[283]. In Art. 7 EG werden die Mitgliedstaaten aber eindeutig nicht genannt. Schließlich vermag diese Theorie auch dogmatisch nicht zu erklären, wie es durch die Delegation von Handlungsbefugnissen zu einer Funktionsverdoppelung kommen soll, nach der der Vollzug des Gemeinschaftsrechts durch die Mitgliedstaaten der Union zuzurechnen sein soll[284]. Folglich kann die Theorie des dédoublement fonctionnel nicht für eine Zurechnung mitgliedstaatlicher Maßnahmen zur Union herangezogen werden.

Um eine generelle Verantwortlichkeit der Union für mitgliedstaatliches Verhalten beim Vollzug von Gemeinschaftsrecht zu begründen, läge es näher, die Einschaltung nationaler Stellen als Organleihe zu betrachten. Bei der Organleihe wird das Handeln des entliehenen Organs dem Entleiher zugerechnet[285]. Eine Organleihe liegt vor, wenn ein Organ neben den Aufgaben seines eigentlichen Verwaltungsträgers auch bestimmte Aufgaben eines anderen Verwaltungsträgers wahrnimmt und insoweit als dessen Organ anzusehen ist[286]. Das ausgeliehene Organ ist organisatorisch dem ausleihenden Verwaltungsträger eingegliedert und im Umfang seines Mandats den Weisungen des Entleihers unterworfen[287].

Auch dieses Rechtsinstitut vermag indes eine Eingliederung der Mitgliedstaaten in den Verantwortungsbereich der Union für ihre Organe nicht zu begründen, denn gegen die Annahme einer Organleihe beim Vollzug des Gemeinschaftsrechts durch die Mitgliedstaaten spricht schon die Tatsache, dass die Mitgliedstaaten in dieser Situation nicht

---

[283] *Ipsen* (Fn. 1), 215; *Aubin* (Fn. 5), 101; *Bünten* (281), 171 f.

[284] *Bünten* (Fn. 281), 40 f.; *Czaja* (Fn. 4), 169.

[285] Für das deutsche Recht siehe *Maurer*, Allgemeines Verwaltungsrecht, § 21 Rn. 54.

[286] *Maurer* (Fn. 285), § 21 Rn. 54.

[287] *Maurer* (Fn. 285), § 21 Rn. 54.

fremde Aufgaben wahrnehmen, sondern vielmehr auf der Grundlage eigener, ihnen verbliebener Kompetenzen tätig werden[288]. Darüber hinaus fehlt der Union gegenüber mitgliedstaatlichen Stellen – wie zuvor dargelegt – die Weisungsbefugnis. Eine solche wäre aber konstitutiv für das Bestehen einer Organleihe[289]. Selbst wenn gemeinschaftsrechtliche Vorschriften ein Handeln nationaler Stellen im Namen und für Rechnung der Union vorsehen[290], handelt es sich um dezentralen Verwaltungsvollzug, bei dem die nationalen Stellen im Rahmen ihrer eigenen Verantwortlichkeit tätig werden[291].

Folglich werden mitgliedstaatliche Stellen beim Vollzug von Gemeinschaftsrecht selbst nicht als Unionsorgane tätig. Daher bedarf es einer allgemeinen Regel der Abgrenzung der Zurechnung.

b) Anknüpfung an den letzten schädigenden Akt

Handeln die mitgliedstaatlichen Stellen als eigenständige Subjekte für die Mitgliedstaaten, könnte als genereller Anknüpfungspunkt für die Haftungsverteilung die Bestimmung des letzten schadensvermittelnden Aktes herangezogen werden. Dies entspräche in etwa der im deutschen Polizeirecht vorherrschenden Theorie über die Bestimmung des Störers[292]. Als Schädiger wäre die Einheit anzusehen, die in einer Kausalkette die unmittelbare, letzte Ursache setzt. Im Falle der Ausführung von Gemeinschaftsrecht durch die Mitgliedstaaten obläge daher letztlich den Mitgliedstaaten die volle Verantwortlichkeit für alle Schädigungen aus der Ausführung von Gemeinschaftsrecht.

---

[288] Dieser Umstand wird meist als mitgliedstaatliche Vollzugsautonomie bezeichnet, siehe *Kadelbach* (Fn. 148), 113. Kritisch zu diesem Begriff *v. Bogdandy* (Fn. 8), Art. 10, Rn. 43; den Begriff vollständig ablehnend *Kakouris*, CMLRev. 34 (1997), 1389, 1395.

[289] BVerfGE 1, 31; *Czaja* (Fn. 4), 169.

[290] Im Fall EuGH verb. Rs. C-80/99 bis C-82/99, Flemmer, Slg. 2001, I-7211 ging es um den Abschluss von Verträgen über Entschädigungsleistungen, die die Mitgliedstaaten nach der VO Nr. 2187/93 EWG (ABl. 1993 Nr. L 196, 6) im Namen und für Rechnung der Union abzuschließen hatten.

[291] EuGH verb. Rs. C-80/99 bis C-82/99, Flemmer, Slg. 2001, I-7211, Rn. 57; besonders deutlich GA Tizzano, ebd., Rn. 34.

[292] Siehe dazu *Martens*, in: Drews/Wacke/Vogel/Martens, Gefahrenabwehr, § 20. 3.

Für den Geschädigten würde eine solche Lösung zu einer hohen Verantwortungstransparenz führen. Es wäre die Einheit in Anspruch zu nehmen, die gegenüber dem Geschädigten auftritt. Insbesondere bei internen Mitwirkungsakten wäre eindeutig festgelegt, wer als Haftungsschuldner in Anspruch zu nehmen wäre[293]. Der Geschädigte wäre nicht mit der Recherche über den Ablauf des internen Verwaltungsverfahrens belastet.

Eine solche Zuordnung der Haftungsverantwortlichkeit nach rein formalen Kriterien erfüllt die Haftungszwecke jedoch nur unvollständig. Sicherlich ist der Hauptzweck, der effektive Schutz der Individualrechte, gewährleistet. Für den Geschädigten macht es keinen Unterschied, wer den Schaden ersetzt, solange sichergestellt wird, dass ein Schadensersatz erfolgt. Das gemeinschaftsrechtliche außervertragliche Haftungsrecht geht indes von der Gleichwertigkeit des Schutzes durch Haftungsansprüche gegen die Mitgliedstaaten und gegen die Union aus[294]. Daher darf eine solche Lösung nicht den Anspruch erheben, durch Rechtsschutz vor nationalen Gerichten einen effektiveren Rechtsschutz zu gewährleisten. Vielmehr wirkt sich nachteilig aus, dass Gesichtspunkte materieller Verantwortlichkeit keine Berücksichtigung finden. Denn es kann dazu führen, dass mitgliedstaatliche Stellen rechtswidriges Gemeinschaftsrecht durchführen oder einer bindenden rechtswidrigen Weisung nachkommen, ihnen gleichzeitig aber die Verletzung von Gemeinschaftsrecht zugerechnet wird. Dies lässt sich nicht mit der Verpflichtung der mitgliedstaatlichen Stellen zur Vollziehung auch rechtswidrigen Gemeinschaftsrechts vereinbaren. Die Mitgliedstaaten haben Gemeinschaftsrechtsakte so lange als gültig zu behandeln, bis sie der Gerichtshof als das allein für die Entscheidung über die Rechtmäßigkeit von Gemeinschaftsrecht zuständige Gericht für ungültig erklärt[295]. Dies gilt nicht nur für Legislativakte, sondern gleichermaßen für sonstige Sekundärrechtsakte wie z.B. Entscheidungen der Kommission. Die Annahme einer qualifizierten Rechtsverletzung durch die Mitgliedstaaten ist damit aber kaum vereinbar. Voraussetzung wäre wohl eher eine Prü-

---

[293] So GA Mancini Schlussanträge in EuGH Rs. 175/84, Krohn/Kommission, Slg. 1986, 753, 761.

[294] Siehe oben 1. Teil, D. I.

[295] EuGH Rs. 101/78, Granaria, Slg. 1979, 623, 637. Begründung findet dieser Vollzugszwang in der Sicherung der einheitlichen Tragweite des Gemeinschaftsrechts und der Rechtssicherheit, vgl. *Aubin* (Fn. 5), 84 f.; *Hutka*, Gemeinschaftsbezogene Prüfungs- und Verwerfungskompetenz der deutschen Verwaltung, 273 ff.

fungs- und Verwerfungskompetenz mitgliedstaatlicher Stellen[296]. Andernfalls liefe der Präventionszweck vollständig ins Leere. Die Mitgliedstaaten würden haftungsrechtlich für eine Schädigung in Anspruch genommen, deren Eintreten sie nicht verhindern könnten, vielmehr bei anderer Gelegenheit erneut vornehmen müssten.

c) Erstverursachungstheorie

Dieser Mangel könnte vermieden werden, wenn für die Bestimmung der Haftungsverantwortlichkeit die zeitlich erstmalige, rechtswidrige Schädigung herangezogen würde. Diesem Ansatz könnte der Gedanke zugrunde gelegt werden, dass weder ein Mitgliedstaat für Schäden in Anspruch genommen werden kann, die unter Verstoß gegen das Gemeinschaftsrecht von Unionsorganen verursacht worden sind, noch dass die Union für Schädigungen haften muss, die ein Mitgliedstaat verursacht hat. Zweck der Staatshaftung und der Haftung nach dem Unionsrecht wäre allein die Haftung der jeweils der Rechtsordnung zugehörigen Rechtsträger[297]. Setzt sich daher die Rechtswidrigkeit eines Unionsrechtsaktes, gleich ob Normativ- oder Einzelakt lediglich dergestalt in einem nationalen Ausführungsakt fort, dass die Rechtswidrigkeit des nationalen Rechtsakts zwangsläufige Folge der vorangegangenen Rechtswidrigkeit des Unionsrechtsakts ist, kann ein daraus entstehender Schaden nicht dem Mitgliedstaat, sondern nur der Union zugerechnet werden. Nur originär von Rechtssubjekten der jeweiligen Rechtsordnung verursachte Schäden sind diesen auch haftungsrechtlich zuzurechnen[298]. Selbst wenn ein Rechtssubjekt eigenverantwortlich eine rechtswidrige Handlung vornimmt, die den durch ein Rechtssubjekt einer anderen Rechtsordnung bereits verursachten Schaden ebenfalls verursachen würde, ist der Schaden dem insoweit nur nachfolgenden Schädiger nicht zuzurechnen. Daher wird einem Mitgliedstaat, welcher bei Ausführung von gemeinschaftsrechtlichen Vorschriften den ihm zustehenden Ermessensspielraum verletzt, der entstandene Schaden nicht zugerechnet, wenn der Fehler erstmals im Handeln der Unionsorgane aufgetreten ist und sich lediglich im mitgliedstaatlichen Handeln fort-

---

[296] *Kadelbach*, Allgemeines Verwaltungsrecht unter europäischem Einfluß, 161.

[297] *Detterbeck* (Fn. 43), 202, 251.

[298] *Kadelbach*, JZ 1993, 1134, 1137.

setzt[299]. Besteht insoweit Fehleridentität, ist ein aus diesem Fehler resultierender Schaden ausschließlich der Union zuzurechnen. Andererseits sind ausschließlich die Mitgliedstaaten für Fehler verantwortlich, die sie als erstes Glied in der Kausalkette verursachen. Nachfolgendes schädigendes Handeln der Unionsorgane hat keine Auswirkungen auf die ausschließliche Zurechnung an die Mitgliedstaaten[300].

Grundsätzlich passt sich dieser Ansatz in das Verhältnis der Rechtsordnungen ein. Der Vorrang des Gemeinschaftsrechts wird respektiert und gleichzeitig ein Ausgleich für die Einschränkung der Handlungsfreiheit der Mitgliedstaaten gewährt. Insbesondere günstig für den Betroffenen ist, dass die Schadensverantwortlichkeit eindeutig zwischen der Europäischen Union und den Mitgliedstaaten aufgeteilt werden kann. Die Zuordnung zu dem zuerst Handelnden erlaubt eine Abgrenzung der Schadenszurechnung zu den Mitgliedstaaten und der Europäischen Union, die keine Überschneidungen nach sich zieht. In jedem Fall einer Schädigung kann nach diesem Ansatz eine eindeutige Bestimmung der Risikosphären vorgenommen werden. Obgleich dem Einzelnen nur ein Haftungssubjekt zur Verfügung gestellt wird, wirkt dies vorteilhaft für den Rechtsschutz des Einzelnen. Denn die Probleme konkurrierender Ansprüche gegen die Union und die Mitgliedstaaten, welche den Rechtsschutzsuchenden mit schwierigen Fragen des Rangverhältnisses der Ansprüche konfrontieren und somit seinen Rechtsschutz erschweren, werden schlichtweg von vorneherein vermieden[301].

Dennoch erfüllt das Kriterium der Erstverursachung nicht die Anforderungen, die an die Verwendung eines Abgrenzungskriteriums als allgemeinen Maßstab zu stellen sind. Die Begriffe "Fehleridentität" und "zwangsläufige Folge" sind unpräzise. Sie sind rein deskriptiv. Die Bildung von Einzelkategorien wird durch sie nicht überflüssig. Vielmehr kann erst die Kategorisierung beschreiben, was "zwangsläufige Folge" eines vorangegangenen Rechtsaktes ist. Denn der Begriff der zwangsläufigen Folge erläutert nicht näher, welcher Art das originär fehlerhafte

---

[299] *Detterbeck* (Fn. 43), 202, 251.

[300] *Detterbeck* (Fn. 43), 202, 253 f.

[301] Ipsen bezeichnet die Probleme einer Rangfolge mehrerer Ansprüche als Unterhöhlung des Haftungsinstituts und eine unzumutbare Verweisung des Geschädigten "in ein Spiegelkabinett gemischt gemeinschaftlich-nationalen Rechtsschutzes ohne Effizienz", *Ipsen* (Fn. 1), § 27 Rn.9.

Verhalten sein muss, um sich zwangsläufig in der nachfolgenden Handlung fortzusetzen[302].

Aber noch weitere Argumente sprechen gegen diesen Ansatz. Denn letztlich wird von zwei verschiedenen Rechtsordnungen ausgegangen, deren Rechtssubjekte nur in der eigenen Rechtsordnung verantwortlich sind. Seit Einführung des gemeinschaftsrechtlichen Staatshaftungsanspruchs mit dem Urteil Francovich, der ein gemeinschaftsrechtlicher Anspruch ist[303], kann davon aber nicht mehr ausgegangen werden. Der gemeinschaftsrechtliche Staatshaftungsanspruch bezieht sich ausdrücklich auf die Mitgliedstaaten, welche im gemeinschaftsrechtlichen Kontext zwar nicht Organe der Gemeinschaft, zumindest aber Subjekte der Gemeinschaftsrechtsordnung sind[304]. Mit der Ausweitung des gemeinschaftsrechtlichen Staatshaftungsanspruchs in der Rechtssache Brasserie du Pêcheur auf alle Formen der Verletzung von Gemeinschaftsrecht ist eine Unterscheidung von Haftungsverantwortlichkeiten nach komplementärer Zuständigkeit von Rechtsordnungen nicht mehr überzeugend. Vielmehr bedarf es eines Kriteriums in der Unionsrechtsordnung, welches adäquat Zurechnungssphären abgrenzt. Ob daneben nach nationalem Recht ein weiterer Staatshaftungsanspruch besteht, ist für die Abgrenzung nicht relevant[305].

Insbesondere aber wird der Ansatz in seiner kompromisslosen Zurechnung an ein Haftungssubjekt nicht den zuvor skizzierten Haftungszwecken gerecht. Wie dargelegt, erlangt der Präventionszweck in Gemenge-

---

[302] *Kluth*, in: Wolff/Bachof/Stober, Verwaltungsrecht Bd. 2, 2000, § 74 Rn.49.

[303] Der EuGH geht ausdrücklich von einem im Gemeinschaftsrecht wurzelnden Anspruch aus, siehe EuGH, verb. Rs. C-46/93 und C-48/93, Brasserie du Pêcheur, Slg. 1996, I-1029, Rn. 67. In der Literatur ist dies umstritten. Für einen gemeinschaftsrechtlichen Anspruch: z.B. GA Tesauro Schlussanträge, verb. Rs. C-46/93 und C-48/93, Brasserie du Pêcheur, Slg. 1996, I-1029, Rn. 25; *Geiger* (Fn. 3), 86; *Tomuschat* (Fn. 215), 1585, 1598 f.; dagegen z.B. *Herdegen/Rensmann* (Fn. 68), 522, 551; *Kadelbach*, Allgemeines Verwaltungsrecht unter europäischem Einfluß, 165; *Pfab*, Staatshaftung in Deutschland, 129 ff.; *Zenner*, Die Haftung der EG-Mitgliedstaaten für die Anwendung europarechtswidriger Rechtsnormen, 109 ff.

[304] EuGH, Rs. 26/62, van Gend & Loos, Slg. 1963, 1, Tz. 10.

[305] Häufig wird aber die Haftungsverteilung in Gemengelagen gerade an einer Unterscheidung zwischen nationalen Haftungsansprüchen und gemeinschaftsrechtlichen Amtshaftungsanspruch festgemacht, siehe beispielsweise *Detterbeck* (Fn. 43), 202, 251; *Kluth*, in: Wolff/Bachof/Stober, Verwaltungsrecht Bd. 2, 2000, § 74 Rn.49.

lagen eine besondere Bedeutung. Dieser wird hier aber in verschiedenen Situationen vollständig außer Acht gelassen, in denen er gleichwohl seine volle Berechtigung entfaltet. Beruht nämlich die Schädigung auf eigenverantwortlicher Entscheidung eines Unionsorgans oder einer mitgliedstaatlichen Stelle, so wird der Schaden nur dem Rechtsträger zugerechnet, dessen Handlung die, zeitlich betrachtet, erste in der Kausalkette war. Es ist aber nicht verständlich, warum ein Rechtsträger dadurch privilegiert werden soll, dass ein anderer zuvor ebenfalls rechtswidrig gehandelt hat. Insbesondere bei der Ausführung von Gemeinschaftsrecht ist es für die Mitgliedstaaten oft nicht von Anfang an ersichtlich, ob ein Rechtsakt gemeinschaftsrechtswidrig ist. Es stellt sich dann als Zufall dar, ob ein Mitgliedstaat für einen eigenen Gemeinschaftsrechtsverstoß haftet oder nicht. Geht ein Mitgliedstaat aber trotz schadensursächlichen Rechtsverstoßes haftungsfrei aus, wird kein Anreiz für eine vertiefte Rechtsprüfung geschaffen und somit der Präventionzweck des Haftungsrechts ohne Notwendigkeit vernachlässigt. Es spricht nichts dagegen, diesen Zweck gegen beide Rechtssubjekte, die sich gemeinschaftsrechtswidrig verhalten, zur Geltung zu bringen. Darüber hinaus ist trotz der vorgenannten Klarheit über die Bestimmung des Haftungsschuldners der individuelle Rechtsschutz verkürzt. Denn es findet keinerlei Gewichtung der Rechtsverstöße statt. Haftet daher der Erstschädiger nicht, weil ihm keine qualifizierte Rechtsverletzung nachzuweisen ist, so erhält der Geschädigte selbst dann keinen Anspruch, wenn der weitere Schädiger mit seinem Handeln die Voraussetzungen der qualifizierten Rechtswidrigkeit erfüllt. Daher muss ein Kriterium gefunden werden, welches eben diese dogmatischen und normativen Mängel vermeidet.

d) Verantwortlichkeit für rechtliche Gestaltungsmacht

Ein solches allgemeines Kriterium lässt sich unter Berücksichtigung der Haftungszwecke in Gemengelagen entwickeln. Wie dargelegt, dient das Haftungsinstitut sowohl gegen die Union als auch gegen die Mitgliedstaaten insbesondere dem effektiven Schutz der individuellen Rechte. In Gemengelagen entfaltet jedoch auch das Präventionskriterium eine über die "normalen" Zwei-Personenverhältnisse hinausgehende Bedeutung für die Bestimmung des richtigen Anspruchsgegners. Will man neben dem Rechtsschutz mit dem Haftungsanspruch auch den Präventionszweck verwirklichen, muss ein Schaden der Körperschaft zugerechnet werden, die die Befugnis und vor allem die Möglichkeit zur Gestaltung der verletzten Rechtsposition innehat. Hat nämlich die in Anspruch genommene Stelle keine Möglichkeit, ihr Verhalten zu ändern, läuft der Präventionszweck der Haftung leer. Eine solche Verantwortlichkeit, der ein Mitgliedstaat oder die Union nicht durch Verhaltenskorrektur entgehen könnten, entspräche auch nicht dem eingangs ausgeführten Charakter des gemeinschaftsrechtlichen außervertraglichen Haftungsrechts als Rechtswidrigkeitshaftung, welche sich letztlich auf das gemeinschaftliche Rechtsprinzip zurückführen lässt. Zöge man auch die Körperschaft als Haftungsschuldner heran, die keine Möglichkeit zur Verhinderung des Schadens besitzt, wandelte sich der deliktische Haftungsanspruch in eine allgemeine Schadensversicherung. Eine Schadensversicherung ist aber nicht Sinn eines deliktischen Haftungsinstituts[306]. Zudem muss eine hoheitliche Schadensversicherung wegen der damit verbundenen massiven Umverteilungseffekte in einer Rechtsgemeinschaft besonders gerechtfertigt sein[307]. Eine solche Rechtfertigung könnte sich nur aus dem Gesichtspunkt des Ausgleichs für die Auferlegung eines Sonderopfers ergeben. Das Vorliegen eines Sonderopfers spielt aber, wie eingangs gezeigt, für den gemeinschaftlichen Unrechtshaftungsanspruch keine Rolle mehr.

Maßgeblich für die Zurechnung einer Schädigung der haftungsrechtlichen Verantwortlichkeit ist daher die Gestaltungsmöglichkeit der verletzten Rechtsposition durch die verantwortliche Stelle. Da die Gestaltungsmöglichkeiten der verschiedenen Ebenen rechtlich determiniert sind, kommt es zunächst auf die Gestaltungsmöglichkeit im rechtlichen Sinne an.

Im Übrigen spricht auch der eigentlich nur haftungsbegrenzende Zweck der Funktionsfähigkeit der Organe in einem erweiterten, systemstabilisierenden Sinne gegen die Haftung einer Körperschaft, welche selbst rechtlich keine Möglichkeit zur Schadensvermeidung besitzt. Denn ist eine Körperschaft rechtlich gehalten, den Einzelnen zu schädigen und dafür die haftungsrechtliche Verantwortung zu tragen, wird auf längere Sicht der Rechtsgehorsam dieser Körperschaft leiden. Die betreffende Körperschaft wird versuchen, Haftungsansprüche zu vermeiden, indem sie die Ausführung ihrer Ansicht nach schädigender Rechtsakte verweigert.

Allerdings bedarf der Begriff der rechtlichen Gestaltungsmacht näherer Darlegung um operabel zu sein. Teilweise wird ein Anknüpfungspunkt für eine Bestimmung der rechtlichen Gestaltungsmacht an der Ver-

---

306 *Rebhahn* (Fn. 121), 212.

307 *Rebhahn* (Fn. 121), 198.

bandskompetenz festgemacht[308]. Die Heranziehung der Verbandskompetenz vermag bei der Abgrenzung von Schädigungen durch legislatives Unrecht eine eindeutige Zurechnung der Schadensverantwortlichkeit zu leisten[309]. Als Grundgedanke kann dabei die Überlegung dienen, dass nur kompetenziell rechtmäßig erlassenes Recht überhaupt rechtlich verbindlich einen Schaden auslösen kann. Die rechtliche Befugnis zur Gestaltung von Rechtspositionen geht daher einher mit der haftungsrechtlichen Verantwortlichkeit für Schäden, die aus dieser Rechtsetzung hervorgehen. Jedoch ist dieser Ansatz schon rechtsdogmatisch bedenklich, denn er setzt voraus, dass eine Rechtsordnung in ihrer rechtsstaatlich gebotenen Verantwortlichkeit zum Schutz des Einzelnen gegenüber der anderen Rechtsordnung vollständig zurücktritt. Er vernachlässigt, dass einem Hoheitsträger möglicherweise auch eine Haftungsverantwortlichkeit für ein Handeln außerhalb seiner Verbandskompetenz obliegen kann. Insbesondere ist der Ansatz aber auch zu eng um generell die Haftungskonstellation in einer Gemengelage zwischen Verhalten der Unionsorgane und mitgliedstaatlicher Stellen zu regeln. Er bewährt sich ausschließlich in der Situation einer Gemengelage, in der sowohl die Union als auch der Mitgliedstaat rechtsetzend tätig ist. Parallele rechtsetzende Tätigkeiten finden sich jedoch ebenso selten wie die Vermischung von Rechtsetzungszuständigkeiten[310].

Den "Normalfall" der Gemengelage stellt hingegen der Vollzug von Gemeinschaftsrecht durch die Mitgliedstaaten dar. Diese Gemengelage von administrativem und normativem Unrecht erfolgt regelmäßig in einer Situation, in der sowohl die Unions- als auch die mitgliedstaatlichen Stellen in eigener Zuständigkeit tätig werden. Daher käme im Fall des Vollzugs immer eine Haftung beider Körperschaften in Betracht. Es ist aber offensichtlich, dass die reine Vollziehung von rechtswidrigem Ge-

---

308 *Friese* (Fn. 5), 89 ff.

309 Parallel dazu verhält sich die Diskussion um die Abgrenzung der Kompetenzen zwischen Mitgliedstaat und Union durch einen Kompetenzkatalog, mit dem festgelegt werden kann, wer jeweils die rechtliche, aber auch die politische Verantwortung für Entscheidungen trägt. Siehe *Hirsch*, FAZ v. 6.6.2000, S.4.

310 Der spezielle Ansatz der Bestimmung der rechtlichen Gestaltungsmacht wurde aber im Zusammenhang mit dem Fall einer Entschädigung für die Folgen des Irak-Embargos entwickelt, bei dem fraglich war, ob Deutschland wegen der Wiederholung der gemeinschaftsrechtlichen Embargo-Verordnung durch die deutsche Außenwirtschaftsverordnung für Embargoschäden zu haften hat. Siehe dazu BGHZ 125, 27, 38; *Friese* (Fn. 5), 85 ff.; *Mestmäcker/Engel*, Das Embargo gegen Irak und Kuwait, 76 f.

meinschaftsrecht kaum die Annahme rechtlicher Gestaltungsmacht begründen kann. Die Vollzugskompetenz reicht hier wohl als Anknüpfungspunkt nicht aus, soweit dem betreffenden Mitgliedstaat keine Möglichkeit eingeräumt ist, Rechtspositionen selbst rechtlich zu gestalten. Nur wenn dem Mitgliedstaat bei Ausführung des Gemeinschaftsrechts ein durch Handeln mitgliedstaatlicher Stellen auszufüllender Beurteilungs- oder Ermessensspielraum zusteht, kann eine rechtliche Gestaltungsmacht des betreffenden Mitgliedstaats angenommen werden. Verantwortungsbegründend kann nach dem Vorgesagten daher nur ein Handeln sein, welches dem bei reiner Kausalitätsbetrachtung ursächlich Handelnden neben der Kompetenz auch einen eigenen Gestaltungsspielraum zubilligt, innerhalb dessen er sich rechtswidrig verhalten kann. Ist allein ein rechtswidriges Verhalten möglich, kann ihm der Schaden nicht zugerechnet werden[311].

Folglich ist darauf abzustellen, ob der jeweiligen Körperschaft ein rechtlicher Gestaltungsspielraum zusteht, den sie in gemeinschaftsrechtswidriger Weise genutzt hat und damit einen Schaden verursacht hat. Als Zurechnungskriterium gilt daher die rechtliche Gestaltungsbefugnis. Dieses Kriterium lässt sich sowohl auf Gemengelagen zwischen administrativer Zuständigkeit mitgliedstaatlicher Stellen und Rechtsetzungszuständigkeit der Unionsorgane anwenden als auch auf Fälle gleichzeitigen normativen Handelns[312]. Dabei ist er nicht auf Haftung wegen positiven Tuns beschränkt, sondern gilt ebenso für ein Unterlassen der Körperschaften. Gleichfalls einschlägig ist dieses Kriterium bei Fällen, in denen Unionsstellen rechtlich verbindlich den grundsätzlich bestehenden Gestaltungsspielraum der Mitgliedstaaten einschränken. Daneben korrespondiert das Abgrenzungskriterium mit der allgemeinen Entwicklung des Haftungsrechts der Union, indem nämlich bei der Feststellung einer haftungsbegründenden qualifizierten Rechtsverletzung nicht mehr zwischen normativen und administrativen Akten unterschieden wird, sondern danach, ob dem jeweiligen Organ ein Ermessen zustand oder das Ermessen gebunden war[313].

---

[311] Ganz h.M. siehe *Aubin* (Fn. 5), 180; *Renzenbrink* (Fn. 5), 108; *Czaja* (Fn. 4), 135.

[312] Z.B. bei normwiederholendem Handeln der Mitgliedstaaten, siehe dazu BGHZ 125, 27, 37 f.; siehe auch zur Haftung wegen Embargoschäden in den Gemengelagen zwischen Union und Mitgliedstaaten *Friese* (Fn. 5), 57 ff.

[313] EuGH, Rs. C-352/98 P, Laboratoires pharmaceutiques Bergaderm SA, Slg. 2000, I-5291, Rn. 40; seitdem st. Rechtsprechung EuG, verb. Rs. T-198/95, T-171/96, T-230/97, T-174/98 und T-225/99, Comafrica und Dole/Kommission,

Die Folge ist, dass der massive Bedeutungsgewinn durch die immer stärkere Inanspruchnahme von Kompetenzen der EU mit einer Ausweitung ihrer haftungsrechtlichen Verantwortlichkeit korreliert. Schon aus den eingangs dargelegten rechtsstaatlichen Erwägungen ist eine solche Entwicklung nicht nur zu begrüßen, sondern unabdingbar.

e) Erweiterung des Zurechnungsmaßstabs auf faktische Einflussnahme durch Unionsorgane?

Die Mitgliedstaaten führen das Gemeinschaftsrecht grundsätzlich eigenständig aus. Verwaltungsorganisation und Verwaltungsverfahren richten sich nach nationalem Recht. Ein allgemeines Weisungsrecht der Unionsstellen besteht nicht[314]. Nur vereinzelt sehen Sekundärrechtsakte Eingriffsbefugnisse in den mitgliedstaatlichen Verwaltungsvollzug vor[315]. Ausnahmen sind in der Überwachungsrichtlinie für Liefer- und Bauaufträge[316] sowie im Agrarbereich[317] zu finden. In solchen Fällen rechtlich verbindlicher Einzelweisungen kann der Gestaltungsspielraum der Mitgliedstaaten so eng sein, dass nicht von einer eigenverantwortlichen Gestaltung individueller Rechtspositionen durch mitgliedstaatliche Stellen gesprochen werden kann. Die Schadensverantwortlichkeit

---

Slg. 2001, II-1975, Rn. 136; Stix-Hackl Schlussanträge zu Rs. C-312/00 P, v. 16.4.2002, Kommission/Camar Srl. und Tico Srl., Rn. 135.

[314] *Aubin* (Fn. 5), 140 f.; *Kadelbach*, Allgemeines Verwaltungsrecht unter europäischem Einfluß, 74; *Klösters*, Kompetenzen der EG-Kommission im innerstaatlichen Vollzug von Gemeinschaftsrecht, 86 ff.; *Zuleeg*, Das Recht der Europäischen Gemeinschaften im innerstaatlichen Bereich, 217 ff.

[315] Siehe z.B. Art. 9 der Richtlinie (EG), Nr. 92/59 des Rates über die allgemeine Produktsicherheit (ABl. EG 1992, Nr. L 228, 24). Danach ist die Kommission ermächtigt, Mitgliedstaaten zu verpflichten, vorläufige Vorkehrungen gegen ernste und unmittelbare Gefahren für die Gesundheit und Sicherheit der Verbraucher zu treffen, wenn diese Gefahren von einem bestimmten Produkt ausgehen.

[316] RL 89/665/EWG, ABl. EG 1989, Nr. L 395, 33. Nach Art. 3 Abs. 2 und 3 ist die Kommission berechtigt, durch Erlass einer Entscheidung von einem Mitgliedstaat die Beseitigung von Verstößen gegen die Vorschriften über das Auftragswesen und die Vergabestelle zu verlangen.

[317] VO 2075/92 über die gemeinsame Marktorganisation für Rohtabak, ABl. 1992, Nr. L 215, 70. Nach Art. 20 Abs. 4 UA. 1 kann die Kommission von einem Mitgliedstaat die Korrektur der von seinen Behörden aufzustellenden Haushaltsvoranschlägen und Programmen verlangen.

liegt dann nach dem vorgenannten Maßstab der rechtlichen Gestaltungsmacht allein bei den Unionsorganen[318].

Umstritten ist, ob Schädigungen den Unionsorganen auch dann zuzurechnen sind, wenn sie in rechtlich unverbindlichen Handlungsformen auf den Vollzug von Gemeinschaftsrecht durch mitgliedstaatliche Stellen Einfluss nehmen. Dies geschieht zum Beispiel durch Empfehlungen oder rechtliche Stellungnahmen. Sind Stellungnahmen fehlerhaft und richten mitgliedstaatliche Stellen ihr Verhalten daran aus, ist zu klären, wem ein daraus entstehender Schaden zuzurechnen ist. Ein weiteres Beispiel stellen die erst in jüngster Zeit vereinzelt von der Kommission eingeführten „Umsetzungsvermerke" der Kommission dar, mit denen die zuständigen Generaldirektionen sich darüber äußern, wie ein den Mitgliedstaaten zustehender Spielraum für die Umsetzung einer Richtlinie zu nutzen ist[319]. Führen die in diesen Vermerken vorgegebenen Auslegungen zu einer rechtswidrigen Umsetzung der Richtlinie, ist ebenso wie bei allgemeinen Hinweisen zu fragen, wer eine eventuelle Schadensverantwortlichkeit zu tragen hat.

Zumeist wird eine Zurechnung an Unionsstellen abgelehnt, da den Auslegungshinweisen keine rechtliche Verbindlichkeit für die Mitgliedstaaten zukommt[320]. Die Mitgliedstaaten seien für die Einhaltung des Gemeinschaftsrechts selbst verantwortlich. Allein rechtlich verbindliches Verhalten könne angesichts der mitgliedstaatlichen Vollzugsautonomie den Gestaltungsspielraum der Mitgliedstaaten einschränken und so eine Zurechnung entstandener Schäden an die Unionsorgane rechtfertigen[321].

Es fragt sich, ob angesichts der zum Teil massiven Einflussnahme durch die Unionsorgane eine strikte Aufteilung der Risikosphären mit dem Maßstab der rechtlichen Verbindlichkeit der Einflussnahme durch Unionsorgane angemessen sein kann, da selbst rechtlich unverbindliche Akte wie Empfehlungen oder rechtliche Stellungnahmen z.T. erhebliche

---

[318] Dies entspricht der absolut herrschenden Auffassung, siehe z.B. *Aubin* (Fn. 5), 143; *Renzenbrink* (Fn. 5), 109; *Czaja* (Fn. 4), 135; offen lassend *v.Bogdandy* (Fn. 8), Art. 288 EG, Rn. 57.

[319] Z.B. die unveröffentlichten „Vermerke der Generaldirektion Energie und Verkehr zu den Richtlinien 2003/54/EG und 2003/55/EG über den Elektrizitäts- und Erdgasbinnenmarkt", siehe dazu *Ehricke*, EuZW 2004, 359.

[320] *Scherer*, EuR 1986, 52, 73.

[321] *Aubin* (Fn. 5), 140 f.; *Renzenbrink* (Fn. 5), 121 f.

psychologisch politische Auswirkungen haben[322]. Ein insoweit "ungehorsamer" Mitgliedstaat, der die Rechtsansicht der Unionsorgane ignoriert, setzt sich leicht dem Vorwurf aus, integrationsfeindlich zu handeln[323]. Da es sich um offizielle Äußerungen der Unionsorgane handelt, sind auch gleichzeitig die Pflichten zur loyalen Zusammenarbeit aus Art. 10 EG mit zu bedenken[324]. Nicht selten zieht die Abweichung von einem Auslegungshinweis sogar die Gefahr finanzieller Nachteile für die Mitgliedstaaten nach sich[325].

Daher wird teilweise die Ansicht vertreten, dass der Maßstab der Zurechnung um die Einflussnahme seitens der Unionsorgane durch Empfehlungen und Stellungnahmen erweitert werden müsse[326]. Begründet wird diese Ansicht im Wesentlichen mit zwei teilweise nicht von einander zu trennenden Begründungen:

Zum einen wird argumentiert, Empfehlungen der Kommission entbehrten nicht von vorneherein jeglicher Rechtswirkungen; so hätten z.B. nationale Gerichte bei Auslegung von nationalem und gemeinschaftlichem Recht Empfehlungen der Kommission durchaus zu berücksichtigen[327]. Außerdem werden teilweise an Empfehlungen oder Stellungnahmen konkrete Rechtsfolgen geknüpft, die Prozessvoraussetzung einer Nichtigkeitsklage (Art. 226, 227 Abs.3 EG) oder aber Voraussetzung für die Rechtmäßigkeit bestimmten Organhandelns (Art. 97 EG) sein können. Besonders eindrücklich zeige sich die Rechtswirkung unverbindlichen Handelns anhand der begründeten Stellungnahme der Kommission im Rahmen eines Vertragsverletzungsverfahrens. Zwar sei diese nicht ver-

---

[322] *Kahl* (Fn. 20), 341, 361; *Scherer* (Fn. 320), 52, 73 spricht von faktischer Steuerungswirkung.

[323] *Czaja* (Fn. 4), 131; *Ehricke*, EuZW 2004, 359, 360; *Nettesheim*, in: Grabitz/Hilf, Art. 249 Rn. 84.

[324] *Oppermann*, Europarecht, Rn. 571; *Ruffert*, in: Callies/Ruffert, Art. 249, Rn. 119; *Czaja* (Fn. 4), 131.

[325] Dies ergibt sich insbesondere bei Ausführung der gemeinschaftlichen Marktordnung durch die Mitgliedstaaten. Setzt sich eine mitgliedstaatliche Behörde über die Auslegungshinweise der Kommission hinweg, läuft der Mitgliedstaat Gefahr, dass die Erstattung seiner Ausgaben im Rechnungsabschlussverfahren von der Kommission verweigert werden, siehe dazu *Scherer* (Fn. 320), 52, 57 ff., *Priebe* (Fn. 201), 55, 58.

[326] *Czaja* (Fn. 4), 132.

[327] EuGH, Rs. C-322/88, Grimaldi, Slg. 1989, I-4407, Rn. 18.

bindlich, sie stelle auch nicht abschließend die Rechtslage fest[328], gleichwohl dürfe es dem betroffenen Mitgliedstaat nicht zum Nachteil gereichen, wenn er sein Verhalten an dem Inhalt der Stellungnahme der Kommission ausrichte. Daraus folge, dass in einem solchen Fall eine durch nationale Behörden unter Verstoß gegen das Gemeinschaftsrecht kausal hervorgerufene Schädigung nicht dem Mitgliedstaat, sondern der Union nach Art. 288 Abs. 2 EG zuzurechnen sei[329].

Zum anderen wird vorgebracht, die Mitgliedstaaten könnten sich gegenüber Gemeinschaftsorganen auch auf den Schutz des Vertrauens in die Richtigkeit einer Stellungnahme oder Rechtsauskunft berufen. Soweit eine solche Maßnahme schützenswertes Vertrauen bei mitgliedstaatlichen Behörden hervorrufe, könne daraus auf eine verantwortungsverlagernde Bindungswirkung geschlossen werden[330]. Auch wenn sich die Mitgliedstaaten im Einzelfall gegenüber der Union nicht auf den Schutz des Vertrauens in Rechtsauskünfte der Union berufen könnten, bestehe angesichts der besonderen Sachkenntnis und des überlegenen Wissens der Unionsorgane gegenüber den mitgliedstaatlichen Stellen eine faktische Bindungswirkung von Empfehlungen und Stellungnahmen. Dabei sei besonders zu berücksichtigen, dass die mitgliedstaatlichen Stellen häufig nicht über hinreichende Kenntnisse und Informationen hinsichtlich der gemeinschaftsrechtlichen Rechtslage verfügten. Dies sei gerade der Grund, sich an die Unionsorgane zu wenden. Erhielten die mitgliedstaatlichen Stellen in solcher Lage von kompetenter Seite Auskunft, bestünde kein Anlass, die Richtigkeit der Auskunft anzuzweifeln[331].

Beide Begründungsansätze für die Annahme einer faktischen Bindungswirkung vermögen indes nicht zu überzeugen. Soweit von den unverbindlichen Maßnahmen Rechtswirkungen ausgehen, kann davon nicht auf eine Verbindlichkeit für die Mitgliedstaaten geschlossen werden. Zwar kann ein starker Einfluss durch eine Stellungnahme seitens der Unionsorgane nicht geleugnet werden. Der Gestaltungsspielraum der Mitgliedstaaten wird dadurch aber nicht eingeschränkt. Denn den Mitgliedstaaten obliegt eine aus dem Rechtsprinzip folgende Verpflich-

---

[328] *Gaitanides*, in: v.d.Groeben/Schwarze, Art. 226, Rn. 42; differenzierend *Bleckmann*, RIW 1988, 963, 966 f.

[329] *Czaja* (Fn. 4), 131.

[330] *Czaja* (Fn. 4), 130.

[331] *Czaja* (Fn. 4), 131.

tung zu normgemäßen Verwaltungshandeln[332]. Selbst wenn Unionsorgane Stellungnahmen abgäben, die als Vorstufe für weitere Maßnahmen oder Verfahren dienen, würden mitgliedstaatliche Behörden nicht von ihrer Rechtsbindung befreit. Für die Mitgliedstaaten verbindlich ist lediglich eine Auslegung durch den Gerichtshof. Ein Verfahren, ähnlich dem Vorabentscheidungsverfahren nach Art. 234 EG, in dem sich die Mitgliedstaaten bei der Kommission über die Rechtmäßigkeit ihres Verhaltens vergewissern könnten, existiert nicht. Selbst die Abgabe einer begründeten Stellungnahme durch die Kommission im Rahmen eines Vertragsverletzungsverfahrens hat nur verfahrensrechtliche Wirkung, indem sie den Streitgegenstand einer Klage festlegt. Konstitutive Wirkung hinsichtlich der materiellen Rechtslage kommt ihr nicht zu[333].

Auch der Vertrauensschutzgrundsatz kann eine haftungsrelevante Bindungswirkung ebenso wenig begründen, wie der Gesichtspunkt einer überlegenen Wissensherrschaft der Unionsorgane. Der Schutz des Vertrauens mitgliedstaatlicher Stellen führt nur zu einer Bindung der Unionsorgane. Eine umgekehrte Bindung der mitgliedstaatlichen Stellen an Auslegungshinweise durch Unionsorgane lässt sich dadurch nicht begründen. Der Vertrauensschutz besteht zwischen den Parteien des Vertrauensverhältnisses. Gegenüber Dritten gilt das allgemeine Rechtsprinzip. Dieses wird auch nicht durch die aus Art. 10 EG folgende Verpflichtung zur loyalen Zusammenarbeit zwischen mitgliedstaatlichen Stellen und Unionsorganen aufgelockert. Art. 10 EG verpflichtet die Mitgliedstaaten gerade, sich selbst von der gemeinschaftsrechtskonformen Auslegungsweise nationaler und gemeinschaftsrechtlicher Normen zu überzeugen[334]. Daher greift auch der Einwand überlegener Rechtskenntnisse der Unionsorgane nicht durch[335].

Die entscheidende Frage in dieser Problematik ist, ob über Art. 10 EG Pflichten, die zwischen der Union und den Mitgliedstaaten bestehen, einen Haftungsanspruch des Einzelnen gegen die Union begründen können. Art. 10 EG ist die umfassendste und allgemeinste Regelung der gegenseitigen Rechte und Pflichten zwischen den Unionsorganen und mitgliedstaatlichen Stellen. Diese gelten jedoch zunächst nur im Innenverhältnis zwischen Union und Mitgliedstaaten. Grundsätzlich können

---

[332] Ausführlich *Schwarze* (Fn. 148), 219 ff.; *Steinberger*, VVDStRL 50 (1991), 9, 32; *Kadelbach* (Fn. 148), 119; *Bleckmann*, DÖV 1993, 837, 841 ff.

[333] *Oppermann* (Fn. 324), Rn. 736.

[334] *v.Bogdandy* (Fn. 8), Art. 10, Rn. 33, 55.

[335] *Renzenbrink* (Fn. 5), 121.

aber über Art. 10 EG auch individuelle Rechte Einzelner entstehen[336]. Da Art. 10 EG aber keine eigenständigen Pflichten enthält[337], ist Voraussetzung, dass bereits eine gemeinschaftsrechliche Norm diese grundsätzliche Verpflichtung vorgibt. Pflichten gegenüber dem Einzelnen ergeben sich bereits aus Art. 288 Abs. 2 EG. Eines Rückgriffs auf Art. 10 EG bedarf es daher für die Bestimmung der Zurechnungssphären nicht. Eine Erstreckung der Zurechnungsmaßstäbe auf die Einzelnen lässt sich nicht begründen. Dem Einzelnen gegenüber gelten die nach dem Haftungsrecht gültigen Maßstäbe der Zurechnung, die keiner Ergänzung durch Art. 10 EG bedürfen. Nach dem Haftungsrecht kommt es nicht darauf an, wer die Schädigung wohl eher verursacht hat oder wer interinstitutionell welche Pflichten zu tragen hat, sondern in wessen haftungsrechtlichen Verantwortungsbereich sie fällt und wer sie daher nach außen zu vertreten hat. Überschreitet daher ein Organ seine ihm nach Art. 10 EG obliegenden Pflichten, folgt daraus noch nicht die Verantwortungsverlagerung.

Auch die Betrachtung der Haftungszwecke führt zu dem gleichen Ergebnis. Durch die Präventionswirkung einer Haftungsklage wird die Aufgabenteilung zwischen Mitgliedstaaten und Unionsorganen beim Vollzug von Gemeinschaftsrecht gestärkt. Die Mitgliedstaaten werden angehalten, die Rechtmäßigkeit ihrer Handlungen auch gegen eine anders lautende Rechtsansicht der Unionsorgane zu verteidigen. Es ist nicht einzusehen, warum in einem dezentralen Verwaltungssystem gegen ein Unionsorgan vorzugehen sein sollte, welches eine mitgliedstaatliche Stelle zur Rechtswidrigkeit "anstiftet". Es würde vielmehr eine Stärkung der Dezentralität des Verwaltungsvollzuges bedeuten, wenn die Präventionswirkung sich gegen die Mitgliedstaaten richtete. Allein dies kann bei dezentraler Verwaltung eine adäquate Beschreibung der Verantwortungssphären sein. Dies gilt selbst dann, wenn der Mitgliedstaat finanzielle Einbußen zu befürchten hat, denn diese kann der Mitgliedstaat im Klagewege bei der Union geltend machen. Es ist ferner nicht einzusehen, warum gerade dem Einzelnen durch Zurechnung einer Schädigung direkt an die Kommission die Aufgabe der Geltendmachung der Forderung gegenüber der Kommission überantwortet werden soll, obwohl der Mitgliedstaat sich in seinem Verantwortungsbereich rechtswidrig verhalten hat. Auch der Rechtsschutz gestaltet sich effektiver, wenn es nicht dem Einzelnen aufgebürdet wird, die in tatsächlicher Hinsicht oft komplizierten Verhältnisse zu erkunden. Dies

---

336 *v.Bogdandy* (Fn. 8), Art. 10, Rn. 27 ff.

337 *v.Bogdandy* (Fn. 8), Art. 10, Rn. 15.

schließt dafür aus, dass sich in einem solchen Fall der Einflussnahme durch Unionsorgane die Mitgliedstaaten haftungsbeschränkend darauf berufen können, von den Unionsorganen derart beeinflusst zu sein, dass keine qualifizierte Rechtsverletzung vorliege.

Eine Ausnahme ist allerdings geboten, wenn das schädigende Verhalten der ausführenden Stelle auf fehlerhafter Ermittlung und Wertung von Tatsachen beruht, die eine andere Stelle im Rahmen der ihr zukommenden Zuständigkeit im Verwaltungsverfahren vorgenommen hat. Dies ist z.B. der Fall, wenn die Kommission aufgrund der ihr von den Mitgliedstaaten mitgeteilten Informationen tätig wird. Nicht selten sehen Rechtsakte die dezentrale Informationsermittlung durch mitgliedstaatliche Behörden vor. Die Kommission muss sich in diesen Fällen bei der Vornahme eigener Rechtsakte auf die ihr von den Mitgliedstaaten ermittelten und mitgeteilten Informationen stützen[338]. Hier kann eine Präventionswirkung bei den mitgliedstaatlichen Stellen bzw. bei der Kommission durch einen Haftungsanspruch nicht entstehen, sofern sie nicht die Verantwortung für die Richtigkeit der ihr übermittelten Informationen tragen. Weder können sie ihr Verhalten ändern, noch kann ihnen – anders als bei mangelnden Rechtskenntnissen – vorgeworfen werden, dass sie bestimmte Kenntnisse selbst ermitteln müssten. Bedienen sich die jeweiligen Stellen lediglich der Informationen der Stellen der jeweils anderen Ebenen, könnten aber diese Kenntnisse auch durch eigene Ermittlungen erlangen, ist eine Haftung der Stelle gerechtfertigt, die sich ohne eigene Kontrolle auf die Richtigkeit der Daten verlässt.

Im Ergebnis ist daher eine grundsätzliche Verantwortungsverlagerung nur notwendig und zu verantworten, wenn die Unionsorgane derart intensiv das Verhalten der mitgliedstaatlichen Stellen anleiten, dass das Verhalten der mitgliedstaatlichen Stellen nur formal als fehlerhaft angesehen werden kann, da sie keine rechtliche oder tatsächliche Möglichkeit haben oder haben konnten, eine anders lautende Entscheidung zu treffen. Dies ist dann der Fall, wenn die Durchführung bestimmter Verwaltungsmaßnahmen auf die Ergebnisse eines anderen Abschnitts eines Verwaltungsverfahrens aufbauen, das rechtlich eigenverantwortlich von einer anderen Körperschaft durchgeführt worden ist.

---

[338] Z.B. Art. 4 Abs. 1 und 5 Verordnung (EWG) Nr. 1442/93 mit Durchführungsbestimmungen zu der Einfuhrregelung für Bananen, ABl. 1993, Nr. L 142, 6. Danach legt die Kommission den Koeffizienten für die Berechnung der zuzuteilenden Einfuhrmengen auf der Grundlage der von den zuständigen mitgliedstaatlichen Stellen mitgeteilten Informationen fest.

f) Ergebnis

Die Aufteilung der Schadensverantwortlichkeit zwischen der Union und den Mitgliedstaaten kann sinnvoll nur unter Heranziehung des Kriteriums der rechtlichen Gestaltungsmacht vorgenommen werden. Eine Einheit besitzt rechtliche Gestaltungsmacht und ist damit haftungsrechtlich verantwortlich, wenn sie für die Vornahme einer Handlung zuständig ist und darüber hinaus eigenständig Rechtspositionen in der haftungsbegründenden Weise gestaltet. Die Eigenständigkeit kann dabei allein von rechtlichen verbindlichen Vorgaben der anderen Ebene eingeschränkt sein. Faktische Einflussnahme ist bei der haftungsrechtlichen Zurechnung nicht zu berücksichtigen und hat daher keine rechtlichen Auswirkungen auf die Rechtsposition des Einzelnen.

2. *Haftungskonkurrenz zwischen Union und Mitgliedstaaten bei Gemengelagen?*

Eine Haftung der Mitgliedstaaten für gemeinschaftsrechtliches Verhalten kommt nach dem Vorgesagten erst in Betracht, wenn dem Mitgliedstaat die Möglichkeit zur eigenen rechtlichen Gestaltung von Rechtspositionen zusteht, die zu einem Schaden geführt hat. Ebenso kann die Union nur in Anspruch genommen werden, wenn ihre Organe die ihnen zustehende rechtliche Gestaltungsbefugnis fehlerhaft ausüben. Damit ist für jeden Fall eines schädigenden Ereignisses eine eindeutige Zuordnung zu einem Haftungsverantwortlichen vorzunehmen. Es fragt sich aber, ob eine ausschließliche Zurechnung zu einer Haftungsverantwortlichkeit allein eines Rechtsträgers führt oder eine Konkurrenz zweier Haftungsansprüche möglich sein kann und soll.

Zumeist wird entweder ohne Begründung[339] oder nur mit einer Wahrscheinlichkeitsaussage[340] von der Möglichkeit einer gleichzeitigen Zurechnung eines Schadens zu mitgliedstaatlichem Handeln und Handeln der Unionsorgane ausgegangen, um daraus eine Theorie der gemeinsamen Haftung zu entwickeln[341]. Da aber die Möglichkeit einer gemeinsamen Haftung zweier Hoheitsträger schon aufgrund der Tatsache, dass Ansprüche gegen die Union und gegen die Mitgliedstaaten nicht vor dem gleichen Gericht verfolgt werden können, äußerst problematisch

---

339 *Oliver*, in: Heukels/McDonnell, The Action for Damages in Community Law, 285.

340 *Renzenbrink* (Fn. 5), 156.

341 *Fines* (Fn. 43), 270; *Oliver* (Fn. 339), 285; *Renzenbrink* (Fn. 5), 156 ff.

ist, wird nachfolgend zunächst geprüft, ob eine parallele Haftungsverantwortlichkeit von Mitgliedstaaten und Union nach der zuvor dargelegten Haftungsabgrenzung theoretisch möglich ist und gegebenenfalls ob es nach den Haftungszwecken gemeinsamer Ansprüche bedarf.

Grundsätzlich ist eine gemeinsame Schädigung durch die Unionsorgane in zwei Konstellationen denkbar. Einerseits bei parallelem Handeln von Union und Mitgliedstaaten sowie bei gemeinsamen Handeln beider Ebenen.

a) Parallele Aufgabenwahrnehmung

Paralleles Handeln beider Ebenen setzt eine gleichfalls parallele Zuständigkeit voraus. Parallele Kompetenzen sind im Gemeinschaftsrecht indes sehr selten. Der häufigste Beispielsfall fand sich bislang im Wettbewerbsrecht[342]. Dieses Beispiel zeigt aber auch deutlich, dass im Falle paralleler Kompetenzen kein gemeinsames Handeln, sondern gleichzeitiges Handeln nur unabhängig voneinander erfolgt. Zwar werden teilweise die gleichen Sachverhalte anhand des jeweiligen Kartellrechts geprüft, im Konfliktfall geht aber das gemeinschaftliche Kartellrecht dem nationalen vor[343]. Für den unwahrscheinlichen Fall einer gleichzeitigen Schädigung wird man daher mit dem Vorrangprinzip von einer Zurechnung zu dem Verhalten der Unionsorgane ausgehen müssen, da ihr Verhalten gegenüber dem mitgliedstaatlichen im Kollisionsfall Anwendungsvorrang besitzt.

b) Indirekter Verwaltungsvollzug

Eine gemeinsame Schadensverantwortlichkeit kann allenfalls in einer Situation der gemeinsamen, beiderseits rechtswidrigen Aufgabenwahrnehmung unter dem EG-Vertrag auftreten. Eine gemeinsame Aufgabenwahrnehmung bedeutet in der Gruppe der hier zu untersuchenden Gemengelagen, dass zwar die Mitgliedstaaten und die Unionsorgane

---

[342] Durch die Novelle des Kartellverfahrens, welche auf gemeinschaftsrechtlicher Ebene am 01.05.2004 in Kraft getreten ist, werden die bisher bestehenden parallelen Zuständigkeiten weitgehend auf die Mitgliedstaaten übertragen, VO (EG) Nr. 1/2003 des Rates vom 16.12.2002 zur Durchführung der in den Artikeln 81 und 82 des Vertrages niedergelegten Wettbewerbsregeln, ABl. 2003, Nr. L 1, 1.

[343] EuGH, Rs. 14/68, Walt Wilhelm, Slg. 1969, 1, Rz. 4 f.

nicht identisch handeln, beide aber Handlungen vornehmen, die auf unterschiedliche, sich ergänzende Art der Erreichung des gleichen Zieles dienen. Denkbar ist diese gemeinsame und gleichzeitige Aufgabenwahrnehmung nur in zwei Fällen.

Erstens und vor allem kommt diese gemeinsame fehlerhafte Aufgabenwahrnehmung im Rahmen des Verwaltungsvollzugs durch die Mitgliedstaaten in Betracht. Nach den obigen Ausführungen zur Schadenszurechnung kann eine an zwei Rechtspersonen zurechenbare Schädigung nur vorliegen, wenn sowohl mitgliedstaatliche Stellen einen eigenen Gestaltungsspielraum rechtswidrig nutzen als auch die Union zugleich auf der Grundlage ihr rechtlich zugewiesener Befugnisse rechtswidrig handelt. Ein rechtswidriger Vollzug fehlerhaften Gemeinschaftsrechts ist theoretisch nicht denkbar, denn soweit mitgliedstaatlichen Stellen eine Wahl zwischen rechtmäßigem und rechtswidrigem Vollzugshandeln zusteht, ist der zu vollziehende Rechtsakt nicht rechtswidrig, da er so auszulegen ist, dass er rechtmäßig ist. Eine Schadenszurechnung zum Handeln der Union ist damit ausgeschlossen. Ist hingegen der zu vollziehende Rechtsakt rechtswidrig und lässt damit keinen Spielraum für rechtmäßige Vollzugsmaßnahmen, kann eine Schädigung nicht den Mitgliedstaaten zugerechnet werden.

Der zweite Anknüpfungspunkt für die Annahme gemeinsamer Verantwortlichkeit beim Verwaltungsvollzug besteht, falls mitgliedstaatliche Behörden einen ihnen eingeräumten Ermessensspielraum fehlerhaft ausüben und Unionsorgane diesen Gemeinschaftsrechtsverstoß nachträglich genehmigen. Eine solche Konstellation ergibt sich beim Erlass von Schutzmaßnahmen durch die Mitgliedstaaten[344]. In dieser Situation kommt den entsprechenden Unionsorganen aber eine Aufsichts- und Kontrollfunktion über mitgliedstaatliches Verhalten zu. Die Fälle sind daher nach der hier vorgenommenen Einteilung nicht der Fallgruppe der Gemengelagen, sondern der Schadensabwendungspflichten zuzuordnen.

Es ist mithin festzustellen, dass in Fällen indirekten Verwaltungsvollzugs keine gemeinsame Haftungsverantwortlichkeit von Union und Mitgliedstaaten in Betracht kommt. Die Verantwortungsbereiche lassen sich anhand des Maßstabs der rechtlichen Gestaltungsmacht ohne Probleme eindeutig abgrenzen und damit der jeweiligen Ebene zuordnen. Bei direktem Vollzug von Gemeinschaftsrecht durch Unionsorgane

---

[344] Ein solcher Sachverhalt lag dem einzigen Urteil zur gemeinsamen Haftung von Union und Mitgliedstaaten zugrunde, vgl. EuGH, Rs. 5, 7 und 13/66, Kampfmeyer I, Slg. 1967, 361.

lässt sich ebenso wenig ein Anknüpfungspunkt für eine gemeinsame Haftung finden, da nur Unionsorgane tätig werden.

c) Mischverwaltung

Die Unterteilung in direkten und indirekten Vollzug von Gemeinschaftsrecht erfasst jedoch nicht alle Fälle. Es existieren eine Reihe von Mischformen des europäischen Verwaltungsvollzugs[345], bei denen von einer Art Mischverwaltung gesprochen werden kann[346]. Die genaue Ausgestaltung der Zuständigkeiten in derartigen Kooperationsformen zwischen mitgliedstaatlichen Stellen und der Kommission ist weitgehend durch Sekundärrecht bestimmt[347].

Hinsichtlich der Beschreibung von Anknüpfungspunkten für eine außervertragliche Haftung von Mitgliedstaaten und Union lassen sich bei der sog. Mischverwaltung drei Fallgruppen unterscheiden: Beteiligung mitgliedstaatlicher Stellen am direkten Verwaltungsvollzug, Interventionsrechte der Unionsorgane bei indirektem Verwaltungsvollzug durch die Mitgliedstaaten und der Wechsel von direktem und indirektem Verwaltungsvollzug[348].

Diese Mischformen der Verwaltungstypen stellen jedoch lediglich partielle Modifikationen der grundsätzlichen Unterteilung in direkten und indirekten Verwaltungsvollzug von Gemeinschaftsrecht dar. Auch sie lassen sich dem Grundtypus entsprechend in direkten oder indirekten Vollzug einteilen, der lediglich durch einzelne Interventionsrechte modifiziert ist. Daher liegt die Hauptverantwortung grundsätzlich bei dem das Verwaltungsverfahren bestimmenden Hoheitsträger, während die mitwirkende Verwaltung eher den einer Amtshilfe vergleichbaren Beitrag leistet[349]. Der Hauptverantwortliche gestaltet die Rechtspositionen des Einzelnen. Da er das Verwaltungsverfahren grundsätzlich bestimmt, spricht eine Vermutung dafür, dass durch Fehler im Verwaltungsverfahren entstehende Schäden dem Hauptverantwortlichen zuzurechnen sind.

---

345 *Rengeling*, VVDStRL 53 (1994), 202, 206.

346 *Scheuing* (Fn. 224), 289, 295 f.; *Kahl* (Fn. 20), 341, 373 f.

347 Siehe Beispiele bei *Kadelbach* (Fn. 148), 111, Fn. 338-340.

348 Die ersten beiden Fallgruppen nach *Kahl* (Fn. 20), 341, 373.

349 *Schmidt-Aßmann*, EuR 1996, 270, 276.

Die Intervention des nur partiell zuständigen Hoheitsträgers kann jedoch, vergleichbar der bereits beschriebenen Ausnahme eines ausnahmsweise vorliegenden Weisungsrechts, zu einem auf den Handlungsbeitrag begrenzten Übergang der Haftungsverantwortlichkeit führen. Dies ist der Fall, wenn das Verhalten sich mit bindender Wirkung auf das weitere Verwaltungsverfahren auswirkt, d.h. wenn mit bindender Kraft Entscheidungen getroffen werden, die der Hauptverfahrensverantwortliche nicht ändern kann und ihm auch keine Überprüfung dieser Entscheidungen obliegt.

Eine gemeinsame Verantwortlichkeit für eine schädigende Handlung ist nicht möglich. Die Zuständigkeit zum Verwaltungsvollzug ist streng getrennt. Sie liegt jeweils entweder bei der Union oder den Mitgliedstaaten. Eine gemeinsame Wahrnehmung von Vollzugsaufgaben ist nicht Zweck der Vorschriften über den Verwaltungsvollzug. Schon aus Gründen des effektiven Rechtsschutzes unterliegt der Verwaltungsvollzug dem Gebot der Verantwortungsklarheit[350]. Der durch eine Verwaltungshandlung belastete Bürger muss eindeutig feststellen können, wer für die Entscheidung verantwortlich ist. Tritt ein Hoheitsträger ihm gegenüber auf, dem nicht die rechtliche Gestaltungsmacht für eine im Einzelfall verletzte Rechtsposition zukommt, so geht aus den einschlägigen sekundärrechtlichen Regelungen hervor, welcher Belastungsgehalt dem jeweiligen Mitwirkungsakt des anderen Hoheitsträgers zukommt[351]. Stützt ein Unionsorgan seine Verwaltungsentscheidung auf eine bindende Entscheidung mitgliedstaatlicher Behörden, so muss dies im Übrigen aus der nach Art. 253 EG notwendigen Begründung hervorgehen. Denn die Begründungspflicht obliegt den Unionsorganen in erster Linie zum Zwecke der Ermöglichung des Rechtsschutzes für den Einzelnen[352].

Entscheidend für die Zuordnung der Verantwortlichkeit ist daher die Qualität der Intervention des anderen Hoheitsträgers. Nach dem zuvor ausgearbeiteten Maßstab setzt der Übergang der Haftungsverantwortlichkeit ein Handeln voraus, dem rechtlich Gestaltungsmacht zugewiesen ist, die sich nicht zufällig als faktische Folge eines Regelungsmechanismus darstellt. Dies ist für jede einzelne Regelung gesondert zu prüfen. Eine allgemeine Bestimmung ist wegen der Vielzahl der Vollzugs-

[350] *Schmidt-Aßmann* (Fn. 349), 296 f.

[351] Idem.

[352] *Oppermann*, Europarecht, Rn. 672.

regelungen nicht möglich. Jedoch können in den bereits erwähnten drei Fallgruppen bestimmte Konstanten aufgezeigt werden.

aa) Beteiligung mitgliedstaatlicher Stellen am direkten Verwaltungsvollzug

Im Rahmen des direkten Verwaltungsvollzugs nehmen die Unionsorgane in vielfältiger Weise die Mitwirkung mitgliedstaatlicher Stellen in Anspruch. Die Mitwirkung besteht in primärrechtlich[353] oder sekundärrechtlich[354] vorgesehenen Berichts- oder Mitteilungspflichten zum Zwecke der Sachverhaltsermittlung sowie in Amtshilfe[355], Sanktionen[356] und Vollstreckung[357].

Weisungsrechte gegenüber Unionsorganen vermitteln diese Bestimmungen den mitgliedstaatlichen Stellen freilich nicht. Dies wäre schon hinsichtlich der Wahrung der einheitlichen Anwendung des Gemeinschaftsrechts nicht möglich. Jedoch kommt es für die Verlagerung haftungsrechtlicher Verantwortlichkeit nicht darauf an, dass mitgliedstaatlichen Stellen rechtliche Gestaltungsmacht gegenüber den Unionsorganen zukommt, sondern dass sie durch ihr Eingreifen in das Verwaltungsverfahren die Rechtspositionen des Einzelnen beeinflussen. Rechtliche Gestaltungsmacht und damit haftungsrechtliche Verantwortung kann daher auch auf mitgliedstaatliche Behörden übergehen, ohne dass explizite Weisungsrechte bestehen.

---

353 Art. 88 Abs. 1 S. 1, Abs. 3 S. 1 EG.

354 Vgl. z.B. Art. 11 Abs. 1 (Auskunftsrecht), Art. 13 (Beauftragung der Mitgliedstaaten zu Nachprüfungen) der VO (EWG) Nr. 17 des Rates, ABl. 1962, 202; Art. 11 (Auskunftsrecht), Art. 12 (Beauftragung der Mitgliedstaaten zu Nachprüfungen) der VO (EWG) Nr. 4064/89 des Rates über die Kontrolle von Unternehmenszusammenschlüssen, ABl. 1989, Nr. L 395, 1; Art. 1 und 5 (Informationspflichten) der RL 80/723/EWG über die Transparenz der finanziellen Beziehungen zwischen den Mitgliedstaaten und den öffentlichen Unternehmen, Abl. 1980, Nr. L 195, 35.

355 Vgl. z.B. VO (EWG) Nr. 218/92 des Rates über die Zusammenarbeit der Verwaltungsbehörden auf dem Gebiet der indirekten Besteuerung, ABl. 1992, Nr. L 24, 1; VO (EWG) Nr. 1468/81 des Rates betreffend die gegenseitige Unterstützung der Verwaltungsbehörden der Mitgliedstaaten und die Zusammenarbeit dieser Behörden mit der Kommission, um die ordnungsgemäße Anwendung der Zoll- und Agrarregelung zu gewährleisten, ABl. 1981, Nr. L 144, 1.

356 *Stober* (Fn. 198), § 65, Rn. 53 ff.

357 *Oppermann*, Europarecht, Rn. 697.

Im Rahmen der Einbeziehung mitgliedstaatlicher Stellen in den direkten Verwaltungsvollzug kann mitgliedstaatlichen Stellen auf zwei verschiedene Arten rechtliche Gestaltungsmacht zukommen:

Zum einen obliegt die Vollstreckung gemeinschaftsrechtlicher Entscheidungen gemäß Art. 256 Abs. 2 und 3 EG vollständig sowie die Sanktionierung von Gemeinschaftsrechtsverstößen überwiegend den Mitgliedstaaten[358]. Der Union kommen in diesen Bereichen keine bzw. nur sehr geringe Regelungsmöglichkeiten und damit verbunden rechtliche Gestaltungsmacht zu. Verursachen daher mitgliedstaatliche Behörden bei der Festlegung von Sanktionen oder bei der Vollstreckung gemeinschaftsrechtlicher Entscheidungen Schäden, erfolgt dies im Verantwortungsbereich der Mitgliedstaaten. Liegt der Fehler jedoch bereits in einer zu vollstreckenden gemeinschaftsrechtlichen Regelung, so ist nach dem Maßstab der rechtlichen Gestaltungsmacht eine Schädigung nicht den Mitgliedstaaten zuzurechnen. Vollstreckt eine mitgliedstaatliche Behörde einen rechtswidrigen Titel, so sind aus der Vollstreckungshandlung entstehende Schäden nicht den Mitgliedstaaten zuzurechnen, da die mitgliedstaatliche Mitwirkung nicht die Überprüfung der Rechtmäßigkeit des Titels einschließt. Der Mitgliedstaat hat gemäß Art. 256 Abs. 2 EG allein die Echtheit des Titels zu überprüfen.

Die zweite Möglichkeit für ein Übergehen der rechtlichen Gestaltungsmacht auf die Mitgliedstaaten besteht in der Einräumung der Entscheidungshoheit für nationale Behörden hinsichtlich einzelner Abschnitte eines gemeinschaftsrechtlichen Verwaltungsverfahrens, welches

---

[358] Abgesehen von den primärrechtlich verankerten Sanktionskompetenzen aus Art. 83 Abs. 2 lit. a EG sowie Art. 81 Abs. 3 und Art. 83 EAGV ist die Existenz und die Reichweite von Kompetenzen der Union zur Einführung und Verhängung von Sanktionen im Einzelnen sehr unklar. Der EuGH leitet in einigen Bereichen, insbesondere auf dem Gebiet der gemeinschaftlichen Agrarpolitik, Kompetenzen zur Verhängung von Verwaltungssanktionen als Annexkompetenz zur Sachkompetenz her. Vgl. EuGH, Rs.C-240/90, Bundesrepublik Deutschland/Kommission, Slg. 1992, I- 5383, Rn. 11. Soweit auf gemeinschaftsrechtlicher Ebene keine Regelung für die Sanktion von Rechtsverstößen existiert, haben die Mitgliedstaaten nach Art. 10 EG für die Durchsetzung Sorge zu tragen. Dies kann im Einzelfall auch zu einer Sanktionsverpflichtung der Mitgliedstaaten führen, vgl. *Eilmansberger* (Fn. 126), 52 ff. Die Durchsetzung oder Vollstreckung liegt generell bei den Mitgliedstaaten. Allgemein zu Sanktionen im Gemeinschaftsrecht *Heitzer*, Punitive Sanktionen im Europäischen Gemeinschaftsrecht; *Zuleeg/v.Gerven*, Sanktionen als Mittel zur Durchsetzung des Gemeinschaftsrechts, mit Beiträgen zu verschiedenen Kategorien von Sanktionen.

im direkten Vollzug erfolgt. Diese Situation entsteht am häufigsten in den eingangs bezeichneten Beispielen, wenn mitgliedstaatliche Behörden eingeschaltet werden, um einen Sachverhalt zu ermitteln. Die rechtliche Gestaltungsmacht geht dabei nicht zwangsläufig auf die eingeschalteten mitgliedstaatlichen Behörden über. Voraussetzung ist vielmehr, dass die mitgliedstaatlichen Behörden einen Sachverhalt abschließend so würdigen, dass er ohne weitere Überprüfungspflicht der Unionsorgane die Grundlage des weiteren Verwaltungshandelns der Unionsorgane bildet.

Ein Beispiel stellt die Verwaltung der Gemeinschaftsfonds durch die Unionsorgane dar[359]. Auch wenn diese dem direkten Verwaltungsvollzug durch die Unionsorgane unterstellt ist, bedarf es dazu nicht selten der Informationsvermittlung, die durch die Kommissionsstellen nicht geleistet werden kann. Daher werden vielfach nationale Behörden eingeschaltet, um bestimmte Tatbestände in Bezug auf einzelne Unionsangehörige festzustellen. Auch die Gemeinschaftszollverwaltung, die eigentlich dezentral von den Mitgliedstaaten ausgeführt wird, unterliegt in einzelnen Bereichen dem Vollzug durch Unionsorgane. So sahen die Verordnung 3889/89[360] und 3838/90[361] die Verwaltung der Gemeinschaftszollkontingente für gefrorenes Rindfleisch durch die Kommission vor. Sie hatte den Umfang des einem Mitgliedstaat zuzuteilenden Kontingents festzulegen. Die konkrete Bestimmung der berechtigten Antragsteller oblag den mitgliedstaatlichen Behörden. Die nationalen Behörden erstellten auf der Grundlage der ihnen vorlegten Beweismittel die Liste der berechtigten Antragsteller. Auf der Grundlage dieser Listen ermittelte die Kommission den Gesamtumfang des einem Mitgliedstaat zustehenden Kontingents und des Umfangs, in dem die nationalen

---

359 Europäischer Ausrichtungs- und Garantiefonds für die Landwirtschaft (EAGFL), Europäischer Sozialfonds (ESF, Art. 147 EG), Europäischer Fonds für regionale Entwicklung (EFRE, Art. 160 EG), Europäischer Fonds für währungspolitische Zusammenarbeit (EFWZ), Europäischer Entwicklungsfonds (EEF). Für einen Überblick siehe *Magiera*, in: Schweitzer, Europäisches Verwaltungsrecht, 115 ff.

360 Verordnung (EWG) Nr. 3889/89 des Rates zur Eröffnung und Verwaltung eines Gemeinschaftszollkontingents für gefrorenes Rindfleisch des KN-Code 0202 sowie für Waren des KN-Code 0206 29 91 (1990), ABl. 1989, Nr. L 378, 16

361 Verordnung (EWG) Nr. 3838/90 des Rates zur Eröffnung und Verwaltung eines Gemeinschaftszollkontingents für gefrorenes Rindfleisch des KN-Code 0202 sowie für Waren des KN-Code 0206 29 91 (1991), ABl. 1990, Nr. L 367, 3.

Behörden den bei ihnen eingereichten Anträgen stattgeben können. Der Kommission obliegt dabei weder die Aufgabe der Kontrolle der Richtigkeit der mitgliedstaatlichen Angaben noch könnte sie eine solche überhaupt gewährleisten. Legt daher die Kommission fehlerhafte Kontingente fest, weil die Mitgliedstaaten ihr fehlerhafte Informationen übermittelt haben, so liegt die Gestaltungsmacht bei den Mitgliedstaaten. Die Kommission muss sich auf die Angaben der Mitgliedstaaten verlassen. Muss die Kommission hingegen die Angaben der nationalen Behörden überprüfen, verbleibt die haftungsrechtliche Verantwortung dem Umfang der Prüfungspflicht entsprechend bei der Kommission.

bb) Interventionsrechte der Unionsorgane bei indirektem Verwaltungsvollzug durch die Mitgliedstaaten

Elemente einer Mischverwaltung finden sich umgekehrt aber auch im Rahmen des indirekten Vollzugs von Gemeinschaftsrecht durch die Mitgliedstaaten in Gestalt von Informations- und Auskunftsrechten sowie Zustimmungsvorbehalten der Unionsorgane beim Vollzug von Gemeinschaftsrecht durch die Mitgliedstaaten. Da Auskunfts- und Informationserteilung, wie bereits dargelegt, keine Haftungszurechnung rechtfertigen, kommen im Rahmen des indirekten Gemeinschaftsrechtsvollzugs allenfalls Rechtsfehler im Zusammenhang mit einem Genehmigungsvorbehalt als Anknüpfungspunkte für eine Haftungszurechnung in Betracht.

Zustimmungsvorbehalte existieren nicht selten für Sofortmaßnahmen der Mitgliedstaaten zum Schutz der Verbraucher. So sieht z.B. die Verordnung (EWG) Nr. 315/93 zur Festlegung von gemeinschaftlichen Verfahren zur Kontrolle von Kontaminanten in Lebensmitteln[362] in Art. 4 und 8 vor, dass die Mitgliedstaaten im Falle neuer Informationen über gesundheitliche Gefahren durch Kontaminanten bestimmte Vorschriften aussetzen können, mit welchen ein Stoff zugelassen wird, bis die Kommission über die zu ergreifenden Maßnahmen entscheidet. Führt diese mitgliedstaatliche Entscheidung zu einer Schädigung und stellt sie sich als rechtswidrig heraus, ist der Schaden dem betreffenden Mitgliedstaat zuzurechnen. Bestätigt die Kommission die nationale Entscheidung, so geht die rechtliche Gestaltungsmacht auf die Kommission über, da die mitgliedstaatliche Entscheidung nicht ohne die Zustim-

[362] Verordnung (EWG) Nr. 315/93 des Rates zur Festlegung von gemeinschaftlichen Verfahren zur Kontrolle von Kontaminanten in Lebensmitteln, ABl. 1993, Nr. L 37, 1.

mung der Kommission aufrechterhalten werden dürfte. Schäden, die bereits irreversibel vor Zustimmung der Kommission entstanden sind, fallen jedoch auch noch nach der Kommissionsentscheidung in die ausschließliche haftungsrechtliche Verantwortung des Mitgliedstaates, da die spätere Zustimmung der Kommission für den Schaden nicht mehr ursächlich war.

Interveniert die Kommission außerhalb rechtlich vorgesehener Interventionsrechte oder –pflichten im Rahmen des indirekten Verwaltungsvollzugs, indem sie z.B. eine ablehnende Entscheidung über beantragte Agrarbeihilfen anstatt gegenüber den nationalen Behörden direkt gegenüber dem Antragsteller abgibt, so vermag eine solche Intervention keine Zurechnung eines Schadens zu rechtfertigen, den ein Einzelner erleidet, weil die nationale Behörde sich den Vorgaben der Kommission entsprechend verhält. Denn die Kommission kann durch ihr Handeln, jedenfalls in rechtlicher Hinsicht, das Verhalten des Mitgliedstaates nicht steuern. Liegt die rechtliche Gestaltungsmacht in den Händen der Mitgliedstaaten kann eine rechtlich unverbindliche Intervention von Unionsorganen nicht zu einer Überleitung der Haftung führen.

cc) Wechsel von indirektem zu direktem Verwaltungsvollzug

Schließlich treten Formen der Mischverwaltung in haftungsrelevanter Form noch in Gestalt einer Kombination von direktem und indirektem Verwaltungsvollzug auf, indem in einfachen Fällen indirekter Vollzug, in schwierigeren Fällen oder solchen von besonderer Bedeutung ein Wechsel zu direktem Gemeinschaftsrechtsvollzug vorgesehen wird. Haftungsrechtlich schwierig ist, dass von einem Verwaltungstypus zum anderen übergegangen wird. So sieht z.B. das Zulassungsverfahren für neuartige Lebensmittel nach der "Novel-Food-Verordnung"[363] eine "Erstprüfung" neuartiger Lebensmittel durch mitgliedstaatliche Stellen vor[364]. Unter bestimmten Voraussetzungen geht die Zuständigkeit für eine "ergänzende Prüfung", mit der das Ergebnis der Erstprüfung abgeändert werden kann, auf den Rat und die Kommission über[365]. Bei einem solchen Zuständigkeitswechsel können natürlich ebenfalls sowohl die Mitgliedstaaten als auch die Unionsorgane eine Schädigung verursa-

[363] VO (EG) Nr. 258/97 des Parlaments und des Rates über neuartige Lebensmittel und neuartige Lebensmittelzutaten, ABl. 1997, Nr. L 43, 1.

[364] Vgl. Art. 4 der VO (EG) Nr. 258/97.

[365] Vgl. Art. 7 Abs. 1 i.V.m. Art. 13 der VO (EG) Nr. 258/97.

chen. Eine gemeinsame Haftungsverantwortlichkeit ist jedoch auch in diesem Fall auszuschließen. Denn es stellt sich die gleiche Ausgangslage wie im Fall von Zustimmungsvorbehalten der Kommission für mitgliedstaatliche Sofortmaßnahmen. Sobald die Verfahrenszuständigkeit auf die Kommission übergeht, kommt ihr die rechtliche Gestaltungsmacht zu und sie übernimmt die haftungsrechtliche Verantwortung für alle Schäden, die durch ihre Entscheidungen verursacht werden. Die Mitgliedstaaten werden insoweit von ihrer Haftungsverantwortlichkeit für Schäden frei, die nicht bereits abschließend durch ihr Handeln verursacht worden sind, denn da sie in diesem Fall keine abschließende Entscheidung treffen können, die einen Schaden verursacht, kann ihnen ein Schaden nicht zugerechnet werden, der erst dadurch entsteht, dass die Kommission genauso wie die zuvor zuständigen nationalen Behörden entscheidet[366]. Sind hingegen Schäden bereits abschließend durch das Handeln der nationalen Behörden im Rahmen mitgliedstaatlicher Zuständigkeit entstanden, kann ein Schaden auch dann nicht der Union zugerechnet werden, wenn die Kommission die gleichen Entscheidungen trifft wie die nationalen Behörden.

Folglich lässt sich auch für den Bereich der Mischverwaltung, der in besonderem Maße von der Verteilung rechtlicher Gestaltungsmacht auf mehrere Personen bestimmt ist, feststellen, dass nach dem Kriterium der rechtlichen Gestaltungsmacht in jedem Fall einer Schädigung eine eindeutige Verantwortungszurechnung vorgenommen werden kann.

d) Gemischte Abkommen als Sonderfall

Einen Sonderfall stellt die Möglichkeit einer gemeinsamen Schädigung durch Union und Mitgliedstaaten bei Abschluss eines gemischten Abkommens dar. Gemischte Abkommen sind völkerrechtliche Verträge, die gemeinsam von der Union und von den Mitgliedstaaten mit Drittstaaten und internationalen Organisationen abgeschlossen werden, wenn sie Sachmaterien betreffen, die teilweise in den Kompetenzbereich der Mitgliedstaaten, teilweise in den Kompetenzbereich der Union fallen. Beispiele für gemischte Abkommen sind das WTO-Übereinkommen über handelsbezogene Aspekte der Rechte des geistigen Eigentums (TRIPS)[367] sowie die AKP-Abkommen[368]. Die Besonderheit

---

[366] So auch GA Darmon Schlussanträge in Rs. C-55/90, Cato, Slg. 1992, I-2533, Rn. 45.

[367] ABl. 1994, Nr. L 336, 190. Hinsichtlich der Kompetenzen zum Abschluss des WTO-Abkommens vgl. EuGH, Gutachten 1/94, Slg. 1994, 5267, Rn. 105.

besteht hierbei darin, dass Unions- und mitgliedstaatliche Stellen gemeinsam tätig werden. Da beide Teile die gleichen Beiträge leisten, nämlich die Unterzeichnung und Ratifizierung des betreffenden Abkommens, gibt es keine Möglichkeit zwischen dem Handeln beider Rechtsträger zu unterscheiden. In der Tat wird bei einer aus einem gemischten Abkommen resultierenden völkerrechtlichen Haftung gegenüber Drittstaaten und internationalen Organisationen von einer gesamtschuldnerischen Haftung von Mitgliedstaaten und Union ausgegangen[369]. Wenn diese gemeinsam nach außen auftreten, haften sie auch gesamtschuldnerisch.

Diese völkerrechtliche Haftung aus gemischten Abkommen betrifft allerdings nur die Beziehungen zu den Vertragspartnern aus dem Abkommen. Nicht einbezogen werden dadurch die Beziehungen zu den Einzelnen. Der Einzelne wird erst durch die Umsetzung der Abkommen in nationales oder Gemeinschaftsrecht geschädigt[370], denn völkerrechtliche Verträge bedürfen in der Regel im Gegensatz zum Gemeinschaftsrecht der Umsetzung[371]. So lag beispielsweise der Rechtssache Haegemann eine Importabgabe zugrunde, die durch eine Gemeinschaftsverordnung unter Verstoß gegen das als gemischtes Abkommen abgeschlossene Assoziationsabkommen mit Griechenland erhoben worden war[372]. Daher kann hier wieder das Kriterium der Schadenszurechnung für Gestaltungsmacht Anwendung finden[373]. Für die Begründung der Möglichkeit einer gemeinsamen Haftung von Mitgliedstaaten und Union eignet sich gemeinsames völkerrechtliches Handeln beider Ebenen mithin nicht.

e) Ergebnis

In Gemengelagen von Handeln nationaler und unionaler Stellen ist eine eindeutige Haftungszurechnung möglich. Damit entsteht nicht das

---

368 Siehe ABl. 2000, Nr. L 317, 3, Abkommen von Cotonou, welches das Lomé IV-Abkommen ersetzt.

369 EuGH, Rs. C-316/91, Parlament/Rat, Slg. 1994, I-625, Rn. 29, 33.

370 EuG, Rs. T-196/99, Area Cova/Rat und Kommission, Slg. 2001, II-3592, Rn. 40, 53.

371 Hier liegt einer der wesentlichen Unterschiede zwischen dem supranationalen Gemeinschaftsrecht und dem Völkerrecht.

372 EuGH, Rs. 96/71, Haegemann/Kommission, Slg. 1972, 1005.

373 So auch *Renzenbrink* (Fn. 5), 125.

Problem der Konkurrenz von Haftungsansprüchen gegen die Mitgliedstaaten und die Union. Für Subsidiaritätserwägungen besteht aufgrund der eindeutigen Zuordnung der Haftungsverantwortlichkeit kein Raum.

Dieses Ergebnis entspricht auch den Erfordernissen des effektiven Schutzes individueller Rechte durch die Zurverfügungstellung haftungsrechtlicher Rechtsschutzinstrumente. Denn die eindeutige Zurechnung eines Schadens verhindert die Berufung des Schädigers auf eine verantwortungsauschließende Mitverursachung durch einen zweiten Schädiger, was den Rechtsschutz für den Geschädigten erschweren kann und im Regelfall dazu führt, dass er gegen beide Schädiger zur Fristwahrung Klage einreichen muss[374]. Die strikte Trennung der Haftungsverantwortlichkeit besitzt für den Geschädigten den Vorteil, dass er allein anhand der jeweiligen Rechtstexte unabhängig von dem Vorbringen der übrigen Beteiligten den Haftungsverantwortlichen bestimmen kann.

Auch der Zweck der Prävention wird gebührend berücksichtigt, da die Stelle in Anspruch genommen wird, die ihr Verhalten zukünftig ändern kann und somit im Rahmen der begrenzten Präventionsmöglichkeiten auf die Schädiger eingewirkt wird, die die Schadensentstehung verhindern könnten.

3. *Rechtsprechung*

Die These der Vermeidung gemeinsamer Haftungsverantwortlichkeit von Union und Mitgliedstaaten unter Anwendung des Abgrenzungskriteriums der rechtlichen Gestaltungsmacht lässt sich auch in der Rechtsprechung der Gemeinschaftsgerichte zur gemeinschaftsrechtlichen außervertraglichen Haftung als bestimmendes Element nachweisen. Zumindest in der jüngeren Rechtsprechung finden sich keine Beispiele einer gemeinsamen Haftung von Union und Mitgliedstaaten. Grundsätzlich ist auch nach der Rechtsprechung der Gemeinschaftsgerichte jeder Rechtsträger verantwortlich für die Schädigungen durch seine Stellen. Anknüpfungspunkt für die Feststellung des rechtswidri-

---

[374] In den meisten Fällen möglicher Ansprüche gegen den Mitgliedstaat und gegen die Union reichen die Kläger zwei Klagen ein. Siehe z.B. EuGH Rs. C-106/90, C-317/90 und C-129/91, Emerald Meats/Kommission, Slg. 1993, I-209. Dies ist für die Kläger aber jeweils mit erheblichen Kosten verbunden.

gen Verhaltens ist der jeweils die Rechtswidrigkeit maßgeblich bestimmende Akt.

Verhalten sich die Unionsorgane rechtswidrig gegenüber einem Einzelnen, prüfen die Gemeinschaftsgerichte eine Haftung der Union. Nimmt die Kommission z.B. innerhalb einer angemessenen Frist nicht zu einem Antrag auf Erteilung eines Negativattestes gemäß Art. 2 der Verordnung Nr. 17 (Wettbewerbsverordnung) Stellung, so kommt eine Haftung der Kommission wegen rechtswidrigen Unterlassens in Betracht[375]. Dies ist nicht beschränkt auf Akte mit rechtlichem Entscheidungsgehalt. Auch bloße Stellungnahmen gegenüber dem Bürger können den Gemeinschaftsgerichten zufolge einen Haftungsanspruch begründen[376]. Bereits ein schlichtes Schreiben vermag einen Vertrauenstatbestand zu begründen, dessen Verletzung Schadensersatzansprüche nach sich zieht[377].

Ebenso haften die Mitgliedstaaten, wenn ihre Organe sich rechtswidrig gegenüber einem Einzelnen verhalten. Verstößt ein nationales Gesetz oder ein Einzelakt gegen Gemeinschaftsrecht, haftet der betreffende Mitgliedstaat für Schäden, die aus dem rechtswidrigen Akt resultieren[378]. Dies gilt auch, wenn die Mitgliedstaaten das Gemeinschaftsrecht rechtswidrig vollziehen. Wendet eine nationale Zollbehörde eine gemeinschaftsrechtliche Zollverordnung in rechtswidriger Weise an[379], so zieht der Gerichtshof ebenso eine Haftung des betreffenden Mitgliedstaates in Betracht wie für den Fall, dass mitgliedstaatliche Behörden eine gemeinschaftsrechtliche Billigkeitsklausel für die Festsetzung von Währungsausgleichsbeträgen in einer den gemeinschaftsrechtlichen Vorgaben zuwiderlaufenden Weise anwenden[380]. Grundsätzlich unterstellt die Rechtsprechung die Ausführung sekundären Gemeinschafts-

---

[375] EuG, verb. Rs. T-213/95 und T-18/96, SCK und FNK, Slg. 1997, II-1739, Rn. 53.

[376] EuGH verb. Rs. 19, 20, 25 und 30/69, Richez-Parise, Slg. 1970, 325, Rn. 32 f.; Rs. 23/69, Fiehn, Slg. 1970, 547, Rn. 19.

[377] EuG Rs. T-571/93, Lefebvre Frères, Slg. 1995, II-2379, Rn. 72 f.

[378] EuGH, verb. Rs. C-46/93 und C-48/93, Brasserie du Pêcheur, Slg. 1996, I-1029; Rs. C-5/94, Hedley Lomas, Slg. 1996, I-2553, Rn. 25.

[379] EuGH Rs. C-319/96, Brinkmann Tabakfabriken, Slg. 1998, I-5255.

[380] EuGH Rs. 12, 18 und 21/77, Debayser/Kommission, Slg. 1978, 553, Tz. 20/23.

rechts der Verantwortlichkeit der Mitgliedstaaten[381]. Dies gilt selbst dann, wenn eine Sekundärrechtsregelung mit dem Ziel der Sicherung einer abgestimmten Durchführung der Vorschrift Eingriffsbefugnisse der Kommission vorsieht, von denen die Kommission trotz gemeinschaftsrechtswidriger Durchführung durch nationale Behörden keinen Gebrauch macht.

Dies führt indes nicht zu einer generellen Verantwortlichkeit der Mitgliedstaaten für alle Schäden aus dem Verwaltungsrechtsverhältnis mit dem Einzelnen. Die Schadenszurechnung erfolgt unter Berücksichtigung der Möglichkeit zur Gestaltung einer individuellen Rechtsposition. In ständiger Rechtsprechung rechnen die Gemeinschaftsgerichte daher nur der Körperschaft einen Schaden zu, deren Organe durch eine „wohlüberlegte selbständige Entscheidung" eine schädigende Handlung vornehmen[382]. Kann die unmittelbar schädigende Stelle nicht selbst entscheiden, ob sie die schädigende Handlung vornimmt oder nicht, wird ihrem Rechtsträger der aus der Handlung folgende Schaden nicht zugerechnet. Die Gemeinschaftsgerichte nehmen daher an, dass die Schadensverantwortlichkeit für den mitgliedstaatlichen Vollzug rechtswidrigen Gemeinschaftsrechts bei der Union liegt, sofern der betreffende Mitgliedstaat beim Vollzug keine eigenständige, ihm vorwerfbare Rechtsverletzung begeht[383].

Möglich wurde diese Rechtsprechung mit der Anerkennung der Haftung der Unionsorgane für normatives Unrecht[384], welche in Abweichung zu nahezu allen mitgliedstaatlichen Staatshaftungsrechtssystemen steht[385]. Erst mit der Statuierung einer solchen Haftung wird das gemeinschaftsrechtliche Haftungsrecht dem gemeinschaftsrechtlichen Maßstab effektiven Rechtsschutzes gerecht.

---

[381] EuGH, Rs. 99/74, Société des Grands Moulins des Antilles, Slg. 1975, 1531; verb. Rs. 106 bis 120/87, Asteris/Griechenland u.a., Slg. 1988, 5515.

[382] EuG Rs. T-54/96, Oleifici Italiana und Fratelli Rubino/Kommission, Slg.1998, II-3377, Rn. 67, 54, 57.

[383] EuGH, Rs. 238/78, Ireks-Arkady, Slg. 1979, 2955, Rn. 6; Rs. 59/83, Biovilac, Slg. 1984, 4057, Rn. 5 f.; Rs. 81/86, De Boer Buizen, Slg. 1987, 3677, Rn. 8; verb. Rs. C-104/89 und C-37/90, Mulder/Rat und Kommission, Slg. 1992, I-3061, Rn. 9.

[384] EuGH Rs. 5/71, Schöppenstedt/Rat, Slg. 1971, 975.

[385] Siehe Überblick bei *Pfab* (Fn. 303), 172 ff.; *Fines*, Responsabilité extracontractuelle de la CEE, 120 ff.

Auch in der Rechtssache Schöppenstedt ging es um den Vollzug einer rechtswidrigen Regelung des Gemeinschaftsrechts. Durch eine Neuregelung des Zuckermarktes wurden Ausgleichsleistungen für Differenzen bestimmter Zuckerpreise neu festgesetzt. Die Klägerin begehrte den Ersatz des ihr durch die Neuregelung entgangenen Gewinns. Der Gerichtshof hielt die Klage für zulässig und prüfte allein die Begründetheit eines Anspruchs gegen den Rat. Auf eine Haftung der Mitgliedstaaten wurde mit keinem Wort eingegangen. Diese hatten die Vorschrift nur den zwingenden rechtlichen Vorgaben gemäß vollzogen.

Ebenfalls in einer ganzen Serie von Entscheidungen, den so genannten Quellmehlurteilen, rechnete der Gerichtshof Schäden, die auf der Ausführung rechtswidriger Sekundärrechtsregelungen beruhten, allein den Unionsorganen zu[386]. Besonders deutlich kommt in diesen Fällen die Zurechnung zum Unionshandeln dadurch zum Ausdruck, dass diese Klagen zu den wenigen erfolgreichen Haftungsverfahren zählen. So ging es in der zu dieser Gruppe von Klagen gehörenden Rechtssache Ireks-Arkady um die Zahlung von Erstattungsleistungen für die Herstellung von Quellmehl. Diese Zahlungen basierten auf sekundärrechtlichen Vorschriften und waren nach Prüfung durch nationale Behörden von diesen zu gewähren. Im Zuge einer Änderung der Gemeinsamen Marktorganisation für Getreide schaffte der Rat die Beihilfen für Quellmehl, nicht jedoch für Quellstärke ab. Obwohl die Auszahlung unter Verstoß gegen den gemeinschaftsrechtlichen Gleichheitsgrundsatz von den nationalen Behörden verweigert wurde, verurteilte der Gerichtshof die Gemeinschaft zum Ersatz des Betrages, auf den die Klägerin bei Nichterlass der rechtswidrigen Änderungsverordnung des Rates Anspruch gehabt hätte[387].

Dieser Linie ist der Gerichtshof bis heute treu geblieben[388]. In der Rechtssache Biovilac (Magermilchentscheidung) entschied der Ge-

386 EuGH, Rs. 64 et 113/76, 167 et 239/78, 27, 28 und 45/79, Dumortier, Slg. 1979, 3091; Rs. 238/78, Ireks-Arkady, Slg. 1979, 2955 ; Rs. 241, 242, 245 bis 250/78, DGV, Slg. 1979, 3017; Rs. 261 und 262/78, Interquell Stärke-Chemie, Slg. 1979, 3045.

387 EuGH, Rs. 238/78, Ireks-Arkady, Slg. 1979, 2955.

388 EuGH, Rs. 238/78, Ireks-Arkady, Slg. 1979, 2955, Rn. 6; Rs. 59/83, Biovilac, Slg. 1984, 4057, Rn. 5 f.; Rs. 106, 107 und 120/87, Asteris, Slg. 1988, 5515; verb. Rs. C-104/89 und C-37/90, Mulder/Rat und Kommission, Slg. 1992, I-3061, Rn. 9; EuG verb. Rs. T-213/95 und T-18/96, SCK und FNK, Slg. 1997, II-1739, Rn. 94 ff.; Rs. T-18/99, Cordis/Kommission, Slg. 2001, II-913, Rn. 26; Rs. 344 und 345/00, Ceva Santé, Slg. 2003, II-229, Rn. 107.

richtshof entgegen der ausdrücklichen Zulässigkeitseinrede der Kommission, dass die Schäden, welche Produzenten von auf der Basis von Milchpulver hergestellten Tierfutters durch die Verringerung des für die Interventionszahlungen durch gemeinschaftsrechtliche Verordnungen festgelegten Preises für Milchpulver erlitten hatten, ausschließlich auf die entsprechende Verordnung zurückzuführen seien und nicht auf die unmittelbar die Kläger betreffenden Vollzugsakte der nationalen Behörden, die diese Verordnung anwendeten[389]. In einem obiter dictum anlässlich eines Vorlageverfahrens führte der Gerichtshof dann sogar aus, dass die Haftung eines Mitgliedstaates für den Vollzug einer rechtswidrigen Gemeinschaftsrechtsverordnung „ausgeschlossen“ sei[390]. Konsequenterweise stellte der Gerichtshof darüber hinaus fest, dass der Geschädigte die Konkretisierung einer Schädigung gar nicht erst abwarten müsse. Vielmehr könne er sofort den sicher zu erwartenden Verlust beanspruchen, welcher bereits durch Erlass der Gemeinschaftsrechtsverordnung angelegt sei[391].

Mit dieser Rechtsprechungslinie zieht der Gerichtshof die Konsequenz aus seiner Rechtsprechung zur Vollzugspflicht der mitgliedstaatlichen Behörden, nach der ein Mitgliedstaat Gemeinschaftsrecht bis zur Feststellung seiner Ungültigkeit durch den Gerichtshof selbst dann als wirksam anzusehen und zu vollziehen hat, wenn er an dessen Rechtmäßigkeit begründete Zweifel hegt[392], was von den deutschen Gerichten anerkannt wird[393]. Auf der Grundlage des Kriteriums der rechtlichen Gestaltungsmacht folgt daraus nämlich, dass der bloße Vollzug von Gemeinschaftsrecht keinerlei haftungsrechtliche Konsequenzen für die Mitgliedstaaten zeitigen kann. Daraus folgend teilt auch die Rechtsprechung im Falle des schlichten Vollzugs von Gemeinschaftsrecht, welches dem Mitgliedstaat weder einen eigenen Beurteilungs- noch Ermessenspielraum belässt, die haftungsrechtliche Verantwortlichkeit eindeutig zwischen Union und Mitgliedstaaten auf.

Eine eigene Schadensverantwortlichkeit des betreffenden Mitgliedstaates kommt nach der Rechtsprechung jedoch in Betracht, wenn sekundärrechtlich eingeräumte Ermessensspielräume rechtswidrig genutzt

---

389 EuGH Rs. 59/83, Biovilac, Slg. 1984, 4057, Rn. 5 f.

390 EuGH verb. Rs. 106 bis 120/87, Asteris/Griechenland u.a., Slg. 1988, 5515, Rn. 18.

391 EuGH Rs. 59/83, Biovilac, Slg. 1984, 4057, Rn. 9.

392 EuGH Rs. 101/78, Granaria, Slg. 1979, 623, Rn. 4, 6.

393 BGH, DVBl. 1993, 717 ff.

werden oder sich mitgliedstaatliche Behörden in anderer Weise rechtswidrig verhalten[394]. Beispiele für ein Wiederaufleben der haftungsrechtlichen Verantwortlichkeit liegen der Rechtsprechung nicht vor.

Ist eine strikte Haftungstrennung beim schlichten Vollzug rechtswidrigen Gemeinschaftsrechts durch nationale Behörden nahezu selbstverständlich, zeigt sich die klare Abgrenzung der Verantwortungssphären von Union und Mitgliedstaaten deutlich bei der Behandlung der verschiedenen Formen wechselseitiger Einflussnahmen von unionalen und nationalen Behörden.

Nimmt die Kommission durch Auslegungsempfehlungen oder durch Rechtsauskünfte auf die Entscheidungen nationaler Behörden Einfluss, welche Gemeinschaftsrecht ausführen, verbleibt die Haftungsverantwortlichkeit allein bei den Mitgliedstaaten[395]. Dies gilt auch, wenn die Auslegungshinweise über eine mit ihnen verbundene Weigerung der Erstattung von Zahlungen der Mitgliedstaaten aus Unionsmitteln eine faktisch verbindliche Wirkung für den betreffenden Mitgliedstaat entfalten können. Entsprechende Schadensersatzklagen hat der Gerichtshof daher durchgängig als unzulässig abgewiesen[396].

In den Rechtssachen Sucrimex und Interagra ging es um die Gewährung von Ausfuhrerstattungen durch nationale Behörden im Rahmen der Gemeinsamen Agrarpolitik, deren Erstattung aus Unionsmitteln die Kommission in einem Telex an die nationalen Interventionsstellen verweigert hatte, worauf diese die Zahlung gegenüber den Klägern verweigert hatten. Der Gerichtshof lehnte eine Haftung der Union ab, da es sich bei den streitgegenständlichen Schreiben allein um die interne Zusammenarbeit handele[397]. Sie stellten in diesem Rahmen eine bloße Meinungsäußerung dar, die für die nationalen Behörden nicht bindend sei[398]. Ebenso hielt der Gerichtshof in der Rechtssache Sunzest eine Schadensersatzklage gegen die Union, mit der der Kläger geltend mach-

---

[394] EuGH verb. Rs. 106 bis 120/87, Asteris/Griechenland u.a., Slg. 1988, 5515, Rn. 20.

[395] EuGH Rs. 99/74, Grands Moulins des Antilles, Slg. 1975, 1531, Rn. 18 f.; verb. Rs. 12, 18 u. 21/77, Debayser, Slg. 1978, 553, Rn. 10 ff.; Rs. 133/79, Sucrimex, Slg. 1980, 1299, Rn. 22; Rs. 217/81, Interagra, Slg. 1982, 2233, Rn. 8; verb. Rs. 89 u. 91/86, Étoile Commerciale, Slg. 1987, 3005, Rn. 19 f.; Rs. C-50/90, Sunzest, Slg. 1991, I-2917, Rn. 18 f.

[396] Vgl. die Rechtsprechung in Fn. 395.

[397] EuGH Rs. 133/79, Sucrimex, Slg. 1980, 1299, Rn. 22.

[398] EuGH Rs. 217/81, Interagra, Slg. 1982, 2233, Rn. 8.

te, die Kommission habe die rechtswidrige Einführung von Schutzmaßnahmen gegen das Verbringen bestimmter Schadorganismen in die Mitgliedstaaten durch nationale Behörden zu vertreten. Die Kommission hatte ein Schreiben an Belgien mit der Aufforderung gesandt, bestimmte Schutzmaßnahmen für Importe aus Zypern anzuordnen. Der Gerichtshof hielt die Klage für unzulässig, da das Schreiben der Kommission „keine Entscheidung, sondern nur eine Meinung der Dienststellen der Kommission ohne jede rechtliche Wirkung" beinhalte[399]. Damit brachte der Gerichtshof deutlich zum Ausdruck, dass die Grenzlinie für haftungsrelevantes Verhalten durch das Kriterium der *rechtlichen* Gestaltungsmacht bestimmt wird. Diese liegt jeweils ausschließlich bei einer Ebene. Faktische Gestaltungsmacht begründet weder eine zusätzliche Haftung der Union noch befreit sie einen Mitgliedstaat von seiner Verantwortlichkeit.

Damit koppelte die Rechtsprechung das Bestehen eines für den Ersatzanspruch konstitutiven Kausalzusammenhangs an die Voraussetzungen der unmittelbaren Betroffenheit einer Individualklage nach Art. 230 Abs. 4 EG[400]. Nur ein Geschädigter, der auch tatsächlich und materiell Adressat einer Handlung der Unionsorgane ist, kann geltend machen, dieses sei kausal für die Entstehung eines Schadens.

Die Trennungslinie zwischen haftungsrechtlich relevantem und irrelevantem Verhalten zieht die Rechtsprechung damit bei der nur selten sekundärrechtlich eingeräumten Möglichkeit, rechtlich verbindliche Weisungen zu erteilen, mit denen die Kommission mitgliedstaatlichen Behörden ein bestimmtes Tun oder Unterlassen vorschreibt. So rechnete der Gerichtshof in der Rechtssache Krohn der Union einen Schaden zu, welcher aus der Verweigerung der Erteilung einer Einfuhrgenehmigung für Manihot aus Thailand durch nationale Behörden entstanden war, da die Kommission den Mitgliedstaat angewiesen hatte, eine solche Genehmigung nicht zu erteilen. Gemäß Art. 7 Abs. 1 der Verordnung Nr. 2029/82[401] durften Einfuhrgenehmigungen erteilt werden, wenn nicht die Kommission den nationalen Behörden zuvor schriftlich mitgeteilt hatte, dass die im Kooperationsabkommen mit Thailand enthaltenen

---

[399] EuGH Rs. C-50/90, Sunzest, Slg. 1991, I-2917, Rn. 18 f.

[400] Deutlich in EuGH verb. Rs. 89 und 91/86, Société L'Étoile Commerciale und CNTA/Kommission, Slg. 1987, 3005, Rn. 19.

[401] ABl. 1982, Nr. L 218, 8. Die Verordnung regelt die Durchführung des Abkommens zwischen der Europäischen Gemeinschaft und Thailand über den Handel mit Manihot.

Vertragsbedingungen nicht erfüllt seien. Die streitgegenständliche, der deutschen Behörde erteilte Unterrichtung habe für sie bindenden Charakter und begründe die alleinige Verantwortlichkeit der Union[402]. Der Ausführungsbehörde könne ein Schaden hingegen nicht zugerechnet werden[403]. Damit setzte sich der Gerichtshof über den Vorschlag des Generalanwalts Mancini hinweg, der – ebenso wie die Kommission – nach formalen Gesichtspunkten die Zurechnung danach vornehmen wollte, wer dem Geschädigten gegenüber aufgetreten war[404].

Teilweise wird allerdings aus der Entscheidung in der Rechtssache KYDEP eine neue Tendenz herausgelesen, wonach für eine Haftungsbegründung der Union heute nicht mehr die rechtliche sondern die tatsächlich ausgeübte Einflussnahme der Kommission maßgeblich sei[405]. Entgegen der bis dahin ständigen Rechtsprechung prüfte der EuGH in dieser Rechtssache aus dem Jahr 1994 im Rahmen einer Schadensersatzklage gegen die EU, ob ein Schreiben der Kommission, in dem sie einem Mitgliedstaat ihre Ansicht über die Auslegung von Vorschriften hinsichtlich der Erstattungsfähigkeit bestimmter Interventionszahlungen aus dem EAGFL mitteilte, gemeinschaftsrechtswidrig gewesen sei[406]. Von der vorherigen Rechtsprechung distanzierte sich der EuGH jedoch nicht. Damit bleibt unklar, ob der Gerichtshof mit dieser Entscheidung eine Änderung seiner Rechtsprechung einleiten möchte. Auf den ersten Blick betrachtet scheinen die Formulierungen darauf hinzudeuten. Denn obwohl er die Bindungswirkung des Fernschreibens verneint, prüft der EuGH dessen Rechtmäßigkeit, da – wie er ausführt – die Mitgliedstaaten befürchten konnten, „dass ihnen, wenn sie die von der Kommission im streitigen Fernschreiben gegebene Auslegung außer acht lassen würden, die Erstattung ihrer für die betreffenden landwirtschaftlichen Erzeugnisse getätigten Ausgaben durch den EAGFL verweigert würde“[407]. Nachfolgend untersucht der Gerichtshof jedoch inhaltlich vorwiegend, ob der Kommission – unabhängig von dem Mit-

---

[402] EuGH Rs. 175/84, Krohn, Slg. 1986, 753, Rn. 21 f.

[403] EuGH Rs. 175/84, Krohn, Slg. 1986, 753, Rn. 23.

[404] GA Mancini Schlussanträge in EuGH Rs. 175/84, Krohn/Kommission, Slg. 1986, 753, 761.

[405] *v.Bogdandy* (Fn. 8) Art. 288 EG, Rn. 57.

[406] EuGH Rs. C-146/91, KYDEP/Rat und Kommission, Slg. 1994, I-4199, Rn. 21 ff.

[407] EuGH Rs. C-146/91, KYDEP/Rat und Kommission, Slg. 1994, I-4199, Rn. 26.

gliedstaat – ein gemeinschaftsrechtswidriges Verhalten vorzuwerfen ist. So prüft der Gerichtshof zunächst, ob die Kommission die Befugnis zur Intervention besaß, um nachfolgend die Rechtmäßigkeit einer Verordnung zu erörtern, deren Anwendung die Kommission in dem Fernschreiben fordert. Nur recht kurz geht der Gerichtshof dagegen auf die Frage ein, ob die Auslegungshinweise der Kommission inhaltlich rechtswidrig gewesen sind.

Bleibt somit unklar, wie das Urteil in der Rechtssache KYDEP sich in die bisherige Rechtsprechung einfügt, so spricht die Tatsache, dass der Gerichtshof sich nicht von der bis dahin eindeutigen Rechtsprechung distanziert hat dafür, dass diese nicht aufgegeben werden sollte. Unterstützt wird diese Deutung der Rechtsprechung insbesondere dadurch, dass in nachfolgenden Urteilen ohne Erwähnung des Urteils in der Rechtssache KYDEP aus der fehlenden Bindungswirkung von Rechtsauskünften und Stellungnahmen auf die Unzulässigkeit entsprechender Schadensersatzklagen geschlossen wurde[408]. So urteilte das EuG etwa vier Jahre später unter Berufung auf die "alte" Rechtsprechung z.B., dass ein Schreiben, mit dem eine mitgliedstaatliche Behörde aufgefordert wird, keine Interventionszahlungen für Olivenöle zu leisten, keinen unmittelbar ursächlichen Zusammenhang zu dem durch die Zurückhaltung der Zahlung durch den Mitgliedstaat und der damit zusammenhängenden vermeintlichen Schädigung des Klägers aufweise[409]. Vielmehr sei das mitgliedstaatliche Verhalten entsprechend der Kompetenz der Mitgliedstaaten zur Ausführung des betreffenden Rechtsakts unabhängig von der "informellen Zusammenarbeit" mit der Kommission. Ein gegebenenfalls entstandener Schaden sei allein den nationalen Behörden zuzurechnen[410]. Ein Hinweis auf die drohende Nichterstattung durch den EAGFL findet sich nicht. Vielmehr weist das EuG darauf hin, dass die Kommission sich vor Abschluss des Rechnungsabschlussverfahrens nicht rechtsverbindlich über die Finanzierung äußern könne[411].

---

[408] EuG, Rs. T-54/96, Oleifici Italiana/Kommission, Slg. 1998, II-3380, Rn. 54, 57, 67.

[409] EuG Rs. T-54/96, Oleifici Italiana und Fratelli Rubino/Kommission, Slg. 1998, II-3377, Rn. 67.

[410] EuG Rs. T-54/96, Oleifici Italiana und Fratelli Rubino/Kommission, Slg. 1998, II-3377, Rn. 67.

[411] EuG Rs. T-54/96, Oleifici Italiana und Fratelli Rubino/Kommission, Slg. 1998, II-3377, Rn. 53, 69.

Gegen die Annahme einer Rechtsprechungsänderung spricht vor allem, dass sich die Beibehaltung der bisherigen Rechtsprechung, nach der allein rechtlich verbindliches Handeln einen Haftungsanspruch auslösen kann, sich auf einer Linie mit der Rechtsprechung zum Vollzug gemeinschaftsrechtlicher Normen durch die Mitgliedstaaten befindet. Vor dem Hintergrund des Kohärenzgrundsatzes wäre dies zu begrüßen. Bestimmen die nationalen Behörden nur formal die Rechtsposition des Einzelnen, materiell hingegen die Unionsorgane, ist es nur gerechtfertigt, diesen auch die Schäden zuzurechnen. Liegt es hingegen in der Hand nationaler Behörden sich rechtmäßig oder rechtswidrig zu verhalten, sind Schäden ausschließlich dem Mitgliedstaat zuzurechnen. Daher kann das Urteil in der Rechtssache KYDEP nur als „Ausreißer“ qualifiziert werden, das trotz teilweisen Widerspruchs zur ständigen Rechtsprechung nicht zur Begründung einer neuen Rechtsprechungstendenz herangezogen werden kann.

Auch die Berufung auf eine Änderung in der Rechtsprechung zur Auftragsvergabe unter dem PHARE-Programm durch drittstaatliche Stellen[412] vermag nach hier vertretener Ansicht im vorliegenden Zusammenhang keine Argumentationshilfe zu leisten. Denn da der Rechtsschutz gegenüber Drittstaaten nicht einheitlich gewährt ist und insoweit effektiver Rechtsschutz aus gemeinschaftsrechtlicher Sicht nur über die Union abgesichert werden kann, können Urteile zur Haftungszurechnung in Gemengelagen zwischen drittstaatlichen und unionalem Handeln nicht als Beleg für eine Rechtsprechungsänderung in Bezug auf die Haftungszurechnung zwischen Union und Mitgliedstaaten herangezogen werden[413].

Die These der eindeutigen Aufteilung rechtlicher Gestaltungsmacht im europäischen Gemeinschaftsrecht und damit einhergehender haftungsrechtlicher Verantwortlichkeit zeigt sich nicht nur in den Urteilen zu den gleichermaßen typischen Formen unional-nationaler Gemengelagen. Auch hinsichtlich anderer Formen von Gemengelagen von Handeln unionaler und nationaler Stellen nehmen die Gemeinschaftsgerichte eine klare Abgrenzung der Unionshaftung von der Haftung der Mitgliedstaaten vor. In der Rechtssache Emerald Mead ging es um die gemeinsame Verwaltung für gefrorenes Rindfleisch durch mitgliedstaatli-

---

[412] EuG, Rs. T-185/94, Geotronics, Slg. 1995, II-2795, Rn. 39; Rs. T-231/97, New Europe Consulting, Slg. 1999, II-2403, Rn. 33.

[413] So aber *v. Bogdandy* (Fn. 8), Art. 288 EG, Rn. 57.

che Behörden und die Kommission[414]. Nach den dieser Aufgabe zugrundeliegenden Verordnungen war die Zuständigkeit zwischen der Kommission und den nationalen Behörden aufgeteilt. Während die mitgliedstaatlichen Behörden die Einfuhranträge entgegenzunehmen und der Kommission eine Liste aller Antragsteller u.a. mit Angabe der für die Genehmigungserteilung maßgeblichen Referenzmengen zu übermitteln hatten, oblag der Kommission die Entscheidung über die Bestimmung des Umfangs, in dem die nationalen Behörden den von ihnen zugelassenen Anträgen stattgeben dürfen. Dabei hatte sie nicht die Richtigkeit der Angaben auf der Liste zu überprüfen, sondern nur zu kontrollieren, ob ein bestimmter Antragsteller auf mehreren Listen steht. Obschon den Kommissionsstellen von der Klägerin mitgeteilt worden war, dass sie der Ansicht sei, der betreffende Mitgliedstaat habe ihr zu geringe Referenzmengen zugewiesen, rechnete der Gerichtshof den aus der entsprechend vermindert erteilten Einfuhrgenehmigung entstandenen Schaden allein dem Mitgliedstaat zu, da dieser für die Erstellung der Listen zuständig sei[415]. In gleicher Weise rechnete das EuG in der Rechtssache Laga allein dem Mitgliedstaat Frankreich einen Schaden zu, der dadurch entstanden war, dass aufgrund fehlerhafter Tatsachenermittlung durch französische Behörden die Kommission keinen Entschädigungsvertrag mit der Klägerin abschloss. In der Rechtssache ging es um die Abwicklung der Schadensersatzansprüche, die der Union infolge der Urteile zu den Milchquoten oblag[416]. Die einschlägige sekundärrechtliche Vorschrift sah vor, dass die Mitgliedstaaten den Berechtigten endgültige Referenzmengen für die Jahre zuzuweisen hatten, in denen die Verluste entstanden waren. Auf der Grundlage dieser Referenzmengen waren dann im Namen und für Rechnung der Union Entschädigungsverträge abzuschließen. Das Gericht sah die Weigerung, einen Entschädigungsvertrag mit der Union abzuschließen, als Folge der Tatsachenermittlung der französischen Behörden an. Daher sei ihnen der Schaden zuzurechnen[417]. Eine Haftung der Gemeinschaft

---

[414] EuGH verb. Rs. C-106/90, C-317/90 und C-129/91, Emerald Meat/Kommission, Slg. 1993, 209.

[415] EuGH verb. Rs. C-106/90, C-317/90 und C-129/91, Emerald Meat/Kommission, Slg. 1993, 209, Rn. 36.

[416] EuGH verb. Rs. C-104/89 und C-37/90, Mulder, Slg. 1992, I-3061.

[417] EuG Rs. T-93/95, Laga/Kommission, Slg. II-195, Rn. 47.

für von nationalen Behörden verursachte Schäden komme nicht in Betracht[418].

In der Rechtssache Cato[419] oblag der Kommission aufgrund sekundärrechtlicher Vorschriften die Billigung nationaler Regelungen, mit denen Mitgliedstaaten eine Richtlinie über Stilllegungsprämien für Fischereifahrzeuge umsetzen konnten. Das Vereinigte Königreich hatte eine nicht mit primärem Gemeinschaftsrecht zu vereinbarende Richtlinie erlassen, die bei den Klägern zu einer Schädigung führte. Die Umsetzungsmaßnahmen waren von der Kommission entsprechend der Richtlinie gebilligt worden. Der Gerichtshof lehnte eine Haftung der Union mit der Begründung ab, die Billigung der rechtswidrigen Umsetzungsmaßnahme beziehe sich nach den Festlegungen der Richtlinie allein auf die Prüfung der Vereinbarkeit der Umsetzungsmaßnahme mit dem Zweck der Richtlinie. Daher könne eine etwaige Rechtswidrigkeit der Umsetzungsmaßnahme nicht der Union zugerechnet werden[420]. Die Kommission selbst habe sich ihrerseits rechtmäßig verhalten, da sie rechtmäßig die Konformität der nationalen Maßnahme mit den Richtlinienvorschriften attestiert habe[421]. Entgegen dem Gerichtshof, der somit von einer alleinigen Verantwortlichkeit des Vereinigten Königreichs ausging, legte der Generalanwalt Darmon die Vorschrift über die Kontrolle durch die Kommission dergestalt aus, dass sie konstitutiv für die Anwendung der nationalen Umsetzungsmaßnahme gewesen sei und deren Konformität mit allen Richtlinienvoraussetzungen bescheinige. Habe der Kläger nach den Voraussetzungen der Richtlinie einen Anspruch auf Erteilung einer Prämie, könne er darauf vertrauen, dass dies auch nach der nationalen Umsetzungsmaßnahme der Fall sei, wenn die nationale Regelung von der Kommission gebilligt worden sei. Andernfalls hätte der Mitgliedstaat die fragliche Regelung erst gar nicht anwenden können[422]. Daher sei der Schaden allein der Union zuzurechnen.

An diesem Auslegungsunterschied zeigt sich die eindeutige Aufteilung der Haftungsverantwortlichkeit zwischen Mitgliedstaaten und Union sehr deutlich. Sie hängt von der jeweiligen Auslegung der Vorschriften über die Zuständigkeit der Kommission ab. Legt man wie der Gerichts-

---

[418] Ebd.

[419] EuGH Rs. C-55/90, Cato/Kommission, Slg. 1992, I-2533.

[420] EuGH Rs. C-55/90, Cato/Kommission, Slg. 1992, I-2533, Rn. 23, 28.

[421] EuGH Rs. C-55/90, Cato/Kommission, Slg. 1992, I-2533, Rn. 24.

[422] GA Darmon in EuGH Rs. C-55/90, Cato/Kommission, Slg. 1992, I-2533, Rn. 45.

hof die betreffende Vorschrift der Richtlinie, die das Einschreiten der Kommission regelt, dergestalt aus, dass die Kommission lediglich die begrenzte Pflicht zur Prüfung der Maßnahme mit den Zielen der Richtlinie hat, so verbleibt hinsichtlich der schädigenden Handlung die rechtliche Gestaltungsmacht bei den Mitgliedstaaten, die daher auch verantwortlich sind. Stellt die Billigung durch die Kommission hingegen ein konstitutives Merkmal für die Anwendung der nationalen Vorschrift dar, so verlagert sich die rechtliche Gestaltungsmacht allein auf die Kommission, was gleichzeitig die haftungsrechtliche Verantwortlichkeit impliziert. In jedem Fall ist nach der bisherigen Rechtsprechung eine gemeinsame Verantwortlichkeit bei einem Handeln in Gemengelagen ausgeschlossen.

Auch in der Rechtssache Lesieur[423] ging es um die Einflussnahme der Kommission auf die mitgliedstaatliche Ausführung von Gemeinschaftsrecht durch die Festsetzung des Weltmarktpreises für Raps. Dieser diente als Anhaltspunkt zur Bestimmung der den jeweiligen Antragstellern zu gewährenden Währungsausgleichsbeträge. Der Gerichtshof prüfte in der Tat, ob das Verhalten der Kommission zur Schädigung geführt haben könnte. Jedoch nahm er zur Frage der Zurechenbarkeit der Schädigung nicht Stellung, da eine Haftung bereits an der Rechtswidrigkeit des Verhaltens der Kommission scheitere[424].

Nur in einer Entscheidung ging der Gerichtshof bislang von einer parallelen, gleichzeitigen Verantwortlichkeit von Union und Mitgliedstaaten aus. In der Rechtssache Kampffmeyer[425] hatte Deutschland rechtswidrig Maßnahmen zum Schutz des deutschen Mais-Marktes vor Einfuhren aus Frankreich erlassen. Diese waren von der Kommission in Anwendung einer Vorschrift der Marktorganisation nachträglich genehmigt worden[426]. Die für die Genehmigung durch die Kommission einschlägige Vorschrift des Art. 22 der Verordnung Nr. 19/62 des Rates sah in Absatz 1 vor, dass die Mitgliedstaaten im Fall einer ernstlichen

---

[423] EuGH verb. Rs. 67 bis 85/75, Lesieur Cotelle/Kommission, Slg. 1976, 391.

[424] EuGH verb. Rs. 67 bis 85/75, Lesieur Cotelle/Kommission, Slg. 1976, 391, Tz. 33/35 ff.

[425] EuGH verb. Rs. 5, 7 und 13 bis 24/66, Kampffmeyer/Kommission, Slg. 1967, 331.

[426] Art. 22 Absatz 2 Unterabsatz 3 der Verordnung Nr. 19/62 des Rates über die schrittweise Errichtung einer gemeinsamen Marktorganisation für Getreide, ABl. 1962, Nr. L 30, 933.

Störung des Marktes die Erteilung von Einfuhrgenehmigungen aussetzen konnten. In Absatz 2 war festgelegt, dass die Kommission nach Notifizierung durch den Mitgliedstaat unverzüglich darüber zu entscheiden hatte, ob die Maßnahme aufrechterhalten, geändert oder beseitigt werden sollte. Durch die von Deutschland eingeleitete Schutzmaßnahme erlitten deutsche Getreideimporteure erhebliche Einbußen, da sie bereits im Vertrauen auf die Bewilligung von Einfuhren Verträge für den weiteren Absatz des Getreides geschlossen hatten. Der Gerichtshof sah hier das schädigende Verhalten in der Genehmigung der nationalen Maßnahmen[427]. Jedoch kam der Kommission insofern gar keine Gestaltungsmacht zu. Die deutschen Behörden hatten die rechtswidrige Schutzmaßnahme ja bereits ergriffen. Daher lag das rechtswidrig schädigende Verhalten der Kommission nicht in der nachträglichen Genehmigung, sondern in dem Unterlassen, die deutschen Behörden rückwirkend zur Aufhebung der Schutzmaßnahmen aufzufordern[428]. Diese Verhaltensanforderung an die Kommission begründet jedoch nach der hier angelegten Definition keine Gemengelagen des Handelns von Union und Mitgliedstaaten, da es sich nicht um ein arbeitsteiliges Vorgehen handelt.

Akzeptiert man die Umdeutung der Argumentation in der Rechtssache Kampffmeyer, so kann auch nach der Rechtsprechung mit dem hier vertretenen Ansatz von einer vollständigen Aufteilung der Haftungsverantwortlichkeit zwischen Union und Mitgliedstaaten bei Gemengelagen von mitgliedstaatlichem und unionalem Verhalten ausgegangen werden.

Bereits in der Zulässigkeit prüfen die Gemeinschaftsgerichte bei Haftungsklagen in Gemengelagen zwischen mitgliedstaatlichem und unionalem Handeln, ob eine Schädigung dem Mitgliedstaat oder der Union zuzurechnen ist[429]. Die Abgrenzung der Verantwortungssphären erfolgt nach materiellen Kriterien. Maßgeblich ist für den Gerichtshof, wer „entscheidenden Einfluß" auf die Schadensentstehung genommen hat[430]. Entscheidender Einfluss kommt nach der Rechtsprechung in Gemengelagen nationalen-unionalen Handelns der Ebene zu, der recht-

[427] EuGH verb. Rs. 5, 7 und 13 bis 24/66, Kampffmeyer/Kommission, Slg. 1967, 331, 354.

[428] *Aubin* (Fn. 5), 136.

[429] *Ossenbühl* (Fn. 6), 572 bezeichnet diese Vorabprüfung als „apriorische Zurechnungsprüfung".

[430] EuGH Rs. 301/99 P, Area Cova, Slg. 2001, I-1005, Rn. 39.

lich die Befugnis zur Gestaltung der Rechtsposition des Geschädigten zugewiesen war.

Als Grundregel geht die Rechtsprechung von der Eigenverantwortlichkeit der Union für den unmittelbaren Vollzug von Gemeinschaftsrecht und von der Eigenverantwortlichkeit der Mitgliedstaaten für den mittelbaren Verwaltungsvollzug aus. Greift eine Ebene rechtlich befugt in die grundsätzliche Zuständigkeit der jeweils anderen Ebene ein und bestimmt inhaltlich verbindlich das Handlungsergebnis, geht damit ein Wechsel der Verantwortung für aus diesem Verhalten entstehende Schäden einher. Dabei gelangt die Rechtsprechung – zumindest nach neuerer Rechtsprechung – nie zu einer gemeinsamen Haftung von Union und Mitgliedstaaten.

III. Verhältnis zu mitgliedstaatlichen primären Rechtsbehelfen

Mit Festlegung der Zurechnungssphären für Schädigungen in Gemengelagen zwischen mitgliedstaatlichem und unionalem Handeln ist geklärt, wer das haftungsrechtliche Risiko einer Schädigung zu tragen hat. Dies stellt indes nur eine Art grundsätzlicher Vorabprüfung für die Bestimmung des Anspruchsgegners dar[431]. Bei allen Fällen der Ausführung von Gemeinschaftsrecht durch mitgliedstaatliche Stellen besteht unabhängig von der haftungsrechtlichen Verantwortung der Union die Frage der Abgrenzung der Anspruchsgegner auch auf der Ebene der nationalen primären Rechtsbehelfe. Denn da in dieser Situation neben der gemeinschaftsrechtlichen Haftungsklage auch Anknüpfungspunkte für Primärrechtsbehelfe auf mitgliedstaatlicher Ebene vorhanden sind, könnte trotz der materiellen Haftungsverantwortung der Union zunächst gegen das mitgliedstaatliche Handeln vorzugehen sein. Für eine endgültige Bestimmung des Anspruchsgegners bedarf es daher einer Klärung des Verhältnisses der Haftungsklage nach Art. 288 Abs. 2 EG gegen die Union zu den nationalen Primärrechtsbehelfen mitgliedstaatlicher Vollzugsmaßnahmen.

---

431 *Ossenbühl* (Fn. 6), 572.

1. Unabhängigkeit nationaler und gemeinschaftsrechtlicher Rechtsbehelfe?

Eine Bestimmung des Verhältnisses mitgliedstaatlicher Primärrechtsbehelfe zur gemeinschaftsrechtlichen Haftungsklage ist jedoch nur notwendig, wenn es sich nicht um zwei getrennte Rechtsschutzsysteme handelt, welche nur den systeminternen Anforderungen genügen müssen. Das Postulat effektiven individuellen Rechtsschutzes wäre dann nämlich in jedem System eigenständig zu erfüllen. Ein „Verlassen" auf die Gewährung ausreichenden Rechtsschutzes durch die jeweils andere Ebene wäre ebenso wenig zulässig, wie die Erhebung des Einwands der „Umgehung" eines systemfremden Rechtsbehelfes.

Unter Berufung auf eine solchermaßen bestehende Autonomie der jeweiligen Rechtsschutzsysteme wird, insbesondere in der älteren Literatur, von der Unabhängigkeit der mitgliedstaatlichen Primärrechtsbehelfe von der gemeinschaftsrechtlichen Haftungsklage ausgegangen. Dem Geschädigten wird daher ein Wahlrecht eingeräumt, gegen die Union, den Mitgliedstaat oder gegen beide gerichtlich vorzugehen[432]. Denn die Klagen vor nationalen Gerichten stünden in keinem Zusammenhang zu Klagen vor den Gemeinschaftsgerichten, weil die Zuständigkeit mitgliedstaatlicher Gerichte strikt auf die Beurteilung der Rechtmäßigkeit nationaler Akte begrenzt, die Beurteilung der Rechtmäßigkeit des Verhaltens der Unionsorgane hingegen ausgeschlossen sei[433].

Eine solche streng von dem Gedanken der Gewährung hinreichenden Rechtsschutz gegen die Schädigung durch Unionsorgane getragene Ansicht lässt indes vollständig außer Acht, dass das gemeinschaftsrechtliche Rechtsschutzsystem über die Eröffnung des Vorabentscheidungsverfahrens nach Art. 234 EG die nationalen Primärrechtsbehelfe in die Rechtmäßigkeitskontrolle auf EG-Ebene einbezieht[434]. Von Seiten der mitgliedstaatlichen Rechtsbehelfe wird die gegenseitige Durchdringung durch die Möglichkeit einstweiligen Rechtsschutzes gegen den Vollzug rechtswidrigen Gemeinschaftsrechts verstärkt[435], wenn auch der

---

[432] *Czaja* (Fn. 4), 199 f.; *Gilsdorf*, EuR 1975, 73, 85 ff.; *Herdegen*, Die Haftung der Europäischen Wirtschaftsgemeinschaft für fehlerhafte Rechtsetzungsakte, 155, 158 f.; *Wils*, ELRev. 1992, 191, 204 ff.

[433] *Herdegen*, Die Haftung der Europäischen Wirtschaftsgemeinschaft für fehlerhafte Rechtsetzungsakte, 155.

[434] *Nettesheim* (Fn. 147), 928, 932; *Oppermann*, Europarecht, 285 f.

[435] EuGH, Rs. C-92/89, Zuckerfabrik Süderdithmarschen, Slg. 1991, I-415, Rn. 18.

Rechtsschutz unter engen Voraussetzungen gewährt wird[436]. Die damit eingetretene Verschränkung der nationalen Rechtsschutzsysteme mit dem gemeinschaftsrechtlichen Rechtsschutzsystem ist inzwischen so weit fortgeschritten, dass zumindest von einer partiellen Vereinigung der Rechtsschutzsysteme für Sachverhalte, die sich im Anwendungsbereich des Vertrages befinden, ausgegangen werden muss[437].

Konsequenterweise beherrscht daher der Grundsatz des effektiven Schutzes individueller Rechte das gesamte gemeinschaftliche Rechtsschutzsystem[438]. Zwar findet sich auf Ebene des Gemeinschaftsrechts keine dem Art. 19 Abs. 4 GG vergleichbare Vorschrift, welche als zentrale Norm effektiven Rechtsschutz garantiert[439]. Weder die Mitgliedstaaten noch die Unionsorgane sollen aber der Kontrolle darüber entzogen sein, ob ihre Handlungen im Einklang mit der "Verfassungsurkunde der Gemeinschaft", dem EG-Vertrag, stehen[440]. Das Rechtsschutzpostulat ist ein einheitliches. Die Rechtsbehelfe des EG-Vertrags und die nationalen Primärrechtbehelfe bilden daher ein kohärentes System umfassenden Rechtsschutzes[441]. Ein kohärentes System des Rechtsschutzes besteht jedoch schwerlich aus einer Reihe von Rechtsbehelfen, welche beziehungslos zueinander gerichtlichen Rechtsschutz vermitteln. Vielmehr kann von einer gegenseitigen Abstimmung der Rechtsbehelfe nur ausgegangen werden, wenn jedem Rechtsbehelf der seiner Funktion angemessene Anwendungsbereich zukommt.

Der Einwand der Trennung der Rechtsschutzsysteme steht der Abgrenzung der Zuständigkeitsbereiche der gemeinschaftsrechtlichen Haf-

---

[436] Es müssen erhebliche Zweifel an der Rechtmäßigkeit des Gemeinschaftsrechtsakts bestehen, ein schwerer, nicht wiedergutzumachender Schaden drohen und eine besondere Dringlichkeit für die Gewährung einstweiligen Rechtsschutzes vorliegen, vgl. EuGH, Rs. C-92/89, Zuckerfabrik Süderdithmarschen, Slg. 1991, I-415, Rn. 23 ff.; C-465/93, Atlanta, Slg. 1995, I-3761, Rn. 32 f.

[437] *Nettesheim* (Fn. 147), 928, 932.

[438] *Kadelbach* (Fn. 148), 125 f.

[439] Art. 47 der Grundrechtecharta der EU beinhaltet genau eine solche grundrechtliche Rechtsschutzgarantie. Mangels Verbindlichkeit der Charta kann sich der Einzelne auf die Bestimmung nicht berufen.

[440] EuGH, Rs. 294/83, Les Verts/Parlament, Slg. 1986, 1339, Rn. 23; EuGH, Rs. 314/85, Foto Frost, Slg. 1987, 4199, Rn. 16.

[441] EuGH, Rs. 314/85, Foto Frost, Slg. 1987, 4199, Rn. 16.

tungsklage von den mitgliedstaatlichen Primärrechtsbehelfen folglich nicht entgegen[442].

2. *Subsidiarität der Sekundärrechtsbehelfe*

Zumeist wird als Folge des Urteils Kampffmeyer[443] die Problematik des Nebeneinanders von mitgliedstaatlichen und gemeinschaftsrechtlichen Rechtsschutzmöglichkeiten durch die Unterordnung der gemeinschaftsrechtlichen Schadensersatzklage gegenüber einschlägigen nationalen Rechtsbehelfen gelöst[444]. Der Begriff der Subsidiarität ist jedoch nicht eindeutig. Zwei verschiedene Auslegungen sind möglich: Zum einen kann Subsidiarität bedeuten, dass Klagen, für die der nationale Rechtsweg eröffnet ist, vor nationalen Gerichten zu erheben und abschließend dort zu entscheiden sind. Muss der nationale Rechtsweg beschritten werden, ist ein Rückgriff auf die gemeinschaftsrechtliche Haftungsklage ausgeschlossen (absolute Subsidiarität). Zum anderen kann Subsidiarität aber auch bedeuten, dass eine Haftungsklage die Erschöpfung innerstaatlicher Primärrechtsbehelfe erfordert, bevor die Gemeinschaftsgerichte über eine Klage nach Art. 288 Abs. 2, 215 EG entscheiden können (relative Subsidiarität). Die zur Subsidiarität vertretenen Auffassungen bewegen sich im Bereich zwischen diesen beiden Auslegungen des Begriffs[445].

Die Subsidiarität der Haftungsklage ergibt sich indessen nicht aus dem Wortlaut des Vertrags. Auch die Rechtssprechung zu Art. 288 Abs. 2 EG war zumindest lange Zeit nicht eindeutig[446]. Zudem beschreibt das Merkmal der Subsidiarität der Haftungsklage lediglich die Folge einer spezifischen Ausformung des gemeinschaftlichen Rechtsschutzsystems. Diese bedarf aber einer dogmatischen Begründung, die nachfolgend untersucht werden soll.

---

[442] *Renzenbrink* (Fn. 5), 153.

[443] EuGH, verb. Rs. 5, 7 u. 13 bis 24/66, Kampffmeyer/Kommission, Slg. 1967, 331, 358.

[444] *Detterbeck* (Fn. 240), 43 f.; *Gilsdorf/Niejahr* (Fn. 8), Art. 288, Rn. 85; *Kluth* (Fn. 169), § 74, Rn. 48 f.; *Ossenbühl* (Fn. 6), 577; a.A. *Aubin* (Fn. 5), 206 ff.; *Herdegen*, Die Haftung der Europäischen Wirtschaftsgemeinschaft für fehlerhafte Rechtssetzungsakte, 159; *Renzenbrink* (Fn. 5), 152 ff.

[445] Vgl. *Gilsdorf/Niejahr* (Fn. 8), Art. 288, Rn. 84.

[446] Siehe Darstellung bei *Ossenbühl* (Fn. 6), 571.

a) Effektiver Rechtsschutz

Zunächst könnte der Subsidiaritätsgrundsatz für den gemeinschaftsrechtlichen Haftungsanspruch mit der Überlegung zu rechtfertigen sein, primäre Rechtsbehelfe vermittelten einen effektiveren Rechtsschutz als sekundäre Rechtsbehelfe. Aus dem Grundsatz des effektiven Rechtsschutzes könnte daher zu folgern sein, dass der Geschädigte wegen der höheren Rechtsschutzintensität soweit möglich zuerst primäre Rechtsbehelfe wie Anfechtungsklagen erheben muss, bevor er nach Erschöpfung dieser Rechtsbehelfe eine Haftungsklage anstrengen kann[447]. Denn mit Primärrechtsbehelfen werden rechtswidrige Eingriffe in Rechte beseitigt, durch das Haftungsrecht hingegen nur kompensiert. Gemeinhin wird dies als Fortschritt für die Effektivität des Rechtsschutzes verstanden. Es führt zu einer Abkehr von dem als veraltet und unzureichend empfundenen Grundsatz des "dulde und liquidiere", wonach der Einzelne einen Schaden zunächst hinzunehmen hat um anschließend Schadensersatz zu reklamieren.

Das Gebot der Gewährung effektiven Rechtsschutzes bezweckt aber gerade die Zurverfügungstellung von Rechtsbehelfen gegen Verletzung der durch das Gemeinschaftsrecht verliehenen Rechte[448]. Diesem Garantiegedanken widerspricht tendenziell jedoch die Annahme eines Vorrangs des Primärrechtsschutzes. Das Ziel des Gebotes der Gewährung effektiven Rechtsschutzes liegt vorrangig darin, Rechtsschutzmöglichkeiten zu eröffnen und nicht zu beschränken. Dieses Ziel wird durch eine Vorrangigkeit primärer Rechtsbehelfe gerade in sein Gegenteil verkehrt, weil dem Geschädigten Rechtsschutzmöglichkeiten entzogen würden, um die Inanspruchnahme bestimmter Rechtsbehelfe sicherzustellen. Daher kann das Gebot der Gewährung effektiven Rechtsschutzes nicht für die Begründung der Subsidiarität herangezogen werden.

Der Umkehrschluss lässt sich aus dieser Argumentation allerdings auch nicht ziehen. Das Gebot effektiven Rechtsschutzes kann daher auch nicht gegen die Annahme eines Subsidiaritätsgrundsatzes angeführt werden. Denn das Gebot effektiven Rechtsschutzes verlangt nur die Gewährung *einer* wirksamen gerichtlichen Kontrolle hoheitlichen Handelns im Bereich des Gemeinschaftsrechts, sofern dadurch eine

---

[447] So *Erbguth*, VVDStRL 61 (2001), 221, 230, für das deutsche Staatshaftungsrecht.

[448] *Schilling* (Fn. 147), 3, 18.

sorgfältige Prüfung des verletzten Rechts erfolgt[449]. Soweit ein den Anforderungen an effektiven Rechtsschutz genügender Rechtsbehelf gewährt wird, steht einer Ausgestaltung des Rechtsschutzes durch Einführung des Subsidiaritätsgrundsatzes nichts im Wege.

b) Effet utile

Die erga-omnes-Wirkung des Primärrechtsschutzes, auch wenn sie bei nationalem Primärrechtsschutz nur vermittelt über das Scharnier des Vorabentscheidungsverfahrens eintritt, stärkt die Sicherung der Rechtmäßigkeit des Gemeinschaftsrechts und unterstützt die Durchsetzung des Gemeinschaftsrechts beim dezentralen Verwaltungsvollzug durch die Mitgliedstaaten. Die mitgliedstaatlichen Stellen werden durch die Urteile in Primärrechtsbehelfen verpflichtet, höherrangiges Gemeinschaftsrecht zu beachten. Die damit verbundene Durchsetzung rechtmäßigen Gemeinschaftsrechts dient zweifellos dem allgemeinen Effektivitätsgebot des Gemeinschaftsrechts (effet utile)[450].

Diese Effektivierung der Anwendung des Gemeinschaftsrechts würde durch die Annahme allgemeiner Subsidiarität der Haftungsklage unterstützt[451]. Eine solche Rechtfertigung stößt jedoch auf erhebliche Bedenken. Eine Rechtfertigung der Subsidiarität durch das Effektivitätsgebot basiert letztlich auf einem Verständnis, nach dem individuelle Rechte im Gemeinschaftsrecht letztlich vorwiegend der "Mobilisierung des Bürgers zur Durchsetzung des Gemeinschaftsrechts"[452] dienen. Wie an anderer Stelle bereits erörtert, wird vorliegend aber von einem individualbezogenen Verständnis des Gemeinschaftsrecht ausgegangen, nach dem dem Individuum gerade nicht die Rolle eines "Informanten"[453] oder eines "Kontrolleurs"[454] zukommt, sondern die Gemeinschaftsrechte und die sie unterstützenden Rechtsschutzinstitute zunächst dem Schutz der individuellen Gemeinschaftsrechte dienen.

---

[449] *Nettesheim* (Fn. 147), 928, 933.

[450] Siehe *Masing* (Fn. 179), 48 f.

[451] Vgl. *Schlemmer-Schulte/Ukrow*, EuR 1992, 82, 89 für die Subsidiarität des gemeinschaftsrechtlichen Staatshaftungsanspruchs gegenüber nationalen Primärrechtsbehelfen.

[452] Vgl. *Masing* (Fn. 179).

[453] Siehe *v.Danwitz* (Fn. 179), 108, 177.

[454] *Masing* (Fn. 179), 46.

Aber auch der Grundsatz des effektiven Rechtsschutzes spricht gegen eine Begründung der Subsidiarität durch das Effektivitätsgebot. Denn eine Begründung der Subsidiarität mit dem Effektivitätsgebot verlangt die Annahme einer generellen Subsidiarität nationaler Primärrechtsbehelfe gegenüber der gemeinschaftsrechtlichen Haftungsklage. Vor dem Hintergrund der Gewährung hinreichenden Rechtsschutzes wird dann aber vorauszusetzen sein, dass die Primärrechtsbehelfe grundsätzlich dazu geeignet sind, gegen sämtliche Rechtsbeeinträchtigungen Schutz zu gewähren sowie bereits eingetretene Schäden zu revidieren.

Durch Primärrechtsbehelfe können jedoch nicht alle Schäden verhindert oder rückgängig gemacht werden. Die Subsidiarität wäre daher nur in den Fällen gerechtfertigt, in denen mit der Einlegung von Primärrechtsbehelfen die gleichen Resultate erzielt werden können wie im Wege des Sekundärschutzes. Andernfalls müsste der Geschädigte schon rein vorsorglich jeden belastenden Rechtsakt anfechten, um etwaige subsidiäre Schadensersatzansprüche gegen die Union zu sichern. Angesichts der Komplexität der anzufechtenden Entscheidungen, deren Rechtswidrigkeit vielfach nicht ohne weiteres zu erkennen ist, würde dies aber zu einer erheblichen Verkürzung des individuellen Rechtsschutzes führen, welche nicht mit dem Grundsatz des effektiven Rechtsschutzes vereinbar ist.

c) Subsidiarität des Delikts- gegenüber dem Bereicherungsanspruch

Als weiterer Rechtfertigungsgrund für die Begründung der Subsidiarität wird vereinzelt der dem Zivilrecht entlehnte Rechtsgedanke eines Vorrangs des Bereicherungs- vor dem Deliktsanspruch angenommen[455]. Er fußt auf dem dem Zivilrecht entlehnten Gedanken, in der Konkurrenzsituation zwischen Bereicherungs- und Schadensersatzanspruch, die auf den identischen Betrag gerichtet sind, komme dem Bereicherungsanspruch Vorrang zu. Der deliktische Schadensersatzanspruch sichere lediglich das Insolvenzrisiko des Bereicherungsschuldners ab[456]. Solange dem Geschädigten ein Bereicherungsanspruch zustehe und er diesen geltend machen könne, liege kein Schaden in Höhe der Bereicherungs-

455 *André*, Konkurrierende Ersatzansprüche vor deutschen Gerichten und dem Europäischen Gerichtshof, NJW 1968, 331, 332; *Gilsdorf* (Fn. 432), 73, 87; *Jurina* (Fn. 44), 365, 384.

456 *Selb*, in: Münchener Kommentar, Bd. 2a, § 421, Rn. 29 f. für den Fall einer Haftung zwischen Eigentümer, Dieb und Erwerber der gestohlenen Sache.

forderung, sondern nur in Form des Risikos der Uneinbringbarkeit der Forderung vor. Dies setzt allerdings voraus, dass der im Wege des nationalen Primärrechtsschutzes geltend zu machende Anspruch überhaupt ein Bereicherungsanspruch ist. Ein solcher Bereicherungsanspruch kommt aber nur in Betracht, soweit ein Mitgliedstaat auf der Grundlage rechtswidrigen sekundären Gemeinschaftsrechts Abgaben erhoben hat. Damit kann dieser Ansatz lediglich zur Begründung der Subsidiarität in den Fällen rechtswidriger Gemeinschaftsabgaben herangezogen werden. Die Hauptvoraussetzungen für die Begründung einer Subsidiarität liegen aber auch in diesen Fällen nicht vor. Zum einen bedarf es keiner Absicherung gegen das Insolvenzrisiko des Bereicherungsschuldners, denn die Insolvenz eines Mitgliedstaates stellt kein Risiko dar, welches einer Absicherung bedarf. Selbst der Gesichtspunkt, es sei unbillig, dem zu Unrecht Bereicherten den erlangten Vorteil zu belassen[457] und diesen erst gegebenenfalls im Innenverhältnis zwischen den Schuldnern auszugleichen, geht ins Leere. Der gegen den Mitgliedstaat geltend zu machende Anspruch dient nämlich nicht eigentlich der Abschöpfung einer rechtswidrigen Bereicherung, da die vom betreffenden Mitgliedstaat rechtswidrig erhobene Abgabe regelmäßig der Union zusteht und vom Mitgliedstaat an diese abzuführen ist[458]. Spätestens mit der Abführung des Betrages an die Union kann von einer vorrangigen Haftung des Mitgliedstaates nicht mehr ausgegangen werden. Es liegt nach dieser Argumentation vielmehr nahe, vorrangig eine Erstattung durch die Union zu verlangen.

Eine Unterscheidung der Anspruchsgegner nach der Art der gegen sie geltend zu machenden Ansprüche vermag daher die Subsidiarität der Haftungsansprüche gegen die Union nicht zu begründen.

d) Schadensabwehrgedanke

Zumeist wird von einem relativen Subsidiaritätsverhältnis ausgegangen, welches auf den Gedanken der Schadensabwehr gestützt wird[459]. Da-

---

[457] *André* (Fn. 455), 331, 332.

[458] Vgl. Art. 9 VO (EG, EURATOM) Nr. 1150/2000 des Rates vom 22.05.2000 zur Durchführung des Beschlusses 94/728 EG/EURATOM über das System der Eigenmittel der Gemeinschaft, ABl. 2000, Nr. L 130, 1.

[459] *Aubin* (Fn. 5), 233 ff.; *Detterbeck* (Fn. 240), 67 f.; *Gilsdorf* (Fn. 432), 73, 86 ff.; differenzierend *Gilsdorf/Niejahr* (Fn. 8), Art. 288, Rn. 85, die den Schadensabwehrgedanken nicht als tragenden Grund der Verweisung auf mitglied-

nach hat der Geschädigte unter Beachtung der einschlägigen Anfechtungs- und Klagefristen alle ihm zustehenden Rechtsschutzmöglichkeiten vor staatlichen Gerichten auszuschöpfen, einschließlich zur Verfügung stehender Rechtsmittel, etwa Berufung und Revision. Bemüht sich der Geschädigte nicht in angemessener Form um die Abwehr des Schadenseintritts oder Rückgängigmachung bereits eingetretener Schäden, so kann ihm die Geltendmachung des Ersatzanspruchs vor den Gemeinschaftsgerichten verschlossen sein. Erst wenn der Geschädigte nachweisen kann, dass er trotz Inanspruchnahme des zumutbaren Rechtsschutzes einen Schaden nicht verhindern konnte, steht ihm sozusagen in „letzter Instanz" Rechtsschutz nach Art. 288 Abs. 2 EG vor den Gemeinschaftsgerichten zu.

Auf den ersten Blick betrachtet erscheint die Begründung eines Subsidiaritätsverhältnisses durch den Schadensabwehrgedanken plausibel. Insbesondere verkürzt ein solcher Ansatz, der zur relativen Subsidiarität nationaler Primärrechtsbehelfe gegenüber der gemeinschaftsrechtlichen Haftungsklage führt, nicht derart den Rechtsschutz, dass der Anspruch auf effektiven Rechtsschutz gefährdet wäre, denn in jedem Fall kann dem Geschädigten nur aufgegeben werden, den Rechtsschutz nachzusuchen, der Erfolg versprechend und ihm zuzumuten ist[460].

Der Gedanke der Verpflichtung des Geschädigten zur Schadensabwehr ist dem Gemeinschaftsrecht nicht fremd. Er findet sich in allen mitgliedstaatlichen Rechtsordnungen[461]. Auch die Gemeinschaftsgerichte wenden ihn auf die Ausgestaltung des gemeinschaftsrechtlichen Haftungsanspruchs durch die Berücksichtigung von anspruchsminderndem Mitwirken des Geschädigten an der Schadensentstehung[462] oder von der Unterlassung der Abwendung bereits eingetretener Schäden an[463].

Bei näherer Betrachtung vermag der Schadensabwehrgedanke das grundsätzliche prozessuale Verhältnis der Rechtsbehelfe nicht zu klären. Denn der Schadensabwehrgedanke wird in den nationalen Rechtsordnungen einhellig als Mitverschulden dem materiellen Tatbestand zu-

---

staatliche Primärrechtsbehelfe, sondern lediglich als zusätzliches Argument für die Verweisung sehen.

460 *Gilsdorf/Niejahr* (Fn. 8), Art. 288, Rn. 85.

461 *v. Bar*, Gemeineuropäisches Deliktsrecht, Bd. II, 568, Rn. 530 f.

462 EuGH, Rs. 145/83, Adams/Kommission, Slg. 1985, 3539, Rn. 53.

463 EuGH verb. Rs. C-104/89 und C-37/90, Mulder, Slg. 1992, I-3061, Rn. 33.

geordnet. Im deutschen Amtshaftungsrecht findet diese Form des Mitverschuldens sogar ihre spezielle Ausgestaltung in § 839 Abs. 3 BGB.

Die Prüfung des materiellen Tatbestands ist aber der Begründetheit einer Klage zugeordnet und damit auf die Tatbestandsmäßigkeit eines Verhaltens im Einzelfall ausgerichtet. Im vorliegenden Zusammenhang geht es hingegen um die Erörterung des prozessualen Verhältnisses von nationalem Primärrechtsschutz zum gemeinschaftsrechtlichen Haftungsanspruch. Schon deshalb erscheint die Berücksichtigung des Schadensabwehrgedanken nicht als angemessen für die Bestimmung des Verhältnisses der Rechtsbehelfe zueinander.

Ferner setzt die Berücksichtigung der Schadensabwendungspflicht – wie erwähnt – ein (Mit)verschulden voraus. D.h. die bloße Nichteinlegung von Primärrechtsbehelfen im nationalen Recht kann nicht ausreichen[464]. Das Verschuldensmerkmal ist ein subjektives Tatbestandsmerkmal, das persönliche Vorwerfbarkeit voraussetzt[465]. Werden dem Geschädigten keinerlei Sorgfaltspflichten auferlegt[466], kann daher ebenso wenig von der Berücksichtigung eines Mitverschuldens gesprochen werden, wie für den Fall, dass dem Geschädigten regelmäßig die Pflicht zur Schadensabwehr durch nationale Rechtsbehelfe auferlegt wird. Nimmt man die Voraussetzung des Mitverschuldens ernst, muss auf den Einzelfall eingegangen werden. Dieser erlaubt wiederum nur eine einzelfallbezogene Abgrenzung, nicht hingegen die hier angestrebte grundsätzliche Klärung des Verhältnisses der nationalen Primärrechtsbehelfe zum Haftungsanspruch gegen die Union. Darüber hinaus lässt sich durch eine einzelfallorientierte Aufteilung der Klagezuständigkeit nicht die nötige Transparenz herstellen, die Voraussetzung für die Gewährung effektiven Rechtsschutzes ist.

3. Kohärente Komplementarität

Die Schadensersatzklage und die nationalen Primärrechtsbehelfe sind, wie gesehen, weder vollständig unabhängig voneinander noch stehen sie

---

464 So aber noch *Gilsdorf/Oliver,* in: v.d.Groeben/Thiesing/Ehlermann (5. Aufl.), Art. 215 Rn. 81, die sogar ausdrücklich auf die § 839 Abs. 3 BGB verweisen, der indessen ausdrücklich ein Verschulden voraussetzt.

465 *Heinrichs,* in: Palandt, Bürgerliches Gesetzbuch, § 276 Rn. 5.

466 So *Aubin* (Fn. 5), 241, der daher davon ausgeht, dass der Geschädigte regelmäßig auf die Rechtmäßigkeit des ihn beschwerenden Rechtsaktes vertraut und es daher „nur selten zum Ausschluß“ der Haftung kommen wird.

in einem Rangverhältnis. Denn nach keinem der vorstehenden Ansätze lässt sich ein bestimmtes Verhältnis schlüssig begründen. Nach allen Ansätzen wird das Verhältnis der Rechtsbehelfe zueinander allein von der Zulässigkeit ausgehend begründet. Die Vertragsbestimmungen der Art. 235, 288 EG und die Vorschrift des Art. 234 EG, der die einschlägige Vorschrift für die Einbindung des nationalen Primärrechtsschutzes darstellt, nehmen jedoch nicht aufeinander Bezug. Eine Abstimmung der Klagen lässt sich dem Wortlaut nicht entnehmen.

Aufschluss über das Verhältnis der Klagen bringt nach der hier vorgeschlagenen Herangehensweise vielmehr die Berücksichtigung der Zwecke der verschiedenen Rechtsbehelfe, denn mangels expliziter Bestimmungen für die Ausgestaltung der Rechtsbehelfe müssen diese herangezogen werden. Dabei ist die Funktion der Haftungsklage in Abgrenzung zur Funktion der im Gemeinschaftsrecht verfügbaren Primärrechtsbehelfe zu betrachten. Obwohl beide Arten von Rechtsbehelfen in ihrer konkreten Zielrichtung unterschiedlich sind, eint sie nämlich die Funktion, dem Bürger Rechtsschutz gegen die Verletzung individidueller Rechte zu gewähren. Schadensersatzklagen im Gemeinschaftsrecht dienen ebenso wie primärrechtschützende Rechtsbehelfe des Gemeinschaftsrechts der Rechtmäßigkeitskontrolle hoheitlichen Handelns und der Durchsetzung seiner Rechtmäßigkeit. Sie unterliegen daher beide dem Gebot des effektiven Schutzes individueller Rechte. Das Verhältnis der Klagen zueinander ist indes nicht isoliert von der Funktion der jeweiligen Klageart an sich. Die Abgrenzung ihrer Funktion erfordert ihre Betrachtung als Teil eines kohärenten, umfassenden Systems gemeinschaftlichen Rechtsschutzes. Die Abgrenzung der einzelnen Rechtsbehelfe ergibt sich erst aus der Aufgabe der Klage im Gesamtsystem des gemeinschaftsrechtlichen Rechtsschutzes[467]. Das sich daraus ergebene Verhältnis der Rechtsbehelfe soll nachfolgend als ein solches der kohärenten Komplementarität gekennzeichnet werden[468].

Durch primärrechtsschützende Instrumente wird allgemein die Wahrung bzw. Wiederherstellung der ursprünglichen Rechtsposition verfolgt, indem mit ex-tunc-Wirkung die Schadensquelle beseitigt wird[469]. Sekundärrechtsansprüche dagegen führen nur zu einer Kompensation des Rechtsverlustes, indem der geldwerte Vermögensnachteil ausgegli-

---

[467] *v. Bogdandy* (Fn. 8), Art. 288 EG, Rn. 47.

[468] Ähnlich *Meij* (Fn. 149), 273, 277.

[469] *Erbguth* (Fn. 447) VVDStRL 61 (2001), 221, 229; *Mead,* in: Heukels/McDonnell, The Action for Damages in Community Law, 243, 244.

chen wird[470]. Dabei wirkt die Haftungsklage nur für die Vergangenheit und es werden grundsätzlich nur Schäden kompensiert, die bereits entstanden sind[471].

Legt man diese unterschiedlichen Funktionen zugrunde, muss man in einem aufeinander abgestimmten System des Rechtsschutzes davon ausgehen, dass die Rechtsbehelfe nicht parallel oder gestuft nebeneinander bestehen, sondern sich aufgrund ihrer unterschiedlichen Funktionen gegenseitig ergänzen. Die Einordnung der nationalen Rechtsbehelfe in das gemeinschaftliche Rechtsschutzsystem ist jedoch durch die jeweils unterschiedliche nationale Ausformung des Primärrechtsschutzes gegen gemeinschaftsrechtswidriges Handeln in den Mitgliedstaaten erschwert. Zwar hat auch der nationale Primärrechtsschutz die einheitlichen Voraussetzungen der Effektivität und Diskriminierungsfreiheit des Schutzes gemeinschaftlicher Rechtspositionen zu garantieren[472], im Übrigen unterliegt er aber vollständig der mitgliedstaatlichen Ausgestaltung. Die Einbeziehung des mitgliedstaatlichen Primärrechtsschutzes erfolgt indes über das Vorlageverfahren nach Art. 234 EG. Da der Prüfungsmaßstab für eine Rechtmäßigkeitsprüfung im Rahmen von Art. 234 EG der gleiche ist wie der im Rahmen einer Nichtigkeitsklage nach Art. 230 EG verwendete[473], kann für eine Bestimmung des Verhältnisses von Art. 235, 288 Abs. 2 EG zu den nationalen Primärrechtsbehelfen das Verhältnis von der Nichtigkeitsklage Art. 230 Abs. 4 EG und der Untätigkeitsklage nach Art. 232 Abs. 3 EG zur gemeinschaftsrechtlichen Haftungsklage herangezogen werden[474].

---

[470] *Schoch* (Fn. 144), 261, 262 bringt die Funktionen auf die Formel: "Primärrechtsansprüche wirken eingriffsbereinigend, Sekundärrechtsschutz lediglich eingriffskompensierend."

[471] St. Rspr., EuGH verb. Rs. 9 u. 25/64, Acciaieria Ferriera di Roma (Feram) u.a./Hohe Behörde, Slg. 1965, 421, 435; EuG Rs. T-478/93, Wafer Zoo Srl./Kommission, Slg. 1995, II-1479, Rn. 49; *Toth*, in: Heukels/McDonnell, The Action for Damages in Community Law, 179, 182. Allenfalls im Ausnahmefall sind auch zukünftige Schäden über die Haftungsklage zu ersetzen, wenn die Schadensentstehung nämlich mit hinreichender Sicherheit feststeht, EuGH verb. Rs. 5, 7, 13 bis 24/65, Kampffmeyer/Kommission, Slg. 1967, 332, 359.

[472] Näher dazu *Kadelbach*, Allgemeines Verwaltungsrecht unter europäischem Einfluß, 125 f.

[473] *Wohlfahrt*, in: Grabitz/Hilf, Art. 177 EGV, Rn. 30; *Ehricke*, in: Streinz, EUV/EGV, Art. 234, Rn. 21.

[474] *Meij* (Fn. 149), 273, 276.

a) Verhältnis von Art. 235, 288 Abs. 2 EG zu gemeinschaftsrechtlichen Primärrechtsbehelfen

Beide Klagen haben eine ihnen eigene Funktion im System gemeinschaftsrechtlichen Individualrechtsschutzes. Die Nichtigkeitsklage lässt sich als ein "objektiver" Rechtsschutzbehelf beschreiben. Der Zugang ist nicht auf die Verletzung individueller Rechte beschränkt. Für die Zulässigkeit einer Individualklage reicht nach Art. 230 Abs. 4 EG der Nachweis einer unmittelbaren und individuellen Betroffenheit des Klägers aus. Mit einem Nichtigkeitsurteil wird die Schadensquelle mit erga-omnes-Wirkung beseitigt. Das heißt, es wird nicht nur der Kläger so gestellt, als habe es den rechtswidrigen Akt nie gegeben, sondern alle Betroffenen können sich auf die Feststellung der Rechtswidrigkeit berufen. In zeitlicher Hinsicht ist indes die Möglichkeit der Erhebung einer Anfechtungs- oder Unterlassungsklage eng begrenzt, um dem auch in einer Rechtsgemeinschaft legitimen Interesse der Rechtssicherheit und des Rechtsfriedens zu dienen. Darüber hinaus verlangt auch für die Nichtigkeitsklage der Zweck des Schutzes der Funktionsfähigkeit der Organe nach einer Einschränkung der Klagemöglichkeit, um Planungssicherheit für die Verwaltung zu gewährleisten[475].

Die Haftungsklage nach Art. 235, 288 Abs. 2 EG lässt sich hingegen in ihrer Funktion als subjektiver Rechtsbehelf beschreiben. Sie ist strikt auf den Schutz individueller Rechte ausgerichtet. Ihre Wirkung und damit auch ihre Funktion besteht lediglich in der Kompensation des durch eine rechtswidrige Beeinträchtigung individueller Rechte eingetretenen Schadens. Diese Wirkung tritt nur zwischen den Parteien ein und beschränkt sich auf den bereits eingetretenen Schaden[476]. Allenfalls unmittelbar bevorstehende und mit hinreichender Sicherheit entstehende Schäden können ausnahmsweise durch die Haftungsklage kompensiert werden[477].

Betrachtet man diesen unterschiedlichen Charakter der Rechtsbehelfe, ist von einer Unabhängigkeit der Rechtsbehelfe voneinander auszuge-

---

475 *Booß*, in: Grabitz/Hilf, Art. 230 EG, Rn. 80.

476 St. Rspr., EuGH verb. Rs. 9 u. 25/64, Acciaieria Ferriera di Roma (Feram) u.a./Hohe Behörde, Slg. 1965, 421, 435; EuG Rs. T-478/93, Wafer Zoo Srl./Kommission, Slg. 1995, II-1479, Rn. 49; *Toth* (Fn. 471), 179, 182.

477 EuGH verb. Rs. 5, 7, 13 bis 24/65, Kampffmeyer/Kommission, Slg. 1967, 332, 359.

hen[478]. Art. 233 Abs. 2 EG, der den einzigen Anhaltspunkt im EG-Vertrag für das Verhältnis von Nichtigkeitsklage und Haftungsklage enthält, könnte demnach so ausgelegt werden, dass beide Rechtsbehelfe nebeneinander zulässig sein könnten[479]. Dem widerspricht jedoch der eingangs erwähnte Gedanke der Einheitlichkeit und Kohärenz des Rechtsschutzsystems. Denn in einem einheitlichen und kohärenten Rechtsschutzsystem ergänzen sich die Rechtsbehelfe und garantieren in jedem Einzelfall adäquaten Rechtsschutz. Dies hat nach der in Art. 47 der Grundrechtecharta enthaltenen Rechtsschutzgarantie auch für das Gemeinschaftsrecht zu gelten.

Vor diesem Hintergrund ist davon auszugehen, dass Nichtigkeits- und Haftungsklagen gerade nicht nebeneinander zulässig sind, auch wenn sie materiell auf das gleiche Klageziel, etwa eine Beihilfe oder eine andere finanzielle Zuwendung abzielen. Vielmehr folgt aus dem Gedanken der Einheitlichkeit und Kohärenz des Rechtsschutzsystems eine Abstimmung dergestalt, dass immer nur ein Rechtsbehelf zulässig sein kann. Diese Abstimmung der Rechtsbehelfe hat entsprechend dem von beiden Rechtsbehelfen einheitlich verfolgten Hauptziel des effektiven Rechtsschutzes danach zu erfolgen, wie der Rechtsschutz am besten und nachhaltigsten verwirklicht werden kann. Dieser Gedanke findet sich auch im Gemeinschaftsrecht als Rechtsschutzbedürfnis, welches für jede Klage vorliegen muss[480].

Handelt es sich demnach im Einzelfall um eine Situation, in der der Einzelne sowohl die Zulässigkeitskriterien der unmittelbaren Selbstbetroffenheit erfüllt als auch die Verletzung eines individuellen Rechts nachgewiesen werden kann, muss zwischen der Zulässigkeit beider möglicher Klagen entschieden werden. Nach dem zuvor Dargelegten kommt dabei der Nichtigkeitsklage nach Art. 230 EG regelmäßig der Vorrang zu, da mit ihr die Belastung des Einzelnen beseitigt werden kann, da rückwirkend die Ursache der Belastung und somit die Schadensquelle endgültig beseitigt wird, d.h. es wird ein weitergehender Klageerfolg erzielt. Zu dem gleichen Ergebnis gelangt man mit dem zumeist angeführten Argument, durch die Gewährung der Schadensersatzklage bei gleichzeitiger Zulässigkeit einer Nichtigkeitsklage mit dem gleichen Ziel würden die strikten Klagefristen der Nichtigkeitsklage

---

[478] Dies ist seit dem Urteil in der Sache EuGH, Rs. 4/69, Lütticke/Kommission, Slg. 1971, 325, Rn. 6 allgemeine Ansicht, s.a. *Mead* (Fn. 469), 243, 247.

[479] *Herdegen* (Fn. 44), 150.

[480] *Koenig/Sander* (Fn. 63), 95 f.; 156.

umgangen[481]. Dies ist sicherlich ebenfalls richtig. Die Umgehungsthese setzt jedoch implizit voraus, dass es nicht Zweck der Schadensersatzklage sei, Schäden zu beseitigen, die bereits durch eine Nichtigkeitsklage beseitigt werden können, ohne diese Voraussetzung zu benennen.

Dem steht auch nicht der Wortlaut von Art. 233 Abs. 2 EG entgegen, nach dem die Rechtsfolgen der Feststellung der Nichtigkeit eines Rechtsaktes „unbeschadet der Verpflichtungen, die sich aus der Anwendung des Art. 288 Abs. 2 ergeben", eintreten. Diese Vorschrift kann auch so gelesen werden, dass die Zulässigkeit einer Nichtigkeitsklage nicht den Ersatz weiterer Schäden ausschließt, die über die Reparationsfolgen einer erfolgreichen Nichtigkeitsklage hinausgehen[482]. Demnach ergänzen sich beide Rechtsbehelfe gegenseitig in einer kohärenten Weise, mit der ein umfassender effektiver Rechtsschutz des Einzelnen gewährleistet wird.

Demnach stellt sich die Abgrenzung zwischen dem Anwendungsbereich der Nichtigkeitsklage nach Art. 230 EG und der Haftungsklage nach Art. 235, 288 Abs. 2 EG so dar, dass bei gleichzeitiger Zulässigkeit beider Klagen nur das Rechtsschutzbedürfnis für die Erhebung einer Nichtigkeitsklage besteht. Eine Haftungsklage ist dann nicht zulässig. Macht der Kläger z.B. die Rechtswidrigkeit der Verweigerung einer Beihilfe geltend, kann er die Beihilfe nur im Wege der Nichtigerklärung der ablehnenden Entscheidung fordern. Erleidet der Einzelne darüber hinaus aber Schäden, die im Wege der Nichtigkeitsklage nicht beseitigt werden können, da sie nur als Folge des rechtswidrigen Aktes an anderen Rechtsgütern entstanden sind, so z.B. eine Kreditaufnahme im Vertrauen auf die Gewährung einer Beihilfe, können diese Schäden durch eine Haftungsklage liquidiert werden.

Sind weder Nichtigkeits- noch Untätigkeitsklage zulässig muss zur Garantie eines effektiven Rechtsschutzes die Haftungsklage mit ihrem flexiblen Tatbestand das Fehlen anderer individueller Rechtsschutzmöglichkeiten kompensieren. In diesem Fall könnte man von einem originären Anwendungsbereich der Haftungsklage sprechen.

Insgesamt sind die Nichtigkeits- und Untätigkeitsklagen komplementäre Rechtsbehelfe zur Schadensersatzklage, mit der sie keine Überschneidungen im Anwendungsbereich besitzen. Die Abgrenzung der Rechtsbehelfe erfolgt schon über die Bestimmung des Anwendungsbe-

---

481 *van der Woude*, in: Heukels/McDonnell, The Action for Damages in Community Law, 109, 116; *Kluth* (Fn. 169), § 74, Rn. 35.

482 *Meij* (Fn. 149), 273, 277.

reichs der Klagearten entsprechend ihrer Natur. Ein Subsidiaritätsverhältnis besteht zwischen ihnen nicht, da nach Ausschöpfung der an sich zulässigen Primärrechtsbehelfe keine Schadensersatzklage mit identischem Ziel, gestützt auf die identische Rechtswidrigkeit zulässig ist. Gleichwohl sind beide Rechtsbehelfe unabhängig voneinander. Daher können beide Klagen parallel erhoben werden, wenn die Schadensersatzklage dem Ziel dient, Folgeschäden, die nicht von den Primärrechtsbehelfen erfasst sind, zu liquidieren.

b) Übertragung auf das Verhältnis zu mitgliedstaatlichen Primärrechtsbehelfen

Das so bestimmte Verhältnis lässt sich übertragen auf das Verhältnis der gemeinschaftsrechtlichen Haftungsklage nach Art. 235, 288 Abs. 2 EG zu den nationalen Primärrechtsbehelfen. Wie bereits angedeutet, rechtfertigt sich eine solche Übertragung durch die vergleichbaren Wirkungsweisen und Funktionen der gemeinschaftsrechtlichen Rechtsbehelfe und der nationalen Primärrechtsbehelfe. Die Funktion der Verfahren vor den nationalen Gerichten erwächst in diesem Zusammenhang erst aus der Verbindung mit dem Vorlageverfahren zum Gerichtshof, da die nationalen Rechtsbehelfe nur in dieser Kombination Rechtsschutz gegen rechtwidrige Gemeinschaftsrechtsakte vermitteln. Der Geschädigte hat im Rahmen der Inanspruchnahme der nationalen Rechtsbehelfe die Rechtswidrigkeit eines die nationalen Organe bindenden Gemeinschaftsrechtsakts zu rügen, was gegebenenfalls zur Vorlage gemäß Art. 234 EG führt. Die Wirkung von Urteilen in Vorlageverfahren, mit denen der Gerichtshof Gemeinschaftsrecht für unwirksam erklärt, sind im wesentlichen die gleichen wie bei Urteilen in Nichtigkeits- oder Untätigkeitsklagen. Obwohl sich ein Urteil im Vorlageverfahren zunächst nur an das vorlegende Gericht richtet, kommt einer Ungültigkeitserklärung durch den EuGH eine über das konkrete Verfahren hinausgehende erga-omnes-Wirkung zu[483]. In den meisten Fällen unterliegen die nationalen Primärrechtsbehelfe ebenso wie die Nichtigkeitsklage und die Untätigkeitsklage nach Art. 230, 232 EG strengen Fristvoraussetzungen, was jedoch nicht der eigentliche Grund für die Übertragung ist. Der Grund besteht im Kohärenzgebot, welches bei Einbeziehung nationaler Rechtsbehelfe in das gemeinschaftliche Rechtsschutzsystem bei

---

[483] EuGH, Rs. 66/80, International Chemical Corporation, Slg. 1981, 1191, Rn. 13; *Gaitanides*, in: v.d.Groeben/Schwarze, Art. 243 Rn. 90 ff.; *Wegener*, in: Callies/Ruffert, Art. 234, Rn. 33.

vergleichbarer Wirkung eine vergleichbare Rolle fordert. Denn dem durch das Scharnier des Vorlageverfahrens vergemeinschafteten nationalen Primärrechtsschutz kommt grundsätzlich die gleiche Stellung zu wie der gemeinschaftsrechtlichen individuellen Nichtigkeitsklage[484].

Die Übertragung ist jedoch nur unter der Voraussetzung möglich, dass nationale Klagen auch tatsächlich eine vergleichbare Funktion einnehmen können. Daher kann sich die Einbeziehung nur auf nationale Anfechtungsklagen beziehen. Die Rolle von Untätigkeitsklagen nach Art. 232 EG, mit denen eine Leistung begehrt wird, ist einer Übertragung nicht zugänglich, da nationale Untätigkeitsklagen, die auf Erlass einer gemeinschaftsrechtlichen abzielen, nicht die angestrebte Wirkung haben, weil der Gerichtshof im Wege des Vorlageverfahrens die Gemeinschaftsorgane nicht verpflichten kann, eine Regelung zu erlassen.

Hinsichtlich des Umfangs des national vermittelten Rechtsschutzes verbleibt es bei der nationalen Ausgestaltung der Rechtsschutzwirkungen. Daher wird durch das Vorlageverfahren nach Art. 234 EG im Zusammenspiel mit dem nationalen Primärrechtsbehelf nur ein Mindestschutz vermittelt, der die Beseitigung der schädigenden Maßnahme sowie den Ausgleich typischer Folgeschäden umfasst, wie z.B. etwaige Zinsforderungen[485]. Für die Geltendmachung weitergehender Schäden besteht für den Geschädigten nur die Möglichkeit einer Haftungsklage nach Art. 235, 288 Abs. 2 EG gegen die Union, die daher zulässig sein muss.

Da das Gemeinschaftsrecht insofern nur einen gewissen Mindestschutzstandard durch das Vorlageverfahren zur Verfügung stellt, muss die Einbeziehung mitgliedstaatlicher Rechtsbehelfe als dem Rechtsschutz adäquate Rechtsbehelfe, die die Zulässigkeit einer Haftungsklage ausschließen, wie im Verhältnis zu gemeinschaftlichen Rechtsbehelfen auf die Beseitigung des Hauptschadens begrenzt bleiben. Die Möglichkeit im Einzelfall durch die Inanspruchnahme von Primärrechtsschutz weitere Schäden abzuwenden, kann allenfalls in der materiellen Begründetheitsprüfung als schadensminderndes Mitverschulden berücksichtigt werden. Hierfür trägt aber der Beklagte die Beweislast[486]. Angesichts der strengen Anforderungen an die Darlegung des Schadens[487] wird

---

484 *Meij* (Fn. 149), 273, 277.

485 *Gilsdorf/Niejahr* (Fn. 8), Art. 288, Rn. 79.

486 *Koenig/Sander* (Fn. 63), 221.

487 Die Gemeinschaftsgerichte stellen hohe Anforderungen an den Nachweis einer Schädigung, siehe EuGH Rs. 26/74, Roquette frères, Slg. 1976, 677, Tz. 21/24; verb. Rs. 67–85/75, Lesieur, Slg. 1976, 391, Rn. Tz. 22/23. Hinsicht-

auch für den Nachweis einer möglichen Vermeidung bestimmter Schäden im Wege des nationalen Primärrechtsschutzes verlangt werden müssen, dass eine Schadensvermeidung oder -minderung sicher gewesen wäre.

Dabei geht es nicht um die Erschöpfung des nationalen Rechtswegs im Sinne einer local-remedies-rule, deren Anwendbarkeit im Zusammenhang mit dem gemeinschaftlichen Haftungsrecht ohnehin fragwürdig ist[488], sondern um die Wahrnehmung der eigenen Funktionen im System gemeinschaftlichen Rechtsschutzes.

Dem steht auch nicht die häufig geäußerte grundsätzliche Ablehnung der Einordnung nationaler Primärrechtsbehelfe in ein einheitliches gemeinschaftliches Rechtsschutzsystems entgegen[489]. Diese Ablehnung beruht auf der Vorstellung der getrennten Zuständigkeit des gerichtlichen Rechtsschutzes in den Mitgliedstaaten und der Union[490]. Mitgliedstaatliche Gerichte urteilen über nationale Rechtsakte, die Gemeinschaftsgerichte dagegen über Gemeinschaftsrechtsakte. Die Inanspruchnahme des nationalen Rechtsschutzes bezieht sich somit aber letztlich auf die Rechtswidrigkeit von Gemeinschaftsrecht. Es ist daher nicht gerechtfertigt, die nationalen Gerichte für eine gerichtliche Überprüfung zu "missbrauchen". Diese Ansicht vernachlässigt allerdings, dass der durch nationale Gerichte und Klagen gewährte Rechtsschutz über das Vorlageverfahren nach Art. 234 EG nationalen und gemeinschaftlichen Rechtsschutz eng miteinander verzahnt und dieser Verzahnung sogar eine erhebliche quantitative Bedeutung zuzumessen ist[491], so dass von einem partiell rechtsordnungsübergreifenden Rechtsschutzsystem aus-

---

lich der Geltendmachung zukünftiger Schäden verlangen die Gemeinschaftsgerichte den Nachweis des Vorliegens eines tatsächlichen und sicheren Schadens, EuG Rs. T-54/96, Oleifici Italiana/Kommission, Slg. 1998, II-3380, Rn. 69.

488 Siehe *Aubin* (Fn. 5), 217 f., der zu Recht ihre Anwendbarkeit ablehnt, weil die Ratio der völkerrechtlichen local-remedies-rule, die Schonung der staatlichen Souveränität, im Gemeinschaftsrecht keine Berücksichtigung finden kann.

489 So aber *Fuß*, in: Festschrift Ipsen, 615, 631; *Herdegen*, Die Haftung der Europäischen Wirtschaftsgemeinschaft für fehlerhafte Rechtssetzungsakte, 155; *Gilsdorf* (Fn. 432), 73, 85 f.

490 *Herdegen*, Die Haftung der Europäischen Wirtschaftsgemeinschaft für fehlerhafte Rechtssetzungsakte, 155.

491 Von 244 im Jahre 2001 erlassenen Urteilen des Gerichtshofs gingen immerhin 113 auf Vorlageverfahren zurück, vgl. Übersicht 3 des Tätigkeitsberichts des Europäischen Gerichtshofs für das Jahr 2001, vgl. www.curia.eu.int.

gegangen werden kann, welches über das Scharnier des Vorlageverfahrens nach Art. 234 EG, die damit zusammenhängende Rechtsprechung hinsichtlich der Vorlagepflicht[492] nationaler Gerichte und den nationalen einstweiligen Rechtsschutz, auch die nationalen Primärrechtsbehelfe gegen die Ausführung rechtswidrigen Gemeinschaftsrecht einbezieht. Mit anderen Worten ist inzwischen gleichermaßen festzustellen wie zu fordern, dass der Dezentralisierung des Vollzugs des Gemeinschaftsrechts eine Dezentralisierung gerichtlicher Kontrolle seiner Anwendung und Einhaltung entspricht[493].

Aber auch der dezentral durch mitgliedstaatliche Gerichte vermittelte Rechtsschutz unterliegt dem Grundsatz des effektiven Rechtsschutzes[494]. Soweit dieser durch die Mitgliedstaaten garantiert wird, sind die mitgliedstaatlichen Primärrechtsbehelfe ebenso wie auf gemeinschaftsrechtlicher Ebene die Nichtigkeits- und Untätigkeitsklage die adäquaten Rechtsschutzbehelfe, welche zur Unzulässigkeit der Schadensersatzklage gegen die Union führen. Im Wege des mitgliedstaatlichen Primärrechtsschutzes wird dann abschließend über die Hauptforderung einschließlich etwaiger Zinsansprüche entschieden. Da die Regelungsbefugnis des Gemeinschaftsrechts jedoch nicht die mitgliedstaatlichen Rechtsschutzsysteme umfasst, kann die Einbeziehung mitgliedstaatlicher Rechtsbehelfe in das gemeinschaftsrechtliche Rechtsschutzsystem nur so weit gehen, wie auch im Einzelfall effektiver Schutz durch mitgliedstaatliche Gerichte gewährt wird. Ist effektiver Rechtsschutz im Einzelfall nicht gewährt, verlangt das Rechtsschutzpostulat und der Kohärenzgrundsatz, einen hinreichenden Rechtsschutz auf andere Weise sicherzustellen. Hier kommt erneut die Lückenfüllungsfunktion der gemeinschaftsrechtlichen Schadensersatzklage zum Tragen.

Anders als im Verhältnis zwischen gemeinschaftlichen Primärrechtsbehelfen und der gemeinschaftsrechtlichen Schadensersatzklage kann die Abgrenzung der Zuständigkeit der Gemeinschaftsgerichte und der nationalen Gericht wegen der Tatsache, dass das gemeinschaftliche Rechtsschutzsystem die Einbeziehung nationaler Rechtsbehelfe über

---

492 Siehe z.B. EuGH, Rs. 314/85, Foto Frost, Slg. 1987, 4199, Rn. 15, wonach die mitgliedstaatlichen Gerichte Fragen hinsichtlich der Gültigkeit von Gemeinschaftsrecht dem Gerichtshof vorlegen müssen, wenn sie von der Rechtswidrigkeit des Rechtsaktes ausgehen.

493 *Tonne* (Fn. 202), 263.

494 *Kadelbach*, Allgemeines Verwaltungsrecht unter europäischem Einfluß, 125; *Schilling* (Fn. 147), 3, 18.

das Vorlageverfahren gem. Art. 234 EG vorsieht[495], andererseits aber deren Effektivität nicht gewährleisten kann, nicht trennscharf vorgenommen werden. Gleichwohl lassen sich, wie nachfolgend dargestellt wird, einige typische Fallgruppen entwickeln.

c) Auffangfunktion

Der dezentrale Rechtsschutz gegen den mitgliedstaatlichen Vollzug rechtswidrigen sekundären Gemeinschaftsrechts unter Einbeziehung mitgliedstaatlicher Primärrechtsbehelfe hängt im besonderen Maße davon ab, dass die mitgliedstaatlichen Gerichte ihrer Rolle als Vorlagegerichte gerecht werden und sich somit in das gemeinschaftliche Rechtsschutzsystem eingliedern. Das nationale Gericht entschließt eigenständig über die Vorlage an den Gerichtshof. Das gemeinschaftliche Rechtsschutzsystem enthält dabei keine Mittel, mit denen der Einzelne selbst eine Vorlage erzwingen kann. Soweit es theoretisch die Möglichkeit der Sanktionierung für das Unterlassen einer Vorlage durch die mitgliedstaatliche Staatshaftung gibt, kann unter Berücksichtigung der hohen Hürde, die durch das Tatbestandsmerkmal einer qualifizierten Rechtsverletzung aufgestellt wird, davon ausgegangen werden, dass der gemeinschaftrechtliche Staatshaftungsanspruchs nur in Ausnahmefällen Rechtsschutz vermittelt[496].

Daher muss das Konzept der kohärenten Komplementarität der Rechtsbehelfe mit einer Ausnahme für den Fall versehen werden, dass der über das Vorlageverfahren "vergemeinschaftete" nationale Rechtsschutz versagt. Ein Versagen kommt insbesondere dann in Betracht, wenn das nationale Gericht es versäumt oder sich weigert, die Frage der Gültigkeit der zu vollziehenden Gemeinschaftsrechtsvorschrift dem Gerichtshof vorzulegen. Ebenfalls kann sich ein Versagen aber auf der Ebene der Durchführung des Vorlageverfahrens ergeben, wenn der Gerichtshof die Wirkungen eines Urteils zeitlich beschränkt und daher weiter zurückliegende Tatbestände von nationalen Gerichten nicht als gemeinschaftsrechtswidrig angesehen werden können. Andernfalls wäre dem Geschädigten kein effektiver Rechtsschutz gegen eine Gemein-

---

[495] *Oppermann*, Europarecht, 285 f. spricht insoweit von der „Verzahnungsfunktion" des Vorlageverfahrens.

[496] *Wegener*, in: Callies/Ruffert, Art. 234, Rn. 28. Ausgeschlossen ist eine gemeinschaftsrechtliche Staatshaftung wegen judikativen Unrechts jedoch nicht, EuGH Rs. C-224/01, Köbler, Slg. 2003, I-10239.

schaftsrechtsverletzung gegeben, da das nationale Gericht die Gültigkeit von Akten der Gemeinschaftsorgane nicht für ungültig erklären kann. Wäre in diesem Fall die Schadensersatzklage nach Art. 235, 288 Abs. 2 EG unzulässig, würden sich die Unionsorgane trotz des Vorliegens der materiellen Tatbestandsmerkmale des Art. 288 Abs. 2 EG ihrer Haftungsverantwortlichkeit gänzlich entziehen können. Dies wäre mit dem Zweck des Schutzes individueller Rechte und der Lückenfüllung, die gerade der Schadensersatzklage zukommt, nicht vereinbar.

Die in diesem Fall anzunehmende Zulässigkeit der Klage stellt insofern eine Ausnahme vom Konzept der kohärenten Komplementarität dar, als sie zu einer Subsidiarität der Schadensersatzklage gegenüber den nationalen Rechtsbehelfen führt. Erst wenn sichergestellt ist, dass ein mitgliedstaatlicher Rechtsbehelf eingelegt werden kann und trotz Zweifel an der Rechtswidrigkeit eines Gemeinschaftsrechtsakts keine Vorlage an den Gerichtshof erfolgt, kann eine Schadensersatzklage gegen die Gemeinschaft erhoben werden. Dieser kommt die Funktion der Lückenfüllung zu, die sich in diesem speziellen Fall als Ausfallhaftung kennzeichnen lässt, die sich ausnahmsweise subsidiär zum Primärrechtsschutz verhält.

d) Fallgruppen

Aus dem zuvor Dargelegten ergibt sich, dass die Abgrenzung der unterschiedlichen Funktionen nationaler Primärrechtsbehelfe und der gemeinschaftsrechtlichen Haftungsklage im Einzelfall von den nationalen Rechtsschutzsystemen abhängen kann. Gleichwohl weist der Rechtsschutz in allen Mitgliedstaaten ausreichend Gemeinsamkeiten auf, um grundsätzliche Fallgruppen festzustellen. Diese Gemeinsamkeit lässt sich kennzeichnen als der Unterschied zwischen deliktischen und bereicherungsrechtlichen Ansprüchen[497]. Bereicherungsansprüche im weitesten Sinne sind vor nationalen Gerichten geltend zu machen, deliktische Ansprüche vor den Gemeinschaftsgerichten.

aa) Erhebung rechtswidriger Gemeinschaftsabgaben

Die wohl wichtigste Fallgruppe bildet die Rückforderung von Abgaben, die von mitgliedstaatlichen Behörden auf der Grundlage gemeinschaftsrechtswidrigen Sekundärrechts erhoben worden sind. Solche

---

[497] *Meij* (Fn. 149), 273, 280.

Fallgestaltungen finden sich insbesondere im gemeinschaftlichen Außenwirtschaftsrecht bei Antidumping- und sonstigen Zollabgaben. Hierbei geht es regelmäßig um die Rückerstattung von Beträgen, die von nationalen Behörden gemeinschaftsrechtswidrig eingefordert worden sind. Da diese die der Abgabe zu Grunde liegenden rechtswidrigen Bestimmungen lediglich vollziehen, liegt die haftungsrechtliche Verantwortlichkeit bei der Union. Gleichwohl sind für die Gewährung effektiven Rechtsschutzes nationale Anfechtungsklagen das angemessene Rechtsschutzinstrument. In Verbindung mit einem stattgebenden Urteil im Vorlageverfahren, mit welchem die jeweilige Rechtsgrundlage für ungültig erklärt wird, kann der Geschädigte im Wege einer Anfechtungs- und Erstattungsklage die gemeinschaftsrechtswidrig erhobene Abgabe zurückerlangen. Durch das Urteil im Vorlageverfahren verliert die Rechtsgrundlage für die Abgabenanforderung rückwirkend ihre Gültigkeit, so dass die Abgabe ohne entsprechende Rechtsgrundlage erhoben worden ist. Die Mitgliedstaaten unterliegen aber bei Vollzug des Gemeinschaftsrechts ebenfalls dem gemeinschaftsrechtlichen Rechtsprinzip[498], aus dem das Gebot normgemäßen Verhaltens folgt[499]. Entsprechend den Voraussetzungen nach nationalem Recht bedürfen nationale Behörden daher einer Rechtsgrundlage für das Eingreifen in die Rechte des Einzelnen[500]. Liegt eine solche Rechtsgrundlage nicht mehr vor, gebietet das Rechtsprinzip die Rückerstattung der Abgabe.

In dieser Fallgruppe kann somit davon ausgegangen werden, dass effektiver Rechtsschutz gegen die Belastung mit einer rechtswidrigen Abgabe in jedem Fall gewährleistet ist; der Rückerstattungsanspruch durch nationale Behörden wird durch das Gemeinschaftsrecht selbst abgesichert. Für bestimmte Abgaben im Zollbereich sieht der gemeinschaftsrechtliche Zollkodex unmittelbar eine Erstattungspflicht durch die mitgliedstaatlichen Behörden vor[501]. Soweit es dabei um die Rückerstattung von Gemeinschaftsabgaben außerhalb des Anwendungsbereichs des Zollkodex geht, erfolgt die Rückabwicklung auf der Grundlage des na-

---

498 *Schilling* (Fn. 147), 3, 8; *Kadelbach*, Allgemeines Verwaltungsrecht unter europäischem Einfluß, 119 f.

499 *Schwarze* (Fn. 148), 219 ff.

500 *Kadelbach*, Allgemeines Verwaltungsrecht unter europäischem Einfluß, 119 f.

501 Art. 235 ff. VO (EWG) 2913/92 (ABl. 1992, Nr. L 302/1, zuletzt geändert durch VO (EG) 955/99, ABl. 1999, Nr. L 119/1 (Zollkodex)) und Art. 877 ff. der DurchführungsVO 2454/93 (ABl. 1993, Nr. L 253/1) über die Erstattung von Einfuhr- oder Ausfuhrabgaben.

tionalen Erstattungsrechts. Auch in diesem Fall sichert der gemeinschaftsrechtliche, vom Gerichtshof entwickelte Grundsatz der Erstattung gemeinschaftsrechtswidriger Abgaben die Rechte des mit einer rechtswidrigen Gemeinschaftsabgabe Belasteten ab[502]. Danach muss ein Anspruch auf Rückzahlung dem Grunde nach möglich sein[503]. Die Anspruchsgrundlage verbleibt im nationalen Recht und unterliegt in den prinzipiellen Grenzen der Nichtdiskriminierung und der Effektivität den nationalen Voraussetzungen[504]. Besteht jedoch keine Rechtsgrundlage für die Rückforderung einer Abgabe, verpflichtet der Grundsatz die Mitgliedstaaten, eine solche zu schaffen[505]; eine Verpflichtung, die ihrerseits der Absicherung durch den gemeinschaftsrechtlichen Staatshaftungsanspruch untersteht[506].

Daher hat der mit der rechtswidrigen Abgabe Belastete abschließend Rechtsschutz vor nationalen Gerichten zu suchen. Ein Rückgriff auf die Schadensersatzklage ist möglich.

bb) Rechtswidrige Beihilfeverweigerung

Eine besondere Fallgruppe stellt die gemeinschaftsrechtswidrige Verweigerung von Beihilfen aufgrund von Verordnungen dar, die rechtswidrig den Anspruchsteller aus der Gruppe der Anspruchsberechtigten ausnehmen oder gegenüber anderen Anspruchsberechtigten benachteiligen. Auch in diesen Fällen bezieht sich eine Schadensersatzklage auf die Hauptforderung, nämlich die Gewährung einer Beihilfe. Im Unterschied zur Fallgruppe der Rückforderung rechtswidriger Gemeinschaftsabgaben muss eine Gemeinschaftsbeihilfe im Wege der Schadensersatzklage gegenüber der Union eingefordert werden, denn weder eine Anfechtungs- noch eine Verpflichtungsklage können den gewünschten Erfolg herbeiführen. Zwar besteht die Möglichkeit den nationalen ab-

---

[502] Zu diesem Grundsatz im Einzelnen siehe *Tridimas*, The General Principles of EC Law, 285.

[503] EuGH Rs. 130/79, Express Dairy Foods, Slg. 1980, 1887, Rn. 12, 14; Rs. 199/82, San Giorgio, Slg. 1983, 3595, Rn. 12; Rs. 240/87, Deville, Slg. 1988, 3513, Rn. 11; *Eilmansberger* (Fn. 126), 120 ff.

[504] EuGH Rs. 199/82, San Giorgio, Slg. 1983, 3595, Rn. 12.

[505] *Kadelbach*, Allgemeines Verwaltungsrecht unter europäischem Einfluß, 460.

[506] EuGH verb. Rs. C-192/95 bis 218/95, Société Comateb, Slg. 1997, I-165, Rn. 34.

lehnenden Bescheid anzufechten; eine stattgebende Neubescheidung durch nationale Behörden ist aber auch nach erfolgreicher Anfechtung des ablehnenden Bescheides nicht möglich. Für die notwendige normative Grundlage der Beihilfe bedarf es eines Tätigwerdens der Unionsorgane. Ohne eine gemeinschaftsrechtliche Regelung kann die nationale Behörde weder Beihilfen gewähren noch höhere Beträge festsetzen.

Eine Ausnahme von dieser Gruppe ergibt sich in dem Fall, dass einem Einzelnen ursprünglich nach einer Grundverordnung ein Beihilfeanspruch zusteht, der lediglich infolge der Abänderung durch eine Durchführungsverordnung ausgeschlossen wird. Stellt der Gerichtshof im Vorlageverfahren dann die Ungültigkeit der Durchführungsverordnung fest, kann das nationale Gericht die zuständige Behörde zur Leistung verpflichten[507].

cc) Deliktsansprüche

Die dritte Fallgruppe umfasst die eigentlichen Deliktsansprüche. Sie betrifft Schäden, die als Folge einer rechtswidrigen Handlung einer nationalen Behörde entstanden sind, mit der die Rechtswidrigkeit einer Handlung der Unionsorgane weitergegeben wird und die über das finanzielle Interesse an der Gewährung eines vermögenswerten Vorteils, wie einer Beihilfe oder einer Genehmigung, oder die Abwehr einer Maßnahme, hinausgehen. Dies sind beispielsweise Schäden, die durch eine rechtswidrige Anordnung der Erteilung einer Medikamentenzulassung bei Personen entstehen, die durch eben dieses rechtsfehlerhaft zugelassene Medikament geschädigt werden. Aber auch die Liquidierung von Folgeschäden in den Fällen rechtswidriger Abgabenerhebung oder rechtswidriger Genehmigungsversagung fallen darunter. Solche Schäden entstehen etwa in Form von Darlehenskosten oder entgangenem Gewinn. Die Ansprüche auf Ersatz dieser Schäden bewirken nicht gleichzeitig die Beseitigung einer mitgliedstaatlichen Maßnahme, sondern bestehen allein in der Kompensation erlittenen Schadens. Daher ist eine Schadensersatzklage gegen die Union als verantwortliche Ebene nach dem hier zugrunde gelegten Ansatz der kohärenten Komplementarität die angemessene und damit auch zulässige Klageart.

Dabei müssen vom Ersatz der Folgeschäden aber die prozessualen Folgen wie Prozesskosten und Verzugszinsen ausgenommen werden. Diese sind Teil des primärrechtlichen Rückgewähranspruchs. Da die Ausges-

---

[507] *v. Bogdandy* (Fn. 8), Art. 288 EG, Rn. 50.

taltung des Rückgewähranspruchs im nationalen Recht erfolgt, werden auch die prozessualen Folgen von dem Rückgewähranspruch nach nationalem Recht beurteilt und durch die nationalen Rechtsbehelfe geregelt. Unterschiede in der nationalen Ausgestaltung der prozessualen Folgen nimmt das Gemeinschaftsrecht mangels Regelungskompetenz hin. Für die Gewährung effektiven Rechtsschutzes macht dies keinen Unterschied, da die Abgabenerhebung einer gerichtlichen Kontrolle unterliegt und die Rückgewähr gesichert ist. Im Ergebnis muss der zu Unrecht mit einer Abgabe Belastete die Rückgewähr der gemeinschaftsrechtswidrigen Abgabe einschließlich gegebenenfalls möglicher Verzugszinsansprüche vor den nationalen Gerichten erstreiten. Nur die Folgeschäden kann er direkt im Wege der Schadensersatzklage vor dem Gerichtshof einklagen. Für eine gewisse Einheitlichkeit der rechtlichen Beurteilung der Abgabe sorgt dabei das Vorlageverfahren. Sicherlich mag gegen diese Lösung mangelnde Prozessökonomie eingewandt werden. Jedoch muss die Aufspaltung der möglichen Rechtswege als Folge der geltenden Zuständigkeitsregelungen unter gleichzeitiger Einbeziehung der nationalen Primärrechtsbehelfe in ein kohärentes gemeinschaftliches Rechtsschutzsystem hingenommen werden.

Problematisch ist hingegen in dieser Fallgruppe die Frage, ob es sich auf die Zulässigkeit der Klage auf Ersatz von Folgeschäden auswirkt, wenn diese durch die Verzögerung der Primärleistung, z.B. einer Genehmigung, hervorgerufen werden. Eine solche Verzögerung kann etwa entstehen, wenn im Falle verspäteter Erteilung von Genehmigungen oder sonstiger auch finanzieller Voraussetzungen wirtschaftlicher Tätigkeiten Gewinne entgehen oder erhöhte Transaktionskosten (z.B. langandauerndere Kreditaufnahme) erfolgen. In diesem Fall wird auf den Schadensabwehrgedanken verwiesen und von einer Subsidiarität des Sekundärrechtsschutzes gegenüber dem Primärrechtsschutz ausgegangen[508]. Unter Anwendung des Ansatzes der kohärenten Komplementarität ergibt sich jedoch, dass die Schadensersatzklage die adäquate Rechtsschutzmöglichkeit für die Geltendmachung solcher Verzögerungsschäden ist. Eine Verweisung auf einen vorrangigen nationalen Rechtsschutz würde den Geschädigten den erforderlichen Rechtsschutz vorenthalten. Auch Klagen, welche auf den Ersatz von Verzögerungsschäden gerichtet sind, sind in vollem Umfang zulässig. Allerdings kann sich unter dem Gesichtspunkt des materiellen Haftungsumfangs eine Einschränkung der Ersatzpflicht aus der dem Geschädigten obliegenden Schadensminderungspflicht ergeben. Wie bereits dargelegt ist eine solche aus

---

[508] *Gilsdorf/Niejahr* (Fn. 8), Art. 288, Rn. 85 ff.

dem Schadensabwehrgedanken folgende Pflicht Teil des materiellen Haftungstatbestands. Gegen die Berücksichtigung des Schadensabwehrgedankens im gemeinschaftsrechtlichen Haftungsrecht bestehen keine grundsätzlichen Bedenken. Zwar findet sich nur im deutschen Amtshaftungsrecht eine ausdrückliche Regelung, nach der das Versäumnis der Einlegung von primären Rechtsbehelfen anspruchsmindernd wirken kann. Verengt man den Fokus möglicher Rechtsgrundsätze der mitgliedstaatlichen Rechtsbehelfe nicht auf das Vorhandensein eines Subsidiaritätsgrundsatzes in den mitgliedstaatlichen Amtshaftungsrechtssystemen[509], so besteht kein grundsätzliches Bedenken, eine Verpflichtung des Geschädigten zur Schadensabwehr, wie sie zum Beispiel in § 254 Abs. 2 BGB zum Ausdruck kommt, als allgemeinen Rechtsgrundsatz, der den Rechtsordnungen der Mitgliedstaaten gemeinsam ist anzuerkennen[510], denn ein solcher Rechtsgrundsatz findet sich in allen europäischen Rechtsordnungen[511].

Daher hat sich der Geschädigte bei der Geltendmachung von Verzögerungsschäden im Rahmen des Zumutbaren und Möglichen um die Vermeidung oder Minderung der Schädigung zu kümmern. Dazu gehört auch die Inanspruchnahme nationalen Primärrechtsschutzes. Ein Verstoß gegen dieses Gebot wird als zurechenbare Mitwirkung des Geschädigten (Mitverschulden)[512] im Tatbestand berücksichtigt und führt zur Anspruchsminderung in Höhe des Schadensanteils, dessen Realisierung durch Einlegung zumutbaren Primärrechtsschutzes hätte verhindert werden können[513]. Die Berücksichtigung des Mitverschuldens auf

---

[509] *Edward/Robinson,* in: Heukels/McDonnell, The Action for Damages in Community Law, 339, 345 ff. sprechen sich ausdrücklich dafür aus, auch zivilrechtliche Grundsätze aus den mitgliedstaatlichen Rechtsordnungen im gemeinschaftsrechtlichen außervertraglichen Haftungsrecht zu berücksichtigen.

[510] *Gilsdorf* (Fn. 432), 73, 86; *Czaja* (Fn. 4), 198; a.A. *Renzenbrink* (Fn. 5), 144, der ausdrücklich auf die Regelungen des Staatshaftungsrechts der verschiedenen Mitgliedstaaten verweist.

[511] Siehe *v. Bar* (Fn. 461), Bd. II, 568, Rn. 530 f.

[512] Der Begriff der zurechenbaren Mitwirkung entspricht dem des Mitverschuldens im deutschen Deliktsrecht, ist aber exakter, da Verschulden kein eigenständiges Tatbestandsmerkmal des Haftungstatbestands ist, vgl. *v. Bogdandy* (Fn. 8), Art. 288 EG, Rn. 118.

[513] EuGH verb. Rs. C-104/89 und C-37/90, Mulder, Slg. 1992, I-3061, Rn. 33 (Verhältnis zu gemeinschaftlichem Primärrechtsschutz); Rs. 217/81, Interagra, Slg. 1982, 2233, Rn. 7 f.; verb. Rs. 89 und 91/86, Étoile Commerciale, Slg. 1987, 3005, Rn. 20 f.; Rs. C-119/88, AERPO, Slg. 1990, I-2189, Rn. 12 ff.; EuG Rs. T-

der Ebene der materiellen Anspruchsprüfung stellt für den Geschädigten aber auch einen erheblichen Vorteil gegenüber einer die Zulässigkeit betreffenden Regelung dar[514]. Während die Voraussetzungen der Zulässigkeit der Amtsermittlung unterliegen[515], es vielfach aber auf die Darlegungen des Geschädigten ankommt[516], obliegt der Nachweis eines Mitverschuldens der Union[517]. Verbleibt daher ein Zweifel hinsichtlich der Möglichkeit durch nationalen Rechtsschutz Schädigungen zu verhindern, insbesondere Geschäfte zu einem späteren Zeitpunkt durchzuführen und so die Schadensposition des entgangenen Gewinns zu vermeiden, so wirken sich diese zum Vorteil des Geschädigten aus.

4. Ergebnis

Soweit mitgliedstaatliche Behörden Gemeinschaftsrecht vollziehen, ist der mitgliedstaatliche Primärrechtsschutz in das gemeinschaftliche System effektiven Rechtsschutzes miteinzubeziehen. Die gemeinschaftsrechtliche Schadensersatzklage steht dabei zum nationalen Primärrechtsschutz entgegen der Rechtsprechung nicht in einem Subsidiaritätsverhältnis. Subsidiarität kann lediglich in dem Sonderfall angenommen werden, dass ein mitgliedstaatliches Gericht seine Vorlagepflicht verletzt und dadurch Einzelnen den ihnen zustehenden Rechtsschutz

---

18/99, Cordis/Kommission, Slg. 2001, II-913, Rn. 26 ff. (Verhältnis zu nationalem Primärrechtsschutz).

514 A.A. *v.Bogdandy* (Fn. 8), Art. 288 EG, Rn. 13, der die Behandlung dieser Frage in der Zulässigkeit als Ausdruck der verfahrensrechtlichen Perspektive des Haftungstatbestandes ansieht, die für den Kläger den Vorteil besitzt, dass keine Rechtskraft der Entscheidung über den materiellen Anspruch eintritt. Dieser Vorteil besteht jedoch nur theoretisch, da nach einer abweisenden Entscheidung der Gemeinschaftsgerichte die Nachholung nationaler Rechtsbehelfe wegen ihrer Verfristung ausgeschlossen sein wird.

515 EuG Rs. T-180/00, Astipesca/Kommission, Slg. 2002, II-3985, Rn. 139.

516 Siehe z.B. EuGH Rs. 301/99 P, Area Cova, Slg. 2001, I-1005, Rn. 40. Im Grunde geht es bei der Zulässigkeitslösung darum, dass der Geschädigte den unmittelbaren Ursachenzusammenhang zwischen der Schädigung und dem Verhalten der Unionsorgane nachweist. Der Nachweis der Ursächlichkeit obliegt dem Geschädigten, vgl. EuGH Rs. C-363/88 und C-364/88, Finsider, Slg. 1992, I-359, Rn. 25.

517 Auch im Gemeinschaftsprozessrecht obliegt die Darlegungs- und Beweislast grundsätzlich der Partei, die sich zu ihren Gunsten auf Tatsachen beruft, *Koenig/Sander* (Fn. 63), 221.

verweigert. Der Haftungsklage kommt damit höchst ausnahmsweise eine Auffangfunktion neben dem eigentlich einschlägigen nationalen Primärrechtsbehelf zu.

Primäre und sekundäre Rechtsbehelfe überlappen sich nicht, sondern sind vor dem Hintergrund der Gewährleistung effektiven Rechtsschutzes als sich gegenseitig ergänzende Rechtsbehelfe anzusehen. Diese kohärente Komplementarität ergibt sich aus einer Übertragung des Verhältnisses von Art. 230 Abs. 4 EG zu Art. 288 Abs. 2 EG auf das Verhältnis von Art. 288 Abs. 2 EG zu nationalen Primärrechtsbehelfen.

Wegen des Grundsatzes des effektiven Rechtsschutzes ist eine Übertragung nur soweit möglich als diese Rechtsbehelfe auch Schutz vermitteln können. Da das nationale Recht in diesem Bereich nur den allgemeinen Anforderungen an Vermittlung nationalen Rechtsschutzes gegen Verletzung von Gemeinschaftsrecht unterliegt, nicht aber harmonisiert ist, bedarf es eines flexiblen Abgrenzungsmaßstabs. Dieser lässt sich aus dem Grundsatz des effektiven Rechtsschutzes gewinnen und lautet, dass Primärrechtsschutz nur dort in Anspruch genommen werden muss, wo er geeignet ist, die Rechtswidrigkeitsquelle zu beseitigen und mit ihr den eingetretenen Schaden zu kompensieren.

Trotz der notwendigen Flexibilität der Abgrenzung lassen sich wegen des Vorrangs des Gemeinschaftsrechts und den daraus folgenden verminderten Kontrollmöglichkeiten der Rechtsbehelfe vor nationalen Gerichten Fallgruppen gewinnen, die generelle Lösungen bieten. Nur im Fall des Ersatzes von Verzögerungsschäden besteht eine flexible Abgrenzung zwischen nationalem Primärschutz und gemeinschaftsrechtlicher Schadensersatzklage. Die notwendige flexible Wertung führt jedoch nicht zur Unzulässigkeit, sondern zur eventuellen Minderung des materiellen Anspruchs durch die Berücksichtigung der dem Geschädigten zurechenbaren Mitwirkung.

5. *Rechtsprechung der Gemeinschaftsgerichte*

Hinsichtlich der Konkurrenz zu gemeinschaftsrechtlichen Primärrechtsbehelfen geht der Gerichtshof, wie gesehen, nach anfänglich anders lautender Ansicht[518] von der Selbständigkeit der gemeinschaftsrechtlichen Schadensersatzklage aus[519]. Dies bindet den Gerichtshof je-

---

518 EuGH Rs. 25/62, Plaumann, Slg. 1963, 217, 239 f.

519 St. Rspr. seit EuGH, Rs. 4/69, Lütticke/Kommission, Slg. 1971, 325, Rn. 6; Rs. 20/88, Roquettes frères/Kommission, Slg. 1989, 1553, Rn.15; EuG Rs. T-

doch nicht hinsichtlich der Beantwortung der Frage, ob ein durch Unionshandeln geschädigter Bürger auf nationale Rechtsbehelfe verwiesen werden kann.

Erstmalig wurde der Gerichtshof mit dieser Frage in der Rechtssache Kampffmeyer konfrontiert, die in vielfältiger Weise die spätere Haftungsrechtsprechung geprägt hat. Teile des klageweise geltend gemachten Schadens bestanden in den von den deutschen Behörden zu Unrecht erhobenen Abschöpfungen[520]. Der Gerichtshof erkannte diesen Schaden als ersatzfähig an, legte den Klägern aber den Nachweis der Erschöpfung der innerstaatlichen Klagemöglichkeiten auf Rückerstattung auf[521]. Dieser Subsidiaritätsansatz wurde in der Rechtssache Haegemann fortgeführt und verschärft[522]. Die Klägerin begehrte die Erstattung von zu Unrecht erhobenen Abschöpfungen, die als Eigenmittel der Union zugeflossen waren. Der Gerichtshof wies die Klage mit der Begründung ab, die Abgaben seien von nationalen Behörden erhoben worden, für deren Kontrolle mitgliedstaatliche Gerichte zuständig seien. Die Frage der Haftung der Gemeinschaft sei „in erster Linie mit der Erhebung der streitigen Abgabe verknüpft". Die Erhebung betreffe aber das Verhältnis zwischen Bürger und nationalen Behörden, für dessen rechtliche Beurteilung mitgliedstaatliche Gerichte zuständig seien[523]. Der Umstand, dass es sich um Eigenmittel der Gemeinschaft handelte, hatte keine Auswirkung auf das Ergebnis. Damit führte der Gerichtshof eine umfassende Subsidiarität der Schadensersatzklage gegenüber nationalen Primärrechtsbehelfen ein, die eine logische Fortentwicklung des Kampffmeyer-Urteils war.

Die Rechtsprechung nahm in der Folge einen nicht eindeutigen, vereinzelt auch widersprüchlichen Verlauf. In der Rechtssache Merkur, in der die Klägerin die Zahlung von Ausfuhrbeihilfen verlangte, die aufgrund sekundärrechtlicher Vorschriften gekürzt worden waren, nahm der Gerichtshof die Zulässigkeit einer Klage gegen die Gemeinschaft an. Eine Verweisung auf den Klageweg gegen die nationalen Behörden wider-

---

93/95, Laga/Kommission, Slg. II-195, Rn. 48; Rs. T-180/00, Astipesca/Kommission, Slg. 2002, II-3985, Rn. 139.

520 EuGH verb. Rs. 5, 7 und 13 bis 24/66, Kampffmeyer/Kommission, Slg. 1967, 331, 355.

521 EuGH verb. Rs. 5, 7 und 13 bis 24/66, Kampffmeyer/Kommission, Slg. 1967, 331, 358.

522 EuGH, Rs. 96/71, Haegemann/Kommission, Slg. 1972, 1005.

523 EuGH, Rs. 96/71, Haegemann/Kommission, Slg. 1972, 1005, Tz. 15/16.

spreche der Prozessökonomie, da die Kläger länger auf die endgültige Entscheidung über ihren Antrag warten müssten[524]. In die gleiche Richtung zielte die Entscheidung in der Rechtssache Holtz & Willemsen, in der es um den diskriminierenden Ausschluss der Klägerinnen von der Gewährung von Produktionsbeihilfen für Raps- und Rübensamen ging. Der Gerichtshof hielt die Schadensersatzklage auf Gewährung der Beihilfen für zulässig[525]. Dabei ging er nicht einmal auf die Frage einer vorrangigen Klage gegen nationale Behörden ein, wies aber ausdrücklich auf die Bedeutung des effektiven Rechtsschutzes im Gemeinschaftsrecht hin[526]. Eine Kehrtwendung vollzog der Gerichtshof mit dem Urteil in der Rechtssache IBC[527]. Die Klage auf Rückerstattung sekundärrechtlich vorgesehener Währungsausgleichsbeträge, die italienische Zollbehörden erhoben hatten, wurde als unzulässig abgewiesen, obwohl die Rechtswidrigkeit der Abgabenerhebung allein auf der Rechtswidrigkeit der gemeinschaftsrechtlichen Regelung beruhte. Die Klage richte sich „in Wirklichkeit" gegen das Handeln der nationalen Behörden. Für die entsprechende rechtliche Beurteilung seien indes die nationalen nicht die Gemeinschaftsgerichte zuständig[528]. In die gleiche Richtung gingen die Entscheidungen in den Rechtssachen Roquette[529] und Lesieur[530]. In der Folge verwandte die Rechtsprechung häufig die Formulierung „in Wirklichkeit" sei eine Klage gegen nationale Maßnahmen gerichtet um auszudrücken, dass es um Sachverhalte gehe, bei denen mit einer Klage im innerstaatlichen Rechtsweg das gleiche Resultat wie mit einer Haftungsklage gegen die Union erreicht werden könne[531].

Waren die Urteile, welche von einer Subsidiarität ausgingen bis auf das Urteil Lesieur alle auf Erstattung zu Unrecht auf der Grundlage sekundärrechtlicher Regelungen erhobener Abgaben gerichtet, begehrte die

---

524 EuGH Rs. 43/72, Merkur/Kommission, Slg. 1973, 1055, Rn. 6.

525 EuGH Rs. 153/73, Holtz & Willemsen/Rat und Kommission, Slg. 1974, 675, Rn. 4.

526 EuGH Rs. 153/73, Holtz & Willemsen/Rat und Kommission, Slg. 1974, 675, Rn. 4.

527 EuGH Rs. 46/75, IBC/Kommission, Slg. 1976, 65.

528 EuGH Rs. 46/75, IBC/Kommission, Slg. 1976, 65, Rn. 3.

529 EuGH Rs. 26/74, Roquettès Frères/Kommission, Slg. 1976, 677.

530 EuGH verb. Rs. 67 bis 85/75, Lesieur Cotelle/Kommission, Slg. 1976, 391.

531 EuGH verb. Rs. 12, 18 u. 21/77, Debayser, Slg. 1978, 553, Tz. 25/26; Rs. 12/79, Wagner/Kommission, Slg. 1979, 3657, Rn. 13.

Klägerin in der Rechtssache Biovilac den Ersatz des ihr durch rechtswidrige Förderung von Konkurrenten entstandenen Schadens. Zwar war auch hier der Schaden erst durch den Vollzug gemeinschaftsrechtswidriger Normen durch mitgliedstaatliche Behörden eingetreten. Die Klage war jedoch zulässig, da sie sich gegen „die Handlungen der Kommission selbst" richtete, die die schadensursächliche Verordnung erlassen hatte[532]. Weitere Begründungen gab der Gerichtshof nicht.

Eine allgemeingültige Regel für die Verweisung von Schadensersatzklägern auf den mitgliedstaatlichen Rechtsweg formulierte der Gerichtshof erst in der Entscheidung Unifrex, mit der der bis dahin herrschenden Unsicherheit ein Ende gesetzt wurde. In Anlehnung an seine Rechtsprechung zum Verhältnis der gemeinschaftsrechtlichen Schadensersatzklage zur Nichtigkeitsklage nach Art. 230 EG[533] bekräftigte der Gerichtshof, dass die Schadensersatzklage ein selbständiger Rechtsbehelf sei. Gleichwohl müsse die Schadensersatzklage „im Hinblick auf die Gesamtregelung des Rechtsschutzes für Einzelne gewürdigt werden, die im Vertrag vorgesehen ist. Glaubt sich ein Einzelner durch einen gemeinschaftlichen Rechtssetzungsakt verletzt, weil dieser rechtswidrig sei, so kann er dessen Gültigkeit, wenn seine Durchführung nationalen Behörden obliegt, anläßlich dieser Durchführung vor einem nationalen Gericht im Rahmen eines Rechtsstreits gegen die nationale Behörde bestreiten. Dieses Gericht kann oder muss sogar dem Gerichtshof gemäß Artikel 177 [jetzt Art. 230 EG] eine Frage zur Gültigkeit der fraglichen Gemeinschaftshandlung vorlegen. Diese Klagemöglichkeit ist jedoch nur geeignet, den Schutz der Einzelnen wirksam sicherzustellen, wenn sie zum Ersatz des geltend gemachten Schadens führen kann."[534]

---

532 EuGH Rs. 59/83, Biovilac, Slg. 1984, 4057, Rn. 6.

533 Die Rechtsprechung geht, wie oben ausgeführt, von der Unabhängigkeit beider Rechtsbehelfe voneinander aus. Jedoch hat der Kläger im Rahmen des Möglichen Rechtsschutz durch Erhebung einer Nichtigkeitsklage nachzusuchen, vgl. EuGH verb. Rs. C-104/89 und C-37/90, Mulder, Slg. 1992, I-3061, Rn. 33 (Verhältnis zu gemeinschaftlichem Primärrechtsschutz); Rs. 217/81, Interagra, Slg. 1982, 2233, Rn. 7 f.; verb. Rs. 89 und 91/86, Étoile Commerciale, Slg. 1987, 3005, Rn. 20 f.; Rs. C-119/88, AERPO, Slg. 1990, I-2189, Rn. 12 ff.; diese Rechtsprechung lässt sich auch auf das Verhältnis des gemeinschaftsrechtlichen Staatshaftungsanspruchs zu nationalen Primärrechtsbehelfen übertragen, vgl. EuGH, verb. Rs. C-46/93 und C-48/93, Brasserie du Pêcheur, Slg. 1996, I-1029, Rn. 85; EuGH verb. Rs. C-178/94, C-179/94, C-188/94 u. C-190/94, Dillenkofer, Slg. 1996, I-4845, Rn. 72.

534 EuGH, Rs. 281/82, Unifrex/Kommission und Rat, Slg. 1984, 1969, Rn. 11.

Die vom Gerichtshof eingeführte und auch vom Gericht erster Instanz übernommene[535] Subsidiaritätsrechtsprechung hinsichtlich des Verhältnisses zu nationalen Primärrechtsbehelfen basiert danach auf zwei Grundregeln:

Erstens geht die Rechtsprechung von der Subsidiarität der Unionshaftung gegenüber sämtlichen mitgliedstaatlichen Primärrechtsbehelfen aus. Bemerkenswert ist daran insbesondere, dass auf diese Weise mitgliedstaatliche Rechtsbehelfe als Teil eines einheitlichen gemeinschaftsrechtlichen Rechtsschutzsystems ausdrücklich anerkannt werden[536], was folgerichtig die Aufgabenverteilung im Verwaltungsvollzug auf der Ebene des Rechtsschutzes widerspiegelt. Bezog der Gerichtshof die Subsidiarität in der Rechtssache Kampffmeyer darüber hinaus auch auf das Verhältnis zu nationalen Amtshaftungsansprüchen, erwähnt er diese Ansprüche in der so genannten Unifrex-Formel nicht mehr. Angesichts der oben dargestellten eindeutigen Aufteilung der Haftung ist dies nur konsequent.

Zweitens stellt die Rechtsprechung die Verweisung auf nationale Rechtsbehelfe unter den Vorbehalt der Möglichkeit und Zumutbarkeit effektiven Schutzes der verletzten Rechte durch nationale Rechtsbehelfe. Auch dieser Teil der Unifrex-Formel ist zu begrüßen, denn er stellt sicher, dass Geschädigte trotz eindeutiger Haftungsverantwortlichkeit der Union in Ermangelung nationaler Rechtsbehelfe ohne Entschädigung bleiben. Aus Sicht der Unionsorgane treten mit der direkten Inanspruchnahme keine Veränderungen ein, denn bei der Verweisung auf den nationalen Rechtsschutz handelt es sich regelmäßig um rechtswidrig erworbene Eigenmittel der Union, die in diesen Fällen von den Mitgliedstaaten zurückgewährt werden und damit auch dem Unionshaushalt nicht zugute kommen[537].

Infolge dieser Grundregeln hat sich eine eindeutige Rechtsprechung der Gemeinschaftsgerichte herausgebildet. Hat ein Mitgliedstaat in korrekter Anwendung einer rechtswidrigen Abgabenregelung zu Unrecht Abgaben erhoben, hat der Geschädigte nach ständiger Rechtsprechung entsprechend dem ersten Element der Unifrex-Formel seinen Schaden

---

[535] EuG, Rs. T-167/94, Nölle/Rat und Kommission, Slg. 1995, II-2589, Rn. 35.

[536] Zumeist erfolgt die Betonung der Bedeutung der nationalen Gerichte eher im Rahmen der Fragen zur Vorlagepflicht und damit als Vermittler des Gemeinschaftsrechts, vgl. EuGH Rs. 314/85, Foto-Frost, Slg. 1987, 4199.

[537] Siehe dazu unten 2. Teil, C. IV. 1. a).

im nationalen Primärrechtsschutz geltend zu machen[538]. Die jeweils einschlägigen Fragen hinsichtlich der Rechtmäßigkeit der vollzogenen Sekundärrechtsregeln sind im Vorlageverfahren nach Art. 234 EG vom Gerichtshof zu klären[539]. Dies gilt selbst für die Einhaltung nationaler Rechtsbehelfsfristen, deren Versäumung keinen Rückgriff auf die gemeinschaftsrechtliche Schadensersatzklage rechtfertigt[540]. Auch in jüngerer Zeit hält die Rechtsprechung die Verweisung aufrecht und verteidigt sie gegen den Vorwurf, die Kombination aus mitgliedstaatlichem Primärrechtsschutz und dem Vorlageverfahren nach Art. 234 EG genüge nicht den Anforderungen effektiven Rechtsschutzes[541]. Dem ist zuzustimmen, wenn auch der Rechtsschutz im Vorlageverfahren durchschnittlich eine lange Zeitspanne in Anspruch nimmt[542]. Jedoch sind die nationalen Rechtsbehelfe in das gemeinschaftliche Rechtsschutzsystem integriert. Erinnert werden muss an dieser Stelle auch daran, dass nationale Gerichte verpflichtet sind, wirksame Rechtsbehelfe für die Durchsetzung unmittelbar geltender Vorschriften des Gemeinschaftsrechts zur Verfügung zu stellen[543].

Die Unifrex-Formel ermöglicht eine flexible Anwendung der Subsidiaritätsrechtsprechung. Allerdings lassen sich auch in der Rechtsprechung die bereits oben dargestellten typisierenden Fallgruppen nachweisen. Begehren die Kläger die Erstattung von zu Unrecht auf der Grundlage rechtswidrigen Sekundärrechts erhobener Abgaben, sind sie regelmäßig auf den mitgliedstaatlichen Rechtsweg verwiesen[544]. Ist aber aufgrund besonderer Umstände des Einzelfalls eine Rückerstattung für den Geschädigten nicht möglich, kann er seinen Anspruch direkt gegen die

---

[538] EuGH verb. Rs. 12, 18 u. 21/77, Debayser, Slg. 1978, 553, Rn. 25 f.; Rs. 133/79, Sucrimex, Slg. 1980, 1299, Rn. 24; Rs. C-282/90, Vreugdenhil, Slg. 1992, I-1937, Rn. 12.

[539] EuGH Rs. 314/85, Foto-Frost, Slg. 1987, 4199, Rn. 11 ff.; Rs. 81/86, De Boer Buizen, Slg. 1987, 3677, Rn. 11.

[540] EuGH Rs. 20/88, Roquettès Frères/Kommission, Slg. 1989, 1553, Rn. 19 f.

[541] EuGH Rs. 301/99 P, Area Cova, Slg. 2001, I-1005, Rn. 45 f.

[542] Die Verfahrensdauer im Verfahren nach Art. 234 EG betrug 2003 durchschnittlich 25,5 Monate.

[543] EuGH, Rs. 222/86, Unectef/Heylens, Slg. 1987, 4097, Rn. 14 f.

[544] EuGH verb. Rs. 12, 18 u. 21/77, Debayser, Slg. 1978, 553, Rn. 25 f.; Rs. 133/79, Sucrimex, Slg. 1980, 1299, Rn. 24; Rs. C-282/90, Vreugdenhil, Slg. 1992, I-1937, Rn. 12.

Union geltend machen[545]. Regelmäßig gegen die Union zulässig sind Klagen wegen der Versagung einer vermögenswerten Leistung, die wegen eines unzureichenden oder rechtswidrig unterlassenen Sekundärrechtsaktes von den nationalen Behörden nicht gewährt werden konnte[546]. Denn selbst die Nichtigerklärung des betreffenden Rechtsaktes im Vorlageverfahren vermag keine Anspruchsgrundlage für eine Gewährung durch die Mitgliedstaaten zu begründen[547]. Anders beurteilt die Rechtsprechung gerade die Situation, dass durch eine Sekundärrechtsregelung rechtswidrig ein Leistungsanspruch ausgeschlossen wird. Kann durch die Erklärung der Ungültigkeit der beschränkenden Sekundärrechtsregel aufgrund der ursprünglichen Regelung eine Leistung erteilt werden, hat der Geschädigte den nationalen Rechtsweg zu beschreiten[548].

Eine zusätzliche Rechtsprechungslinie der Unifrex-Rechtsprechung hat der Gerichtshof hinsichtlich der Behandlung von Neben- und Folgeschäden entwickelt. Die Behandlung dieser Schäden war anfänglich ebenso ungewiss wie die Behandlung des Hauptschadens. In der bereits erwähnten Rechtssache Haegemann machte die Klägerin neben der Erstattung rechtswidrig erhobener Abgaben den Ersatz des erlittenen Gewinnrückgangs, nicht vorgesehener Auslagen und Verluste aus laufenden Verträgen geltend. Auch hinsichtlich der Folgeschäden wies der Gerichtshof die Klage als unzulässig ab, da die Erstattung dieser Folgeschäden vor allem mit der Frage der Rechtmäßigkeit der Abgabenerhebung zusammenhänge[549]. Eine solche Regelung besitzt zwar die für eine transparente Rechtsprechung nötige Stringenz. Transparenz der Rechtsprechung ist indes kein Ziel an sich, sondern dient im Kontext des gemeinschaftsrechtlichen Rechtsschutzsystems der Erleichterung des Rechtsschutzes. Der effektive Schutz individueller Rechte tritt aber durch eine solche Regelung vollständig hinter die Transparenz zurück.

---

[545] EuGH Rs. 20/88, Roquettès Frères/Kommission, Slg. 1989, 1553, Rn. 16.

[546] EuGH Rs. 153/73, Holtz & Willemsen/Rat und Kommission, Slg. 1974, 675, Rn. 4 f.; Rs. 281/84, Zuckerfabrik Bedburg, Slg. 1987, 49, Rn. 10 ff.; Rs. C-282/90, Vreugdenhil, Slg. 1992, I-1937, Rn. 9 ff.

[547] EuG, Rs. T-18/99, Cordis/Kommission, Slg. 2001, II-913, Rn. 28.

[548] EuGH Rs. 119/88, AERPO u.a./Kommission, Slg. 1990, I-2189, Rn. 13; Rs. C-282/90, Vreugdenhil/Kommission, Slg. 1992, I-1937, Rn. 12; Rs. T-571/93, Lefebvre u.a./Kommission, Slg. 1995, II-2379, Rn. 65; Rs. T-93/95, Laga/Kommission, Slg. 1998, II-195, Rn. 33.

[549] EuGH, Rs. 96/71, Haegemann/Kommission, Slg. 1972, 1005, Tz. 14 ff.

Dieses Manko hat der Gerichtshof dann mit der Entscheidung in der Rechtssache Roquette Frères[550] behoben, in der er die Unifrex-Formel im Hinblick auf Folgeschäden konsequent weiter ausgearbeitet hat. Der Gerichtshof unterteilte die von der Klägerin geltend gemachten Schäden in zwei Kategorien, Prozesszinsen und sonstige Folgeschäden wie z.B. Umsatzeinbußen. Den Antrag auf Gewährung von Prozesszinsen auf die zu Unrecht von mitgliedstaatlichen Behörden erhobenen Abgaben wies er als unzulässig zurück. In Ermangelung einer einheitlichen gemeinschaftsrechtlichen Regelung sei die Bestimmung der Zinsforderung Teil der mitgliedstaatlichen Ausführung des Gemeinschaftsrechts und teile daher das Schicksal der Abgabenrückforderung in der Hauptsache. Die Lösung verdient Zustimmung, da die Mitgliedstaaten in Ausführung des Gemeinschaftsrechts die Höhe der Zinsen bei Rückgewähr selbst bestimmen. Folglich wird die sachnähere Ebene mit der Leistung befasst. Vor allem ist aber ebenso wie bei der Rückforderung der Abgabe der effektive Rechtsschutz auch vor nationalen Gerichten gewährleistet. Sollte der nationale Rechtsschutz im Einzelfall unzureichend sein, kann eine solche Zinsforderung gemeinsam mit der Hauptforderung vor den Gemeinschaftsgerichten eingefordert werden.

Den Antrag auf Ersatz der von der Klägerin erlittenen Folgeschäden, die aus der fehlerhaften gemeinschaftsrechtlichen Regelung folgen, wies der Gerichtshof hingegen nur als unbegründet ab, da die Klägerin den Schaden nicht bewiesen habe. Daraus lässt sich folgern, dass der Gerichtshof den Antrag grundsätzlich als zulässig erachtete. Auch diesem Teil kann auf der Grundlage des hier vertretenen Ansatzes der kohärenten Komplementarität vollumfänglich zugestimmt werden. Denn die Folgeschäden sind regelmäßig solche, die nicht als Erstattungsansprüche geltend gemacht werden können. Vielmehr sind sie regelmäßig echte Schadensersatzansprüche. Diese haben sich gegen den eigentlichen Schadensverantwortlichen zu richten. Daher ist es nur folgerichtig, wenn diese Schäden regelmäßig direkt vor den Gemeinschaftsgerichten von der Union eingefordert werden können.

Nähere Präzisierung erhielt diese Rechtsprechung durch das Urteil Nölle[551], in der das Gericht erster Instanz die Unterscheidung zwischen akzessorischen Schäden und Folgeschäden klarstellte. Dabei zog das Gericht die Trennungslinie zwischen den Kosten des Verfahrens, die dem Kläger wegen der Verfolgung des Anspruchs vor innerstaatlichen

---

550 EuGH Rs. 26/74, Roquette Frères/Kommission, Slg. 1976, 677.

551 EuG, Rs. T-167/94, Nölle/Rat und Kommission, Slg. 1995, II-2589.

Gerichten entstanden waren, in welchem er zwar in der Hauptsache obsiegt, nicht jedoch den Ersatz seiner Rechtsanwaltskosten erhalten hatte und den Kosten für den Kredit, welchen der Kläger aufgenommen hatte, um die rechtswidrige Abgabenforderung begleichen zu können. Die Rechtsanwaltskosten hielt das Gericht nicht für ersatzfähig. Sie gehörten zu den durch die Mitgliedstaaten zu regelnden und mit dem Hauptsacheanspruch auf Rückerstattung zusammenhängenden Materien. Folglich unterlägen sie dem gleichen Schicksal wie die Hauptforderung[552]. Die Kosten, welche dem Kläger hingegen für das Darlehen entstanden seien, welches er zum Zwecke der Begleichung der Abgabenforderung habe aufnehmen müssen, seien von der Hauptforderung unabhängige Folgeschäden, für die kein nationaler Rechtsschutz bestehe und die daher direkt vor den Gemeinschaftsgerichten eingefordert werden könnten[553]. Damit erkennt die Rechtsprechung grundsätzlich die sofortige Zulässigkeit einer Klage vor den Gemeinschaftsgerichten auf Ersatz selbständiger Folgeschäden an, wie der EuGH das bereits in der Rechtssache Krohn anerkannt hatte, in der der Kläger den Ersatz der Schäden gefordert hatte, die ihm infolge der aufgrund einer rechtswidrigen Weisung der Kommission durch deutsche Behörden nicht erteilten Einfuhrlizenz entstanden waren[554].

Diese Unterscheidungen verdienen vor dem Hintergrund des hier vertretenen Ansatzes der kohärenten Komplementarität ebenso Zustimmung wie die Differenzierung zwischen Prozesszinsen und Umsatzeinbußen im Fall Roquettes Frères. Denn die mit der Geltendmachung des Hauptanspruchs zusammenhängenden Fragen der prozessualen Begleitumstände sind regelmäßig ebenfalls Teil der Leistungsklage und daher im Rahmen der nationalen Klagen abschließend zu erledigen.

Im Ergebnis verfolgt die Rechtsprechung hinsichtlich des Verhältnisses zwischen gemeinschaftsrechtlichen Haftungsansprüchen und mitgliedstaatlichen Primärrechtsbehelfen den Grundsatz der absoluten Subsidiarität. Der Einzelne ist grundsätzlich gehalten im Rahmen der Möglichkeiten Rechtsschutz vor nationalen Gerichten zu erlangen. Kann er nationalen Rechtsschutz erlangen, ist auf diesem Weg abschließend über alle in diesem Rechtsweg zulässigen Fragen des Gemeinschaftsrechts, nötigenfalls unter Rückgriff auf ein Vorlageverfahren zum EuGH, zu

---

552 EuG, Rs. T-167/94, Nölle/Rat und Kommission, Slg. 1995, II-2589, Rn. 36 f.

553 EuG, Rs. T-167/94, Nölle, Slg. 1995, II-2589, Rn. 41 f.

554 EuGH Rs. 175/84, Krohn/Kommission, Slg. 1986, 753, Rn. 27.

entscheiden. Diesen Grundsatz stellt der Gerichtshof ausdrücklich unter den Vorbehalt der Gewährung effektiven Rechtsschutzes mit der Folge, dass der Geschädigte nicht gezwungen ist, nationale Rechtsschutzmöglichkeiten in Anspruch zu nehmen, welche keinen effektiven Rechtsschutz vermitteln können. Diesen Vorbehalt wendet der Gerichtshof auch auf Folgeschäden an, deren Ursache in der gemeinschaftsrechtlichen Handlung liegen.

Dem Ansatz der Rechtsprechung kann im Ergebnis voll zugestimmt werden. Die Begründung überzeugt jedoch nicht vollständig. Durch das Abstellen auf die Frage des effektiven Rechtsschutzes werden nur faktisch Fallgruppen begründet. Die Systematik des Rechtsschutzsystems und die Funktion der jeweiligen Rechtsbehelfe bleiben unberücksichtigt. Im Übrigen stellt die Rechtsprechung auf die Fiktion ab, der Gerichtshof könne in jedem Einzelfall hinreichend überprüfen, ob ein Schaden durch effektiven Rechtsschutz auf nationaler Ebene abgesichert ist. Da der Gerichtshof eine solche Einschätzung kaum leisten kann und auch nicht soll, ist es angemessener nach dem oben beschriebenen Ansatz der kohärenten Komplementarität nach der jeweiligen Funktion einer Klage im Gemeinschaftsrecht zu entscheiden. Dabei ist der Rechtsprechung der Gemeinschaftsgerichte jedoch zuzugeben, dass mit der Anerkennung einer Auffangfunktion im Rahmen der kohärenten Komplementarität ein flexibles Element zur Garantie des effektiven Rechtsschutzes einzufügen ist, welches ebenfalls die Beurteilung des nationalen Rechtsschutzes von den Gemeinschaftsrichtern fordert.

6. *Zusammenfassung*

Die Zurechnung in Gemengelagen des Handelns von Unionsorganen und mitgliedstaatlichen Stellen kann nicht über die Kausallehre gelöst werden. Die Ansätze der Bestimmung der Zurechnung über die so genannte Adäquanztheorie geben als solche keine allgemeingültigen sicheren Maßstäbe vor. Die Haftung wegen gemeinschaftsrechtswidriger Schädigung lässt sich zwischen den Mitgliedstaaten und der Union nach der Bildung von Risikosphären aufteilen. Dogmatischer Ansatzpunkt ist dafür das Merkmal der Unmittelbarkeit der Kausalbeziehung zwischen rechtswidrigem Verhalten und dem Schaden. Maßstab der Unmittelbarkeit ist die rechtliche Gestaltungsmacht.

Dieser Zurechnungsmaßstab erlaubt es eindeutig Verantwortungssphären zuzuordnen, wenn auch die Trennlinie im Einzelfall schwierig zu bestimmen sein kann. Die Zuweisung der Verantwortungssphären erfolgt dabei exklusiv. Für eine Schädigung ist jeweils nur eine Ebene verantwortlich, was den Rechtsschutz des Einzelnen erheblich verbessert, da die Möglichkeit, den Einzelnen auf eine prozessuale Irrfahrt zu verweisen, verhindert wird.

Ein Subsidiaritätsverhältnis zwischen Haftungsansprüchen gegenüber den Mitgliedstaaten und der Union besteht nicht. Beide Ebenen haften gleichermaßen für die in ihrem Verantwortungsbereich entstehenden Schäden. Die Rechtsbehelfe des Primärschutzes und der haftungsrechtliche Anspruch stehen hingegen in einem Verhältnis der kohärenten Komplementarität. Dies führt in der Regel zu einer Pflicht der vorrangigen Inanspruchnahme von Primärrechtsbehelfen, da mit ihnen der Rechtsschutz früher ansetzt und somit schon die Schadensentstehung verhindert werden kann. Dadurch kommt es im Fall des indirekten Vollzugs rechtswidrigen Gemeinschaftsrechts durch mitgliedstaatliche Stellen zu einem Auseinanderfallen des materiell Ersatzpflichtigen und des Anspruchsgegners. Denn die haftungsrechtliche Verantwortlichkeit liegt allein im normsetzenden Verhalten der Unionsorgane. Durch primäre Rechtsbehelfe kann aber nur im Wege nationaler Rechtsbehelfe gegen nationale Stellen vorgegangen werden, weil in der Regel aufgrund der engen Zulässigkeitsvoraussetzungen für den primären Rechtsschutz gegen Rechtsetzungsakte der Unionsorgane nur in sehr begrenzten Maße Primärrechtsschutz möglich ist.

7. Übertragung auf andere Gemengelagen

Es fragt sich, ob die Ergebnisse über das Verhältnis und die Abgrenzung der Ansprüche zwischen Mitgliedstaaten und Union auch auf Fälle von Schädigungen in Gemengelagen mit anderen Ebenen anzuwenden sind. In Betracht kommen dabei: Handlungen von Drittstaaten, Handlungen von Internationalen Organisationen und Handlungen von Privaten.

Auch in diesen Beziehungen kommen Schädigungen in Gemengelagen in Betracht, in denen gemeinsames Verhalten zu einer Schädigung führen kann. Daher bedarf es auch hier einer Abgrenzung der Verantwortungssphären sowie gegebenenfalls der Klärung des Verhältnisses von parallel existierenden Klagemöglichkeiten.

Dabei kann grundsätzlich für die genannten Gemengelagen davon ausgegangen werden, dass die eingangs entwickelten Zwecke des gemeinschaftlichen Haftungsrechts unverändert bleiben. Allerdings kann der Gesichtspunkt der gegenseitigen Abgrenzung von Zuständigkeiten nicht als solcher für die Begründung oder Zurückweisung einer Verantwortlichkeit herangezogen werden, denn außerhalb der Verbindung zwischen den Mitgliedstaaten und der Union kann nicht von einer Abstimmung des Haftungssystems gesprochen werden. Darüber hinaus kann sich das System des Gemeinschaftsrechts nicht auf die Gewährung hinreichenden Rechtsschutzes durch Dritte verlassen, da diese nicht durch das Gemeinschaftsrecht beeinflusst sind.

a) Gemengelagen mit Drittstaaten

Gemeinschaftsrechtlich relevante Gemengelagen mit schädigendem Verhalten seitens drittstaatlicher Behörden ergeben sich nur im Zusammenhang mit einem Tätigwerden der Unionsorgane. Mitgliedstaatliches Verhalten hingegen stellt kein für das gemeinschaftliche Haftungsrecht relevantes Verhalten dar, da es sich im Bereich des Gemeinschaftsrechts nicht auf Zusammenwirken mit Drittstaaten bezieht.

Gemengelagen zwischen Drittstaaten und Unionsorganen treten in zwei typischen Konstellationen auf. Zum einen ergeben sich Gemengelagen regelmäßig bei der Auftragsvergabe bei der vom Europäischen Entwicklungsfonds finanzierten Entwicklungshilfe[555]. Nach Art. 12 der Finanzregelung für den Europäischen Entwicklungsfonds erfolgt die Mittelvergabe in der Regel nach der Methode der dezentralisierten Verwaltung in Zusammenarbeit mit den AKP-Staaten entsprechend den Bedingungen des AKP-EG-Abkommens. Danach werden Aufträge zwischen Unternehmen und einem Entwicklungsstaat abgeschlossen. Die Kommission legt dabei die Ausschreibungsbedingungen fest und kontrolliert sie. Weisungsbefugnisse gegenüber den Behörden des Drittstaates stehen der Kommission nicht zu. Ein gewisses Druckmittel stellt aber die Finanzierungshoheit der Kommission dar, denn normalerweise werden die von dem Drittstaat zugesagten Mittel erst in einem von der Kommission geführten Rechnungsabschlussverfahren nach Prüfung freigegeben. In diesen Verfahren der Auftragsvergabe kommt es nicht selten zu Fehlern, aus denen dem Auftragnehmer ein Schaden entsteht. Dabei ist regelmäßig streitig, wem die Schädigung zuzurechnen ist.

Vergleichbaren Regeln unterliegen die Mittel, welche die Union den mittel- und osteuropäischen Ländern unter dem PHARE-Programm[556]

---

[555] Finanzregelung vom 27. März 2003 für den 9. Europäischen Entwicklungsfonds, ABl. 2003, Nr. L 83, 1.

[556] Verordnung (EWG) Nr. 3906/89 über Wirtschaftshilfe für die Republik Ungarn und die Volksrepublik Polen, ABl. 1989, Nr. L 375, 11.

und den ehemaligen Ostblockstaaten unter dem TACIS-Programm[557] zur Verfügung stellt.

Zum anderen ergeben sich Gemengelagen auch durch bei der Verhängung von Embargen seitens der Europäischen Gemeinschaft nach Art. 301 EG. Unabhängig von der Frage, ob hier eine Haftung überhaupt nach Art. 288 Abs. 2 EG möglich ist, da Embargomaßnahmen nach Art. 301 EG der Durchführung eines GASP-Beschlusses nach Art. 12 oder Art. 13 EU dienen und Schäden somit eventuell unmittelbar ursächlich aus dem Handeln unter dem EU-Vertrag zugerechnet werden könnten, welches nicht der Haftung nach Art. 288 Abs. 2 EG unterliegt[558], ergibt sich im Hinblick auf Drittstaaten bisweilen die Frage, ob Embargoschäden wie z.B. Kontosperrungen durch Retorsionsmaßnahmen gegen gemeinschaftsrechtliche Embargo-Verordnungen verursacht worden sind.

Hinsichtlich der Probleme in Gemengelagen stellen sich dabei die gleichen Fragen wie im Verhältnis zwischen Mitgliedstaaten und der Union. Es bedarf einer Abgrenzung der Verantwortungsbereiche zwischen beiden Handelnden. Ebenso wie im Verhältnis zwischen Mitgliedstaaten und Union kann eine Abgrenzung auch hier nach dem Gesichtspunkt der rechtlichen Gestaltungsmacht vorgenommen werden. Die Zwecke des Haftungsrechts ändern sich nicht durch die Einbeziehung von Drittstaaten in die Gemengelagen mit Unionsorganen. Denn nach der Konzeption der außervertraglichen gemeinschaftsrechtlichen Haftung als Unrechtshaftung ist die zurechenbare Verletzung einer individuellen Rechtsposition Voraussetzung eines Schadensersatzanspruchs. Daher kann auch hier nach den für die Beziehung zwischen Union und Mitgliedstaaten vorgeschlagenen Kriterien die Abgrenzung der Risikosphären vorgenommen werden. Es kommt mithin darauf an, wer die Rechtspositionen des Geschädigten letztlich verbindlich gestaltet hat. Soweit also die Gestaltungsmacht bei drittstaatlichen Behörden liegt, kann ein Schaden den Unionsorganen nicht zugerechnet werden.

Allerdings ergeben sich Unterschiede in der Begründung. Die Abgrenzung von Risikosphären kann nicht auf den Gesichtspunkt einer Verfahrensherrschaft gestützt werden. Eine Rücknahme der Haftungsver-

---

[557] Verordnung (EG/Euratom) Nr. 99/2000 über die Unterstuetzung der Partnerstaaten in Osteuropa und Mittelasien, ABl. 2000, Nr. L 12, 1.

[558] *v. Bogdandy* (Fn. 8), Art. 288 EG, Rn. 108 f.; *Friese* (Fn. 5), 93 ff. hält allerdings zu Recht den EG-Beschluss über Embargoverhängung für den letztlich bestimmenden Rechtsakt.

antwortlichkeit der Union zulasten der Verantwortlichkeit von Drittstaaten würde unter Berücksichtigung des Haftungszwecks des Schutzes individueller Rechte voraussetzen, dass die Haftungsansprüche gegen Drittstaaten ebenso wie der Haftungsanspruch gegen die Mitgliedstaaten gemeinschaftsrechtlich abgesichert sind. Eine solche Absicherung existiert jedoch nicht. Daher kann die Beurteilung eines Anspruchs gegen Unionsorgane in Gemengelagen mit drittstaatlichen Behörden nur so beurteilt werden, wie eine Schädigung in einem Zwei-Personen-Verhältnis.

Im Ergebnis gebietet aber der Kohärenzgrundsatz hinsichtlich der Beschreibung von Zurechnungssphären in Gemengelagen zwischen Handeln der Unionsorgane und drittstaatlicher Behörden die gleichen Maßstäbe anzuwenden wie zwischen der Union und den Mitgliedstaaten. Dies entspricht auch dem gemeinschaftlichen Rechtsprinzip, da damit die Verantwortlichkeit für Schäden garantiert wird, deren Entstehung entscheidend durch die Unionsorgane verursacht worden ist.

aa) Erweiterung des Zurechnungsmaßstabs auf faktische Einflussnahme?

Eine andere Beurteilung der Zurechnungsproblematik ergibt sich demgegenüber im Bereich der faktischen Einflussnahme durch Unionsorgane. Im Gegensatz zur Beurteilung der Zurechnung in Gemengelagen zwischen Union und Mitgliedstaaten, bei der eine Zurechnung nur von rechtlich verbindlichem Verhalten vorgenommen wird, ist in Gemengelagen zwischen EU und Drittstaaten der Rechtsschutz gemeinschaftsrechtlich nicht abgesichert. Drittstaatliche Rechtsbehelfe, mit denen ein Betroffener seine Ansprüche z.B. auf Leistungen unter dem PHARE-Programm durchsetzen kann, mögen zwar im Einzelfall bestehen, eine gemeinschaftsrechtliche Absicherung über den gemeinschaftsrechtlichen Staatshaftungsanspruch oder allgemein die Pflichten aus Art. 10 EG existieren aber nicht. Würde man auch in dieser Situation eine Begrenzung des haftungsrelevanten Verhaltens allein auf für einen Drittstaat verbindliche Regelungen begrenzen, so müsste hingenommen werden, dass ein Drittstaat sich gegenüber einem Einzelnen zur Verteidigung gegen einen deliktischen Anspruch darauf beruft, nicht schuldhaft gehandelt zu haben, da seine Behörden wegen der Finanzierungshoheit und der Sachkenntnis des betreffenden Unionsorgans – in der Regel die Kommission – davon ausgehen konnten, rechtmäßig zu handeln; ein Argument, das Mitgliedstaaten – wie zuvor ausgeführt – im

Rahmen des gemeinschaftsrechtlichen Staatshaftungsanspruch versperrt wäre.

Tatsächlich kann ein erheblicher Einfluss des Kommissionsverhaltens bei der Vergabe von Mitteln nicht geleugnet werden[559]. Dieser Einfluss kann im Verhältnis zu den Mitgliedstaaten mit Rücksicht auf die grundsätzliche Aufgabenteilung im Gemeinschaftsrecht und die gemeinschaftsrechtliche Garantie eines effektiven Rechtsschutzes auf mitgliedstaatlicher Ebene vernachlässigt werden. Im Verhältnis zu Drittstaaten können diese rechtfertigenden Gesichtspunkte jedoch nicht angeführt werden, weshalb ein Einschränkung der Zurechnung allein auf rechtlich verbindliche Einflussnahme nicht ausreicht, denn damit würde das Haftungsrecht der Gemeinschaft dem ihm innewohnenden Zweck des Schutzes individueller Rechte, der maßgeblich das Haftungsrecht bestimmt, nicht gerecht. Erhebliche Rechtsschutzlücken könnten nicht ausgeschlossen werden.

Die Folge unterschiedlicher Beurteilung eines Handelns der Kommission je nachdem, ob es an mitgliedstaatliche Behörden oder an Drittstaaten gerichtet ist, muss dabei hingenommen werden, weil das Kohärenzgebot keinen Selbstzweck darstellt, sondern eng mit dem Ziel der Gewährung effektiven Rechtsschutzes verbunden ist, zu dem es durch Herstellung von Transparenz und Voraussehbarkeit beiträgt[560]. Es kann daher hinter das Ziel der Gewährung effektiven Rechtsschutzes zurücktreten. Mangels der Existenz hinreichender Rechtsschutzgarantien ist der Zurechnungsmaßstab für haftungsbegründendes Verhalten daher auf Handlungen auszuweiten, die – obgleich nicht rechtlich verbindlich – faktisch bindenden Charakter gegenüber drittstaatlichem Verhalten besitzen und diese zur Vornahme schädigender Handlungen in ihrem Zuständigkeitsbereich veranlassen.

bb) Verhältnis der gemeinschaftsrechtlichen Schadensersatzklage zu drittstaatlichen Rechtsbehelfen

Ebenfalls nicht übertragen lässt sich die Beschreibung des Verhältnisses zwischen primärrechtlichen Ansprüchen vor drittstaatlichen Gerichten und der Schadensersatzklage vor den Gemeinschaftsgerichten. Klagen

---

[559] *Scherer* (Fn. 320), 52, 73; *Priebe* (Fn. 201), 55, 58.

[560] Auch die Entscheidung EuGH, Rs. 314/85, Foto Frost, Slg. 1987, 4199, Rn. 16 zitiert das Kohärenzgebot zur Begründung einheitlicher Standards für den als notwendig erachteten Rechtsschutz.

vor Gerichten der betreffenden Drittstaaten sind im Gegensatz zu mitgliedstaatlichen Primärrechtsbehelfen nicht Bestandteil des gemeinschaftlichen Rechtsschutzsystems. Sie können daher nicht in das System der Klagevoraussetzungen einbezogen werden. Klagen vor drittstaatlichen Gerichten können im Einzelfall zwar ebenso eine Schädigung beseitigen wie eine Schadensersatzklage gegen die Union. So kann im Verfahren der Auftragsvergabe unter dem PHARE- oder TACIS-Programm eine stattgebende Klage auf Auftragserteilung einen Schaden vermeiden. Eine Rechtskontrolle des Verhaltens der Unionsorgane ist aber mangels der Möglichkeit eines Vorlageverfahrens durch drittstaatliche Gerichte nicht gewährleistet. Daher können Rechtsbehelfe vor drittstaatlichen Gerichten für die Gewährung effektiven Rechtsschutzes gegen rechtswidrige Gemeinschaftsrechtsakte nicht in Anspruch genommen werden. Die Zulässigkeit einer Schadensersatzklage gegen Unionsorgane ist mithin nicht um den Anwendungsbereich primärrechtlicher Ansprüche einzuengen. Vielmehr muss allein die Schadensersatzklage in dieser Situation vollumfänglich Rechtsschutz vermitteln, selbst wenn sie auf dasselbe Klageziel gerichtet ist, welches auch mit einer Klage vor drittstaatlichen Gerichten angestrebt werden könnte.

Auf der Ebene der materiellen Anspruchsprüfung ergeben sich jedoch Einschränkungen, die den vollständigen Ausschluss der Berücksichtigung drittstaatlicher Primärrechtsbehelfe relativieren. Zwar kann der Geschädigte nicht generell, auch nicht im Rahmen des Mitverschuldens, auf eine Klage vor drittstaatlichen Gerichten verwiesen werden. Die erfolgreiche Geltendmachung eines Haftungsanspruchs setzt jedoch voraus, dass der Schaden "tatsächlich und sicher" ist[561]. Will der Geschädigte, wie häufig in Embargofällen, geltend machen, seine Forderung gegen den Drittstaat, gegen den ein Embargo verhängt worden ist, sei wertlos, muss er sich in zumutbarer Weise um die Geltendmachung seiner Forderung gegenüber seinem Vertragspartner bemühen. Dies kann dazu führen, dass der Geschädigte versuchen muss, seine Forderung vor drittstaatlichen Gerichten durchzusetzen. Erst wenn diese Versuche scheitern, kann von der sicheren Existenz des Schadens ausgegangen werden. Dabei geht es allerdings nicht um das Verhältnis der Schadensersatzklage zu drittstaatlichen Rechtsbehelfen, sondern um den Nachweis des Schadens, da ein Schaden dann nicht eintritt, wenn der Kläger seine Forderung noch durchsetzen kann[562]. Erst wenn die Durchset-

[561] EuG Rs. T-54/96, Oleifici, Slg. 1998, II-3380, Rn. 69; Rs. T-184/95, Dorsch Consult, Slg. 1998, II-667, Rn. 60 ff.

[562] *Toth* (Fn. 471), 179, 181.

zung, gleich ob gerichtlich oder außergerichtlich, ausgeschlossen ist, kann daher von dem Eintritt eines Schadens ausgegangen werden. Da die Tatbestandsvoraussetzung des Schadens von dem Kläger nachzuweisen ist, muss dieser auch den Nachweis der Uneinbringbarkeit führen, am deutlichsten durch die Anstrengung eines gerichtlichen Verfahrens, ebenso beweiskräftig aber auch durch den Verweis auf gesetzliche Vorschriften, die eine Geltendmachung ausschließen, wenn z.B. der Staat, gegen den ein Embargo verhängt worden ist, durch ein Gesetz Retorsionsmaßnahmen einleitet, die den Geschädigten belasten. Die gleichen Anforderungen an den Schadensnachweis bestehen natürlich auch außerhalb der Situation von Embargoschäden. In Betracht kommt insbesondere nach der oben angenommenen Ausweitung der Haftung auch für faktische Einflussnahme der Unionsorgane auf drittstaatliche Behörden, der Nachweis der Uneinbringlichkeit der einer Schädigung zugrundeliegenden Forderung. Angesichts der Verfolgung des Zwecks des individuellen Rechtsschutzes dürfen die Anforderungen an einen solchen Nachweis allerdings nicht zu hoch gesetzt werden, um die grundsätzliche Verbesserung des Rechtsschutzes nicht in ihr Gegenteil zu verkehren.

Es kann festgehalten werden, dass drittstaatliche Rechtsbehelfe in keinem Zusammenhang mit der gemeinschaftsrechtlichen Schadensersatzklage stehen; sie können nur mittelbar Bedeutung für die Notwendigkeit des Nachweises eines Schadens erlangen.

b) Gemengelagen mit internationalen Organisationen

Haftungsrelevante Gemengelagen mit internationalen Organisationen im Anwendungsbereich des Gemeinschaftsrechts sind ebenfalls nur denkbar im Zusammenspiel mit Handlungen der EU-Organe, da eine Gemengelage nur entstehen kann, wenn eine internationale Organisation sich an ihre Mitglieder wendet. Im Bereich des Gemeinschaftsrechts ist Ansprechpartner dabei aber regelmäßig die Union, gleich ob die weitere Durchführung dann von den Unionsorganen z.B. durch Richtlinien oder Verordnungen, welche weiterer Durchführungsbestimmungen bedürfen, auf die Mitgliedstaaten übertragen wird.

Nur wenige internationale Organisationen ergreifen Maßnahmen, die überhaupt geeignet sind – wenn auch im Rahmen einer langen Kausalkette – Schäden beim Bürger auszulösen. Als Beispiel hierfür kann daher aus der Praxis nur der Erlass eines Embargobeschlusses des Sicherheitsrates der Vereinten Nationen genannt werden, wie es z.B. mit Verabschiedung der Sicherheitsratsresolution Nr. 661 (1990) gegen den Irak geschehen ist. Auch hier hat die Schadenszurechnung der rechtlichen Gestaltungsmacht zu folgen. Probleme einer Unrechtshaftung treten in dieser Fallgruppe jedoch nicht auf, da die Rechtmäßigkeit eines von internationalen Organisationen, insbesondere dem Sicherheitsrat angeordneten Embargos gerichtlich nicht überprüfbar ist und somit nicht als Unrechtshaftung auslösend betrachtet werden kann. Typische Probleme einer Gemengelage rechtswidrigen Verhaltens treten daher hier nicht auf. Probleme bereitet vielmehr nur die Zurechnung von Embargoschäden in Gemengelagen zwischen Mitgliedstaaten und Unionsorganen, die arbeitsteilig Embargobeschlüsse umsetzen.

c) Gemengelagen mit Privaten

Schädigungen in Gemengelagen mit Privaten sind nicht denkbar, da weder Unionsorgane noch mitgliedstaatliche Behörden gemeinsam mit Privaten handeln. Eine gemeinsame Schadensverantwortlichkeit ist lediglich in den Fällen einer Schädigung durch privates Handeln möglich, für welches Unionsorganen oder mitgliedstaatlichen Behörden die Pflicht zur Schadensverhinderung obliegt. Diese Konstellation fällt aber nicht in die hier behandelte Fallgruppe der Schädigung in Gemengelagen, sondern in die Gruppe der Schädigung für Verletzung von Schadensabwendungspflichten.

IV. Verantwortlichkeit der Schädiger im Innenverhältnis

Noch weitgehend ungeklärt und umstritten ist die Frage, ob und gegebenenfalls wie zwischen mehreren Schädigern ein finanzieller Ausgleich im Innenverhältnis stattfinden soll.

Nach der zumeist vertretenen Lösung zum Problem der Haftung in Gemengelagen sind die betreffenden Mitgliedstaaten und die Union als Gesamtschuldner in Anspruch zu nehmen[563]. Daraus folgt bei Inanspruchnahme eines Haftungsschuldners automatisch das Bedürfnis eines Ausgleichs im Innenverhältnis zwischen den Haftungsschuldnern.

---

[563] *Aubin* (Fn. 5), 244 ff.; *Berg*, in: Schwarze, EU-Kommentar, Art. 288, Rn. 26; *Czaja* (Fn. 4), 200; *Fuß*, EuR 1968, 353, 366; *Gilsdorf/Niejahr* (Fn. 8), Art. 288, Rn. 93; *Herdegen*, Die Haftung der Europäischen Wirtschaftsgemeinschaft für fehlerhafte Rechtsetzungsakte, 146; *Oliver* (Fn. 339), 285, 303; *Renzenbrink* (Fn. 5), 170.

Nach der hier zugrunde gelegten Lösung des Ausschlusses konkurrierender Haftung in Gemengelagen ist ein solches Ausgleichsbedürfnis nicht unmittelbar ersichtlich. Gleichwohl folgt aus der Exklusivität der Zurechnung im Außenverhältnis nicht, dass ein Schaden bei dem im Außenverhältnis verantwortlichen Hoheitsträger verbleiben muss. Dabei kommt es nicht generell zu einer Ausgleichspflicht wie bei einer Gesamtschuldlösung, sondern nur zu punktuellen Korrekturen des Haftungsrisikos in den Fällen, in denen der im Außenverhältnis verwandte Maßstab der rechtlichen Gestaltungsmacht nicht adäquat die Rechtsverhältnisse im Innenverhältnis abbildet.

1. Fälle des Innenausgleichs zwischen Union und Mitgliedstaaten

Ein Anspruch auf Innenausgleich kommt in zwei Fällen in Betracht. Zum einen verlangen die Fälle, in denen eine haftungsrechtliche Verantwortlichkeit der Union im Grunde festgestellt werden könnte, Rechtsschutz aber wegen der Vorrangigkeit primärer Rechtsbehelfe vor nationalen Gerichten zu suchen ist, einer Korrektur im Innenverhältnis. Betroffen sind hier alle Fälle der Erhebung rechtswidriger Gemeinschaftsabgaben durch die Mitgliedstaaten, die im nationalen Primärrechtsschutz zu regeln sind.

Zum anderen kommen Fälle in Betracht, in denen aus Gründen der Effektivität des Rechtsschutzes eine Verantwortlichkeit der Union ausscheidet, obwohl sie durch ihr Verhalten – wenn auch nicht in rechtlich so doch aber in faktischer Hinsicht – verbindlich gehandelt hat.

In allen anderen Fällen einer Schädigung in Gemengelagen sind Ausgleichspflichten nicht notwendig, da die Zurechnung im Außenverhältnis an den bestimmenden Tatbeitrag auch intern einen Ausschluss von Rückforderungsansprüchen zu rechtfertigen vermag.

a) Rückerstattung rechtswidriger Abgaben im Zoll- und Agrarbereich

Ansprüche des Einzelnen auf Erstattung rechtswidrig erhobener Gemeinschaftsabgaben unterliegen, wie ausgeführt, ausschließlich dem nationalen Primärrechtsschutz. Der Einzelne kann diese Rückerstattung aufgrund von Art. 236 VO (EWG) Nr. 2913/92 (Zollkodex)[564] direkt gegenüber dem Mitgliedstaat geltend machen. Schadensersatzansprüche gegen die Union sind ausgeschlossen, da die Organisation des Rechts-

---

[564] ABl. 1992, Nr. L 302, 1.

schutzes insofern der dezentralen Organisation des Verwaltungsvollzugs folgt. Erstattet ein Mitgliedstaat Abgaben, die seine Behörden beim Vollzug einer rechtswidrigen Gemeinschaftsregelung für Rechnung der Union eingezogen haben, fließen der Union die Mittel zu, die der Mitgliedstaat in Erfüllung des ihm nach dem Gemeinschaftsrecht obliegenden Erstattungsanspruchs ersetzen muss. Damit handelt es sich bei dem von der Union erhaltenen Betrag materiell nicht um eine von einem Einzelnen erhobenen Gemeinschaftsabgabe, sondern um eine Zahlung durch den Mitgliedstaat an die Union. Ein solcher Beitrag ist jedoch weder als Eigenmittel i.S.d. Verordnung (EG, Euratom) Nr. 1150/2000[565] noch als sonstige Einnahme der Union vorgesehen. Daher sieht Art 8 i.V.m. Art 2 Abs. 4 und Art. 6 der VO (EG, Euratom) Nr. 1150/2000 die Möglichkeit einer Berichtigung des an die Union abzuführenden Betrags vor. Der Mitgliedstaat zieht dabei gem. Art. 8 der VO (EG, Euratom) Nr. 1150/2000 einen entsprechenden Betrag vom Gesamtbetrag der im betreffenden Monat festgestellten Ansprüche ab und muss in der Folge dem Konto der Union entsprechend weniger gutschreiben. Den an die Union abgeführten Betrag der rechtswidrig erhobenen Abgabe erhält der Mitgliedstaat wieder zurück, indem er ihn gegen seine laufenden Zahlungsverpflichtungen aufrechnet[566]. Im Innenverhältnis ist daher letztlich die Union zur Erstattung der rechtswidrig erhobenen Gemeinschaftsabgaben verpflichtet, obgleich sie im Außenverhältnis nicht haftet. Eines Amtshaftungsanspruchs des Mitgliedstaates gegen die Union bedarf es nicht.

In Fällen der Erhebung rechtswidriger Gemeinschaftsabgaben bedarf es daher keines Innenausgleichs, da diese Situation eindeutig sekundärrechtlich geregelt ist.

---

[565] Verordnung (EG, Euratom) Nr. 1150/2000 des Rates vom 22.05.2000 zur Durchführung des Beschlusses Nr. 94/728/EG, Euratom über das System der Eigenmittel der Gemeinschaften, ABl. 2000, Nr. L 1300, 1.

[566] Teilweise wird pauschal auf die Möglichkeit verwiesen, rückerstattete Beträge im Rahmen des Rechnungsabschlussverfahrens nach Art. 7 Abs. 3 der Verordnung (EG) Nr. 1258/1999 gegenüber der Union geltend zu machen, vgl. *Renzenbrink* (Fn. 5), 175, unter Berufung auf eine Andeutung von GA Mancini Schlussanträge in EuGH Rs. 175/84, Krohn/Kommission, Slg. 1986, 753, 761. Dieser Verweis ist missverständlich, da er sich ausschließlich auf den äußerst seltenen Fall der nach dem vorliegenden Ansatz ausgeschlossenen gemeinsamen Verantwortlichkeit von Union und Mitgliedstaat bezieht. Die Fälle der Erhebung rechtswidriger Gemeinschaftsabgaben sind von dieser Möglichkeit auszunehmen.

b) Fälle faktischer Einflussnahme

Die Notwendigkeit eines Innenausgleichs besteht dagegen bei faktisch verbindlicher Einflussnahme durch Unionsorgane auf mitgliedstaatliche Entscheidung mittels Auskünften und rechtlichen Stellungnahmen, die Unionsorgane unter Androhung finanzieller Sanktionen gegenüber den Mitgliedstaaten durchsetzen. Dies ist, wie bereits geschildert, immer dann der Fall, wenn mitgliedstaatliche Behörden gemeinschaftsfondsfinanzierte Maßnahmen eigenständig vollziehen. Im Gegensatz zu den Fällen der Erhebung rechtswidriger Gemeinschaftsabgaben liegt die Berechtigung und Notwendigkeit eines Innenausgleiches in diesen Fällen aber nicht in haushaltsrechtlichen Gründen, sondern in der unterschiedlichen Bewertung von Haftungsverantwortlichkeit im Innen- und im Außenverhältnis. Wie oben dargelegt, reicht allein faktische Gestaltungsmacht nicht aus, um im Verhältnis zwischen der Union und den Mitgliedstaaten gegenüber dem Einzelnen die Haftungsverantwortlichkeit der Union zu begründen. Nach dem hier gewähltem Ansatz obliegt einem Hoheitsträger aus Gründen der Steigerung der Transparenz der Verantwortungszurechnung und damit der Rechtssicherheit ausschließlich die gemeinschaftsrechtliche Haftungsverantwortung gegenüber dem Einzelnen, wenn er in rechtlich relevanter Weise Rechtsposition des Einzelnen gestalten kann. Diese Lösung steht indes vor dem Hintergrund der Gewährung effektiven Rechtsschutzes, der seit Einführung des gemeinschaftsrechtlichen Staatshaftungsanspruchs dadurch gewährleistet ist, dass dem Einzelnen ein Instrument zur Verfügung steht, mit dem er in gleichem Maße wie gegenüber den Unionsorganen Kompensation für die Verletzung individueller Gemeinschaftsrechte beanspruchen kann. Ist diese Garantie nicht gegeben, wie z.B. im Verhältnis zu einem Drittstaat, kann die Verlagerung der Haftungsverantwortlichkeit der Union nicht eingreifen.

Im Verhältnis zwischen dem betreffenden Mitgliedstaat und der Union kann sich die in der Außenperspektive gegenüber dem Geschädigten vorgenommene Wertung nicht auswirken. Es kann nicht geleugnet werden, dass die Intervention der Unionsorgane in bestimmten Fällen faktisch verbindlich für die mitgliedstaatlichen Stellen wirkt[567]. Dies ist immer der Fall, wenn die Kommission Rechtshinweise gibt, die sich direkt auf eine Entscheidung über die Anerkennung einer Ausgabe zulas-

[567] Daher führt in Gemengelagen mit drittstaatlichen Behörden, gegen deren Handeln ein effektiver Rechtsschutz gemeinschaftsrechtlich nicht garantiert werden kann, eine solche Einflussnahme durch die Kommission zu einer Schadenszurechnung zum Verhalten der Kommission.

ten von Gemeinschaftsmitteln auswirkt[568]. Insoweit bildet der im Außenverhältnis verwandte Maßstab das Innenverhältnis nicht adäquat ab, da nach außen von einer durch mitgliedstaatliche Stellen autonom gestalteten, den Einzelnen schädigenden Entscheidung ausgegangen wird. Äußert sich die Kommission hinsichtlich der späteren Anerkennung von durch die Mitgliedstaaten für Rechnung der Union zu erbringenden Zahlungen wie z.B. Ausfuhrbeihilfen im gemeinsamen Agrarrecht dahingehend, dass sie diese Zahlungen nicht anerkennen werde und diese daher dem Mitgliedstaat anzulasten seien, so kann nicht von einer autonomen Entscheidung des Mitgliedstaates im Rahmen der ihm zustehenden Kompetenzen ausgegangen werden; vielmehr übernimmt damit die Kommission faktisch die Entscheidung[569]. Nach dem hier entwickelten Maßstab korreliert Entscheidungsmacht mit Haftungsverantwortlichkeit. Daher ist in solchen Fällen ein Schaden im Innenverhältnis der Union zuzurechnen, soweit das Kommissionsverhalten einen gewissen Verpflichtungsgrad überschreitet, wie dies regelmäßig bei der vorangehenden Weigerung einer späteren Kostenübernahme der Fall ist.

Es fragt sich, welche Möglichkeiten des Rückgriffs für die Mitgliedstaaten bestehen. Hierbei sind zwei Fälle zu unterscheiden. Einmal ist davon auszugehen, dass die für einen Verantwortungsübergang notwendige Möglichkeit der Kommission, über die Finanzierung Einfluss auf mitgliedstaatliche Entscheidungen zu nehmen, nur in den durch die Strukturfonds geregelten Bereichen besteht[570]. Am auffälligsten sind die weitreichenden Möglichkeiten, mitgliedstaatliche Behörden zu einer gemeinschaftsrechtswidrigen Handlung zu bewegen, da die Kommission in zahllosen Einzelfällen durch finanzielle Entscheidungen mitgliedstaatliches Verhalten beeinflussen kann.

Wird der Mitgliedstaat – gegebenenfalls nach Vorlage des Verfahrens an den Gerichtshof – von einem nationalen Gericht verurteilt, z.B. eine Ausfuhrerstattung zu zahlen, auf die der Kläger schon auf der Grundlage der Agrarmarktvorschriften Anspruch hat, so handelt es sich letztlich um eine "übliche" Verwaltung von Eigenmitteln der Union im

---

568 *Kahl* (Fn. 20), 341, 361.

569 Vgl. *Priebe* (Fn. 201), 55, 58; *Suerbaum*, Die Kompetenzverteilung beim Verwaltungsvollzug des Europäischen Gemeinschaftsrechts in Deutschland, 197 f., die den Sanktions- und Kontrollcharakter des Rechnungsabschlussverfahrens betonen.

570 Zu den Strukturfonds zählen der Regionalfonds, der Sozialfonds, der Europäische Ausrichtungs- und Garantiefonds (Abteilung Ausrichtung) sowie das Finanzinstrument für die Ausrichtung der Fischerei.

Rahmen des dezentralen Vollzugs der Agrarmarktregelungen. Die insoweit in Erfüllung eines nationalen Leistungsurteils gezahlten Beträge können im Rahmen des Rechnungsabschlussverfahrens geltend gemacht werden[571]. Die Kommission trifft dabei die Feststellung, ob die Ausgaben als Lasten des EAGFL angenommen werden oder den Mitgliedstaaten anzulasten sind, in Form einer Entscheidung im Sinne von Art. 249 EG. Ist das nationale Urteil über die Agrarausgabe bereits auf der Grundlage eines Vorabentscheidungsurteils des Gerichtshof ergangen, wird die Kommission die Zahlung als Ausgabe im Sinne von Art. 5, 6 der Verordnung Nr. 1258/99 über die Finanzierung der Gemeinsamen Agrarpolitik[572] anerkennen. Entscheidet das nationale Gericht ohne vorherige Vorlage, dass der Mitgliedstaat aufgrund der einschlägigen Agrarverordnungen eine Zahlung zu leisten hat, kann die Kommission die Anerkennung der Zahlung verweigern. Diese Entscheidung kann der Mitgliedstaat nach Art. 230 Abs. 1 EG anfechten[573]. Der Gerichtshof entscheidet dann endgültig, ob die Ausgabe zulasten des Fonds erfolgt oder dem Mitgliedstaat anzulasten ist.

Anders stellt sich die Situation hingegen dar, wenn ein Einzelner vor einem nationalen Gericht einen deliktischen Schadensersatzanspruch geltend macht, der nicht auf die sekundärrechtlich vorgesehene Leistung an sich abzielt, sondern auf den Ersatz der Folgeschäden, die er infolge einer Verweigerung der ihm zustehenden Leistung erleidet. Beispiel hierfür kann etwa die Verweigerung eines Interventionskaufs durch eine nationale Behörde sein. Hat die nationale Behörde die Leistung verweigert, weil die Kommission bereits im Vorfeld mitgeteilt hat, sie werde die Erstattung dieser Leistungen nicht genehmigen, ist ihr im Innenverhältnis die Schädigung zuzurechnen. Die Geltendmachung von Schadensersatzleistungen, die der Mitgliedstaat in Erfüllung des nationalen Urteils erbringt, im Rechnungsabschluss nach Art. 7 Abs. 3 der Verordnung (EG) Nr. 1258/1999 über die Finanzierung der Gemeinsamen Agrarpolitik ist ausgeschlossen, da der Ersatz der Schäden nicht als "Ausgabe" i.S.d. der vorstehenden Verordnung anerkannt werden kann[574].

---

[571] Art. 7 Abs. 2 der Verordnung (EG) Nr. 1258/99 des Rates vom 17.05.1999 über die Finanzierung der Gemeinsamen Agrarpolitik, ABl. 1999, Nr. L 160, 103.

[572] ABl. 1999, Nr. L 160, 103.

[573] *Scherer* (Fn. 320), 52, 58.

[574] *Renzenbrink* (Fn. 5), 175.

Ein Innenausgleich zwischen dem nach außen haftenden Hoheitsträger und dem (mit-) verursachenden Hoheitsträger ist demnach nur in den Fällen der Erhebung rechtswidriger Gemeinschaftsabgaben durch mitgliedstaatliche Behörden und den Fällen einer faktischen Einflussnahme der Unionsstellen auf den mitgliedstaatlichen Vollzug von Gemeinschaftsrecht erforderlich.

Dieser Innenausgleich lässt sich in fast allen Fällen durch bereits sekundärrechtlich vorgesehene Ausgleichsmechanismen herbeiführen. Allein im Fall einer faktischen Einflussnahme durch die Unionsorgane, mit der mitgliedstaatliche Behörden dazu angeleitet werden, dem Einzelnen eine Leistung zu verweigern und daraus Schäden entstehen, die nicht in dem Betrag bestehen, auf den der Einzelne sekundärrechtlich Anspruch hat, kann der Mitgliedstaat die an ihn zu richtenden Schadensersatzansprüche des Einzelnen nicht über sekundärrechtliche Vorschriften bei der Union liquidieren. Für diesen Fall bedarf es eines anderweitig zu begründenden Ausgleichsanspruchs des Mitgliedstaates gegen die Union.

2. *Anwendbarkeit des gemeinschaftsrechtlichen Amtshaftungsanspruchs im Verhältnis zwischen Union und Mitgliedstaaten*

Es fragt sich, wie sich ein Rückgriffsanspruch des Mitgliedstaates gegen die Union dogmatisch begründen lässt. Nahe liegend wäre es, dem Mitgliedstaat einen Amtshaftungsanspruch gegenüber der Union zuzubilligen[575]. Dann müsste das Rechtsinstitut der Amtshaftung grundsätzlich zwischen Union und Mitgliedstaaten anwendbar sein. Bislang liegt zu Ausgleichsansprüchen zwischen der Gemeinschaft und den Mitgliedstaaten keine Rechtsprechung vor. Lediglich einmal hat der EuGH die Möglichkeit einer deliktischen Haftung zugunsten eines Mitgliedstaates angedeutet. In diesem Fall ging es um die Frage, ob ein Rechtsschutzbedürfnis für eine Vertragsverletzungsklage fortbesteht, wenn der betreffende Mitgliedstaat nach Ablauf der nach Art. 226 Abs. 1 EG vorgesehenen Frist zur Stellungnahme, aber vor dem Abschluss des mündlichen Verfahrens, eine gemeinschaftsrechtskonforme Situation herstellt[576]. Der Hinweis auf die Möglichkeit von Schadensersatzansprüchen bezog sich dabei aber nur auf Ansprüche eines Mitgliedstaates gegen einen anderen Mitgliedstaat auf Ersatz der Schäden, die aus einer

---

[575] So *André* (Fn. 455), 331, 335; *Fuß*, EuR 1968, 353, 366.

[576] EuGH Rs. C-280/89, Kommission/Irland, Slg. 1992, I-6185, Rz. 7.

Vertragsverletzung resultierten. Diese Situation lässt sich auf die hier vorliegende, in der die Unionsstellen und mitgliedstaatlichen Behörden miteinander kooperieren, nicht übertragen.

Die Anwendung des Amtshaftungsanspruchs zwischen einem Mitgliedstaat und der Union begegnet tiefgreifenden Bedenken. Ein Innenausgleich ist nach der hier vertretenen Ansicht nur im Fall einer faktischen Einflussnahme durch Unionsorgane auf mitgliedstaatliches Verhalten notwendig. Dabei befinden sich mitgliedstaatliche Behörden und unionale Stellen in einem Kooperationsverhältnis hinsichtlich der Durchführung von Gemeinschaftsrecht. Die gemeinschaftsrechtliche außervertragliche Haftung bezweckt vor allem die Gewährung eines gerechten Schadensausgleichs und den Schutz individueller Rechte aus dem Grundgedanken des Rechtsprinzips.

Führen Union und Mitgliedstaaten eine Aufgabe gemeinsam aus, so geht es nicht um den Vermögensschutz der Mitgliedstaaten, sondern um die Finanzierung einer gemeinsamen Maßnahme und die Aufteilung der dabei auftretenden Risiken. Die finanziellen Ansprüche zwischen Mitgliedstaaten und Union in einem Kooperationsverhältnis sind nicht durch das allgemeine Haftungsrecht, sondern durch gegenseitige gleichgeordnete Pflichtenstellung mit dem Ziel einer gemeinsamen Aufgabenerfüllung gekennzeichnet[577]. Daher sind typische, sich aus dem Kooperationsverhältnis ergebende Ausgleichspflichten, wie bereits ausgeführt, zum Zwecke der reibungslosen Durchführung in der Regel bereits sekundärrechtlich geregelt. Die hier untersuchte Situation ist nur deshalb ungeregelt, weil sie gewissermaßen eine irreguläre Ausnahme darstellt, die sich wegen des außerrechtlichen Charakters der faktischen Einflussnahme ergibt und die sich nur schwer in rechtliche Kategorien fassen lässt. Dem Grunde nach geht es dabei um die Regelung wechselseitiger Pflichten bei der Erfüllung gemeinsamer Aufgaben. Für die Durchsetzung dieser Pflichten ist das außervertragliche gemeinschaftsrechtliche Haftungsrecht nicht ausgestattet, denn es regelt schlicht den Individualrechtsschutz, d.h. die strikten Grenzen hoheitlichen Verhaltens. In einem Kooperationsverhältnis geht es jedoch nicht um eine Begrenzung der Hoheitsgewalt und damit die Regelung entgegengesetzter Pflichten, sondern um Ausgleichsmechanismen in einem Verhältnis gegenseitiger Zusammenarbeit. Darüber hinaus würden durch die Berufung eines

---

[577] Auch im deutschen Staatshaftungsrecht ist die Anwendung des Amtshaftungsanspruchs zwischen zwei Hoheitsträgern ausgeschlossen, wenn sie gemeinsam eine Aufgabe erfüllen, vgl. *Maurer* (Fn. 285), § 26 Rn. 54; *Komorowski* (Fn. 260), 62, 80.

Mitgliedstaates auf den außervertraglichen Haftungsanspruch unterschiedliche Haftungsmaßstäbe für eine Haftung der Union gegenüber dem Bürger und gegenüber Mitgliedstaaten geschaffen. Der Mitgliedstaat könnte sich auf die Beeinträchtigung durch ein faktisches Verhalten berufen, während es sich im Verhältnis zum Bürger um ein autonomes Handeln des Mitgliedstaates handelte, welches eine Haftung der Union nicht auslösen könnte. Der gemeinschaftsrechtliche Amtshaftungsanspruch findet daher auf dieses Rechtsverhältnis keine Anwendung.

3. Loyalitätsgrundsatz als Maßstab für Verteilung der Verantwortlichkeit

Da ein Regressanspruch nach Art. 288 Abs. 2 EG wegen der spezifischen Beziehung zwischen Union und Mitgliedstaaten nicht in Betracht kommt, bedürfte es für die Begründung einer Ausgleichspflicht einer anderen normativen Grundlage. Zumeist wird diese aus einem Gesamtschuldverhältnis zwischen beiden Hoheitsträgern hergeleitet, welches im Innenverhältnis als allgemeinen Rechtsgrundsatz des Gemeinschaftsrechts eine Ausgleichspflicht bedinge[578]. Mangels eines Gesamtschuldverhältnisses kommt nach diesseitiger Ansicht ein solcher Anspruch aber nicht in Betracht.

Auch der im Zusammenhang mit faktischer Verbindlichkeit des Kommissionsverhaltens teilweise geäußerte Vorwurf, die Kommission verletze gegenüber den Mitgliedstaaten den Vertrauensschutzgrundsatz[579], vermag einen Regressanspruch nicht zu begründen. Obwohl der bürgerschützende allgemeine Rechtsgrundsatz des Schutzes des berechtigten Vertrauens zwischen Union und Mitgliedstaaten Anwendung findet[580], ist zweifelhaft, ob sich eine mitgliedstaatliche Stelle auf Vertrauensschutz berufen kann, da die Auslegung von dezentral ausgeführten Rechtsvorschriften zunächst ausschließlich den Mitgliedstaaten obliegt. Ein Recht auf verbindliche Auslegung des Gemeinschaftsrechts kommt der Kommission nicht zu. Allerdings sind die Mitgliedstaaten nach der Rechtsprechung des Europäischen Gerichtshofs gehalten, im Rahmen

---

[578] *André* (Fn. 455), 331, 335; *Aubin* (Fn. 5), 259; *Czaja* (Fn. 4), 201; *Fuß*, EuR 1968, 353, 366.

[579] *Czaja* (Fn. 4), 130.

[580] EuGH Rs. C-334/99, Deutschland/Kommission, Urt. v. 28.01.2003, Rn. 41.

ihrer aus Art. 10 EG folgenden Loyalitätspflichten auch unverbindliche Rechtsakte der Unionsorgane wie Empfehlungen und Stellungnahmen zur Auslegung und Konkretisierung verbindlicher gemeinschaftsrechtlicher Vorschriften heranzuziehen[581]. Wesentlich ist aber letztlich, dass eine Verletzung des Vertrauensschutztatbestandes für sich keine Ausgleichspflicht begründet. Eine solche ließe sich nur in Verbindung mit dem Amtshaftungsanspruch begründen.

Ein Anspruch aus Art. 288 Abs. 2 EG ist nicht einschlägig, da er nicht adäquat die Interessen und Pflichten im Verhältnis zwischen Union und Mitgliedstaaten abzubilden vermag. Die zentrale Norm zur Ausgestaltung und Konkretisierung des Verhältnisses zwischen Unionsorganen und Mitgliedstaaten im Gefüge des EG-Vertrags indes ist Art. 10 EG. Er wurde zunächst nur als Verstärkung bereits in den Verträgen vorhandener Pflichten der Mitgliedstaaten herangezogen. Damit wurde dieser Bestimmung letztlich nicht mehr Gehalt zugesprochen, als ohnehin aus dem Grundsatz "pacta sunt servanda" für das Primärrecht und aus Art. 249 EG für das Sekundärrecht folgt[582]. Zunehmend wurden aber auch eigenständige, allein aus Art. 10 EG folgende Pflichten entwickelt[583]. Obwohl sich Art. 10 EG nach dem Wortlaut seiner vertraglichen Formulierung allein an die Mitgliedstaaten richtet, kann ihm ein allgemeiner Rechtsgrundsatz der loyalen Zusammenarbeit zwischen Mitgliedstaaten und Unionsorganen entnommen werden[584]. Art. 10 EG ist lediglich der spezielle, positivierte Ausdruck dieses allgemeinen

---

[581] EuGH Rs. 322/88, Grimaldi, Slg. 1989, 4407, Rn. 18; *Oppermann*, Europarecht, Rn. 571.

[582] *Ipsen* (Fn. 1), 218 ff.; *Streinz*, Europarecht, Rn. 143.

[583] *Blanquet*, L'article 5 du traité C.E.E., 38; *Gerkrath*, L'émergence d'un droit constitutionnel pour l'Europe, 376.

[584] EuGH Rs. 230/81, Luxemburg/Parlament, Slg. 1983, 255, Rn. 37 ff. Zum Teil wird dieser allgemeine Rechtsgrundsatz auch als Grundsatz der Gemeinschaftstreue bezeichnet, vgl. *Bleckmann*, DVBl. 1976, 483, 483 ff., *Wuermeling*, Kooperatives Gemeinschaftsrecht, 187 ff.; *Zuleeg*, in: v.d.Groeben/Schwarze, Art. 10 Rn. 1. Diese Bezeichnung deutet jedoch eine Nähe zum deutschen allgemeinen Rechtsgrundsatz der Bundestreue an, die wegen der fehlenden bundesstaatlichen Struktur der Union/Gemeinschaft nicht besteht, siehe *v. Bogdandy* (Fn. 8), Art. 10, Rn. 6. Auch im nicht-deutschsprachigen Schrifttum wird dieser Grundsatz überwiegend als "principle of loyalty" oder "principle of solidarity" bzw. "principe de coopération loyale" bezeichnet, vgl. *Ellis/Tridimas*, Public Law of the EC I, 71 ff.; *Kapteyn/van Themaat*, EC-Law, 86 ff.; *Durand*, in: De Cockborne u.a., Commentaire Mégret, Bd. 1, 25.

Rechtsgrundsatzes, welcher nicht nur die Mitgliedstaaten, sondern auch die Unionsorgane zur Rücksichtnahme auf berechtigte Interessen der Mitgliedstaaten verpflichtet[585].

Dieser allgemeine Rechtsgrundsatz folgt aus der Besonderheit, dass in der Europäischen Union zwei verschiedene Hoheitsträger unter zwei verschiedenen Rechtsordnungen für die Wahrung der Gemeinwohlinteressen zuständig sind. Dies führt zu einer unübersehbaren Vielzahl an Konfliktmöglichkeiten, die sich aus der Kollision der Zuständigkeiten und aus Unterschieden in den materiellen Regelungen ergeben können. Zur Sicherung des Funktionierens der Europäischen Union bedarf es daher eines moderierenden und flexiblen Elementes, welches das Verhältnis der Union und der Mitgliedstaaten zueinander über die vertraglichen Festlegungen hinaus regelt. Dieses Element der Funktionssicherung stellt der Loyalitätsgrundsatz dar. Er lässt sich durch drei Regelungsbereiche beschreiben: die Gewährleistung der effektiven und einheitlichen Anwendung des Gemeinschaftsrechts in den Mitgliedstaaten, der Schutz der Handlungsfähigkeit der Unionsorgane durch mitgliedstaatliche Unterstützungsmaßnahmen sowie der Schutz von für eine derart enge und vielgestaltige Kooperation zwischen Mitgliedstaaten und Union notwendigen gegenseitigen Vertrauenspositionen, die, wenn sie auch noch keine rechtlich gefestigte Gestalt erlangt haben, gleichwohl für eine gedeihliche Zusammenarbeit notwendig sind.

Es besteht Einigkeit darüber, dass die aus dem Loyalitätsgrundsatz folgenden Pflichten akzessorischer Natur sind[586]. Für die Herleitung neuer Pflichten kann dieser Grundsatz nur herangezogen werden, wenn diese akzessorisch zu angestrebten materiellen Regelungslagen im Gemeinschaftsrecht sind. Neue Gemeinschaftsziele kann er nicht erzeugen. Konkrete Loyalitätspflichten können nur vor dem Hintergrund der Funktionssicherung des Gemeinschaftsrechts bestehen. Daher bedarf es regelmäßig einer Rückbindung an gemeinschaftsrechtliche Ziele. Originäre Loyalitätspflichten, welche nicht hinreichend konkret an bereits bestehende gemeinschaftsrechtliche Rechtsverhältnisse angeknüpft werden können, lassen sich nicht mit dem Loyalitätsgrundsatz begründen. Daher setzt die Herleitung neuer Loyalitätspflichten voraus, dass sie bereits bestehende Rechtsverhältnisse unterstützen und sich mit hin-

---

585 Für eine Typisierung dieser Pflichten vgl. *Wille*, Die Pflicht der Organe der Europäischen Gemeinschaft zur loyalen Zusammenarbeit mit den Mitgliedstaaten, 24 ff.

586 *v.Bogdandy* (Fn. 8), Art. 10, Rn. 14; *Hatje*, Loyalität als Rechtsprinzip in der Europäischen Union, 61; *Wille* (Fn. 585), 21.

reichender Bestimmtheit für die Erreichung des angestrebten Zustands des Gemeinschaftsrechts ermitteln lassen. Gewissermaßen die äußerste Grenze der zulässigen Herleitung neuer Pflichten im bestehenden Gemeinschaftsrechtssystem stellt die Kompetenzordnung dar[587].

Im hier interessierenden Fall der mit Sanktionsmitteln verbunden rechtlichen Empfehlungen lässt sich eine Pflicht der Schadensübernahme durch die Union aus diesem Loyalitätsgrundsatz begründen. Für die Verwirklichung und den Vollzug von Gemeinschaftsrecht arbeiten die mitgliedstaatlichen Behörden und die Unionsorgane eng zusammen. Die Mitgliedstaaten sind nach Art. 10 Abs. 1 EG verpflichtet, alle Maßnahmen zu treffen, damit primäres und sekundäres Gemeinschaftsrecht innerstaatliche Wirksamkeit erlangt. Außerdem müssen sie die Tätigkeit der Union fördern. Darüber hinaus enthält der EG-Vertrag eine Reihe spezieller Kooperationspflichten, wie z.B. Art. 125, 127 Abs. 1, 137 Abs. 2 UAbs. 3, 274 Abs. 1 EG. Sie reichen indes nicht in allen Fällen aus, um ein reibungsloses Funktionieren der Union sicherzustellen. Daher bedarf es gerade im Bereich der Kooperation weiterer Pflichten zur Verwirklichung des Gemeinschaftsrechts. Die Rechtsprechung hat daher aus dem Loyalitätsgrundsatz zahlreiche Pflichten hergeleitet, die auf die Sicherung der innerstaatlichen Wirksamkeit der Gemeinschaftsrechtsordnung abzielen. Die Mitgliedstaaten haben danach z.B. die Pflicht, den Vorrang des Gemeinschaftsrechts zu beachten, d.h. das Gemeinschaftsrecht anzuwenden, umzusetzen, durchzuführen und durch Rechtsprechung zu schützen sowie die Pflicht, Gemeinschaftsrecht innerstaatlich in nichtdiskriminierender Weise zu vollziehen und den Vollzug einer Gemeinschaftsregelung nicht praktisch unmöglich zu machen[588]. Diese Pflichten dienen unmittelbar der Unterstützung der konkreten Verwirklichung des Gemeinschaftsrechts in den Mitgliedstaaten.

Wie aber bereits ausgeführt, bezieht sich der Loyalitätsgrundsatz im Bereich der Zusammenarbeit von Mitgliedstaaten und Europäischer Union nicht nur auf die Unterstützung der unmittelbaren Verwirklichung von gemeinschaftlichen Rechten und Pflichten im innerstaatlichen Bereich. Denn das Funktionieren der Gemeinschaft wird nicht nur durch die unmittelbare Unterstützung der Anwendung des Gemeinschaftsrechts gesichert, sondern auch durch die Gewährung von Rah-

---

[587] *v.Bogdandy* (Fn. 8), Art. 10, Rn. 13.

[588] EuGH verb. Rs. 205 – 215/82, Deutsche Milchkontor, Slg. 1983, 2633, Rn. 17.

menbedingungen, die eine effektive Zusammenarbeit ermöglichen. Diese Rahmenbedingungen sind freilich nicht umfassend geschützt, sondern nur in ihrer für die Zusammenarbeit erforderlichen Ausprägung und nur soweit sie sich mit hinreichender Bestimmtheit an eine angestrebte materielle Regelungslage rückbinden lassen. Sie ergeben sich zunächst aus der gemeinschaftlichen Kompetenzordnung. Die Unionsorgane und die Mitgliedstaaten werden jeweils in ihrem Kompetenzbereich tätig. Steht den Unionsorganen die Möglichkeit zu, außerhalb des rechtlich festgelegten Kompetenzrahmens Einfluss auf mitgliedstaatlichen Gemeinschaftsrechtsvollzug zu nehmen, so gerät der rechtliche Rahmen, welcher die gegenseitigen Rechte und Pflichten regelt, aus dem Gleichgewicht.

Wirkt die Union in faktisch verbindlicher Weise auf mitgliedstaatliche Stellen mit dem Ziel ein, diese zur Durchführung des Gemeinschaftsrechts in einer bestimmten Weise anzuhalten, d.h. gemeinschaftsrechtliche Normen in einer bestimmten Weise auszulegen oder einen Sachverhalt in einer bestimmten Weise zu deuten, so wird damit das Ziel der effektiven Verwirklichung des Gemeinschaftsrechts verfolgt. Durch die faktische Verbindlichkeit der Einflussnahme stellt das Handeln der Unionsorgane nicht, wie rechtlich vorgesehen, eine repressive Kontrollmaßnahme dar, sondern muss bei materieller Betrachtung als Beitrag des Verwaltungsvollzugs selbst bewertet werden. Der Vollzug der betreffenden Gemeinschaftsrechtsakte wäre allerdings im Falle einer Meinungsverschiedenheit zwischen nationalen Behörden und Unionsorganen empfindlich gestört, wenn mitgliedstaatliche Behörden die Einflussnahme durch Unionsorgane nicht gefahrlos hinnehmen könnten. Denn den nationalen Behörden würden von zwei Seiten finanzielle Sanktionen drohen. Verhielten sie sich wider ihrer eigenen Rechtsansicht so, wie die Unionsorgane es fordern und wäre dieses Verhalten tatsächlich rechtswidrig, müsste der Mitgliedstaat mit Schadensersatzforderungen rechnen, da eine Schädigung durch ein vorsätzlich rechtswidriges Verhalten der Unionsorgane eine qualifizierte Rechtverletzung im Sinne der Grundsätze über den gemeinschaftsrechtlichen Staatshaftungsanspruch darstellen würde[589]. Dieses Verhalten könnte auch nicht dadurch entschuldigt werden, dass Unionsstellen mit Sanktionen drohen, denn dieses Verhalten hat, wie bereits ausgeführt, keine Außenwirkung. Im Übrigen würde es zur Rechtsschutzverweigerung führen.

---

[589] EuGH, verb. Rs. C-46/93 und C-48/93, Brasserie du Pêcheur, Slg. 1996, I-1029, Rn. 56.

Widersetzt sich hingegen die mitgliedstaatliche Behörde der Stellungnahme der Union, muss sie mit der angekündigten Sanktion rechnen, d.h. die von den Behörden verauslagten Gelder werden nicht erstattet. Daher wird die mitgliedstaatliche Behörde die Entscheidung aussetzen und zunächst mit dem betreffenden Unionsorgan in Verhandlung eintreten. Notfalls wird der Mitgliedstaat eine gerichtliche Entscheidung einholen müssen, was wiederum, angesichts der gerichtlichen Verfahrensdauer, das Verfahren erheblich verlängern würde und somit den Verwaltungsvollzug blockieren würde. Auch die Tatsache, dass bereits vor Vollzug einer Maßnahme ein Rechtsstreit anhängig wird, stellt natürlich eine Störung der Zusammenarbeit dar.

Der Mitgliedstaat befindet sich also in der gleichen Situation, in der er sich bei einer rechtlich bindenden Weisung durch die Unionsorgane befände. Bei Befolgung einer rechtlich bindenden Weisung wird eine Schädigung dem Mitgliedstaat aber nicht zugerechnet, während aus Rechtsschutzgründen der Mitgliedstaat dem Einzelnen gegenüber haftet, wenn er einer faktisch bindenden Einflussnahme nachkommt. Die Gefahr einer Blockade ließe sich nur vermeiden, wenn die Mitgliedstaaten zwar nicht im Außenverhältnis, wohl aber im Verhältnis zur Union so gestellt würden, als kämen sie einer rechtlich verbindlichen Weisung nach. Ein solches Ergebnis ließe sich erzielen, legte man den Unionsorganen zusätzlich zur Möglichkeit, faktisch verbindliche Entscheidungen treffen zu können, die Pflicht auf, Mitgliedstaaten von finanziellen Belastungen durch Schadensersatzansprüchen, welche sich aus einer eventuellen Rechtswidrigkeit der Stellungnahmen der Unionsorgane ergeben, freizustellen. Nur so lässt sich eine ernsthafte funktionshemmende Kollision mitgliedstaatlicher und unionaler Wahrnehmungsbefugnisse verhindern, die den Mitgliedstaaten die Durchführung der ihnen übertragenen Aufgaben extrem erschweren würden.

Im Endeffekt wird so das gleiche Ziel erreicht, wie mit der Gewährung eines außervertraglichen Haftungsanspruchs. Dennoch steht dies einer Ausgleichspflicht nicht entgegen. Denn der Anspruchsgrund liegt eben nicht wie bei der Amtshaftung in der Rechtswidrigkeit einer Empfehlung oder Stellungnahme, sondern in dem Umstand, dass die mitgliedstaatlichen Behörden zwar nicht rechtlich verbindlich, dann wären sie nach außen ohnehin von jeder Verantwortung befreit, aber doch faktisch verbindlich zur Übernahme der Rechtsansicht der Unionsorgane gezwungen werden. Damit handelt es sich hier um einen für die Gewährung loyaler Zusammenarbeit spezifischen Grund, der nicht auf die Zwecke des Haftungsrechts abstellt.

Auch die Kompetenzordnung, insbesondere der Grundsatz der begrenzten Einzelermächtigung gemäß Art. 5 Abs. 1 EG, steht einer solchen Freistellungspflicht nicht entgegen. Der Kommission wird keine Befugnis eingeräumt, die sie nicht bereits nach dem Sekundärrecht besäße. Auch die Freistellungspflicht überschreitet nicht die Kompetenzen der Unionsorgane. Sie regelt lediglich die finanzielle Risikoverteilung für den Vollzug von Gemeinschaftsrecht. Die Finanzierungspflicht liegt damit im Anwendungsbereich der Verträge und ist notwendige Folge des gemeinschaftsrechtlich geregelten Rechts der außervertraglichen Haftung.

4. Ergebnis

Soweit eine Erstattungspflicht nicht – wie in den Fällen rechtswidriger Gemeinschaftsabgaben – bereits sekundärrechtlich geregelt ist, kann in dem einzigen Fall der Notwendigkeit eines Innenausgleichs, der faktischen Einflussnahme durch die Unionsorgane auf nationale Behörden, ein Ausgleichsanspruch über den Loyalitätsgrundsatz erfolgen.

V. Zusammenfassung

In Gemengelagen zwischen Handeln der Unionsorgane und nationaler Stellen erfolgt die Verteilung der Haftung für rechtswidrige Schädigungen nach dem Gesichtspunkt der rechtlichen Gestaltungsmacht. Danach haftet die Ebene, die eine schädigende Handlung eigenständig vorgenommen hat, ohne dazu rechtlich verpflichtet zu sein. Faktische Einflussnahmen seitens einer Ebene vermögen die Beurteilung der rechtlichen Gestaltungsmacht im Verhältnis zum Geschädigten nicht zu begründen. Überschneidungen der rechtlichen Gestaltungsmacht sind in Gemengelagen unionalen und mitgliedstaatlichen Handelns nicht möglich. Die rechtliche Gestaltungsmacht lässt sich in jedem Fall eindeutig einer Ebene zuordnen. Daher bedarf es keiner Bestimmung des Verhältnisses der Haftungsansprüche gegen die Union und die Mitgliedstaaten.

Das Verhältnis zu nationalen Anfechtungs- und Untätigkeitsklagen lässt sich als ein solches der kohärenten Komplementarität beschreiben, d.h. soweit ein nationaler Primärrechtsbehelf grundsätzlich geeignet ist, die Belastung des Einzelnen mit einem Schaden zu beseitigen, ist allein dieser Rechtsbehelf zulässig. Da der nationale Primärrechtsschutz jedoch im Gegensatz zur Staatshaftung allein über das Scharnier des Vorabentscheidungsverfahrens nach Art. 234 EG in das gemeinschaftsrechtliche Rechtsschutzsystem eingebunden ist und somit die Effektivität des Rechtsschutzes des Einzelnen von der Bereitschaft der nationalen Gerichte zur Vorlage an den Gerichtshof abhängt, ist diese grundsätzliche Aufteilung der gerichtlichen Zuständigkeit für den Fall nachgewiesener Rechtsschutzverweigerung durch nationale Gerichte zu durchbrechen.

Auf das Verhältnis der Union zu Drittstaaten und internationalen Organisationen lässt sich dieses Ergebnis nur bedingt übertragen, da eine gemeinschaftsrechtliche Absicherung des effektiven Rechtsschutzes fehlt. Zwar hat auch hier die Union nur für eigenes Unrecht einzustehen, welches nach den Maßstäben der Gestaltungsmacht zu bemessen ist. Diese sind jedoch auch im Außenverhältnis zu erweitern um Verhaltensweisen mit faktischer Verbindlichkeit für drittstaatliche Stellen. Drittstaatliche Rechtsbehelfe sind grundsätzlich nicht in das gemeinschaftsrechtliche Rechtsschutzsystem einbezogen. Jedoch sind die Geschädigten auch hier über das Tatbestandsmerkmal des Schadensnachweises verpflichtet, etwaige Rechtsschutzmöglichkeiten auszuschöpfen.

Wegen der Möglichkeit einer eindeutigen Zuordnung der Verantwortung ist ein Innenausgleich zwischen Union und Mitgliedstaaten nur in dem seltenen Fall notwendig, dass die Wertungen der Schadensverantwortlichkeit zwischen Union und Mitgliedstaaten im Außen- und im Innenverhältnis unterschiedlich ausfallen. Dies ist der Fall, wenn die Union faktisch verbindlichen Einfluss auf mitgliedstaatliche Entscheidungen nimmt. Soweit ein Innenausgleich in diesen Fällen nicht schon über sekundärrechtliche Instrumente möglich ist, kann ein Ausgleichsanspruch auf Art. 10 EG gestützt werden.

D. Konzeption der Haftung für Verletzung von Schadensabwendungspflichten

Die Ergebnisse der Untersuchung der Haftungsverhältnisse in Gemengelagen lassen sich nicht ohne weiteres auf die Haftung für Schädigung durch die Verletzung von Schadensabwendungspflichten übertragen. Zwar eint beide Kategorien, dass an dem Haftungsverhältnis drei Personen beteiligt sind. Während es aber bei Gemengelagen darum geht, im Rahmen einer kumulativ verursachten Schädigung die Verantwortungssphären der Beteiligten voneinander abzugrenzen, ist die Haftungskategorie der Verletzung von Schadensabwendungspflichten dadurch bestimmt, dass eine Schädigung allein durch einen unmittelbaren Schädiger hervorgerufen wird und zu untersuchen ist, ob ein Dritter nach dem Gemeinschaftsrecht für diesen Schaden einzustehen hat, ohne selbst an der Schädigung mitgewirkt zu haben. Der Haftungsgrund liegt damit gerade nicht in der Schädigung selbst, sondern im Unterlassen der Schadensabwendung. Klärungsbedürftig ist daher in dieser Haftungskategorie nicht vorrangig, wer von mehreren Schädigern zu haften hat. Vielmehr ist schon danach zu fragen, ob die Verletzung einer Schadensabwendungspflicht überhaupt einen Anspruch begründen kann und welchen Voraussetzungen er gegebenenfalls unterliegt.

I. Zwecke der Haftung für Verletzung von Schadensabwendungspflichten

Die Unterschiedlichkeit der Kategorien spiegelt sich in den Haftungszwecken wider. Hauptfunktion und damit Hauptzweck der Haftung bleibt auch in dieser Kategorie der Ausgleich eines durch Verletzung eines Rechts erlittenen Schadens. Auch die Haftung für Verletzung von Schadensabwendungspflichten garantiert damit den Individualrechtsschutz und effektiviert gleichermaßen die gemeinschaftsrechtlich verliehenen Rechte. Jedoch stellt sich die Haftung in dieser Konstellation zu einem wesentlich geringeren Teil als Ausfluss des gemeinschaftrechtlichen Rechtsprinzips dar. Denn es handelt sich in dieser Kategorie weder um die Begrenzung hoheitlicher Gewalt noch um Wiedergutmachung eines durch den betreffenden Hoheitsträger verursachten Unrechts, denn die Schädigung erfolgt zunächst allein durch den unmittelbaren Schädiger. Der Beitrag des „Hintermanns“, der für einen Schaden in Anspruch genommen wird, liegt allein in der Unterlassung der Schadensverhinderung.

Die Schadensverlagerung auf den Hoheitsträger folgt daher weniger dem in den Ausführungen zur grundsätzlichen Funktion der Haftung erwähnten rechtsstaatlichen Zweck der Wiedergutmachung. Denn diese obliegt zuförderst dem unmittelbaren Schädiger. Ein Haftungsanspruch hat in dieser Kategorie viel mehr als in anderen Konstellationen die Funktion und den Zweck, wirtschaftliche Lasten Einzelner auf die Allgemeinheit zu verteilen. Damit folgt der Haftungsanspruch hier in seinem tieferen Zweck mehr dem Gebot der austeilenden Gerechtigkeit.

Der nach hier vertretener Ansicht ohnehin nachgeordnete Zweck der Prävention dagegen, wird er als Mittel zur Durchsetzung des Gemeinschaftsrechts verstanden, ist schon aufgrund der Konstruktion dieser Fallgruppe weniger stark ausgeprägt. Denn der Haftungsanspruch bezieht sich regelmäßig auf den Hoheitsträger, der selbst keine Schädigung unmittelbar herbeigeführt hat, d.h. die Präventionswirkung ist allenfalls mittelbar. Im Gegensatz zur Haftung für Schädigungen in Gemengelagen vermag der Präventionsgedanke daher keine Auslegungshinweise zu vermitteln.

Der Zweck, Lücken des effektiven Rechtsschutzes zu füllen, besitzt in dieser Haftungskategorie gleichfalls so gut wie keine Bedeutung. Da es bei der Haftung wegen Verletzung von Schadensabwendungspflichten ausschließlich um die Abwendung von Schädigungen durch einen Fremdschädiger geht, lässt sich zumindest aus dem gemeinschaftlichen Rechtsprinzip kein Bedürfnis für eine Haftung ableiten. Lediglich für den Fall, dass gemeinschaftliche Rechte nur durch Hoheitsträger garantiert sind, nicht jedoch gegenüber Privaten durchgesetzt werden können, kommt der Funktion der Lückenfüllung Bedeutung zu. Diese Bedeutung kann jedoch kaum eine eigenständige Rolle der Lückenfüllungsfunktion begründen, die über die Funktion des Schutzes individueller Rechte hinausginge und eigenständigen Gehalt hätte.

II. Folgerungen für die Haftung wegen Verletzung von Schadensabwendungspflichten

Durch die Darlegung der Haftungszwecke wird offenbar, dass die Folge eines Haftungsanspruchs eine Umverteilung des Schadensrisikos vom Einzelnen auf die Allgemeinheit bedeutet. Zwar führt jede Deliktshaftung eines Hoheitsträgers zu einer solchen Umverteilung, da sie aus öffentlichen Mitteln gewährt wird[590]. Im Gegensatz zu anderen Kategorien der Haftung von Hoheitsträgern ist die Schadensverlagerung aber nicht durch das dem gemeinschaftsrechtlichen Rechtsprinzip inhärente Gebot ausgleichender Gerechtigkeit legitimiert. Denn die Haftung für Verletzung von Schadensabwendungspflichten führt nicht zur Wiedergutmachung durch den unmittelbaren Schädiger, sondern lediglich zum Schadensausgleich durch einen gleichermaßen unbeteiligten Hoheitsträger. Aus diesem Befund lassen sich eine Reihe von Schlüssen für die Ausgestaltung der Haftung ziehen.

---

590 *v.Bogdandy* (Fn. 8), Art. 288 EG, Rn. 17; *Rebhahn* (Fn. 121), 178.

1. Allgemeine Anforderungen an die verletzte Schadensabwendungspflicht

Für die Herausarbeitung allgemeiner Anforderungen an den Haftungstatbestand bei Schädigung durch Verletzung von Schadensabwendungspflichten ist insbesondere von Bedeutung, dass der Haftungsanspruch in dieser Konstellation vorrangig die Funktion einer Umverteilung hat. Damit wirkt die Haftung wie eine Versicherung[591]. Denn die Haftung tritt für den Ausgleich eines Schadens ein, den ein Dritter, der unmittelbare Schädiger, verursacht hat. Der vorrangige Zweck der außervertraglichen Haftung nach dem Gemeinschaftsrecht liegt jedoch nicht in der Gewährung einer umfassenden hoheitlichen Schadensversicherung. Dies würde dem eingangs dargestellten Charakter des gemeinschaftsrechtlichen Haftungsrechts als Instrument des Individualschutzes widersprechen und nicht zuletzt die dadurch gebundenen Hoheitsträger finanziell überfordern. Die Betrachtung der Haftung als hoheitliche Schadensversicherung macht jedoch deutlich, dass die Haftung nach dem Gemeinschaftsrecht von dem allgemeinen Lebensrisiko abzugrenzen und dem Bürger ein eigener Verantwortungsbereich zuzuerkennen ist. Denn eine pauschale Zurechnung von Schäden an die Union oder die Mitgliedstaaten würde als Kehrseite der Schadensübernahme die Freiheitssphäre des Einzelnen erheblich einschränken und die Hoheitsträger mit Aufgaben belasten, die sie nicht bewältigen können[592]. Der Gedanke der Eigenverantwortlichkeit findet sich nämlich in jedem Deliktsrecht in dem schon erwähnten Grundsatz "casum sentit dominus" wieder. Danach ist die Schadensübernahme durch den Schädiger oder einen Dritten nicht die Regel, sondern die Ausnahme. Eine Haftungsübernahme muss durch einen besonderen Zurechnungsgrund gerechtfertigt werden. Eine umfassende Schadensversicherung kann diesen Zurechnungsgrund nicht liefern. Eine allgemeine Schadensversicherung würde eine der allgemeinen staatlichen Schutzpflicht für seine Bürger[593]

---

[591] *Rebhahn* (Fn. 121), 177.

[592] *Rebhahn* (Fn. 121), 239.

[593] Siehe etwa aus grundrechtsdogmatischer Sicht *Hermes*, Das Grundrecht auf Schutz von Leben und Gesundheit, 240 ff. Die (Schutz-) Aufgaben des Staates bestehen traditionell in der Gewährleistung von innerer Sicherheit und Frieden. Im Einzelnen sind sie aber sowohl hinsichtlich ihres materiellen Umfangs als auch hinsichtlich der Gefahrenschwelle, ab der ein Eingreifen des Staates erforderlich ist, äußerst umstritten, vgl. *Rebhahn*, Staatshaftung wegen mangelhafter Gefahrenabwehr, 120 ff. mwN. Zunehmend wurde der repressive Schutz

vergleichbare Pflicht im Unionsrecht voraussetzen. Dem steht aber die begrenzte Zuständigkeit der Union entgegen, die sich nach dem Prinzip der begrenzten Einzelermächtigung nur aus der ausdrücklichen Zuweisung einer Zuständigkeit ergeben kann[594].

Folglich lässt sich als erste Prämisse für die Ausgestaltung des Haftungsanspruchs fordern, dass es entscheidend darauf ankommt, den Haftungstatbestand, der grundsätzlich eine reine Unrechtshaftung darstellt, auf ein vernünftiges Maß zu reduzieren. Da es sich um eine Unrechtshaftung handelt, könnte ein Ansatzpunkt sein, lediglich bestimmte Rechte durch einen Schadensersatzanspruch gegen Verletzung durch Dritte zu schützen. Die Auswahl dieser Rechte obliegt aber eindeutig dem Unionsgesetzgeber. An dieser Stelle soll daher nicht erörtert werden, welche materiellen Rechtspositionen von der Union besonders zu schützen sind[595]. Vielmehr kommt es darauf an, unter welchen Voraussetzungen die Verletzung der Pflicht der Hoheitsträger zum Schutz bestimmter Rechtspositionen einen Haftungsanspruch auslösen kann.

Bei der Eingrenzung der Haftungsansprüche kommt es entgegen den „üblichen" Haftungsverhältnissen zwischen zwei Personen nicht auf die Beziehung zwischen Schädiger und Geschädigtem, d.h. Hoheitsträger und Einzelnem an[596]. Denn da in dieser Konstellation der Gesichtspunkt der Umverteilung eines Schadens auf die Allgemeinheit dominiert, muss auf das Verhältnis des Geschädigten zu den übrigen Bürgern

---

durch präventiven Schutz abgelöst, vgl. *Denninger*, KJ 1988, 1; *Hesse*, Der Schutzstaat, 102 ff., 120.

[594] Das Problem der begrenzten Zuständigkeit besteht jedoch nicht nur für die gemeinschaftsrechtliche Deliktshaftung. Auch die mitgliedstaatliche Staatshaftung nach nationalem Recht ist zunehmend mit dem Problem konfrontiert, dass die Staaten ihren grundlegenden Schutzpflichten aufgrund der Verlagerung der rechtlichen Gestaltungsmacht und der damit verbundenen Einwirkungen durch Unionsorgane nicht immer genügen können, vgl. *v.Bogdandy*, AöR 122 (1997), 268, 269 ff.

[595] Hinsichtlich der Legitimation von Staatshaftungsansprüchen auf nationaler Grundlage siehe *Rebhahn*, Staatshaftung wegen mangelhafter Gefahrenabwehr, 126 ff. Für eine Übersicht zu den Schutzaufgaben des Gemeinschaftsrechts siehe *Szczekalla*, Die so genannten grundrechtlichen Schutzpflichten im deutschen und europäischen Recht, 627 ff.

[596] Auch in Gemengelagen mehrerer Schädiger geht es, wie gesehen, darum, eine direkte Schädiger-Geschädigten-Relation zu bestimmen, die direkt zwischen zwei Personen besteht.

abgestellt werden[597]. Mangels Legitimation durch unmittelbare Wiedergutmachung (ausgleichende Gerechtigkeit) bedarf es einer Beurteilung der Frage, ob es aus Gründen der Verteilungsgerechtigkeit geboten ist, einen Schaden auf die Allgemeinheit zu verlagern.

Eine weitere Folgerung aus der Vorrangigkeit der Schadensverteilung lässt sich im Hinblick auf das haftungsauslösende Handeln ziehen. Will man die soeben angesprochene Versicherungswirkung minimieren, kann für das haftungsauslösende Verhalten lediglich eine obligation de moyen verlangen, d.h. für die Haftungsauslösung reicht nicht allein der Eintritt des abzuwendenden Schadens aus, sondern der verpflichtete Hoheitsträger hat sich diesbezüglich sorgfaltswidrig verhalten. Andernfalls würde die Haftung zu einer Garantiehaftung, die mit einer Versicherung identisch wäre. Bemüht sich also der Hoheitsträger, die ihm obliegende Pflicht zu erfüllen, kann eine Haftung nicht begründet werden. Lediglich bei überragend wichtigen Rechtsgütern könnte der Schutz durch eine obligation de résultat gerechtfertigt sein[598].

2. *Haftungseinschränkung durch ein Sonderopfer?*

Wegen der zuvor beschriebenen Vorrangigkeit der Umverteilung des Schadens eines Einzelnen auf die Allgemeinheit könnte überlegt werden, ob ein Haftungsanspruch wegen Verletzung einer Schadensabwendungspflicht durch die Berücksichtigung von Sonderopferkriterien, wie beispielsweise die besondere Härte eines Schadens, eingeschränkt werden sollte. Dagegen spricht jedoch, dass der gemeinschaftsrechtliche außervertragliche Haftungsanspruch zunächst als reine Unrechtshaftung konzipiert ist. Grundlage der Haftung bleibt die Verletzung individueller Rechte. Als selbständigem Anspruchskriterium kommt dem Sonderopfer nur bei einer Enteignungs- oder Aufopferungshaftung Berechtigung zu[599]. Die Tatsache, dass der Umverteilungseffekt des Haf-

---

597 *Rebhahn* (Fn. 121), 201.

598 *Kadelbach/Petersen*, EuGRZ 2002, 213, 219 für die Verletzung von Schutzpflichten aus Grundfreiheiten.

599 *v.Bogdandy* (Fn. 8), Art. 288 EG, Rn. 89; *Rebhahn* (Fn. 121), 203 f. Allerdings möchte Rebhahn das Sonderopferkriterium differenziert auch auf die Unrechtshaftung anwenden, da er die Grundlage auch der Amtshaftung in dem Gedanken distributiver Gerechtigkeit sieht, vgl. ebenda, 226 ff. Im Übrigen verwendet Rebhahn das Sonderopferkriterium zur Begründung der Einführung bestimmter Haftungstatbestände. Vorliegend geht es aber um die kohärente Ausgestaltung des bereits vorfindlichen Unrechtshaftungstatbestandes.

tungsanspruchs in den Vordergrund tritt, bedeutet nicht, dass der Haftungsanspruch aus seinem primär individualrechtsschützenden Fundament gelöst wird. Grundlage der außervertraglichen Haftung im Gemeinschaftsrecht verbleibt daher die Verletzung einer Norm mit Schutznormcharakter. Reine Sonderopferkriterien wie die Höhe des Schadens oder die Betroffenheit einer kleinen Gruppe sollten als einer Unrechtshaftung fremde Kriterien keine Berücksichtigung im Tatbestand finden.

3. Schutzzweckerwägungen

Eine Einschränkung des Haftungsumfangs lässt sich aber auch ohne Einführung von Sonderopferkriterien durch Kriterien vornehmen, die nicht wie die Sonderopferkriterien an den Schaden, sondern an die verletzte Norm anknüpfen. Hierzu bietet sich das Schutzzweckkriterium an, welches bereits die Rechtswidrigkeit des Handelns „relativiert"[600].

a) Bedürfnis des Schutzzweckelements zur Anspruchskonturierung

Die allgemeinen Darstellungen der gemeinschaftsrechtlichen außervertraglichen Haftung, d.h. sowohl der Unionshaftung nach Art. 288 Abs. 2 EG als auch der gemeinschaftsrechtlichen Staatshaftung nennen üblicherweise allein zwei Elemente zur Haftungseinschränkung. Den Individualschutzcharakter der verletzten Norm und das Merkmal einer qualifizierten Rechtsverletzung[601].

Die Tatbestandsvoraussetzung der Verletzung einer individuellen Norm wird den Anforderungen an eine restriktive Anspruchsgewährung in der Kategorie der Haftung für Verletzung von Schadensabwendungspflichten jedoch nur teilweise gerecht. Über das Merkmal der Verletzung eines individuellen Rechts wird der Tatbestand hinsichtlich des Kreises der Anspruchsberechtigten eingeschränkt. Nur die Verletzung einer Norm, die ein individuelles Recht verleiht, kann eine Haftung begründen. Dies entspricht in etwa der im deutschen Amtshaftungsrecht angewandten Schutznormtheorie[602]. Allerdings wird der Kreis der indi-

---

[600] *Deutsch* (Fn. 116), 195.

[601] Z.B. *Detterbeck* (Fn. 240), 36 f., 56 f.; *Ossenbühl* (Fn. 6), 506, 591, 595.

[602] So ausdrücklich GA Gand, Schlussanträge in EuGH, Rs. 5, 7 und 13/66, Kampffmeyer/Kommission, Slg. 1967, 361, 368; vgl. auch *Gilsdorf* (Fn. 163), 127; *Wathelet/van Raepenbusch* (Fn. 13), 13, 26.

viduellen Rechte dabei, wie bereits erwähnt, sehr viel weiter als im deutschen Recht gezogen. Ein individuelles Recht vermittelt jede Norm, die nicht ausschließlich im Interesse der Allgemeinheit besteht, sondern zumindest auch dem individuellen Interesse des Betroffenen dient[603]. Zur Qualifizierung einer Norm als individuelles Recht reicht es sogar aus, dass die verletzte Norm primär dem Allgemeininteresse dient, der Individualschutz sich lediglich reflexartig aus der Norm ergibt[604]. Die sich aus dieser Dogmatik ergebende Einschränkung des Kreises der Anspruchsberechtigten vermag daher keine Selektion hinsichtlich besonderer Rechte zu gewährleisten[605]. In diesem Zusammenhang zeigt sich die Auswahl der haftungsbegründenden Norm mit Hilfe der gemeinschaftsrechtlichen Schutznormtheorie insbesondere deshalb als defizitär, weil das Kriterium nur auf eine einzige Eigenschaft der verletzten Norm, nämlich ihre Justiziabilität für den Einzelnen abstellt[606]. Ihr konkreter rechtlicher Inhalt spielt keine Rolle.

Auch das Erfordernis der Qualifiziertheit der Rechtsverletzung vermag hier keine adäquate Abhilfe zu schaffen. Denn es stellt auf die Schwere des Rechtsverstoßes ab[607]. Die Besonderheiten der Pflichtwidrigkeit selbst, die durch die verletzte Norm bestimmt werden, können durch dieses Merkmal nicht oder nur sehr begrenzt berücksichtigt werden. Denn mit der Feststellung, dass eine schwere Rechtsverletzung vorliegt, ist beispielsweise nicht geklärt, ob eine Rechtsverletzung in ihrer speziellen Begehungsweise gegenüber dem Geschädigten von der verletzten Norm verhindert werden sollte[608].

Zur näheren Ausgestaltung des Anspruchs und der Abgrenzung des Haftungsanspruchs vom allgemeinen Lebensrisiko bedarf es daher eines zusätzlichen Maßstabs, anhand dessen die besondere Qualität einer Rechtsnorm als haftungsbewehrte Schadensabwendungspflicht in der konkreten Situation beurteilt werden kann. Die Einführung des Schutzzweckkriteriums in den Tatbestand des Haftungsanspruchs er-

---

[603] Siehe z.B. EuGH verb. Rs. 9 und 12/60, Vloeberghs/Hohe Behörde, Slg. 1961, 427, 469.

[604] EuGH, Rs. 5, 7 und 13/66, Kampffmeyer/Kommission, Slg. 1967, 361, 354.

[605] *Eilmansberger* (Fn. 126), 200 kritisiert insofern zu Recht die Konturenlosigkeit der geschaffenen Rechtspositionen.

[606] *Eilmansberger* (Fn. 126), 201.

[607] *v.Bogdandy* (Fn. 8), Art. 288 EG, Rn. 83 ff.

[608] *Czaja* (Fn. 4), 95.

laubt eine solche nähere Bestimmung der Qualität der Rechtsnorm durch die Einbeziehung besonderer, norminterner Zwecke.

b) Inhalt des Schutzzweckkriteriums

Das Schutzzweckkriterium wird im Deliktsrecht allgemein zur inhaltlichen und sachlichen Begrenzung der Haftung eingesetzt. Es dient der Risikoabgrenzung und Schadenszurechnung[609]. Die Lehre vom Schutzzweck der Norm entstammt dem allgemeinen, insbesondere dem privaten Deliktsrecht, ist aber notwendiges Element jeder Unrechtshaftung[610]. Terminologisch präsentiert sich dieser Ansatz in einer nahezu unübersehbaren Vielfalt von Unterscheidungen und Untergliederungen des Normzwecks. Kernpunkt der Lehre vom Schutzzweck der Norm ist dabei die Aussage, dass der Schädiger nur diejenigen Schäden zu ersetzen hat, bei denen dies durch den Zweck der haftungsbegründenden Norm gerechtfertigt ist[611]. Aus der Vielzahl der Unterteilungsmöglichkeiten soll hier mit *Deutsch*[612] von einer Gliederung des Schutzzwecks in drei Elemente der Schutzzwecklehre ausgegangen werden: Schutzzweck, Schutzbereich und Rechtswidrigkeitszusammenhang.

Alle drei Elemente beziehen sich zunächst auf die durch den Hoheitsträger unmittelbar verletzte Norm und nicht etwa auf das anspruchsbegründende Haftungsinstitut oder die durch den Fremdschädiger herbeigeführte Rechtsverletzung. Der Schutzzweck der Norm bezieht sich auf die grundlegende Eigenschaft der verletzten Norm, bei ihrer Verletzung haftungsrechtliche Folgen auszulösen. Es ist also zu fragen, ob eine Norm die von ihr geschützten Interessen nur durch die Befugnis oder die Pflicht des zuständigen Hoheitsträgers zum Handeln oder auch durch Haftungsansprüche schützen möchte. Bezweckt eine Norm nicht die durch sie geschützten Interessen durch Haftungsansprüche abzusichern, kann sie schon deshalb nicht als Schutznorm im Sinne des Haftungsrechts herangezogen werden.

Der Schutzbereich der Norm lässt sich unterteilen in den persönlichen und sachlichen Schutzbereich. Für die Feststellung des persönlichen

---

609 *Rebhahn* 258 f., 260 ff.; *Ossenbühl* (Fn. 6), 50.

610 *Rebhahn* (Fn. 121), 282.

611 Vgl. zur Lehre vom Schutzzweck der Norm und vom Rechtswidrigkeitszusammenhang im Schadensrecht allgemein *Mertens,* in: Münchener Kommentar, Bd. 5, Vor §§ 823 –853, Rn. 47.

612 *Deutsch* (Fn. 116), 195 ff.

Schutzbereichs der Norm kommt es darauf an, ob der Geschädigte zum geschützten Personenkreis gehört. Dieser Teil der Lehre vom Schutzzweck der Norm ist ausdrücklich Bestandteil des gemeinschaftsrechtlichen außervertraglichen Haftungsrechts. Sowohl der Anspruch aus Art. 288 Abs. 2 EG als auch der gemeinschaftsrechtliche Staatshaftungsanspruch setzen – wie zuvor erwähnt – die Verletzung einer Norm voraus, die bezweckt, den Geschädigten zu schützen. Der sachliche Schutzbereich der verletzten Norm hingegen ist nicht ausdrücklich Bestandteil des gemeinschaftsrechtlichen außervertraglichen Haftungsrechts. Er bezeichnet das im vorliegenden Zusammenhang wohl entscheidende Element der Normzwecklehre. Mit diesem Element wird der Schutzzweck der Norm auch in gegenständlicher Hinsicht ermittelt. Nur der Schaden ist ersatzfähig, der sich als Verwirklichung einer Gefahr darstellt, die die Norm zu verhindern bezweckt. Tritt ein Schaden ein, welcher sich außerhalb des geschützten Interesses befindet, ist er nicht vom Schutzzweck erfasst und nicht ersatzfähig.

Schließlich soll der Normverstoß nicht mit Schadensfolgen belastet werden, deren Entstehung unvorhergesehenen und unabsehbaren Risiken zu verdanken ist, welche die Norm nicht zu verhindern bezweckt, die aber die gleichen Interessen beeinträchtigen, die von der Norm geschützt werden. Daher werden mit dem Erfordernis des Rechtswidrigkeitszusammenhangs die Schadensfolgen ausgeschieden, die sich nicht auf den Schutzzweck der verletzten Norm zurückführen lassen. Diese Korrektur des Ergebnisses erfolgt im Gegensatz zur Bestimmung des Schutzbereichs der Norm, der schon die Rechtswidrigkeit eines Verhaltens in Bezug auf einen Schaden verneinen kann[613], auf der Ebene des Ursachenzusammenhangs.

Damit ist die Berücksichtigung des Normzwecks bei der Beurteilung der Haftungsbewehrtheit einer Schädigung auf jeden Fall funktionsgerecht. Denn die Beurteilung des Schutzzwecks der verletzten Normen erlaubt die Einbeziehung der Überlegungen zur Angemessenheit der Verteilung eines Schadens auf die Allgemeinheit. Eine Haftungsbegrenzung über das Merkmal der qualifizierten Rechtsverletzung hingegen kann nur eine sehr grobe Einschränkung vornehmen, die dem speziellen Inhalt der verletzten Norm nicht gerecht wird[614].

---

[613] Daher wird meist von „relativer" Rechtswidrigkeit gesprochen, vgl. *Deutsch* (Fn. 116), 195.

[614] *Czaja* (Fn. 4), 95; *Herdegen* (Fn. 44), 134. Czaja will daher das Tatbestandsmerkmal vollständig abschaffen und durch die Berücksichtigung des Normzwecks der verletzten Rechtsvorschrift ersetzen. Vor dem Hintergrund

c) Berücksichtigung des Normzwecks im gemeinschaftlichen Haftungsrecht

Auf die Schutzzwecklehre als Element der gemeinschaftsrechtlichen außervertraglichen Haftung wird bei der Darstellung des Haftungsrechts zumeist nicht eingegangen. Die gängigen Darstellungen des Haftungsrechts begnügen sich mit der Erwähnung der Tatbestandsvoraussetzung der Verletzung einer individualschützenden Norm[615]. Auch in der Rechtsprechung wird im gemeinschaftsrechtlichen Deliktsrecht selten ausdrücklich auf den Schutzzweck der Norm hingewiesen. Wenn überhaupt, liegt der Schwerpunkt der Norminterpretation allein bei der Frage, ob sie dem Geschädigten ein individuelles Recht vermittelt[616]. Der sachliche Schutzbereich der Norm findet keine Erwähnung.

Der persönliche Schutzbereich der Norm wird durch die Voraussetzung des Individualschutzes der Norm im Tatbestand berücksichtigt. Vereinzelt findet auch der gegenständliche Schutzbereich der Norm, d.h. der Rechtswidrigkeitszusammenhang – zumindest in der Rechtsprechung zur Haftung der Union nach Art. 288 Abs. 2 EG – als den Haftungsumfang begrenzendes Element Anwendung. So schloss der Gerichtshof in der Rechtssache CNTA, in der die Klägerin Schäden geltend machte, die sie durch den gegen den Vertrauensschutz verstoßenden Erlass einer Verordnung erlitten hatte, unter Berufung auf den mangelnden Rechtswidrigkeitszusammenhang den Ersatz entgangenen Gewinns aus. Die Klägerin habe nicht darauf vertrauen dürfen, die bisherigen Gewinne auch zukünftig zu erzielen[617]. In anderen Fällen schloss der Gerichtshof generell den Ersatz von Schäden aus, deren Entstehung über die Grenzen der Risiken hinausgehen, die einer Tätigkeit in einem bestimmten Sektor innewohnen[618]. Mit diesen Begrenzungen schließt der Gerichtshof den Schutz des allgemeinen Lebensri-

---

des Zwecks des Schutzes der Funktionsfähigkeit der Organe erscheint die Beibehaltung des Tatbestandsmerkmals aber gerechtfertigt.

615 *Detterbeck* (Fn. 240), 56; *Manin*, Les Communautés Européennes, l'Union Européenne, Droit Institutionnel, 401; *Craig/de Búrca*, EU Law, 549 f.

616 Z.B. EuGH verb. Rs. 5, 7 und 13 bis 24/66, Kampffmeyer/Kommission, Slg. 1967, 331, 355; Rs. 74/74, CNTA, Slg. 1975, 533, Rn. 33 ff.; Rs. 59/83, Biovilac, Slg. 1984, 4057, Rn. 15.

617 EuGH Rs. 74/74, CNTA, Slg. 1975, 533, Rn. 38 ff.

618 EuGH, Rs. 238/78, Ireks-Arkady, Slg. 1979, 2955, Rn. 11; Rs. 59/83, Biovilac, Slg. 1984, 4057, Rn. 28 f.; Rs. 62/83, EXIMO, Slg. 1984, 2295, Rn. 22; Rs. 267/82, Développement SA, Slg. 1986, 1907, Rn. 33.

sikos aus dem Schutzbereich der jeweilig verletzten Normen aus. Allerdings lässt sich der sachliche Schutzbereich der Norm oft nur schwer vom Rechtswidrigkeitszusammenhang trennen[619]. Ebenso gut ließe sich der Ausschluss von Schäden, die auf das allgemeine Lebensrisiko zurückzuführen sind, auf einen mangelnden Rechtswidrigkeitszusammenhang stützen. Mithin findet sich die Berücksichtigung des Normzweck zumindest in der Festlegung des personalen und gegenständlichen Schutzzwecks und auch des Rechtswidrigkeitszusammenhangs in der Ausgestaltung des Anspruchs aus Art. 288 Abs. 2 EG wieder.

Für den Bereich der gemeinschaftsrechtlichen Staatshaftung ist die Berücksichtigung des Schutzzwecks der Norm noch unklar. Während teilweise eine Anwendung der Lehre vom Schutzzweck der Norm auf die gemeinschaftsrechtliche Staatshaftung befürwortet wird[620], wird von anderen offengelassen, ob die Schutznormtheorie beim gemeinschaftsrechtlichen Staatshaftungsanspruch Anwendung finden kann[621]. Neben der bereits genannten Erwägung der genaueren Konturierung des Anspruchs über die Normzwecke, die auch hier einschlägig sind – insbesondere wenn man die Grundlage des Staatshaftungsanspruchs in dem verletzten Recht selbst sieht[622] – spricht nach hiesiger Ansicht insbesondere der Kohärenzgrundsatz für eine Anwendung der Lehre vom Schutzzweck der Norm. Es wäre nicht verständlich, warum beim Staatshaftungsanspruch eine Haftungseinschränkung nur über die Qualifiziertheit der Rechtsverletzung erfolgen sollte, während man bei der Haftung der Union auf den Zweck der verletzten Norm abzustellen hat. Denn das Element der Betroffenheit des persönlichen Schutzbereichs ist ebenso Voraussetzung des Haftungsanspruchs wie bei einer Haftung nach Art. 288 Abs. 2 EG. Die Staatshaftung setzt voraus, dass die Norm, die verletzt wird, dem Einzelnen Rechte zu verleihen be-

---

[619] *Rebhahn*, Staatshaftung wegen mangelhafter Gefahrenabwehr, 245 sieht daher bei der Unrechtshaftung in der Unterscheidung zwischen Rechtswidrigkeitszusammenhang und gegenständlichem Schutzbereich der Norm keine Notwendigkeit.

[620] Vgl. insbesondere *Eilmansberger* (Fn. 126), 200 ff.; siehe aber auch *Deckert* (Fn. 240), 203, 227; *Eidenmüller*, JZ 1997, 201, 203; *Herdegen* (Fn. 44), 133 ff.; *Ossenbühl* (Fn. 6), 509.

[621] Z.B. BGHZ 134, 30, 40 (Brasserie).

[622] *Eilmansberger* (Fn. 126), 200 ff. zeigt überzeugend auf, dass der individuelle Rechtsschutz nur dann als Grundlage des Anspruchs herangezogen werden kann, wenn der materielle Gehalt der individuellen Rechte, d.h. ihr Normzweck auch in den Haftungsanspruch einfließt.

zweckt. Daher ist der Schutzzweck der verletzten Norm sowohl bei Art. 288 Abs. 2 EG als auch bei der Haftung der Mitgliedstaaten zur Haftungsbegrenzung heranzuziehen.

d) Annäherung an den Normzweck

Der haftungsrechtliche Zweck einer gemeinschaftsrechtlichen Norm kann nicht generell ermittelt werden. Er hängt vom jeweiligen Einzelfall ab und ist für jede einzelne Norm im konkreten Falle ihrer Verletzung zu ermitteln. Einige Gemeinsamkeiten und allgemeine Aussagen hinsichtlich des Zwecks gemeinschaftsrechtlicher Normen, Pflichten zur Schadensabwendung für den Fall der Zuwiderhandlung mit Haftungsansprüchen zu versehen, lassen sich jedoch finden. Dabei handelt es sich um Elemente für die Vornahme einer Gesamtwertung des Normzwecks, die nur allgemeine Anhaltspunkte liefern können. Sie lassen sich indes nicht in ein festes System kummulativer oder alternativer Zwecke bringen, anhand dessen man im Sinne eines Prüfungsschemas den Normzweck ermitteln kann. Diese Wertungselemente können sowohl für als auch gegen die Annahme eines Schutzzwecks herangezogen werden.

Ebenso wenig wie ein Prüfungsschema für die verschiedenen Wertungselemente etabliert werden kann, ist es möglich hinsichtlich der allgemeinen Wertungselemente eine eindeutige Zuordnung zu den verschiedenen Elementen der Normzwecklehre vorzunehmen. Schutzzweck, Normbereich und Rechtswidrigkeitszusammenhang stellen ebenso wenig ein festes Prüfungsschema, sondern eine Verallgemeinerung unterschiedlicher Normzweckelemente dar, die sich gegenseitig beeinflussen und voneinander abhängen. Daher erfolgt die Benennung einzelner Wertungselemente nicht in Zuordnung zu bestimmten Elementen der Normzwecklehre. Vielmehr werden sie insgesamt zur Normauslegung vorgebracht.

aa) Objektive Zurechnung

Ausgangspunkt für die Bestimmung der Haftungsrelevanz von Schadensabwendungspflichten hat zunächst die Abwendung einer allgemeinen hoheitlichen Schadensversicherung zu sein. Denn es gibt keine allgemeine Pflicht, den Einzelnen vor gemeinschaftsrechtswidrigen Schädigungen zu bewahren. Ebenso wenig wie einem Staat als Ganzem die Aufgabe zukommt, das allgemeine Lebensrisiko seiner Bürger abzusichern[623], obliegt den im Anwendungsbereich des Gemeinschaftsrecht agierenden Hoheitsträgern die Aufgabe, umfassend die wirtschaftlichen Interessen der Unionsbürger zu wahren[624]. Einer Norm kommt daher nicht schon deshalb ein individueller Schutzzweck zu, weil bei Beachtung dieser Rechtsnorm ein bestimmtes Interesse geschützt wäre. Erforderlich ist über die Wahrung individueller Interessen hinaus, dass die Norm dieses Interesses eben auch durch die Gewährung einer haftungsbewehrten Schutzpflicht objektiv zu schützen bezweckt. Es handelt sich insofern um ein Element der objektiven Zurechnung, welches nicht auf die Besonderheiten des Falles, sondern auf die objektiven Zwecke der Norm abstellt[625].

bb) Priorität des Schutzes

Der Umstand, dass bestimmte Interessen durch eine Norm des Gemeinschaftsrechts objektiv geschützt werden, kann zumindest als wertender Anhaltspunkt für die Begründung des Schutzzwecks herangezogen werden. Dabei spricht es umso mehr für den Individualschutzzweck, wenn die betreffende gemeinschaftsrechtliche Vorschrift gerade das Individualinteresse schützen möchte. Wird hingegen das Individualinteresse nur nebenher oder zwangsläufig mit geschützt, spricht es weniger für die Annahme eines schadensersatzrechtlichen Schutzzwecks. Die Abgrenzung beider Kategorien kann mit der Überlegung vorgenommen werden, ob die betreffende Norm auch erlassen worden wäre, wenn es nur um den Schutz dieses Interesses ginge[626].

cc) Bevorzugter Schutz bestimmter rechtlicher Interessen?

Teilweise wird für den Bereich nationaler Staatshaftung angenommen, dass als Wertungselement die Art des gefährdeten Interesses fruchtbar gemacht werden kann. Eine Haftung käme vorrangig für die Rechtsgü-

---

[623] *Rebhahn*, Staatshaftung wegen mangelhafter Gefahrenabwehr, 263, der schon wegen der mit der Etablierung verbundenen Einschränkungen der Grundrechte für eine maßvolle Ausgestaltung hoheitlicher Schutzpflichten plädiert, 157 ff.

[624] Schon aufgrund der mangelnden rechtlichen Möglichkeiten zum Schutz ist die Schutzverantwortlichkeit eingeschränkt, *Szczekalla* (Fn. 595), 1069 f.

[625] Vgl. zur objektiven Zurechnung allgemein *Larenz* (Fn. 263), § 20 III.

[626] *Rebhahn*, Staatshaftung wegen mangelhafter Gefahrenabwehr, 302.

ter Gesundheit und Freiheit in Betracht, da diese aufgrund ihrer Einmaligkeit, eingeschränkten Wiederherstellungsmöglichkeit bei Beeinträchtigung und ihrer gleichen unbedingten Gewährleistung für alle Bürger besonders zu schützen seien. Reine Vermögensinteressen genössen dagegen geringeren Schutz[627]. In der haftungsrechtlichen Umsetzung würde daraus folgen, dass der haftungsrechtliche Schutz für bestimmte Interessen eher zu bejahen wäre als für andere. Das außervertragliche Haftungsrecht wurzelt aber wie eingangs dargestellt in der Gewähr effektiven Schutzes gemeinschaftsrechtlich gewährter Rechte. Dabei lässt sich – insbesondere vor dem Hintergrund der Bedeutung der Union für die wirtschaftliche Integration der Mitgliedstaaten – keine Bevorzugung bestimmter Rechtsgüter wie Gesundheit und Freiheit gegenüber reinen Vermögensinteressen erkennen oder begründen.

dd) Kreis der Gefährdeten

Es fragt sich, ob zur Eingrenzung auch das Merkmal der Größe des Kreises der Betroffenen herangezogen werden kann. In der älteren Rechtsprechung zur Haftung der Union nach Art. 288 Abs. 2 EG spielt der Gesichtspunkt der Betroffenheit einer zahlenmäßig begrenzten Gruppe unter zwei Gesichtspunkten eine Rolle. Zum einen konnten anhand dieses Merkmals in Zweifelsfällen Einzelakte von Rechtsetzungsakten abgegrenzt werden[628], deren Haftungsvoraussetzungen viel höher lagen, da im Falle von normativen Unrecht neben der reinen Rechtswidrigkeit die qualifizierte Verletzung einer Rechtsnorm Haftungsvoraussetzung war[629]. Zum anderen diente das Merkmal der Betroffenheit einer kleinen, abgrenzbaren Gruppe der Begründung einer qualifizierten Rechtsverletzung[630]. Als Sonderopfermerkmal, welches

---

[627] *Rebhahn*, Staatshaftung wegen mangelhafter Gefahrenabwehr, 315.

[628] EuGH Rs. C-119/88, AERPO, Slg. 1990, I-2189, Rn. 17.

[629] EuGH Rs. 5/71, Schöppenstedt, Slg. 1971, 975, Rn. 11; Rs. C-152/88, Sofrimport, Slg. 1990, I-2477, Rn. 25; verb. Rs. C-104/89 und C-37/90, Mulder, Slg. 1992, I-3061, Rn. 12.

[630] EuGH verb. Rs. 64 und 113/76, 167 und 239/78, 27, 28 und 45/79, Dumortier frères, Slg. 1979, 3091, Rn. 11; verb. Rs. 241, 242 und 245–250/78, DGV, Slg. 1979, 3017, Rn. 11. Seit der Entscheidung in der Rechtssache Mulder, in der der Gerichtshof nur noch die Abgrenzbarkeit der betroffenen Personengruppe verlangte, scheint dem Merkmal der zahlenmäßigen Begrenzung der Gruppe der Betroffenen weniger Bedeutung zuzukommen, vgl. EuGH verb.

auf die Auswirkungen einer Verletzung abstellt, vermag die Größe des betroffenen Personenkreises, wie bereits dargestellt, keinen Aufschluss über den Schutzzweck der verletzten Norm zu vermitteln. Stellt man hingegen nicht auf die Betroffenen, sondern die Gefährdeten ab, vermag die Größe des Personenkreises durchaus als Wertungselement für die Begründung des Schutzzwecks herangezogen werden[631]. Denn – wie bereits dargelegt – kann Schutzzweck einer Schadensabwendungspflicht nicht die Abwendung des allgemeinen Lebensrisikos sein. Je größer aber der Kreis der von einer Norm umfassten gefährdeten Personengruppe ist, desto näher liegt die Vermutung, die von der Norm zu verhindernde Gefahr könne dem allgemeinen Lebensrisiko zugerechnet werden, dessen Verhinderung nicht Aufgabe der Hoheitsträger unter dem Gemeinschaftsrecht darstellt.

ee) Beherrschbarkeit der Gefahr durch den Hoheitsträger

Ein wesentliches Wertungskriterium für die Begründung eines schadensersatzrechtlichen Schutzzwecks der Norm ist auch die Beherrschbarkeit einer Gefahr durch den unter dem Gemeinschaftsrecht zuständigen Hoheitsträger. Ist die Gefahr einer Schädigung durch den Hoheitsträger nicht beherrschbar, kann einer Norm kein diesbezüglicher Schutzzweck zuerkannt werden. Denn in einem System der Unrechtshaftung, haftet der Hoheitsträger nur für die Rechtspositionen, die er auch tatsächlich rechtlich gestalten kann. Andernfalls arte der Haftungsanspruch in ein hoheitliches Versicherungssystem aus, in dem es nur noch für die Bestimmung des Anspruchsinhabers auf die verletzte Norm, nicht aber auf deren Unverletzlichkeit ankäme[632].

Relevant ist der Gesichtspunkt der Beherrschbarkeit insbesondere bei Aufsichtspflichten der Mitgliedstaaten oder der Unionsorgane. Ist die Gefahr einer Rechtsbeeinträchtigung nur durch die Hoheitsträger beherrschbar und obliegt ihnen durch eine Rechtsnorm die Aufsicht, spricht einiges dafür, in den Schutzbereich dieser Vorschrift alle Schäden einzubeziehen, die Einzelne aufgrund der zu verhindernden Rechtsbeeinträchtigung erlitten haben.

Rs. C-104/89 und C-37/90, Mulder, Slg. 1992, I-3061, Rn. 16 f.; EuG verb. Rs. T-195/94 u. 202/94, Quiller und Hausmann, Slg. 1997, II-2247, Rn. 58.

[631] *Rebhahn*, Staatshaftung wegen mangelhafter Gefahrenabwehr, 321.

[632] *Zenner* (Fn. 303), 112 ff.

Dagegen spricht die Tatsachenbeherrschung durch den Hoheitsträger nicht unbedingt für das Vorliegen eines haftungsrechtlichen Schutzzwecks. Eine „Entweder-Oder-Entscheidung" hinsichtlich der Beherrschbarkeit kann nämlich nicht getroffen werden. Die Beherrschbarkeit eines Risikos durch Hoheitsträger darf nicht statisch gesehen werden, sondern unterliegt ebenso wie die Begründung des schadensrechtlichen Schutzzwecks der Norm der wertenden Betrachtung. Daher bietet es sich an, insbesondere bei hoheitlichen Aufsichtspflichten zwischen Situationen hoher Unsicherheit und Situationen zu unterscheiden, in denen die Aufsicht an stabilen Handlungserwartungen ausgerichtet werden kann. Je weniger Handlungen potentieller Fremdschädiger in tatsächlicher oder rechtlicher Hinsicht für den zuständigen Hoheitsträger beherrschbar sind, desto eher ist die Annahme eines schadensersatzrechtlichen Schutzwecks abzulehnen. Beherrscht der Hoheitsträger hingegen die Handlungen potentieller Fremdschädiger durch strenge Aufsicht, die er auch durchzusetzen vermag, spricht dies eher für die Annahme des Schutzzwecks.

ff) Inanspruchnahme von Vertrauen durch Genehmigungserteilung

Die Kehrseite zur Frage der Beherrschbarkeit von Gefahren stellt hinsichtlich hoheitlicher Aufsichtspflichten die Frage des Hervorrufens schutzwürdigen Vertrauens durch die Einführung von hoheitlichen Kontrollsystemen. Denn grundsätzlich spricht für einen haftungsrechtlichen Schutz individueller Rechtsgüter, wenn der Hoheitsträger ein Kontrollsystem für potentiell schädigendes Verhalten einführt und der Einzelne sich berechtigterweise darauf verlassen kann, dass schädigendes Verhalten durch die hoheitliche Kontrolle ausgeschlossen wird. Je intensiver die Kontrolle ist, desto eher wird man dem Einzelnen, der auf die Verhinderung potentieller Schädigungen durch den Mitgliedstaat oder die Union vertraut hat, einen haftungsbewehrten Schutz zuerkennen müssen[633]. Die lediglich allgemeine Aufsicht über die Rechtmäßigkeit von Maßnahmen spricht dabei sicher weniger für einen haftungsrechtlichen Schutz als die ausdrückliche Genehmigung von Maßnahmen, welche trotz der Genehmigung einen Schaden auslösen[634].

---

633 *Rebhahn*, Staatshaftung wegen mangelhafter Gefahrenabwehr, 339.

634 GA Darmon Schlussanträge in Rs. C-55/90, Cato, Slg. 1992, I-2533, 2555, Rn. 41.

gg) Konkretisierung der Schadensabwendungspflicht

Des Weiteren hängt mit dem Schutz berechtigten Vertrauens die Frage nach der Konkretisierung von Schadensabwendungspflichten eng zusammen. Je konkreter die Pflichten sind, desto eher kann ihnen ein haftungsrechtlicher Schutzzweck zugunsten des Einzelnen entnommen werden. Ist z.B. eine Pflicht zunächst zu allgemein, um einen Haftungsanspruch bei ihrer Verletzung zu begründen, so könnte eine nachträgliche Konkretisierung beispielsweise durch ein Gerichtsurteil, welches das Bestehen dieser Pflicht autoritativ feststellt, als Anhaltspunkt für die Begründung eines haftungsrechtlichen Schutzzwecks herangezogen werden[635].

Durch Abwägung der jeweils einschlägigen der vorgeschlagenen Wertungsgesichtspunkte ist der Schutzzweckcharakter einer Norm zu ermitteln. Dabei ist zu berücksichtigen, dass die einzelnen Elemente sich nicht schlicht in ein Element der Schutzzwecklehre integrieren lassen. Beispielweise kann die gemeinschaftsrechtlich vorgesehene Aufsicht über den Weinmarkt unter dem Gesichtspunkten der Beherrschbarkeit der Gesundheitsgefahren und des Vertrauens der Bürger in die durch Kontrollen abgesicherte Ordnungsgemäßheit des Weins für die Bejahung des persönlichen und gegenständlichen Schutzzwecks der entsprechenden Vorschriften sprechen[636]. Kommt ein Bürger jedoch aufgrund allergischer Reaktionen auf Wein zu Schaden, welcher frei von Schadstoffen ist, so sprechen eben diese Wertungselemente der Beherrschbarkeit der Gefahren und des Vertrauens der Bürger in hoheitliche Kontrollregime im Rahmen des Rechtswidrigkeitszusammenhangs gegen die Bejahung des Schutzzwecks. In der gutachterlichen Anspruchsprüfung würde der Individualschutzcharakter der Norm bejaht, die Schadensfolge hingegen aufgrund des fehlenden Rechtswidrigkeitszusammenhangs ausgeschieden.

4. Unmittelbare Anwendbarkeit

In der Kategorie der Haftung wegen Verletzung von Schadensabwendungspflichten besteht ein weiteres Problem, welches in der Kategorie der Haftung wegen Schädigung in Gemengelagen keine Bedeutung erlangt. Dort handelt es sich regelmäßig um die Abwehr eines Eingriffs in

---

[635] Rebhahn, Staatshaftung wegen mangelhafter Gefahrenabwehr, 235.

[636] So z.B. der Fall EuGH verb. Rs. 326/86 und 66/88, Francesconi u.a./Kommission, Slg. 1989, 2087.

individualschützende Rechte, d.h. Rechten, welche für den Geschädigten unmittelbar anwendbar sind. Der Geschädigte kann von dem schädigenden Hoheitsträger regelmäßig die Einhaltung des Rechts verlangen. Daher bedarf es keiner Erörterung der Beziehung zwischen unmittelbarer Anwendbarkeit der Norm und dem Anspruch aus außervertraglicher Haftung. Anders ist es hingegen bei einer Haftung wegen Verletzung von Schadensabwendungspflichten. Der individualschützende Charakter der Abwehr einer Schädigung durch einen Fremdschädiger, d.h. das Einschreiten eines Hoheitsträgers gegen einen Dritten, ist nicht so offensichtlich wie bei der Eingriffsabwehr. Denn zunächst ist eine Schadensabwendungspflicht eine objektivrechtliche Pflicht, aus der individuelle Rechte erst abgeleitet werden müssen. Dagegen ist die Eingriffsabwehr von vorneherein als individuelles Recht konzipiert[637].

Wenn auch die Gleichsetzung von Schutznorm und individuellem Recht überwiegend abgelehnt wird[638], so wird doch überwiegend die unmittelbare Anwendbarkeit der verletzten Norm, d.h. die Möglichkeit der Normverletzung im Wege des Primärrechtsschutzes zu begegnen, als Grundvoraussetzung des Haftungsanspruchs gesehen[639]. Ein Haftungsanspruch ist danach nur denkbar, wenn er sich als Verlängerung eines nicht oder nicht mehr durchsetzbaren Primäranspruch darstellt. Dieser Ansicht nach ist der Sekundäranspruch unmittelbar an die Voraussetzungen des Primäranspruches gekoppelt. Stützt man daher, wie das Gemeinschaftsrecht dies tut, einen Schadensersatzanspruch auf die Verletzung eines individuellen Rechts, so ist die Gewährung eines sekundärrechtlichen Schadensersatzanspruchs ohne die zumindest theoretische Gewährung eines Primäranspruchs nicht denkbar[640]. Die Rechtsprechung lehnt daher in der Regel eine Haftung der Union ab, wenn der Anspruch auf die Verletzung einer Norm gestützt wird, die der Einzelne nicht im Primärrechtsschutz einfordern kann[641]. Ein Unterschied zwischen der Berechtigung zum Primärschutz und zum Sekundärschutz wird dabei nicht gemacht.

---

[637] *Jaeckel*, Schutzpflichten im deutschen und europäischen Recht, 244.

[638] *v.Bogdandy* (Fn. 8), Art. 288 EG, Rn. 16, 69; a.A. *Herdegen* (Fn. 44), 113.

[639] *v.Bogdandy* (Fn. 8), Art. 288 EG, Rn. 131.

[640] *Musil*, EuR 1998, 705, 707.

[641] EuG Rs. T-201/96, Smanor, Slg. 1997, II-1081, Rn. 25; EuGH Rs. C-149/96, Portugal/Rat, Slg. 1999, I-8395, Rn. 47.

Ein solches Verständnis ist nach der Ausgestaltung der Haftungsvoraussetzungen durch den Gerichtshof aber nicht notwendig. Die gemeinschaftsrechtliche außervertragliche Haftung setzt für die Erfüllung des Tatbestands nämlich nur die Verletzung einer Norm voraus, die den Schutz der Interessen des Geschädigten bezweckt[642], beziehungsweise die Verletzung einer Norm, die bezweckt dem Einzelnen Rechte zu verleihen[643]. Damit ist, trotz der Nähe zu den Voraussetzungen der unmittelbaren Anwendbarkeit von Normen des Gemeinschaftsrechts noch nicht festgelegt, dass diese Rechte notwendigerweise für den Geschädigten unmittelbar anwendbar sein müssen.

Wie bereits oben ausgeführt, wird daher teilweise vertreten, die individuellen Rechte im Gemeinschaftsrecht seien lediglich objektivrechtliche Rechtspositionen, die die öffentliche Gewalt binden, ohne dem Einzelnen aus dem Recht heraus einen Anspruch auf Beachtung dieser Rechtsposition einzuräumen[644]. Die Berechtigung des Einzelnen, die Einhaltung bestimmter Rechtspositionen zu verlangen, erfolge durch die Zuordnung einzelner Klagerechte. In der Konsequenz komme den gemeinschaftsrechtlichen Rechtsschutzinstrumenten nicht die Funktion des Schutzes individueller Rechte zu, sondern die Funktion der Durchsetzung des Gemeinschaftsrechts. Der Schutz individueller Interessen sei lediglich ein Rechtsreflex[645]. Auf der Grundlage dieser Dogmatik der Individualrechte im Gemeinschaftsrecht kann ohne Probleme von einer Unabhängigkeit von Primär- und Sekundärrechtsschutz ausgegangen werden. Denn wenn die Befugnis zur Geltendmachung der verletzten Rechtsposition dem verletzten Recht nicht immanent ist, kann die Klageberechtigung frei von der Rechtsordnung zugeteilt werden.

Dieses dem französischen Vorbild folgende Modell der objektiven Rechtskontrolle[646] durch den Einzelnen widerspricht hingegen der

---

642 EuGH verb. Rs. 9 und 12/60, Vloeberghs/Hohe Behörde, Slg. 1961, 427, 469; Rs. C-282/90, Vreugdenhil/Kommission, Slg. 1992, I-1937, Rn. 19 ff.; vgl. *Gilsdorf/Niejahr* (Fn. 8), Art. 288, Rn. 41.

643 EuGH verb. Rs. C-6/90 und C-9/90, Francovich, Slg. 1991, I-5357, Rn. 40; Rs. C-5/94, Hedley Lomas, Slg. 1996, I-2553, Rn. 25; Rs. C-140/97, Rechberger, Slg. 1999, I-3499, Rn. 21 f.

644 *Masing* (Fn. 179), 46 f.; *Schilling* (Fn. 147), 3, 27.

645 *Schilling* (Fn. 147), 3, 27, 29.

646 Ausführlich zum Gegensatz von objektiver Rechtskontrolle (contentieux objectif) und subjektivem Rechtsschutz (contentieux subjectif) *Kadelbach*, Allgemeines Verwaltungsrecht unter europäischem Einfluß, 379 ff.

Konstruktion des gemeinschaftsrechtlichen außervertraglichen Haftungsrechts. Denn wie bereits im Rahmen der Prüfung der Zwecke des Haftungsrechts ausgeführt[647], stellt das Haftungsrecht ausschließlich auf den Schutz individueller Rechtspositionen ab. Sowohl der Zugang als auch der Umfang der Haftungsansprüche bezieht sich ausschließlich auf den Schutz individueller Interessen. Daher geht es von der Konstruktion aus betrachtet um den Schutz individueller Rechte des Gemeinschaftsrechts. Gewiss werden individuelle Rechte nach dem Gemeinschaftsrecht in weiterem Umfang gewährt als durch subjektiv öffentliche Rechte nach deutschem Vorbild, was eine gewisse Nähe zu einer an objektiver Rechtskontrolle orientierten Rechtsschutzkonzeption ausmacht. Jedoch liegt darin der einzige wesentliche Unterschied zur Idee des subjektiv-öffentlichen Rechts. Denn auch im Gemeinschaftsrecht deckt sich die materielle Berechtigung aus einer individuellen Rechtsposition mit der prozessualen Rechtsmacht zur Geltendmachung des Anspruchs. Daher spricht nichts dagegen für das Haftungsrecht von einer Rechtsschutzkonzeption auszugehen, bei der der Schutz der individuellen Rechte im Vordergrund steht[648].

Aber auch auf der Grundlage der Zuerkennung materieller Rechtspositionen, die von dem System gemeinschaftlicher Rechtsbehelfe geschützt sind, kann eine Trennung von Primär- und Sekundäranspruch vorgenommen werden. In formaler Hinsicht kann dies aus den unterschiedlichen Klagezielen des Nichtigkeitsverfahrens und der Schadensersatzklage hergeleitet werden[649]. Wie bereits dargelegt, haben beide Klagearten unterschiedliche Funktionen im System der gemeinschaftlichen Rechtsbehelfe. Das Nichtigkeitsverfahren ist auf Aufhebung von Gemeinschaftsrechtsakten gerichtet, die Gemeinschaftshaftung strebt hingegen lediglich den Ausgleich von Schäden an, die ein Hoheitsträger unter Bruch des Gemeinschaftsrechts bei der Ausübung seiner Befugnisse verursacht hat. Der übermäßigen Gefahr der Anfechtung von Gemeinschaftsrechtsakten wird durch restriktive Klagevoraussetzungen der Nichtigkeitsklagen Rechnung getragen. Zumindest im Bereich legislativen Unrechts gleicht das Haftungsrecht die so entstehenden Rechtsschutzlücken aus[650]. Daher könnten auch Rechtsakte, die nicht im Wege

---

647 Siehe oben 2. Teil, B. II. 2.

648 *Classen* (Fn. 171), 645, 667 f.

649 *Reinisch*, EuZW 2000, 42, 47.

650 *Schmahl* (Fn. 8), 415, 423; GA Roemer Schlussanträge in Rs. 5/71, Schöppenstedt/Rat, Slg. 1971, 975, 990 f.

des Primärrechtsschutzes angegriffen werden können, ihren Schutz im Wege des Haftungsrechts erhalten[651].

Materiell, d.h. in Bezug auf den Inhalt des einzelnen Individualrechts, lässt sich die Entkoppelung von unmittelbarer Anwendbarkeit eines Rechts und der Vermittlung von Schadensersatzansprüchen durch die Berücksichtigung des Schutzzwecks der Norm herstellen. Durch den Schutzzweck der verletzten Norm lässt sich nämlich nicht nur festgelegen, in welchem Umfang eine individuelle Rechtsposition geschützt wird, sondern auch wie sie geschützt wird[652]. Dadurch wird ermöglicht, dass der Schutzzweck der Norm den Inhaber der geschützten Interessen nicht zu präventiver Durchsetzung seiner Berechtigung ermächtigt, diese hingegen schadensersatzrechtlich schützt. So kann in Bereichen, in denen der Kreis der Interessierten derart weit ist, dass die Einräumung eines primärrechtsschützenden Schutzzwecks faktisch zu einer Popularklagemöglichkeit führen würde, dem Einzelnen gleichwohl ein sekundärrechtlicher Schutz seiner Rechte gewährt werden.

Gewiss rückt der Rechtsschutz mit der Abkoppelung von Primärrechtsschutz und Sekundärrechtsschutz ein wenig näher in Richtung einer Konzeption objektiver Rechtskontrolle durch den Einzelnen. Allerdings bleibt die Haftungsauslösung und ihr Umfang auf das engste mit der individuellen Rechtsposition verbunden, die durch die Einbeziehung des Schutzzwecks der Norm nicht aufgeweicht, sondern im Gegenteil genauer definiert wird[653]. Denn durch die Einbeziehung des Schutzzwecks der Norm werden Schutzzweck, Schutzbereich und Rechtswidrigkeitszusammenhang einer Schädigung mit der Norm weiter ausgeführt und damit der Norm ein inhaltlich präzise bestimmter Gehalt verliehen. Daher lässt sich auch diese Konzeption ohne weiteres mit der individualrechtsschützenden Konzeption des gemeinschaftsrechtlichen außervertraglichen Haftungsrechts vereinbaren.

Tatsächlich wird indes die Unterscheidung von schadensersatzrechtlichem und primärrechtschützendem Schutzzweck einer Norm nur selten zu einem Auseinanderfallen von Primär- und Sekundärrechtsschutz führen, da sich die Voraussetzungen der Haftung nach der Schutznormtheorie und die Voraussetzungen der unmittelbaren Wirkung von Gemeinschaftsrecht sehr ähnlich sind. Setzt die Haftung die Verletzung ei-

---

651 *Schoißwohl*, ZEuS 2001, 689, 713 f.

652 *Eilmansberger* (Fn. 126), 201 f.; *Rebhahn*, Staatshaftung wegen mangelhafter Gefahrenabwehr, 283.

653 *Eilmansberger* (Fn. 126), 202.

ner den Einzelnen schützenden Norm voraus[654], verlangt die unmittelbare Anwendbarkeit, dass eine Norm eine klare und eindeutige Verpflichtung der Union oder der Mitgliedstaaten begründet[655]. Diese Verpflichtung muss auch gegenüber dem Einzelnen bestehen, damit er sich darauf berufen kann. Bei beiden geht es letztlich um den Schutz des Einzelnen. Daher sind in der Regel beide Haftungsvoraussetzungen deckungsgleich. Eher ausnahmsweise wird dem Einzelnen ausschließlich ein Schadensersatzanspruch gewährt, ohne einen primären Rechtsschutz zu vermitteln. Daraus kann in Anknüpfung an die vorstehenden Ausführungen zur Ermittlung des Schutzzwecks ein weiteres Wertungselement eingeführt werden. So spricht die Gewährung von Primärrechtsschutz für ein Recht auch für den Charakter einer Norm als schadensersatzrechtliche Schutznorm. Ist hingegen eine Norm nicht mit dem Zweck des repressiven Rechtsschutzes ausgestattet, so bedarf es einer besonderen Begründung, warum sie zwar keinen Primärschutz, gleichwohl aber schadensersatzrechtlichen Schutz vermittelt[656]. Hierbei kann wiederum auf die zuvor dargestellten Wertungselemente zurückgegriffen werden.

Soweit manche Autoren aus der Möglichkeit einer Trennung von der Vermittlung eines Schadensersatzanspruchs und unmittelbarer Anwendbarkeit auf eine wesentliche Erweiterung des Kreises von Haftungsnormen schließen[657], ist daher anzumerken, dass die Überlegungen der unmittelbaren Anwendbarkeit zumeist identisch mit dem schadensersatzrechtlichen Schutzzweck der Norm sind. Ein gutes Beispiel bildet die Diskussion um die Haftung der Europäischen Union wegen der Verletzung von WTO-Recht[658]. Dieses ist nach ständiger Rechtsprechung der Gemeinschaftsgerichte im Gemeinschaftsrecht nicht un-

[654] EuGH verb. Rs. 9 und 12/60, Vloeberghs/Hohe Behörde, Slg. 1961, 427, 469; Rs. C-282/90, Vreugdenhil, Slg. 1992, I-1937, Rn. 19 ff. Zwar ist die Voraussetzung des Individualschutzes nicht ausdrücklich Voraussetzung der Haftung für Einzelakte. Für ein System der Unrechtshaftung ist es jedoch überzeugender, wenn nur für die Verletzung individueller Rechte gehaftet wird. So auch GA Darmon Schlussanträge in Rs. C-55/90, Cato, Slg. 1992, I-2533, 2555, 2561; *v. Bogdandy* (Fn. 8), Art. 288 EG, Rn. 68.

[655] EuGH Rs. 26/62, van Gend & Loos, Slg. 1963, 1, Tz. 12; Rs. 57/65, Lütticke, Slg. 1966, 257, Tz. 5.

[656] *Rebhahn*, Staatshaftung wegen mangelhafter Gefahrenabwehr, 314.

[657] *Reinisch* (Fn. 649), 42, 47; *Schoißwohl* (Fn. 651), 689, 704, 714.

[658] Siehe dazu z.B. *Manin*, RTDE 1997, 399, 413 ff.; *Gasparon*, EJIL 10 (1999), 605, 620 ff.; *Reinisch* (Fn. 649), 42, 47; *Schoißwohl* (Fn. 651), 689.

mittelbar anwendbar[659], es sei denn, Normen aus den WTO-Abkommen werden direkt von einer unionsrechtlichen Norm umgesetzt oder eine solche verweist auf eine Vorschrift der WTO[660].

Grundsätzlich können völkervertragliche Pflichten im Gemeinschaftsrecht Schutznormcharakter entfalten[661]. Abkommen mit Drittstaaten werden durch die Beschlussfassung des Rates nach Art. 300 EG zum Vertragsschluss zu einem integralen Bestandteil des Gemeinschaftsrechts[662]. Daher können diese Abkommen bei Vorliegen der allgemeinen Voraussetzungen für die unmittelbare Anwendbarkeit auch innerhalb der Union unmittelbar anwendbar sein.

Die Ablehnung der unmittelbaren Anwendbarkeit der WTO-Abkommen wird hauptsächlich auf zwei Argumente gestützt. Zum einen würde die unmittelbare Anwendbarkeit den Unionsorganen die ihnen nach den WTO-Vorschriften über die Streitbeilegung eingeräumte Befugnis nehmen, Streitigkeiten über die Anwendung zwischen den Mitgliedstaaten im Verhandlungswege beizulegen[663]. Zum anderen würde die einseitige Einräumung der unmittelbaren Wirksamkeit der WTO-Bestimmungen innerhalb der Union zu einem Ungleichgewicht im Verhältnis zu anderen Vertragsstaaten führen, die eine unmittelbare Anwendung der Vorschriften in ihrem internen Rechtskreis ablehnten[664].

Wie vorstehend ausgeführt ist aber zwischen unmittelbarer Anwendbarkeit und dem Schutz von Rechten oder Interessen Einzelner zu un-

---

[659] St. Rspr. EuGH Rs. C-149/96, Portugal/Rat, Slg. 1999, I-8395; siehe auch EuGH Rs. C-300/98 u. C-392/98, Dior u.a., Slg. 2000, I-11307; C-377/98, Niederlande/Parlament u. Rat, Slg. 2001, I-7079; Rs. C-307/99, OGT Fruchthandelsgesellschaft, Slg. 2001, I-3159.

[660] EuGH Rs. 70/87, Fediol, Slg. 1989, 1781, 1830 f. ; Rs. C-69/89, Nakajima/Rat, Slg. 1991, I-2069, 2177; siehe dazu *v.Bogdandy/Makatsch*, EuZW 2000, 261.

[661] *v.Bogdandy* (Fn. 8), Art. 288 EG, Rn. 73.

[662] EuGH Rs. 104/81, Kupferberg, Slg. 1982, 3641, Rn. 13; Rs. C-1/91, EWR Gutachten, Slg. 1991, I-6079, Rn. 37.

[663] EuGH Rs. C-149/96, Portugal/Rat, Slg. 1999, I-8395, Rn. 40; nach Art. 22 Abs. 2 der Vereinbarung über Regeln und Verfahren zur Beilegung von Streitigkeiten (DSU) kann ein Mitgliedstaat des Abkommens, der von den Streitbeilegungsorganen wegen Verstoß gegen WTO-Vorschriften verurteilt worden ist, versuchen im Verhandlungswege Streitigkeiten über die Umsetzung zu beseitigen.

[664] EuGH Rs. C-149/96, Portugal/Rat, Slg. 1999, I-8395, Rn. 43 ff.

terscheiden. Für den Haftungsanspruch reicht es aus, wenn ein haftungsrechtlicher Schutzzweck nachgewiesen werden kann. Ein solcher Schutzzweck folgt nahezu den gleichen Anforderungen wie die Frage der unmittelbaren Anwendbarkeit. Ohne auf den Streit über die Berechtigung dieser Gründe für die Ablehnung der unmittelbaren Anwendbarkeit einzugehen[665], kann aber festgestellt werden, dass einige Vorschriften des über Art. 300 Abs. 7 EG in das Gemeinschaftsrecht inkorporierten WTO-Rechts auch bezwecken, dem Einzelnen Rechte zu verleihen[666]. Dem schadensersatzrechtlichen Schutzzweck stehen nicht die Gründe entgegen, die der Gerichtshof gegen die unmittelbare Anwendbarkeit anführt. Die Annahme einer Haftung führt nämlich weder zur Einengung des wirtschaftspolitischen Spielraums der Mitgliedstaaten noch würden durch einen Haftungsanspruch einseitig Zugeständnisse gewährt, die andere Vertragsstaaten ablehnen.

Auch der Haftungszweck des Schutzes individueller Rechte spricht für eine solche Auslegung. Denn außenwirtschaftspolitische Gründe können schwerlich herangezogen werden, um den haftungsrechtlichen Schutzzweck von Vorschriften zu negieren, die ein integraler Bestandteil des Gemeinschaftsrechts sind. Daher kann nach der hier vertretenen Konzeption des Haftungsanspruchs im Einzelfall auch WTO-rechtlichen Bestimmungen ein haftungsrechtlicher Schutzzweck zukommen. Gleichwohl ist der Gerichtshof in einer jüngeren Entscheidung, in der er eine neue Kategorie der Ausnahmen der Berufung auf das WTO-Recht angedeutet hat, seiner Auffassung treu geblieben, dass eine Haftung nur in Betracht kommen kann, wenn der Geschädigte sich auf eine im Einzelfall unmittelbare Norm berufen kann[667].

Entgegen der Rechtsprechung ist daher festzuhalten, dass auch bei einer individualrechtsschützenden Konzeption des gemeinschaftsrechtlichen Haftungsrechts unter konsequenter Einbeziehung des Schutzzwecks der Norm die unmittelbare Anwendbarkeit der verletzten Norm zwar meist eine hinreichende, jedoch nicht notwendige Voraussetzung eines Haftungsanspruchs ist. Auch die Verletzung von Normen, welche im Einzelfall nicht unmittelbar anwendbar sind, kann daher einen Scha-

---

665 Zur Diskussion siehe *v.Bogdandy*, Symposium Randelzhofer, 1 ff.; *Berrisch/Kamann*, EWS 2000, 89; *Eeckhout* (Fn. 288), 11; *Hilf/Schorkopf*, EuR 2000, 74, 86.

666 Im Einzelnen *Schoißwohl* (Fn. 651), 689, 713 ff.

667 EuGH verb. Rs. C-93 u. 94/02 P, Biret, Urteil v. 30.09.2003, Rn. 57 ff.

densersatzanspruch aus gemeinschaftsrechtlicher außervertraglicher Haftung begründen[668].

5. *Fallgruppen*

Es fragt sich, welchen Schadensabwendungspflichten ein schadensersatzrechtlicher Schutzzweck zukommt und sie damit im Grunde geeignet sind, im Falle ihrer Verletzung zur Entstehung eines haftungsrechtlichen Mehrpersonenverhältnisses zu führen. Dabei geht es vorwiegend darum, ob den einzelnen Pflichten allgemein ein haftungsrechtlicher Schutzzweck zukommt; ob der Schutzbereich einen bestimmten Schaden erfasst, ist im Einzelfall zu prüfen.

Grundsätzlich lassen sich zwei Gruppen von Schadensabwendungspflichten unterscheiden. Einerseits handelt es sich um Aufsichts- und Kontrollpflichten, andererseits um Schutzpflichten. Die Unterscheidung zwischen beiden Gruppen von Pflichten liegt in ihrem Bezugspunkt. Aufsichtspflichten knüpfen an das Verhalten des Beaufsichtigten an, Schutzpflichten hingegen an ein zu schützendes Rechtsgut. Diese Unterscheidung ist nicht immer trennscharf. Denn die Aufsichtspflichten dienen gleichzeitig selbstverständlich auch dem Schutz bestimmter Rechte. Sie unterscheiden sich nur dadurch, dass Aufsichtspflichten positivrechtlich vorgeschrieben sind, Schutzpflichten hingegen nur allgemein ein Tätigwerden fordern. Dieses kann, muss aber nicht, in der Ausübung einer Aufsicht liegen.

a) Administrative Kontroll- und Aufsichtspflichten

Administrative Kontroll- und Aufsichtspflichten sind im Gemeinschaftsrecht in vielfältiger Ausprägung enthalten. Sie ergeben sich sowohl aus dem Primär- als auch aus dem Sekundärrecht. Da fortlaufend neue Aufsichtspflichten sekundärrechtlich eingeführt werden, kann nachfolgend nur ein grober Überblick über die haftungsrelevanten Pflichten gegeben werden, der exemplarisch für weitere Konstellationen der Verletzung von Aufsichtspflichten herangezogen werden kann.

Erwähnt werden vorliegend vor allem Aufsichtspflichten der Union. Dies entspricht der Kompetenzverteilung im Gemeinschaftsgefüge.

---

[668] So im Ergebnis auch *Rebhahn*, Staatshaftung wegen mangelhafter Gefahrenabwehr, 102 f., 313 f.; *Reinisch* (Fn. 649), 42, 47; *Schoißwohl* (Fn. 651), 689, 713 ff.

Denn nur in Einzelfällen obliegen den Mitgliedstaaten administrative Aufsichtspflichten unmittelbar aus dem Gemeinschaftsrecht. Wegen der mitgliedstaatlichen Verwaltungsautonomie kommt in der Regel die Ausgestaltung des Verwaltungsvollzugs den Mitgliedstaaten zu[669]. Im Einzelfall sind aber auch durch sekundäres Gemeinschaftsrecht vorgeschriebene Aufsichts- und Kontrollpflichten der Mitgliedstaaten möglich[670].

Ergeben sich Aufsichtspflichten der mitgliedstaatlichen Behörden erst aus nationalen Umsetzungsgesetzen, verletzt ein administrativer Verstoß gegen Aufsichtspflichten hingegen nur nationales Recht. Ein gemeinschaftsrechtlicher Staatshaftungsanspruch ist dann ausgeschlossen. Bleibt die Aufsicht hinter den Anforderungen einer Aufsichtsmaßnahmen fordernden Richtlinie zurück, handelt es sich um einen legislativen Verstoß gegen die Richtlinie. Dieser Fall betrifft die später zu behandelnde Haftung wegen mangelhafter Umsetzung von Richtlinien.

aa) Allgemeine Aufsichtspflicht der Kommission?

Nach Art. 211, 226 EG übt die Kommission die Rechtsaufsicht über mitgliedstaatliches Verhalten aus. Im Falle einer Verletzung gibt die Kommission nach Art. 226 Abs. 1 EG eine Stellungnahme gegenüber dem betreffenden Mitgliedstaat ab. Kommt dieser der Stellungnahme nicht nach, kann die Kommission gemäß Art. 226 Abs. 2 EG Klage vor dem Gerichtshof auf Feststellung einer Vertragsverletzung erheben. Teilweise werden das Vorverfahren und das Klageverfahren getrennt auf ihre Haftungsrelevanz untersucht[671]. In beiden Verfahren geht es hingegen um das gleiche Anliegen, die Rechtsaufsicht über das mitgliedstaatliche Verhalten. Im Übrigen stellen beide Handlungen lediglich unterschiedliche Verfahrensschritte in einem einheitlichen Vertragsverletzungsverfahren dar. Daher ist es gerechtfertigt den Schutzzweckcharakter des Vertragsverletzungsverfahrens als Ganzes zu untersuchen.

Der Schutzzweckcharakter der Aufsichtsmaßnahmen durch die Kommission war lange Zeit äußerst umstritten. Der EuGH hat sich zum schadensersatzrechtlichen Schutzzweck des Vertragsverletzungsverfahrens bislang nicht eindeutig geäußert. Lediglich in der Rechtssache

---

[669] *Kadelbach* (Fn. 148), 110 f., 238 f.

[670] Z.B. Art. 40 Verordnung (EG) Nr. 1493/1999 des Rates über die gemeinsame Marktorganisation für Wein, ABl. 1999, Nr. L 179, 1.

[671] *Czaja* (Fn. 4), 107, 109.

Vloebergs[672] erkannte der Gerichtshof Aufsichtsmaßnahmen unter dem EGKS-Vertrag einen schadensersatzrechtlichen Schutzzweck zu, machte ihn aber davon abhängig, dass auch die von dem Mitgliedstaat verletzten Normen individualschützenden Charakter haben[673]. Dies lässt sich mit der Besonderheit des Regimes des EGKS-Vertrags, welches nur auf eine bestimmte Branche ausgerichtet ist und den Unternehmen einen besonderen Stellenwert zuweist, erklären[674]. Insofern handelte es sich bei der Rechtsaufsicht Art. 88 EGK eben nicht um eine allgemeine, sondern vielmehr um eine sektorenspezifische Aufsichtspflicht.

Auf die Verletzung von Art. 226 EG gestützte Schadensersatzklagen scheiterten hingegen regelmäßig am Fehlen einer Verpflichtung der Kommission zum Einleiten eines Vertragsverletzungsverfahrens, da die Einleitung eines solchen Verfahrens in das Ermessen der Kommission falle[675]. Daher sei das Unterlassen von Aufsichtsmaßnahmen nicht rechtswidrig und könne keine Haftung auslösen[676]. In der neueren Rechtsprechung werden auf der Grundlage dieses Ansatzes auf die Verletzung der allgemeinen Rechtsaufsicht gestützte Klagen sogar als offensichtlich unzulässig abgewiesen[677]. Hinsichtlich des Schutznormcharakters der allgemeinen Aufsichtspflichten lässt sich daraus wohl folgern, dass die Gemeinschaftsgerichte einen solchen vollständig ablehnen[678]. Denn die Möglichkeit eines Haftungsanspruchs wird an das Schicksal des Primäranspruchs auf Einleitung eines Vertragsverletzungsverfahrens gekoppelt. Ein Individualanspruch auf Einleitung eines

---

[672] EuGH verb. Rs. 9 und 12/60, Vloeberghs/Hohe Behörde, Slg. 1961, 427.

[673] EuGH verb. Rs. 9 und 12/60, Vloeberghs/Hohe Behörde, Slg. 1961, 427, 467 f.

[674] *Gilsdorf/Niejahr* (Fn. 8), Art. 288, Rn. 46.

[675] EuGH Rs. 247/87, Star Fruit/Kommission, Slg. 1989, 291, Rn. 11 f.; Rs. C-87/89, Sonito, Slg. 1990, I-1981, Rn. 6 f., 17; Rs. C-71/90, Asia Motor France, Slg. 1990, I-2181, Rn. 13 f.; EuG Rs. T-571/93, Lefebvre Frères, Slg. 1995, II-2379, Rn. 60; Rs. T-201/96, Smanor, Slg. 1997, II-1081, Rn. 30.

[676] EuG Rs. T-571/93, Lefebvre Frères, Slg. 1995, II-2379, Rn. 60.

[677] EuGH Rs. C-71/90, Asia Motor France, Slg. 1990, I-2181, Rn. 13 f.; EuG Rs. T-201/96, Smanor, Slg. 1997, II-1081, Rn. 30; Rs. C-422/97 P, Sateba/Kommission, Slg. 1998, I-4913, Rn. 42.

[678] Diese Einschätzung der Rechtsprechung teilen *v.Bogdandy* (Fn. 8), Art. 10, Rn. 71; *Gilsdorf/Niejahr* (Fn. 8), Art. 288, Rn. 46; a.A. *Czaja* (Fn. 4), 122, die aus der Rechtsprechung ein Bekenntnis zum Drittschutz der Aufsichtspflichten liest.

Vertragsverletzungsverfahrens ist aber nach ständiger Rechtsprechung ausgeschlossen[679]. Der Kommission ist insoweit sowohl ein breiter Beurteilungsspielraum zur Beurteilung der Vertragsverletzung des Mitgliedstaats[680] als auch ein weites Ermessen hinsichtlich der Einleitung eines Vertragsverletzungsverfahrens eingeräumt[681].

Der Meinungsstand in der Literatur hierzu ist kontrovers. Während eine Mehrheit den Schutznormcharakter der generellen Aufsichtspflicht rundweg mit der Überlegung ablehnt, der Ausschluss eines Primäranspruchs auf Einleitung eines Vertragsverletzungsverfahrens werde umgangen, wenn der Einzelne über das Haftungsrecht Einfluss auf die Kommission nehmen könne[682], bejahen andere, getragen von der Befürchtung nicht hinreichenden Rechtsschutzes, den Schutznormcharakter der Aufsichtspflichten. Dabei wird der Schutzzweckcharakter des Vertragsverletzungsverfahrens insbesondere mit dem Rechtsschutzbedürfnis des Einzelnen begründet[683]. Konsequenterweise wird daher von den entsprechenden Autoren ein Haftungsanspruch wegen Verletzung der Rechtsaufsicht auf die Konstellation begrenzt, in der nach älterer Rechtsprechung die Mitgliedstaaten nicht für die Verletzung einer individualschützenden Richtlinie in Anspruch genommen werden konnten[684] oder unter der Behauptung gänzlicher Ineffektivität des gemeinschaftsrechtlichen Staatshaftungsanspruchs von einer generellen parallelen Haftung von Union und Mitgliedstaaten für mitgliedstaatliche Gemeinschaftsrechtsverstöße ausgegangen[685].

---

679 EuGH Rs. 247/87, Star Fruit, Slg. 1989, 291; Rs. 371/89, Emrich, Slg. 1990, 1555; Rs. C-196/97 P, Intertronic F. Cornelis GmbH/Kommission, Slg. 1998, I-199, Rn. 12; Rs. C-422/97 P, Sateba/Kommission, Slg. 1998, I-4913, Rn. 42; EuG Rs. T-479 u.559/93, Bernardi, Slg. 1994, II-1115; Rs. T-571/93, Lefebvre Frères, Slg. 1995, II-2379, Rn. 60; Rs. T-201/96, Smanor, Slg. 1997, II-1081, Rn. 30.

680 *Gaitanides* in: v.d.Groeben/Schwarze, Art. 226, Rn. 71.

681 EuGH Rs. 247/87, Star Fruit, Slg. 1989, 291, Rn. 11; EuG Rs. T-201/96, Smanor, Slg. 1997, II-1081, Rn. 30; Rs. C-196/97 P, Intertronic F. Cornelis GmbH/Kommission, Slg. 1998, I-199, Rn. 12; Rs. C-422/97 P, Sateba/Kommission, Slg. 1998, I-4913, Rn. 42.

682 *Czaja* (Fn. 4), 109 ff.; *Gilsdorf/Niejahr* (Fn. 8), Art. 288, Rn. 46; *Ossenbühl* (Fn. 6), 583; *Renzenbrink* (Fn. 5), 57.

683 *Aubin* (Fn. 5), 126 f.; *Stefanou/Xanthaki* (Fn. 7), 138.

684 *Aubin* (Fn. 5), 126 f.

685 *Stefanou/Xanthaki* (Fn. 7), 121, 151, gehen davon aus, dass der durch die Mitgliedstaaten gewährte Haftungsrechtsschutz überwiegend unzureichend sei

Im Ergebnis ist der Rechtsprechung und der überwiegenden Ansicht in der Literatur zuzustimmen; die Begründung allerdings geht fehl. Der Schutznormcharakter der Rechtsaufsicht nach Art. 211, 226 EG entfällt nicht aufgrund einer mangelnden Pflicht der Kommission zum Einschreiten. Ebenso wenig ist eine Haftung aufgrund der Annahme weiten Ermessens und eines eigenständigen Beurteilungsspielraums vollständig ausgeschlossen. Dies wäre nur möglich, wenn der Kommission ein freies Ermessen zustünde. Ein freies Ermessen der Kommission zur Einleitung eines Vertragsverletzungsverfahrens kann jedoch nicht angenommen werden, da es mit dem unbedingten Geltungsanspruch des Gemeinschaftsrechts in den Mitgliedstaaten kollidieren würde. Dieser Geltungsanspruch wird vor allem durch die Kommission als „Hüterin der Verträge“[686] vertreten. Könnte die Kommission selbst bei schwersten, eventuell sogar vorsätzlichen Gemeinschaftsrechtsverstößen von der Einleitung eines Vertragsverletzungsverfahrens absehen, um einen schweren Konflikt mit dem betreffenden Mitgliedstaat zu vermeiden, würde der Geltungsanspruch des Gemeinschaftsrechts erheblich relativiert. Die Rechtsbindung könnte aufgrund des politischen Gewichts eines Mitgliedstaates zurückgedrängt werden. Gerade in solchen Fällen ist es aber wichtig, die Einhaltung des Rechts mit der Autorität des Gerichtshofs zu sichern. Denkbar ist daher, dass eine Reduzierung des Ermessens für gleichgelagerte Fälle durch das gemeinschaftsrechtliche Gleichbehandlungsgebot zu einer Verpflichtung der Kommission zum Einschreiten führt[687]. In Betracht könnte zumindest immer ein Anspruch auf ermessensfehlerfreie Entscheidung kommen. Ein gänzliches Ausscheiden des Schutznormcharakters der allgemeinen Rechtsaufsicht durch die Kommission lässt sich daher nicht auf das Fehlen einer Pflicht der Kommission zum Einschreiten stützen. Zumindest zweifelhaft ist daher die Abweisung entsprechender Klagen als unzulässig, weil keine Pflicht der Kommission bestünde.

Die Begründung der generellen schadensersatzrechtlichen Irrelevanz der Verletzung der allgemeinen Aufsichtspflicht der Kommission ergibt sich vielmehr aus dem mangelnden Schutznormcharakter der allgemeinen Aufsichtsvorschriften. Schon aus dem Wortlaut der Art. 221, 226

---

und es daher eines gemeinschaftsrechtlichen Ausgleichs durch eine Haftung der Union bedürfe. Eine Einschränkung wird jedoch für den Fall vorgenommen, dass die Kommission keinerlei Kenntnis von einem mitgliedstaatlichen Rechtsverstoß hatte, 138.

686 *Hallstein* (Fn. 142), 57.

687 *Ossenbühl* (Fn. 6), 583.

EG ergibt sich kein Hinweis auf eine Individualisierung der Pflichten[688]. Nach Art. 211 EG hat die Kommission für die Anwendung des Vertrages und die von den Organen getroffenen Bestimmungen Sorge zu tragen. Individualinteressen sind nicht erwähnt. Der Aufsicht kommt damit eine reine Ordnungsfunktion zu[689]. Eine im Einzelfall gegebene reflexartige Begünstigung des Einzelnen reicht nicht aus, um eine individualschützende Komponente herzuleiten[690]. Dafür sprechen insbesondere der extrem weite Kreis der möglicherweise betroffenen Personen und die völlig unspezifische Ausrichtung auf einen allgemeinen Schutz jeglicher Gemeinschaftsrechte. Hinzu kommt eine eingegrenzte Beherrschbarkeit des Schutzes der objektiven Rechtsordnung vor Verstößen durch die Mitgliedstaaten. Denn längst nicht in jedem Fall vermag ein Einschreiten der Kommission mittels Aufsichtsinstrumenten ein rechtswidriges Verhalten der Mitgliedstaaten zu verhindern oder zu beseitigen[691]. Darüber hinaus sprechen auch außerhalb der Norm liegende Gründe gegen ein Anerkenntnis des Schutznormcharakters. Die allgemeine Rechtsaufsicht der Kommission bewegt sich in einem Bereich, der von der Notwendigkeit starken Vertrauens und damit weiten politischen Ermessens der Kommission geprägt ist[692]. Dieses wäre beeinträchtigt, wenn die Kommission über den Umweg des Haftungsrechts befürchten müsste, für ein Nichteinschreiten in Anspruch genommen zu werden[693]. Auch der Rechtsschutzgedanke steht einer Zurückweisung des Schutznormcharakters nicht im Wege[694]. Denn zumindest seit Einführung des gemeinschaftsrechtlichen Staatshaftungsanspruchs steht dem Einzelnen gegen gemeinschaftsrechtswidrige Akte der Mitgliedstaaten umfassender Rechtsschutz in gleichem Maße wie gegenüber der Kommission zur Verfügung. Gegenüber unmittelbar wirksamem Recht stehen wegen des Vorrangs des Gemeinschaftsrechts

---

[688] *Renzenbrink* (Fn. 5), 57.

[689] *Czaja* (Fn. 4), 121; *Gilsdorf/Niejahr* (Fn. 8), Art. 288, Rn. 46.

[690] *Gilsdorf/Niejahr*, ebd.

[691] *Czaja* (Fn. 4), 113 ff., 121, die eingehend aufzeigt, dass das Aufsichtsverhalten der Kommission über die Rechtmäßigkeit mitgliedstaatlichen Verhaltens eine nur begrenzte Wirkung hat.

[692] *Schmitt von Sydow*, in: v.d.Groeben/Schwarze, Art. 211, Rn. 31.

[693] *Gilsdorf/Niejahr* (Fn. 8), Art. 288, Rn. 46.

[694] So aber *Aubin* (Fn. 5), 126; *Stefanou/Xanthaki* (Fn. 7), 108, 127, die den gemeinschaftsrechtlichen Staatshaftungsanspruch aus faktischen Gründen für nicht effektiv halten.

die gleichen Rechtsbehelfe zur Verfügung wie bei einem Verstoß gegen nationales Recht[695]. Dieser geht sogar über den üblichen nationalen Rechtsschutz hinaus, da sekundärer Rechtsschutz gegenüber allen Arten hoheitlicher Gewalt gewährt wird, gleich in welcher Funktion der Mitgliedstaat handelt[696]. Auch soweit sich Bedenken auf Rechtsschutzlücken im Bereich nicht unmittelbar wirksamen Gemeinschaftsrechts stützen[697], ist ein Bedürfnis nach Anerkennung des Schutzzweckcharakters der allgemeinen Aufsichtspflichten der Kommission mit Einführung sekundärer Rechtsschutzmöglichkeiten gegen nicht unmittelbar wirksames Recht in der Rechtssache Francovich[698] entfallen.

Insgesamt ist daher der Schutznormcharakter einer Verletzung allgemeiner Aufsichtspflichten der Kommission nach Art. 226 EG abzulehnen.

bb) Sektorenspezifische Aufsichtspflichten

Neben der allgemeinen Aufsichtspflicht der Kommission nach Art. 226 EG existieren spezifische Aufsichtspflichten der Kommission für einzelne Bereiche. Primärrechtlich vorgesehen sind die Beihilfeaufsicht gemäß Art. 88 Abs. 2 EG[699] sowie die Wettbewerbsaufsicht nach Art. 83 EG i.V.m. VO Nr. 17/62 EWG.

(1) Beihilfenaufsicht (Art. 88 Abs. 2 EG)

Zum Schutzzweckcharakter der Beihilfenaufsicht hat der Gerichtshof bislang keine eindeutige Aussage getroffen. Zwar war die Beihilfenaufsicht Gegenstand der Prüfung in mehreren Verfahren, in denen die Kläger geltend machten, durch das Unterlassen der Kommission ein Beihil-

---

[695] Zumindest bei unmittelbar anwendbarem Recht ist nach den Verfassungsprinzipien des Unionsrechts von einem umfassenden Rechtsschutzsystem auszugehen, vgl. *Gaitanides* in: v.d.Groeben/Schwarze, Art. 220, Rn. 3 f.

[696] EuGH, verb. Rs. C-46/93 und C-48/93, Brasserie du Pêcheur, Slg. 1996, I-1029, Rn. 32 ff.

[697] *Aubin* (Fn. 5), 126.

[698] EuGH, Rs. C-6/90 und C-9/90, Francovich u.a./Italienische Republik, Slg. 1991, I-5357.

[699] Das Verfahren ist nunmehr im Einzelnen geregelt in der Verordnung (EG) Nr. 659/1999 des Rates über besondere Vorschriften für die Anwendung von Art. 93 des EG-Vertrags, ABl. 1999, Nr. L 83, 1, nachstehend VerfO.

fenaufsichtsverfahren einzuleiten bzw. dieses weiter zu verfolgen, einen Schaden erlitten zu haben. Die Frage des Schutzzweckcharakters der Beihilfeaufsicht ließ der Gerichtshof aber offen[700]. Die Ansprüche scheiterten in behandelten Fällen bereits am mangelnden Nachweis der Ursächlichkeit des Kommissionsverhaltens für den entstandenen Schaden[701]. In einem weiteren Verfahren war der Schadensersatzantrag auf die Forderung zu einem Tätigwerden der Kommission gerichtet, zu dem sie nach Art. 88 Abs. 2 EG gar nicht befugt war[702]. Alle Klagen wurden allerdings nicht als unzulässig, sondern als unbegründet abgewiesen, woraus geschlossen werden kann, dass der Gerichtshof der Beihilfenaufsicht jedenfalls nicht von vorneherein den Schutzcharakter abspricht, wie er das bei der allgemeinen Rechtsaufsicht nach Art. 211, 226 EG tut. Darüber hinaus deutete das Gericht im Fall BAI an, dass die Kläger durch ein Vorgehen gegen die Entscheidung der Kommission, das betreffende Beihilfeverfahren einzustellen, die Verringerung des geltend gemachten Schadens hätten erreichen können[703]. Dies kann als versteckter Hinweis des Gerichts verstanden werden, dass es vom Schutznormcharakter der Beihilfenaufsicht nach Art. 88 Abs. 2 EG ausgeht.

Die Beihilfenaufsicht gliedert sich in administrative und gerichtliche Verfahrensabschnitte. Hinsichtlich des Schutznormcharakters der Beihilfenaufsicht kann man jedoch auch hier, gleich ob Beihilfenprüfung durch die Kommission oder Einleitung eines Vertragsverletzungsverfahrens, von einheitlichen Überlegungen ausgehen. Maßgeblich ist, ob die der Kommission – in welcher Form auch immer – obliegende Pflicht zur Beihilfenaufsicht Schutznormcharakter aufweist.

Der Schutznormcharakter der gemeinschaftsrechtlichen Beihilfeaufsicht findet keinen Anhaltspunkt im Wortlaut des Art. 88 Abs. 2 EG; dennoch spricht für den Schutzcharakter, dass die Verfahrensverordnung vielfältige Beteiligungsrechte der betroffenen Konkurrenten vorsieht[704].

---

[700] EuGH Rs. 40/75, Produits Bertrand, Slg. 1976, 1; EuG Rs. T-230/95, Société Bretagne Angleterre Irlande (BAI), Slg. 1999, II-125.

[701] EuGH Rs. 40/75, Produits Bertrand, Slg. 1976, 1, Tz. 9/132; EuG Rs. T-230/95, Société Bretagne Angleterre Irlande (BAI), Slg. 1999, II-125, Rn. 35.

[702] EuG Rs. T-107/96, Pantochin SA/Kommission, Slg. 1998, II-311, Rn. 51 ff.

[703] EuG Rs. T-230/95, Société Bretagne Angleterre Irlande (BAI), Slg. 1999, II-125, Rn. 8, 36.

[704] Art. 1 lit. h) VerfO listet die am Beihilfenaufsichtsverfahren „Beteiligten“ auf, denen die in Art. 20 VerfO niedergelegten Beteiligungsrechte eingeräumt sind.

Zwar sind diese im Verlauf des Verfahrens sehr unterschiedlich ausgeprägt. In der Vorprüfungsphase nach Art. 88 Abs. 3 EG, Art. 4 VerfO ist die Kommission lediglich gehalten, die an sie herangetragenen Beschwerden und Hinweise zu untersuchen[705]. Sie dient nur der ersten Meinungsbildung der Kommission über die Möglichkeit eines Beihilferechtsverstoßes in den ihr zur Kenntnis gelangten Sachverhalten[706]. Erst mit Eröffnung des förmlichen Prüfungsverfahrens im Sinne des Art. 6 VerfO erwachsen den Beteiligten gem. Art. 20 Abs. 1 VerfO Anhörungsrechte. Um aber die ihnen erst im förmlichen Prüfungsverfahren zugesprochenen Verfahrensgarantien durchzusetzen, können betroffene Konkurrenten die Entscheidung der Kommission, dass eine Maßnahme keine Beihilfe darstellt oder mit dem Gemeinsamen Markt vereinbar ist, jederzeit anfechten[707]. Darüber hinaus und vor allem spricht für den Schutzzweckcharakter die Spezifität der Beihilfenaufsicht. Sie betrifft, ähnlich wie die bereits erwähnte Rechtsaufsicht im Bereich des EGKS-Vertrags, einen Kreis von gefährdeten Personen, der sich eindeutig von der Allgemeinheit abhebt und diese Personen damit in eine nähere Beziehung zur handelnden Allgemeinheit rückt, als die Allgemeinheit der Rechtsunterworfenen, die durch ein lediglich generelles Interesse an der Rechtmäßigkeit des Kommissionshandelns gekennzeichnet ist[708]. Darüber hinaus stellt die unmittelbare Anwendbarkeit des Art. 88 Abs. 2 EG ein starkes Indiz für den Schutzzweckcharakter dieser Norm dar[709].

Dem steht auch nicht entgegen, dass gegen die Verletzung des Verbotes der Gewährung rechtswidriger Beihilfen ebenfalls umfassender primärer und sekundärer Rechtsschutz vor nationalen Gerichten möglich ist[710]. So kann sich der Einzelne auf die Verletzung der Notifizierungspflicht für Beihilfen nach Art. 88 Abs. 3 S. 3 EG nach ständiger

---

[705] EuGH Rs. C-204/97, Kommission/Portugal, Slg. 2001, I-3175, Rn. 35.

[706] EuG Rs. T-95/96, Gestevisión Telecinco/Kommission, Slg. 1998, II-3407, Rn. 51.

[707] EuGH, Rs. C-198/91, Cook/Kommission, Slg. 1993, I-2487, Rn. 23; EuG, Rs. T-95/96, Gestevisión Telecinco/Kommission, Slg. 1998, II-3407, Rn. 64.

[708] *Fuß*, EuR 1968, 353, 359 sieht den Maßstab der Nähe als entscheidendes Kriterium für die Feststellung des schadensersatzrechtlichen Schutzcharakters einer Norm.

[709] Siehe oben 2. Teil, D. II. 4.

[710] Für einen Überblick zum möglichen Rechtsschutz in Deutschland vgl. *Soltész*, EuZW 2001, 202.

Rechtsprechung unmittelbar vor nationalen Gerichten berufen[711]. Denn die Gewährung weiterer Rechtsschutzmöglichkeiten schließt den Schutzzweck der Norm nicht aus.

Im Ganzen ist daher festzuhalten, dass vom schadensersatzrechtlichen Schutzzweck der gemeinschaftsrechtlichen Beihilfenaufsicht ausgegangen werden kann[712]. Die Möglichkeit der Geltendmachung eines Schadensersatzes wegen Verletzung der Beihilfenaufsicht ist jedoch in praktischer Hinsicht äußerst begrenzt, da der Kommission auch nach Erlass der neuen Verfahrensverordnung für die Anwendung des Art. 88 EG hinsichtlich der Feststellung der Unvereinbarkeit einer Beihilfe mit dem Gemeinsamen Markt ein äußerst weiter Beurteilungsspielraum zusteht[713]. Stellt sie allerdings eine Unvereinbarkeit fest, ist sie durch Art. 14 VerfO gebunden und muss die Beihilfe zurückfordern. In diesem Fall kann ein Anspruch ohne größere Schwierigkeiten auf die Weigerung, eine Beihilfe zurückzufordern, gestützt werden.

(2) Wettbewerbsaufsicht (Art. 83 EG i.V.m. VO Nr. 17/62 EWG, Art. 85 EG)

Klagen gegen die Kommission wegen der Verletzung ihrer Wettbewerbsaufsicht waren bislang äußerst selten. Nach der VO Nr. 17 konnte die Kommission ein gegen Art. 81, 82 EG verstoßendes Verhalten untersagen. Eine solche Entscheidung der Kommission konnten Einzelne mit ihrem Beschwerderecht nach Art. 3 Abs. 2 lit.b VO Nr. 17 begehren. Gleichwohl lehnte der Gerichtshof ein individuelles Recht auf Erlass einer Untersagungsentscheidung ab[714]. Art. 85 EG stelle in diesem Zusammenhang zwar eine der allgemeinen Aufsichtspflicht nach Art. 211, 226 EG vergleichbare Aufsichtspflicht dar. Jedoch sei die damit der Kommission übertragene Aufgabe so weit und allgemein, dass der Kommission Prioritäten hinsichtlich der Ausübung ihrer Aufsichtspflicht zuzugestehen seien. Daher sei sie nicht verpflichtet, auf eine Beschwerde hin überhaupt nur eine Untersuchung durchzuführen. Daher stehe dem Einzelnen auch kein Schadensersatzanspruch wegen Verletzung der Aufsichtspflichten aus Art. 85 EG zu[715].

---

711 EuGH, Rs. 120/73, Lorenz, Slg. 1973, 1471, Rn. 8.

712 So auch *Oliver* (Fn. 339), 285, 300 f.; *Renzenbrink* (Fn. 5), 59.

713 *Karpenschif*, RTDE 2001, 551, 575 ff.

714 EuG Rs. T-24/90, Automec, Slg. 1992, II-2223, Rn. 76.

715 EuG Rs. T-24/90, Automec, Slg. 1992, II-2223, Rn. 109.

Der Schutzzweckcharakter der Wettbewerbsaufsicht beurteilt sich in der Tat unterschiedlich zur Beihilfenaufsicht. Zwar könnte man argumentieren, es stelle keinen Unterschied dar, ob ein privates Unternehmen oder ein Mitgliedstaat ein wettbewerbswidriges Verhalten ausübe. Jedoch stellt sich die Aufgabe der allgemeinen Wettbewerbsaufsicht über die privaten Akteure im Gemeinschaftsrecht als eine Aufgabe dar, die schon allein aufgrund ihres Umfangs nicht von der Kommission beherrscht werden kann. Daher müssen der Kommission, wie die Gemeinschaftsgerichte zu Recht darlegen, Möglichkeiten eingeräumt werden, um besonders wichtige Entscheidungen treffen zu können. Berücksichtigt man darüber hinaus, dass der Einzelne wegen der unmittelbaren Anwendbarkeit von Art. 81, 82 EG Rechtsschutz vor den nationalen Gerichten erhalten kann[716], kann der Ablehnung des Schutzzweckcharakters der Wettbewerbsaufsicht der Kommission durch Gemeinschaftsgerichte zugestimmt werden.

Durch die Novelle des Kartellverfahrensrechts, welche mit der Verordnung Nr. 1/2003 am 01.05.2004 in Kraft getreten ist, ergeben sich keine Änderungen. Denn zusätzlich zu der bisherigen Aufgabenverteilung entfällt das Monopol der Kommission Vereinbarungen vom Wettbewerbsverbot freizustellen[717]. Nach Art. 4 VO Nr. 1/2003 beschränken sich die für die Kommission vorgesehene Eingriffsermächtigungen auf die in der Verordnung vorgesehenen Befugnisse. Den Mitgliedstaaten obliegt hingegen gemäß Art. 5 VO Nr. 1/2003 nunmehr primär die Aufsicht über Verstöße gegen das gemeinschaftsrechtliche Wettbewerbsrecht. Hierzu dürfen sie insbesondere auch Zwangsgelder und andere Sanktionen verhängen. Die Kommission kann nach Art. 7 bis 10 VO Nr. 1/2003 im Einzelfall nur rechtliche Feststellungen über die Vereinbarkeit von Unternehmensverhalten mit dem gemeinschaftsrechtlichen Wettbewerbsrecht treffen. Allenfalls kann sie dabei nach Art. 8 VO Nr. 1/2003 einstweilige Maßnahmen treffen. Zwangsmaßnahmen zur Durchsetzung des Wettbewerbsrechts sind für die Kommission jedoch nicht vorgesehen. Da es somit an Durchsetzungsmöglichkeiten für Entscheidungen der Kommission fehlt, kommt die rechtliche Gestaltungsmacht und damit die haftungsrechtliche Verantwortlichkeit für ein Einschreiten gegen Wettbewerbsverstöße den Mitgliedstaaten zu. Für eine Haftung der Kommission ist nur Raum, soweit sie rechtswidrig

---

[716] EuGH Rs. C-234/89, Delimitis, Slg. 1991, I-935, Rn. 45.

[717] VO (EG) Nr. 1/2003 des Rates vom 16.12.2002 zur Durchführung der in den Artikeln 81 und 82 des Vertrages niedergelegten Wettbewerbsregeln, ABl. 2003, Nr. L 1, 1.

von der ihr nach Art. 10 VO Nr. 1/2003 zustehenden Möglichkeit der Feststellung der Nichtanwendbarkeit der Art. 81, 82 EG im Einzelfall Gebrauch macht[718]. Dies stellt jedoch keine Verletzung einer Aufsichtspflicht dar.

Die Anwendung der Art. 81, 82 EG obliegt daher nach Art. 5 VO Nr. 1/2003 grundsätzlich den Mitgliedstaaten. Eine Haftung wegen Aufsichtsverstößen im gemeinschaftsrechtlichen Wettbewerbsrecht kommt daher allenfalls für die Mitgliedstaaten in Betracht. Jedoch ist auch für die nationalen Behörden fraglich, ob sie im Einzelfall die Gefahren der Wettbewerbsverstöße durch Privatunternehmen beherrschen können. Im Übrigen wird man den Einzelnen auf die vorrangige Inanspruchnahme der Gerichte verweisen können.

cc) Sonstige Aufsichtspflichten

Weitere Aufsichtspflichten ergeben sich aus sekundärrechtlichen Regelungen. Aufgrund der Vielfältigkeit ihrer Erscheinungsformen lassen sie sich kaum in allgemeingültigen Fallgruppen abbilden. Allerdings können die nach der Rechtsprechung relevanten Fälle in Schwerpunktbereiche von haftungsrelevanten Aufsichtspflichtverletzungen eingeteilt werden.

Gewissermaßen den klassischen Fall der Verletzung gemeinschaftsrechtlicher Aufsichtspflichten bildet die Genehmigung nationaler gemeinschaftsrechtlicher Ausführungsakte durch die Kommission. Dabei geht es um die Kontrolle des Vollzugs von Gemeinschaftsrecht durch die Mitgliedstaaten im Einzelfall. Zu dieser Kategorie gehört der erste und einzige Fall, in dem der Gerichtshof eine konkurrierende Haftung angenommen hat. In der Rechtssache Kampffmeyer machten die Kläger den Ersatz des Schadens geltend, den sie dadurch erlitten hatten, dass die Kommission eine gemeinschaftsrechtswidrige Schutzmaßnahme Deutschlands genehmigt hatte, mit der gemeinschaftsrechtswidrig der auf die Einfuhr von Mais geltende Abschöpfungssatz erhöht wurde[719]. Die Genehmigung der nationalen Maßnahme erfolgte auf der Grundla-

---

[718] Umstritten ist indes die Frage der Bindungswirkung solcher Entscheidungen für nationale Behörden. Gegen eine Bindungswirkung *Deringer*, EuZW 2000, 5, 7; *Schmidt*, BB 2003, 1237, 1241; a.A. *Hossenfelder/Lutz*, WuW 2003, 118, 122.

[719] EuGH, verb. Rs. 5, 7 u. 13 bis 24/66, Kampffmeyer/Kommission, Slg. 1967, 331.

ge einer Bestimmung, wonach die Kommission nationale Schutzmaßnahmen unter bestimmten Voraussetzungen genehmigen konnte. Obschon der Gerichtshof diese Bestimmung primär auf den Schutz des Gemeinsamen Marktes ausgerichtet sah, nahm er auch einen Schutz der Importeure durch diese Vorschrift an, da sie bestimmungsgemäß von den Schutzmaßnahmen betroffen waren[720]. Jedoch lehnte er den Ersatz des entgangenen Gewinns für die Exporteure ab, weil diese keinerlei bindende Dispositionen für die Abwicklung dieses Geschäfts getroffen hatten. Der entgangene Gewinn falle insoweit unter das allgemeine wirtschaftliche Risiko, welches jeder Unternehmer zu tragen habe und sei daher nicht vom Schutzzweck der verletzten Norm umfasst. Ersatzfähig sei nur der Schaden der Exporteure in dem Umfang, wie diese infolge der rechtswidrigen Aufsichtsmaßnahme aufgrund der notwendigen Kündigung bereits abgeschlossener Verträge selbst Schadensersatz zu leisten hatten.

Vergleichbar war die Fallkonstellation in der Rechtssache Denkavit[721]. Italien hatte mit einer vorübergehenden Schutzmaßnahme Grenzwerte für den Nitratgehalt in einzuführendem Futtermittel festgelegt. Die für diese Schutzmaßnahme einschlägigen Vorschriften sahen die nachträgliche Kontrolle der Schutzmaßnahmen durch die Kommission vor. Die Kläger, ein holländisches Unternehmen und seine italienische Niederlassung, machten den Schaden geltend, den sie dadurch erlitten hatten, dass sie ihre Waren nicht nach Italien einführen konnten. Zwar habe Italien und nicht die Kommission die Maßnahme eingeführt. Da sie aber rechtswidrig sei, habe der Kommission aus den einschlägigen Vorschriften die Pflicht oblegen, die nationale Schutzmaßnahme zeitnah aufzuheben. Die Kommission sei dabei zu lange untätig geblieben[722]. Der Gerichtshof verwies darauf, dass die Schutzmaßnahme den freien Warenverkehr zwischen den Mitgliedstaaten verletze und die Verletzung der Aufsichtspflicht zu dieser Verletzung beitragen könne[723]. Angesichts der unklaren Tatsachenlage verneinte der Gerichtshof jedoch letztlich ein rechtswidriges Untätigbleiben der Kommission. Damit

---

720 EuGH, verb. Rs. 5, 7 u. 13 bis 24/66, Kampffmeyer/Kommission, Slg. 1967, 331, 335.

721 EuGH Rs. 14/78, Denkavit Commerciale u.a./Kommission, Slg. 1978, 2497.

722 EuGH Rs. 14/78, Denkavit Commerciale u.a./Kommission, Slg. 1978, 2497, Tz. 7/8.

723 EuGH Rs. 14/78, Denkavit Commerciale u.a./Kommission, Slg. 1978, 2497, Tz. 7/8.

lässt sich feststellen, dass Aufsichtspflichten über mitgliedstaatliche Anordnung von Schutzmaßnahmen im Bereich des Warenverkehrs von der Rechtsprechung als schadensersatzrechtliche Schutznormen herangezogen werden.

Anders verhält es sich hingegen bei Aufsichtspflichten über die ordnungsgemäße Verwendung von Unionsmitteln. In einer Entscheidung zur Genehmigung gemeinschaftsrechtswidriger nationaler Maßnahmen durch die Kommission ging es um die Umsetzung eines Systems finanzieller Beihilfen für die Stilllegung von Fischereifahrzeugen. Die entsprechenden Regelungen einer Richtlinie, welche durch die Mitgliedstaaten umzusetzen waren, sahen vor, dass die Umsetzungsmaßnahmen von der Kommission zu genehmigen waren. Die zu verteilenden Mittel stammten aus dem Unionshaushalt[724]. Während der Generalanwalt die Bestimmungen über die Genehmigung als Normen bewertete, die den Schutz des Einzelnen bezweckten, ging der Gerichtshof davon aus, sie schützten lediglich die Interessen der Union an der Kontrolle der rechtmäßigen Verwendung ihrer Mittel[725]. Eine Haftung scheiterte schließlich aber auch an der Tatsache, dass der Gerichtshof eine Verletzung der Aufsichtspflichten ablehnte, da die Billigung des Verhaltens des Mitgliedstaates nicht rechtswidrig war.

In einer weiteren Entscheidung blieb hingegen unklar, wie die haftungsrechtliche Beurteilung der Verletzung von Pflichten zur Aufsicht über die Verwendung von Unionsmitteln vorzunehmen ist. In der Rechtssache Sonito untersuchte der Gerichtshof Aufsichtspflichten der Kommission zur Verhinderung betrügerischer Handlungen einzelner Marktteilnehmer zur Erschleichung von Beihilfen, konnte aber keine Verletzung dieser Pflichten feststellen[726]. Da es aber um die Kontrolle der Verwendung von Unionsmitteln ging, ist anzunehmen, dass die Kläger auch bei Nachweis einer Pflichtverletzung der Kommission keinen Anspruch auf Ersatz des ihnen entstandenen Schadens gehabt hätten, da es hierbei nicht um die Sicherung ihrer Ansprüche, sondern um die Umsetzung gemeinschaftsrechtlicher Vorgaben ging.

Die mangelnde Vermittlung von haftungsrechtlichem Schutz durch Aufsichtspflichten über die ordnungsgemäße Verwendung von Unionsmitteln zeigt sich auch in mehreren Urteilen zur Aufsicht über die

---

[724] EuGH, Rs. C-55/90, Cato, Slg. 1992, I-2533, 2555, Rn. 2 ff.

[725] EuGH, Rs. C-55/90, Cato, Slg. 1992, I-2533, 2555, Rn. 23; a. A. GA Darmon Schlussanträge in Rs. C-55/90, Cato, Slg. 1992, I-2533, 2555, Rn. 13.

[726] EuGH Rs. C-87/89, Sonito, Slg. 1990, I-1981, Rn. 17.

ordnungsgemäße Verwendung von Unionsmitteln durch Drittstaaten. In ständiger Rechtsprechung lehnen die Gemeinschaftsgerichte eine Haftung der Union wegen Verletzung einer Aufsichtspflicht über die Verwendung von Mitteln, die die Union aus dem Europäischen Entwicklungsfonds leistet, ab[727]. In der Rechtssache Forafrique machte der Kläger Forderungen geltend, die ihm gegen den Staat Burkina Faso aufgrund von im Rahmen des EEF finanzierten Werkleistungen zustanden. Nach der einschlägigen Regelung für derartige Entwicklungshilfeprojekte schließt der Unternehmer einen Vertrag mit dem betreffenden Staat. Diesem Staat werden daraufhin nach Prüfung durch die Kommission Mittel aus dem EEF für die Finanzierung der vereinbarten Projekte zugewiesen. Die Rolle der Kommission besteht dabei in der Prüfung der ordnungsgemäßen Verwendung der zugewiesenen Mittel. Als der Staat Burkina Faso die Begleichung seiner ihm gegenüber dem Unternehmer obliegenden Schulden verweigerte, erhob der betroffene Unternehmer Klage gegen die Kommission. Er machte geltend, die Kommission habe ihre Aufsichtspflicht gegenüber Burkina Faso verletzt, indem sie die Mittelverwendung nicht hinreichend überprüft habe und auch nach Bekanntwerden des Forderungsausfalls weitere Zahlungen an Burkina Faso geleistet habe. Der Gerichtshof wies die Klage als unbegründet ab. Die im Rahmen der Entwicklungszusammenarbeit tätigen Unternehmen stünden ausschließlich in rechtlicher Beziehung mit dem Drittstaat. Die Pflichten der Kommission beschränkten sich auf die Feststellung, ob die Voraussetzungen für die Finanzierung eines Vorhabens vorlägen. Gegenüber den jeweiligen Unternehmen bestünden keine Rechtspflichten[728].

Die daraus folgende Feststellung, die der Union gegenüber Drittstaaten im Rahmen der Entwicklungszusammenarbeit obliegenden Aufsichtspflichten hätten für den durch ein Fehlverhalten des Drittstaates betroffenen Unternehmer keinen Schutznormcharakter, wird durch die nachfolgende Rechtsprechung bestätigt. Im Fall San Marco Impex stellte das Gericht erster Instanz fest, dass dem Kläger kein Anspruch auf Zahlung wegen Veränderungen im Vertragsverhältnis zum Drittstaat zustände. Auch unter dem Gesichtspunkt einer ordentlichen Verwaltung der Hil-

---

[727] EuGH Rs. C-182/91, Forafrique/Kommission, Slg. 1993, I-2161, Rn. 23;EuG Rs. T-451/93, San Marco Impex Italiana SA/Kommission, Slg. 1994, II-1061, Rn. 97 ff.; Rs. T-72/99, Meyer/Kommission, Slg. 2000, II-2521. Rn. 87.

[728] EuGH Rs. C-182/91, Forafrique/Kommission, Slg. 1993, I-2161, Rn. 23.

fe für Drittstaaten ergebe sich kein Anspruch gegen die Union[729]. Noch deutlicher stellte das Gericht in der Rechtssache Meyer fest, dass der Union aus Art. 211 EG keine Verpflichtungen erwüchsen, die über mit den einschlägigen Vorschriften festgelegte Kontrolle der ordnungsgemäßen Verwendung der Unionsgelder durch die drittstaatlichen Behörden hinausgehen[730]. Daher könne der Kläger von der Union nicht die Zahlung von Beträgen verlangen, die ihm aus dem Verhältnis mit dem Drittstaat zustünden, da er nach Vereinbarung mit dem Drittstaat ein Entwicklungshilfeprojekt durchgeführt habe.

Eine andere Gruppe von Aufsichtspflichten, die die Rechtsprechung im Zusammenhang mit der haftungsrechtlichen Bedeutung von Schadensabwendungspflichten beschäftigt hat, wird durch die Pflichten gebildet, welche von einem Hoheitsträger fordern, Maßnahmen zum Schutz der Gesundheit und der Sicherheit der Unionsbürger zu ergreifen. Sie zielen in der Regel nicht auf die Kontrolle des Verwaltungsvollzugs durch die Mitgliedstaaten ab, sondern stellen sicher, dass auch Einzelne die gemeinschaftsrechtlichen Regelungen respektieren und anwenden. Wegen der Tatsache, dass das Gemeinschaftsrecht zumeist von den Mitgliedstaaten vollzogen wird, obliegen diese Aufsichtpflichten zumeist mitgliedstaatlichen Behörden. In der Rechtsprechung ist hierzu bislang nur ein Haftungsfall aufgetreten. In der Rechtssache Francesconi ging es um den Ersatz von Schäden, die die Kläger durch das Auftauchen von mit Methanol verfälschtem Wein in Italien erlitten hatten. Die Kläger begründeten ihren Anspruch unter anderem mit der Behauptung, die Kommission habe den gemeinschaftlichen Weinmarkt schlecht verwaltet und unzureichend überwacht[731]. Der Gerichtshof stellte nicht in Abrede, dass die Vorschriften über die Aufsicht des Weinmarktes individualschützende Vorschriften seien. Er deutete sogar an, dass die in dieser Situation erforderlichen Maßnahmen den Schutz und die Sicherheit der Verbraucher bezwecken. Allerdings obliege der Vollzug der Gemeinschaftsvorschriften auf dem Gebiet des Weines den Mitgliedstaaten. Die Unionsorgane hätten nur einzugreifen, wenn Anhaltspunkte vorliegen, dass die nationalen Behörden den ihnen obliegenden Pflichten nicht hinreichend nachgekommen seien. Daher sei eine Klage gegen die Kommission unbegründet[732]. Der Gerichtshof hatte also eine

---

[729] EuG Rs. T-451/93, San Marco Impex Italiana SA/Kommission, Slg. 1994, II-1061, Rn. 100 ff.

[730] EuG Rs. T-72/99, Meyer/Kommission, Slg. 2000, II-2521. Rn. 87.

[731] EuGH verb. Rs. 326/86 und 66/88, Francesconi, Slg. 1989, 2087, Rn. 5.

[732] EuGH verb. Rs. 326/86 und 66/88, Francesconi, Slg. 1989, 2087, Rn. 11 f.

Verletzung der Aufsichtspflichten über den Weinmarkt als möglicherweise haftungsbegründend anerkannt, eine Verantwortlichkeit der Kommission aber abgelehnt, da die Zuständigkeit für den Vollzug bei den Mitgliedstaaten läge und daher in diesem Fall eine haftungsrechtliche Verantwortlichkeit der Mitgliedstaaten nach dem gemeinschaftsrechtlichen Staatshaftungsanspruch in Betracht käme.

Zu dieser Gruppe können auch alle Fälle gezählt werden, in denen spezifische administrative Pflichten dem Schutz anderer individueller Rechtsgüter als der Gesundheit zu dienen bestimmt sind. Diese Pflichten müssen nicht notwendig ausdrücklich in den betreffenden Vorschriften über den Verwaltungsvollzug ausgewiesen sein. Zunehmend entwickeln die Gemeinschaftsgerichte auch spezifische administrative Aufsichts- oder Verhaltenspflichten aus dem Grundsatz der ordnungsgemäßen Verwaltung[733], welche die jeweils zuständigen Organe zu beachten haben. In der Rechtssache Odigitria ging es um den Ersatz der Schäden, die ein Reeder durch das Aufbringen seines Schiffes durch guineische Behörden in Gewässern erlitten hatte, deren Hoheitsrechte zwischen Guinea-Bissau und Senegal umstritten waren. Auf der Grundlage eines Abkommens mit Senegal und Guinea-Bissau wurden dem Reeder im Namen Senegals unter Einschaltung von Kommissionsstellen Fischereilizenzen ausgestellt. Obwohl die Kommission Kenntnis hatte, dass Guinea-Bissau alle Schiffe aufbringen werde, die nicht auch eine gültige Lizenz von Guinea-Bissau besitzen, teilte sie diesen Umstand dem Kläger nicht mit. Der Kläger machte daher geltend, die Kommission habe die ihr aus dem Grundsatz der ordnungsgemäßen Verwaltung obliegende Pflicht verletzt, auf ihr bekannte und mit der Erteilung der Fischereilizenz zusammenhängende Gefahren hinzuweisen[734]. Das Gericht sprach eine mögliche Verletzung dieser Pflicht ausdrücklich an, ließ aber die Entscheidung offen, da es wegen der Kenntnis des Kapitäns des aufgebrachten Schiffes von der Gefahr schon an der Kausalität der Pflichtverletzung fehle[735].

---

[733] Sehr deutlich die Verletzung des Grundsatzes der ordnungsgemäßen Verwaltung in EuG Rs. T-231/97, New Europe Consulting/Kommission, Slg. 1999, II-2403, Rn. 39; allgemein zum Grundsatz der ordnungsgemäßen Verwaltung *Bauer*, Das Recht auf eine gute Verwaltung im Europäischen Gemeinschaftsrecht.

[734] EuG Rs. T-572/93, Odigitria/Rat und Kommission, Slg. 1995, II-2025, Rn. 48.

[735] EuG Rs. T-572/93, Odigitria/Rat und Kommission, Slg. 1995, II-2025, Rn. 65 ff.

Wie gesehen, lassen sich für die Feststellung ihrer Haftungsrelevanz aus der Rechtsprechung einige Anhaltspunkte gewinnen, auch wenn die Fallgruppe der Verletzung spezieller Aufsichtspflichten aus sehr unterschiedlichen Einzelfällen besteht. Zunächst ist es irrelevant, ob sie gegenüber Mitgliedstaaten, Drittstaaten oder Einzelnen bestehen. Wie sich eindeutig aus dem Urteil Francesconi ergibt, ist die Ebene in Anspruch zu nehmen, der nach den Verfahrensvorschriften die Zuständigkeit für die Aufsicht obliegt. Geht man von dem Gesichtspunkt der Haftung für rechtliche Gestaltungsmacht aus, verwundert ein solches Ergebnis nicht. Der Hoheitsträger hat zu haften, dem es aufgrund seiner Befugnisse möglich gewesen wäre, den Schaden zu verhindern. Besteht keine Zuständigkeit zum Einschreiten gegen eine Schädigung, fehlt es aufgrund der mangelnden Beherrschbarkeit der Gefahr auch am Schutzzweckcharakter der verletzten Norm.

Für die Bestimmung des schadensersatzrechtlichen Schutzzwecks der Norm ist besonders relevant, welchem primären Ziel die Aufsichtspflicht dient. Die Rechtsprechung vermittelt hierzu einige Anhaltspunkte. Dient die Pflicht dem Schutz der ordnungsgemäßen Verwendung von Gemeinschaftsmitteln, so ist ein Haftungsanspruch ausgeschlossen. Diesem Ergebnis kann aufgrund der Ausführungen zu den Abwägungsgesichtspunkten für die Ermittlung des Schutzzwecks der Norm zugestimmt werden. Denn primär geht es um die Kontrolle des Verhaltens der Empfänger finanzieller Leistungen und damit um den Schutz der objektiven Rechtsordnung. Da nur nebenbei gelegentlich auch finanzielle Interessen Einzelner durch die Ausübung dieser Aufsichtspflichten geschützt werden, bedürfte es weiterer Indizien, die für eine Berechtigung des Einzelnen sprechen. Solche sind aber nicht ersichtlich.

Soweit es bei der Kontrolle mitgliedstaatlicher Schutzmaßnahmen nicht nur um die abstrakte Rechtskontrolle mitgliedstaatlichen Verhaltens geht, sondern um die Aufrechterhaltung des freien Warenverkehrs zwischen den Mitgliedstaaten, ist auch der Einzelne unmittelbar berechtigt. Auch bei der Einschätzung in dieser Fallgruppe verdienen die Gemeinschaftsgerichte Zustimmung. Die Kontrolle mitgliedstaatlicher Schutzmaßnahmen dient zwar auch der Sicherung der Rechtmäßigkeit mitgliedstaatlichen Handelns. Diese Kontrolle erfolgt jedoch nicht zur Aufrechterhaltung der objektiven Rechtsordnung, sondern ist in diesen speziellen Fällen angeordnet, um zu gewährleisten, dass die Warenverkehrsfreiheit nur in den Grenzen der Ausnahmeermächtigungen durch die Mitgliedstaaten eingeschränkt wird. Die Warenverkehrsfreiheit kommt aber gerade den Einzelnen zugute. Daher kommt den entsprechenden Aufsichtpflichten ein haftungsrechtlicher Schutzzweck zu.

Ebenso sind die Fälle zu beurteilen, in welchen es direkt um den Schutz individueller Rechtsgüter wie Gesundheit und Sicherheit geht. Mit der Rechtsprechung wird man den entsprechenden Aufsichtsregelungen einen haftungsrechtlichen Schutzzweck zuerkennen müssen.

Festzuhalten ist mithin, dass die Verletzung spezifischer Aufsichtspflichten zu einer Haftung und damit gegebenenfalls auch zu einem haftungsrechtlichen Mehrpersonenverhältnis führen kann. Hinsichtlich des Niveaus des Schutzes durch gemeinschaftsrechtliche Aufsichtspflichten ist jedoch anzumerken, dass sie in ihrem Umfang noch stark begrenzt sind und daher nur sehr spezifische Rechte gewähren. Ein umfassender Schutz gegenüber bestimmten Gefahrenquellen durch Dritte ist daher nicht gewährt[736].

b) Schutzpflichten

Ein umfassender Schutz könnte sich allenfalls aus gemeinschaftsrechtlichen Schutzpflichten ergeben. Sie sind rechtsgutsbezogen, d.h. sie dienen dem Schutz eines bestimmten Rechtsguts und nicht wie Aufsichtspflichten der Verhinderung einer speziellen Schädigung. Maßgeblich für ihre Verletzung ist damit das Vorliegen eines Erfolgsunrechts nicht Verhaltensunrecht.

aa) Schutzpflichten aus Grundrechten

Eine Haftung wegen der Verletzung von gemeinschaftsgrundrechtlichen Schutzpflichten war bislang selten Gegenstand der Rechtsprechung. Einzig in der Rechtssache Coldiretti beriefen sich die Kläger in einem Verfahren wegen Schäden infolge der BSE-Krise neben der Verletzung von speziellen Pflichten auf die Verletzung einer gemeinschaftsrechtlichen Pflicht zum Schutz der Gesundheit. Die Kommission habe nicht hinreichende Maßnahmen ergriffen, um die Ausbreitung der Seuche zu verhindern. Ein Schadensersatzanspruch bestehe allein schon deshalb, weil die Schäden bereits eingetreten seien und damit eine Verletzung der Schutzpflicht vorliege[737]. Das Gericht ließ die Frage einer

---

[736] *v.Bogdandy* (Fn. 8), Art. 10, Rn. 79.

[737] EuG Rs. T-149/96, Confederazione Nazionale Coltivatori Diretti (Coldiretti) u.a./Rat und Kommission, Slg. 1998, II-3841, Rn. 77.

Haftung wegen Verstoß gegen grundrechtliche Pflichten aber offen, da der Anspruch bereits an der fehlenden Kausalität zwischen Rechtsverletzung und Schaden scheiterte[738].

Zumeist wird als Beispiel für eine Haftung wegen Verletzung grundrechtlicher Schutzpflichten die Rechtssache Francesconi herangezogen[739]. In dem Rechtsstreit stützten die Kläger ihren Schadensersatzanspruch auf die schlechte Verwaltung und die fehlende Überwachung des Weinmarktes durch die Kommission[740]. Unausgesprochen stand dahinter ebenso wie im Urteil Coldiretti die Rüge der Verletzung einer gemeinschaftsrechtlichen Pflicht zum Schutz der Gesundheit. Der Gerichtshof ging indes nicht auf die allgemeine Schutzpflicht ein, sondern untersuchte die sekundärrechtlich bestimmten Aufsichtspflichten für den Weinmarkt, deren Vollzug jedoch den Mitgliedstaaten oblag[741]. Diese waren daher primär für die geltend gemachten Versäumnisse verantwortlich. Allerdings verwies der Gerichtshof darauf, dass aus den Vorschriften eine Eingriffspflicht der Unionsorgane für den Fall hervorgehe, dass die Mitgliedstaaten die ihnen obliegenden Aufgaben der Aufsicht und Kontrolle nicht befriedigend erfüllten[742]. Da aber in den Vorschriften, auf die der Gerichtshof Bezug nimmt, keine Hinweise auf eine Aufsichtspflicht der Kommission enthalten sind, kann die Aussage des Gerichtshofs nur so verstanden werden, dass er in der Tat von einer Schutzpflicht der Union ausging, diese aber nicht als verletzt ansah, da nach den gemeinschaftsrechtlichen Regelungen primär den Mitgliedstaaten die administrative Erfüllung dieser Schutzpflicht übertragen war.

Auch in dem Vorlageverfahren First NV und Franex ging es um die Verletzung der gemeinschaftsgrundrechtlichen Pflicht zum Schutz der Gesundheit. Formal ging es um die Frage, ob sich die Kommission an einem innerstaatlichen Gerichtsverfahren beteiligen durfte, um die jeweilige Verursachungsbeiträge des Mitgliedstaates und der Union für die Entstehung bestimmter Schäden beurteilen zu können sowie um die Frage der Rechtskraft- und Streitverkündungswirkung. Den materiellen Hintergrund bildeten die gemeinschaftsrechtlichen Pflichten zur Ab-

---

738 EuG Rs. T-149/96, Confederazione Nazionale Coltivatori Diretti (Coldiretti) u.a./Rat und Kommission, Slg. 1998, II-3841, Rn. 123.

739 *Jaeckel* (Fn. 637), 213; *Reich* (Fn. 217), 709, 711.

740 EuGH verb. Rs. 326/86 und 66/88, Francesconi, Slg. 1989, 2087, Rn. 5.

741 EuGH verb. Rs. 326/86 und 66/88, Francesconi, Slg. 1989, 2087, Rn. 11.

742 EuGH verb. Rs. 326/86 und 66/88, Francesconi, Slg. 1989, 2087, Rn. 12.

wendung von Gefahren durch die Dioxin-Krise und der Ersatz der durch eine eventuelle Pflichtverletzung entstandenen Schadens[743]. Da aber nur die Frage der Möglichkeit, der Union in einem nationalen Schadensersatzprozess den Streit zu verkünden und die sich daraus ergebenden Folgen zu klären war, ging der Gerichtshof auf diesen materiellen Hintergrund nicht ein.

Man kann davon ausgehen, dass gemeinschaftsgrundrechtlichen Schutzpflichten, sofern man sie im Einzelfall nachweisen kann, auch ein haftungsrechtlicher Schutzzweck zukommt. Solche Schutzpflichten dienen ausschließlich dem Schutz individueller Interessen. Weitere Ziele, wie z.B. die Sicherung des Gemeinsamen Marktes oder ähnliches sind nicht Schutzziel[744]. Daher steht der Annahme eines schadensersatzverpflichtenden Schutzzwecks auch nicht der möglicherweise im Einzelfall sehr weite Kreis der Gefährdeten entgegen, da diesem Umstand durch einen breiten Beurteilungs- und Ermessensspielraum der zuständigen Hoheitsträger Rechnung getragen werden kann. Dabei ist zu berücksichtigen, dass ebenso wie bei der Verletzung sekundärrechtlich festgelegter Aufsichtspflichten, ein Anspruch nur gegen den zuständigen Hoheitsträger in Betracht kommt[745]. Denn da es bei der Haftung für die Verletzung von Schutzpflichten ebenso um den Schutz individueller Rechte geht wie bei der Haftung für ein rechtswidriges Eingreifen in Rechte, setzt ein Haftungsanspruch voraus, dass der in Anspruch genommene Schädiger die Möglichkeit zur Gestaltung der verletzten Rechtsposition überhaupt innehatte. Insoweit können im Anwendungsbereich des Gemeinschaftsrechts je nach Verteilung der Zuständigkeiten sowohl die Union nach Art. 288 Abs. 2 EG als auch die Mitgliedstaaten durch den gemeinschaftsrechtlichen Staatshaftungsanspruch als Verantwortliche in Anspruch genommen werden[746].

Sekundärrechtlich ausgestaltete Zuständigkeiten gehen einer allgemeinen Schutzpflicht vor. D.h. zuständig für die Gewährung von Schutz ist

---

[743] EuGH Rs. C-275/00, First NV und Franex NV, Slg. 2002, I-10943.

[744] Auch wenn teilweise den Grundrechten eine mittelbare, allgemeine integrationsfördernde Funktion zugeschrieben wird, indem sich die Bürger besser mit der Union identifizieren können, siehe *Weber*, NJW 2000, 537, 538, ergibt sich schon aus den Tatbestandsvoraussetzungen der Grundrechte, dass sie unmittelbar nur individuelle Rechte zu schützen bestimmt sind.

[745] EuGH verb. Rs. 326/86 und 66/88, Francesconi, Slg. 1989, 2087, Rn. 11 ff.; *Szczekalla* (Fn. 595), 1100; *van der Woude* (Fn. 481), 109, 118.

[746] *Szczekalla* (Fn. 595), 1100, 1102.

zunächst die Ebene, der auch entsprechende Handlungsermächtigungen zustehen. Sind z.B. die Mitgliedstaaten für die Rücknahme gefährlicher Produkte und entsprechende Warnungen nach den sekundärrechtlichen Regelungen zuständig, obliegt zunächst ihnen die Pflicht, Schädigungen durch diese gefährlichen Produkte zu verhindern. Der Kommission ist ein Einschreiten zur Schutzgewährung dann grundsätzlich versagt, es sei denn, ihr wären sekundärrechtlich Interventionsrechte eingeräumt[747]. Der Union kann jedoch eine Zuständigkeit und damit verbunden eine Haftungsverantwortlichkeit aufgrund einer Art „Reservefunktion“ zukommen, wenn die Mitgliedstaaten, die ihnen obliegende Aufgaben nicht in befriedigender Weise erfüllen[748]. Denn nehmen die Mitgliedstaaten die ihnen übertragenen Zuständigkeiten nicht in hinreichendem Maße wahr, wird auch die Union durch die Übertragung von Zuständigkeiten auf die Mitgliedstaaten den ihr obliegenden Schutzpflichten nicht gerecht.

Anzumerken ist jedoch, dass eine Haftung wegen Verletzung gemeinschaftsgrundrechtlicher Schutzpflichten nur ihn Extremfällen zum Tragen kommen wird, denn sowohl den Mitgliedstaaten als auch der Union muss zur Erfüllung der ihnen obliegenden grundrechtlichen Schutzpflichten ein weiter Gestaltungsspielraum zustehen. Dies erschwert den Nachweis einer für die Haftung notwendigen qualifizierten Rechtsverletzung[749]. Andernfalls könnten die Hoheitsträger ihren Schutzaufgaben aufgrund des im Einzelfall möglicherweise großen Umfangs nicht gerecht werden[750]. Zudem würde dann mit Hilfe des Haftungsrechts das allgemeine Lebensrisiko abgesichert, was nach dem eingangs Dargelegten gerade ausgeschlossen werden sollte.

bb) Schutzpflichten aus Grundfreiheiten

Aussichtsreicher für einen Geschädigten ist ein Haftungsanspruch wegen Verletzung von aus den Grundfreiheiten folgenden Schutzpflichten.

---

[747] *Szczekalla* (Fn. 595), 1100.

[748] EuGH verb. Rs. 326/86 und 66/88, Francesconi, Slg. 1989, 2087, Rn. 12; so auch *Szczekalla* (Fn. 595), 1070.

[749] *Jaeckel* (Fn. 637), 268 ff., 277.

[750] Betrachtet man allein den Umfang, den solche Pflichten im Falle von Tierseuchen haben können, ist offensichtlich, dass man den Mitgliedstaaten bzw. der Union eine Verantwortung auferlegt, der sie nur schwer gerecht werden können.

Die Annahme einer Funktion der Grundfreiheiten als aktive Schutzpflichten ist relativ neu. Lange Zeit war die Bedeutung der Grundfreiheiten für den Einzelnen von ihrer Rolle als Abwehrrechte gegen hoheitliche Eingriffe bestimmt. Mit der Entscheidung Kommission gegen Frankreich (Agrarblockaden) hat der Gerichtshof erstmals den Mitgliedstaaten obliegende Schutzpflichten aus der Warenverkehrsfreiheit abgeleitet[751]. Im Rahmen eines Vertragsverletzungsverfahrens stellte der Gerichtshof fest, Frankreich habe seine ihm aus der Warenverkehrsfreiheit obliegende Pflicht dadurch verletzt, dass es nicht in hinreichendem Maß gegen häufig auftretende Überfälle durch französische Bauern auf Transporte von Agrarprodukten aus Spanien nach Frankreich vorgegangen sei.

Dogmatisch stützt der Gerichtshof die Entwicklung von Schutzpflichten aus der Warenverkehrsfreiheit auf Art. 28 EG sowie Art. 10 EG. Nicht nur staatliche Handlungen seien geeignet die innergemeinschaftlichen Handelsströme zu beeinträchtigen. In gleichem Maße könnten staatliche Unterlassungen ein Hindernis darstellen, wenn staatliche Maßnahmen erforderlich seien, um Hemmnisse für den freien Warenverkehr zu beseitigen[752], denn sowohl staatliches als auch privates Handeln könne den innergemeinschaftlichen Handel beeinträchtigen[753]. Daher verlange der Grundsatz des effet utile die Einführung von Pflichten zum Schutz der Warenverkehrsfreiheit gegen Beeinträchtigungen durch Private. Jedoch geht der Gerichtshof davon aus, dass eine selbständige Verpflichtung der Mitgliedstaaten aus Art. 28 EG allein nicht erfolgen könne. Deshalb zieht er für die Verpflichtung Art. 10 EG heran[754]. Obgleich Art. 10 EG nach seinem Wortlaut Verpflichtungen der Mitgliedstaaten enthält, treffen diese Verpflichtungen auch die Unionsorgane, soweit sie zuständig sind[755]. Bisher haben die Schutzpflichten der Union im Bereich der Grundfreiheiten für die Rechtsprechung aber noch einen äußerst geringen Stellenwert, da der Union im Bereich der Grundfreiheiten vornehmlich rechtsetzende Kompetenzen zustehen.

---

[751] EuGH Rs. C-265/95, Kommission/Frankreich, Slg. 1997, I-6990.

[752] EuGH Rs. C-265/95, Kommission/Frankreich, Slg. 1997, I-6990, Rn. 30 f.

[753] EuGH Rs. C-265/95, Kommission/Frankreich, Slg. 1997, I-6990, Rn. 31.

[754] EuGH Rs. C-265/95, Kommission/Frankreich, Slg. 1997, I-6990, Rn. 32; insbesondere aber auch GA Lenz Schlussanträge Rs. C-265/95, Kommission/Frankreich, Slg. 1997, I-6990, Rn. 11.

[755] *Kainer*, JuS 2000, 431, 433.

Im Bereich der Rechtsetzung dagegen verfügt die Union im Vergleich zum Vollzug über einen sehr weiten Ermessensspielraum, der den Nachweis von Pflichtverletzungen nahezu unmöglich macht[756]. Da die Unionsorgane im Übrigen – insbesondere im Bereich des freien Warenverkehrs – umfassende Regelungen erlassen haben, besteht kein Anlass für eine Verantwortlichkeit der Union.

Diese Rechtsprechung lässt sich übertragen auf alle anderen Grundfreiheiten[757]. Bislang hat der Gerichtshof zu der Frage, ob eine grundfreiheitliche Schutzpflicht eine schadensersatzrechtliche Schutznorm ist, nicht Stellung genommen. Das Verfahren Kommission gegen Frankreich (Agrarblockaden) erfolgte als Vertragsverletzungsverfahren. Für den Gerichtshof bestand keine Veranlassung sich mit der individuellen Berechtigung aus Schutzpflichten zu befassen. In dem Vorlageverfahren wegen der Blockade der Brenner-Autobahn ging Generalanwalt Jacobs wohl von einer individuellen Berechtigung aus, da er den Haftungsanspruch insgesamt prüfte[758]. Angesichts der eindeutigen individuellen Berechtigung durch die Grundfreiheiten in ihrer abwehrrechtlichen Dimension[759] wird man wohl auch davon ausgehen können, dass den Schutzpflichten auch individuelle Rechte entsprechen[760]. Diese individuellen Rechte beinhalten nach den obig angeführten Kriterien auch einen schadensersatzrechtlichen Schutzzweck. So schützen sie primär ebenso die Durchsetzung des Binnenmarktziels wie die individuellen Interessen des Einzelnen an der Wahrnehmung der Binnenmarktfreiheiten. Die Berechtigung des Einzelnen stellt sich nicht bloß als Rechtsreflex dar. Darüber hinaus steht einem Anspruch auch nicht eine etwaige Unbeherrschbarkeit der Gefahren entgegen. Denn die Mitgliedstaaten sind vorbehaltlich einer speziellen Zuständigkeit der Unionsorgane nach dem in Art. 5 Abs. 1 EG enthaltenen Prinzip der begrenzten Einzelermächtigung noch immer allzuständig; insbesondere sind sie aus

---

756 EuGH Rs. 13/83, Europäisches Parlament/Rat, Slg. 1985, 1513, Rn. 36.

757 *Kadelbach/Petersen* (Fn. 598), 213, 214; *Kainer* (Fn. 755), 431, 434; *Kühling*, NJW 1999, 403, 404; *Szczekalla*, DVBl. 1998, 219, 222.

758 GA Jacobs Schlussanträge Rs. C-112/00, Schmidberger/Österreich, Slg. I-2003, 5659.

759 Siehe Überblick bei *Kadelbach*, Allgemeines Verwaltungsrecht unter europäischem Einfluß, 60 ff.

760 *Jaeckel* (Fn. 637), 245; *Kadelbach/Petersen* (Fn. 598), 219, 223; *Kainer* (Fn. 755), 431, 435; *Kühling* (Fn. 757), 403, 404; *Szczekalla* (Fn. 757), 219, 222; *ders.* (Fn. 595), 1101.

dem Prinzip der Gemeinschaftstreue sogar verpflichtet, Beeinträchtigungen des Gemeinschaftsrechts zu beseitigen.

Zur Frage, ob die Schutzpflichten erst über Art. 10 EG vermittelt werden, hat der Gerichtshof bereits ausdrücklich entschieden, dass der Grundsatz der Gemeinschaftstreue die Ableitung individueller Rechte aus anderen gemeinschaftsrechtlichen Vorschriften unterstützen kann[761]. Auch die Tatsache des sehr weiten Ermessens bei Erfüllung der Schutzpflichten vermag das Vorliegen eines schadensersatzrechtlichen Schutzzwecks nicht in Frage zu stellen. Zwar könnte argumentiert werden, dadurch fehle es an der Bestimmtheit der Norm. Das Ermessen bezieht sich aber nur auf die Auswahl der Mittel, um der Schutzpflicht nachzukommen. Das Schutzziel besteht dagegen klar bestimmt in der Garantie der jeweiligen Grundfreiheit. Daher richtet sich das individuelle Recht nicht auf die Durchführung einer bestimmten Maßnahme, sondern auf die Erreichung des angestrebten Erfolgs, welcher für die Einräumung individueller Rechte hinreichend bestimmt ist[762]. Allerdings ist das weite Ermessen im Rahmen der Prüfung der Qualifiziertheit der Rechtsverletzung zu berücksichtigen. So verneinte Generalanwalt Jacobs in der Rechtssache Schmidberger einen Schadensersatzanspruch, da die Rechtsverletzung angesichts des Ermessens der österreichischen Behörden nicht qualifiziert gewesen sei[763].

c) Zusammenfassung

Eine Haftung von Hoheitsträgern wegen Verletzung einer Pflicht zur Abwendung einer Schädigung durch einen Dritten ist in vielfacher Weise möglich. Die Haftungsrelevanz solcher Pflichtverletzungen ist im Einzelnen anhand des Schutzzwecks der jeweiligen Pflicht nachzuweisen. Die Berufung auf die Verletzung einer solchen Pflicht ist für den Geschädigten mit einigen Unsicherheiten hinsichtlich der Einschätzung

---

[761] EuGH Rs. C-340/89, Vlassopoulou, Slg. 1991, I-2357, Rn. 14; Rs. C-104/91, Borrel, Slg. 1992, I-3003, Rn. 9. In der Rechtssache Schmidberger, in der es auf die Rechte Einzelner aus grundfreiheitlichen Schutzpflichten hätte ankommen können, prüfte der Gerichtshof den Individualschutz nicht, da ein Haftungsanspruch bereits an der mangelnden Rechtswidrigkeit des mitgliedstaatlichen Verhaltens scheiterte, EuGH Rs. C-112/00, Schmidberger, Slg. 2003, I-5659.

[762] *Kadelbach/Petersen* (Fn. 598), 213, 219.

[763] GA Jacobs Schlussanträge Rs. C-112/00, Schmidberger/Österreich, Slg. I-2003, 5659.

der individualschützenden Ausrichtung der jeweiligen Norm verbunden. Jedoch lassen sich in der Rechtsprechung der Gemeinschaftsgerichte einige Fallgruppen nachweisen, die vom Geschädigten im Einzelfall als Beurteilungsgrundlagen herangezogen werden können.

Es bestehen allerdings sehr weite Ermessensspielräume für die Verpflichteten, so dass eine haftungsbegründende Pflichtverletzung vom Geschädigten oft nur schwer nachzuweisen ist. Auch durch eine Zuordnung der Schadensabwendungspflichten zum administrativen Handeln[764] verbessert den Rechtsschutz des Einzelnen nicht, da seit der Einführung der gemeinschaftsrechtlichen Staatshaftung kein Unterschied mehr zwischen den Voraussetzungen einer Haftung für generelle Akte und den Voraussetzungen einer Haftung für Einzelakte zu machen ist.

6. *Pflichtverletzung*

Nach dem gemeinschaftsrechtlichen außervertraglichen Haftungsrechts bedarf es für die Auslösung eines Anspruchs einer rechtswidrigen Handlung. Während die Rechtswidrigkeit bei der Haftung für ein Tun auf der Hand liegt, muss für eine Haftung wegen Unterlassens die Verletzung einer Pflicht zum Handeln festgestellt werden. Schwierig ist hierbei, dass die Grenzen des Ermessens der Entscheidung zum Eingreifen oft besonders weit sind, da dem zuständigen Hoheitsträger meist mehrere Möglichkeiten der Schadensverhinderung zustehen[765]. Dieser Umstand stellt jedoch kein Problem für die Konzeption des Haftungsanspruchs an sich dar, sondern erschwert für den darlegungs- und beweispflichtigen Anspruchsteller lediglich den Nachweis der Rechtswidrigkeit einer Handlung im konkreten Fall.

a) Erfolgshaftung oder obligation de moyens?

Einer grundsätzlichen Klärung hingegen bedarf die Frage, wann eine haftungsrelevante Verletzung einer Schadensabwendungspflicht vorliegt. Dabei kommt es aus der Sicht des Haftungsrechts, welches die Rechtmäßigkeit einer Handlung aus der Perspektive der bereits einge-

---

[764] So auch *van der Woude* (Fn. 481), 109, 119.

[765] EuGH Rs. C-146/91, KYDEP, Slg. 1994, I-4199, Rn. 58 ff.; EuG Rs. T-571/93, Lefebvre Frères, Slg. 1995, II-2379, Rn. 33 ff.; vgl. *Jaeckel* (Fn. 637), 245.

tretenen Schädigung betrachtet, nicht darauf an, ob diese Pflichten bereits ab einer gewissen Gefährdung des zu schützenden Rechtsguts ausgelöst werden oder erst bei unmittelbar bevorstehender Beeinträchtigung[766]. Denn im Falle der Haftung ist ein Recht bereits verletzt. Für das Haftungsrecht bedarf es vielmehr einer Festlegung darüber, ob es sich bei der Haftung aus Verletzung von Schadensabwendungspflichten um eine Garantiehaftung oder um eine sorgfaltsabhängige Haftung handelt. Ob von einem Hoheitsträger insoweit die Erreichung eines bestimmten Erfolgs (obligation de résultat) oder nur die Anwendung der notwendigen Sorgfalt (obligation de moyens) verlangt wird, ergibt sich aus jeder Norm selbst, denn die Norm, nicht die haftungsrechtlichen Vorschriften bestimmen die Voraussetzungen der Normverletzung. Dennoch stellt sich das Problem im Falle der Schadensabwendungspflichten immer in der gleichen Weise und ermöglicht damit eine allgemeine Aussage.

Für den Fall der Aufsichtspflichten ergibt sich dies bereits aus der Idee der Aufsicht selbst. Mit der Aufsicht soll dafür gesorgt werden, dass bestimmte Schäden nicht eintreten. Nicht hingegen soll eine Schadensverhinderung garantiert werden. Setzt sich der Beaufsichtigte über die Aufsichtsmaßnahmen hinweg, so können diese auch bei Eintritt eines Schadens rechtmäßig gewesen sein. Im Falle der Verletzung von Schutzpflichten ist diese Argumentation nicht einfach übertragbar. Denn Schutzpflichten dienen unmittelbar dem Schutz eines Rechtsguts und nicht der Beaufsichtigung eines Verhaltens. Es könnte daher im Falle der Schutzpflichten von einer Garantie dieser Rechte auszugehen, also eine obligation de résultat begründet sein. Für die Annahme einer solchen obligation de résultat spricht die finale Ausrichtung des Gemeinschaftsrechts. Der EG-Vertrag ist in seiner Grundstruktur auf die Verwirklichung materieller Ziele ausgerichtet[767]. Diese Ziele sind auch für die teleologische Auslegung zahlreicher sekundärer gemeinschaftsrechtlicher Vorschriften maßgebend[768]. Legt man nun die gemeinschaftsrechtlichen Schutzpflichten aus, könnte man unter Berücksichtigung der finalen Struktur des Gemeinschaftsrechts annehmen, dass der Zielerreichung am besten gedient wäre, wenn eine Verpflichtung des zuständigen Hoheitsträgers auf vollständige Erreichung des Schutzziels bestünde.

---

[766] *Jaeckel* (Fn. 637), 262 ff.

[767] *Epiney* (Fn. 224), 362, 389; *Wolf* (Fn. 3), 80 ff.

[768] *Kutscher* (Fn. 43), I-1, I-24.

Damit würden die Anforderungen an eine Schutzgewährung im Gemeinschaftsrecht jedoch überspannt. Zwar sind die Hoheitsträger verpflichtet, alle zur Erreichung des Zieles geeigneten und erforderlichen Maßnahmen zu ergreifen. Daraus folgt jedoch nur eine obligation de moyens[769]. Denn eine Haftung trotz fehlender Möglichkeit der Schadensabwendung käme einer hoheitlichen Schadensversicherung gleich, die zu einer Schwächung der Eigenverantwortung der Bürger führen würde, da offensichtlich nicht zu verhindernde Risiken übernommen würden, die aufgrund ihrer Allgemeinheit dem allgemeinen Lebensrisiko zuzurechnen sind. Daher muss aus haftungsrechtlicher Perspektive hinsichtlich der gemeinschaftsrechtlichen Schadensabwendungspflichten von einer obligation de moyens ausgegangen werden[770].

b) Zeitpunkt der Pflichtverletzung

Um Beeinträchtigungen der geschützten Rechte wirksam zu verhindern, kann häufig schon ein Einschreiten im Vorfeld einer Schädigung erforderlich sein. Es fragt sich, ob die Pflichten der Schutzverpflichteten erst verletzt werden können, wenn die Geschädigten die Ausübung der Schadensabwendungspflichten beantragt haben, d.h. ob Voraussetzung für einen Haftungsanspruch wegen Verletzung von Schadensabwendungspflichten vergleichbar mit Art. 232 Abs. 2 EG die vorherige Aufforderung zum Tätigwerden des Schutzverpflichteten ist. Die Rechtsprechung gibt darüber keinen Aufschluss. Lediglich in der Rechtssache G.A.A.R.M. findet sich hierzu eine Andeutung. Die Kläger machten im Schadensersatzprozess geltend, die Kommission habe die ihr obliegende Pflicht zur Wettbewerbsaufsicht verletzt. Der Gerichtshof wies diesen Haftungsgrund mit der Begründung ab, die Kläger hätten in ihrem Schriftwechsel mit der Kommission nie auf einen möglichen Verstoß gegen die Pflicht zur Wettbewerbsaufsicht geltend gemacht[771]. In der Rechtssache Sonito hatten die Kläger die Kommissionstellen hingegen auf betrügerische Handlungen Dritter hingewiesen. Der Gerichtshof prüfte daher, ob die Kommission die ihr obliegenden Aufsichtspflichten

---

[769] *Jaeckel* (Fn. 637), 245; *Szczekalla* (Fn. 595), 1026, 1034 ff.

[770] Im Ergebnis gleich für die den Mitgliedstaaten obliegenden Schutzpflichten aus Grundfreiheiten GA Lenz, Schlussanträge, Rs. C-265/95, Kommission/Frankreich, Slg. 1997, I-6959, Rn. 45 ; *Kadelbach/Petersen* (Fn. 598), 216; *Kainer* (Fn. 755), 431, 435; *Kühling* (Fn. 757), 403.

[771] EuGH Rs. 289/83, G.A.A.R.M./Kommission, Slg. 1984, 4295, Rn. 22.

verletzt habe[772]. Daraus kann aber nicht geschlossen werden, eine vorherige Aufforderung zum Handeln sei Voraussetzung eines Haftungsanspruchs. Vielmehr ist dieser Hinweis so zu verstehen, dass das Verhalten des Schutzverpflichteten nur auf der Basis der ihm aktuell zur Verfügung stehenden Informationen und Fakten beurteilt werden kann[773]. In der Rechtssache Denkavit lehnte der Gerichtshof folglich eine Haftung der Kommission wegen Verletzung ihrer Pflicht zur Rückgängigmachung einer nationalen Entscheidung über die Festsetzung von Nitrat-Höchstgehalten in Futtermitteln ab, da der Kommission nicht hinreichend Informationen zur Entscheidung über die Rechtmäßigkeit der nationalen Maßnahme zur Verfügung gestanden hätten[774].

Diese Ansicht entspricht auch der Struktur des gemeinschaftlichen außervertraglichen Haftungsanspruchs. Denn die Inanspruchnahme eines Schädigers setzt in einem System der Unrechtshaftung voraus, dass dieser überhaupt Kenntnis von seiner Verpflichtung zum Eingreifen hat. Andernfalls nähme die gemeinschaftsrechtliche außervertragliche Haftung die Gestalt einer Risikohaftung an, bei der keinerlei Handlungsunrecht Voraussetzung ist. Dies kann aber nicht Zweck der gemeinschaftsrechtlichen Haftung sein.

7. Haftungsverteilung

Auch im Rahmen der Haftung für die Verletzung von Schadensabwendungspflichten stellt sich das Problem der Zurechnung einer Schädigung, da mehrere Personen an dem Haftungsverhältnis beteiligt sind. Dieses tritt jedoch in anderer Weise zu Tage als bei der Entscheidung über die Schadenszurechnung in Gemengelagen. Während es dort darum geht herauszufinden, welcher mehrerer Handlungsbeiträge eine Zurechnung des Schadens überhaupt begründen kann, liegt das Hauptproblem eines Haftungsanspruchs für Verletzung von Schadensabwendungspflichten in der Ermittlung der Maßgeblichkeit der Pflichtverletzung für die Schädigung. Die Schädigung allein durch den Fremdschädiger liegt dieser Fallgruppe notwendigerweise bereits zugrunde. Soweit

---

772 EuGH Rs. C-87/89, Sonito, Slg. 1990, I-1981, Rn. 2, 17.

773 EuG, Rs. T-107/96, Pantochin SA/Kommission, Slg. 1998, II-311, Rn. 51; so wohl auch *van der Woude* (Fn. 481), 109, 119.

774 EuGH Rs. 14/78, Denkavit Commerciale u.a./Kommission, Slg. 1978, 2497, Rn. 20.

eine Haftungsregelung für die Inanspruchnahme des Fremdschädigers besteht, ist seine Inanspruchnahme daher auch unproblematisch. Die Eigenheit der Zurechnung bei der Verletzung von Schadensabwendungspflichten liegt vielmehr darin, dass festgestellt werden muss, ob der zur Schadensabwendung Verpflichtete überhaupt neben dem unmittelbaren Schädiger haftungsrechtlich für eine Schädigung einzustehen hat.

Es bedarf daher der Klärung, wer haftet und in welchem Verhältnis verschiedene Haftungsansprüche zueinander stehen. Überdies ist zu klären, wie die Haftungsansprüche sich zu etwaig vorhandenen Primärrechtsbehelfen verhalten.

a) Kausalität

Gemeinsam ist der Haftung in Gemengelagen und der Haftung wegen Verletzung von Schadensabwendungspflichten, dass eine Kausalbeziehung zwischen Verhalten und Schaden zwar notwendig ist, mit der Prüfung der Kausalität eines Schadensbeitrages allein die Kernproblematik indes nicht zu lösen ist. In beiden Fällen öffnet das vom Gerichtshof aufgestellte Erfordernis des unmittelbaren ursächlichen Zusammenhangs[775] den Tatbestand für die Berücksichtigung zusätzlicher wertender Gesichtspunkte. Eine Wertung kann auch im Falle einer Haftung für die Verletzung von Schadensabwendungspflichten erst vorgenommen werden, wenn die Kausalität nach der Äquivalenzformel feststeht. Eine Pflichtverletzung ist dann kausal, wenn pflichtgemäßes Handeln den Eintritt des schädigenden Erfolgs mit an Sicherheit grenzender Wahrscheinlichkeit verhindert hätte[776]. Die Mitursächlichkeit reicht zur Begründung der Haftung aus[777].

---

[775] EuGH verb. Rs. 64/76, 113/76, 167/78, 239/78, 27/79, 28/79 und 45/79, Dumortier frères u.a./Rat, Slg. 1979, 3091, Rn. 21; Rs. C-46/93 u. C-48/93, Brasserie du pêcheur, Slg. 1996, I-1029, Rn. 51; EuG Rs. T-168/94, Blackspur, Slg. 1995, II-2627, Rn. 40; Rs. T-175/94, International Procurement Services/Kommission, Slg. 1996, II-729, Rn. 55; Rs. T-7/96, Perillo/Kommission, Slg. 1997, II-1061, Rn. 41.

[776] EuGH Rs. C-146/91, KYDEP/Rat und Kommission, Slg. 1994, I-4199, Rn. 78; *Renzenbrink* (Fn. 5), 60.

[777] GA Gand, Schlussanträge in EuGH, Rs. 5, 7 und 13/66, Kampffmeyer/Kommission, Slg. 1967, 361, 376; *Renzenbrink* (Fn. 5), 60.

Die äquivalente Kausalitätsbeziehung zwischen Schaden und Handlung ist jedoch weder für die Handlung des Fremdschädigers noch für das Unterlassen des Hoheitsträgers problematisch. Schwierigkeiten bereitet lediglich der tatsächliche Nachweis der Schadensursächlichkeit des nicht pflichtgemäßen Verhaltens. So hat der Geschädigte z.B. bei Aufsichtspflichten der Unionsorgane den schwierigen Nachweis zu führen, dass bei pflichtgemäßem Verhalten, der Schaden verhindert worden wäre. Dies kann letztlich nur auf der Grundlage empirischer Erkenntnisse über die Folgen von ordnungsgemäßen Aufsichtsverhalten erfolgen. Das insoweit tatsächliche Problem liegt in der Beurteilung der Effektivität der Aufsichtsmaßnahmen der EU-Organe[778]. Bei speziellen Aufsichtspflichten wird allerdings die Kausalität eines Unterlassens eher zu bejahen sein[779]. Kann mit Sicherheit festgestellt werden, dass ein Schaden auch ohne Verletzung der Schadensabwendungspflicht eingetreten wäre, ist hingegen eindeutig bewiesen, dass ein Verhalten nicht kausal war.

Obliegt z.B. der Kommission eine Aufklärungspflicht, mit der Schäden verhindert werden sollen, so kommt ein Haftungsanspruch gegen die Union auch bei Verletzung dieser Aufklärungspflicht nicht in Betracht, wenn der Geschädigte anderweitig von dem aufklärungsbedürftigen Sachverhalt Kenntnis erlangt hat[780].

b) Zurechnung

Mit der Bejahung der Kausalität ist der Zusammenhang zwischen Verhalten und Schaden nicht abschließend festgelegt. Wie bereits für die Haftung in Gemengelagen ausgeführt, bedarf es für die Zurechnung über das reine naturwissenschaftliche Kausalitätserfordernis hinaus eines unmittelbaren Ursachenzusammenhangs[781]. Durch diesen wird der

---

[778] So wird allgemein die Möglichkeit einer Schadensverursachung durch die Kommission wegen Verletzung ihrer allgemeinen Aufsichtspflicht nach Art. 211, 226 EG wegen der Wirkungslosigkeit von Aufsichtsmaßnahmen in der Praxis verneint, vgl. *Czaja* (Fn. 4), 121; *Renzenbrink* (Fn. 5), 60; zurückhaltend *Aubin* (Fn. 5), 104 ff., 113.

[779] *Oliver* (Fn. 339), 285, 300 f.; *Renzenbrink* (Fn. 5), 62.

[780] EuG Rs. T-572/93, Odigitria/Rat und Kommission, Slg. 1995, II-2025, Rn. 65.

[781] EuGH verb. Rs. 64/76, 113/76, 167/78, 239/78, 27/79, 28/79 und 45/79, Dumortier frères u.a./Rat, Slg. 1979, 3091, Rn. 21; Rs. C-46/93 u. C-48/93, Brasserie du pêcheur, Slg. 1996, I-1029, Rn. 51; EuG Rs. T-168/94, Blackspur,

Haftungstatbestand für die Berücksichtigung wertender Elemente geöffnet.

Nun fragt es sich, ob die vollständige Schadensverursachung durch den Fremdschädiger diesen Zurechnungszusammenhang unterbricht. Dafür könnte sprechen, dass der wesentliche Beitrag zum Schaden nicht von dem verpflichteten Hoheitsträger, sondern vom unmittelbaren Schädiger stammt und er somit den Schaden zu verantworten hat[782]. Des Weiteren könnte das Unmittelbarkeitsmerkmal auch so ausgelegt werden, dass der Erstverursacher einer Schädigung allein die Verantwortung für die Schädigung trägt. Schließlich ist die Verletzung der Schadensabwendungspflicht auch erst durch die vorangegangene Schädigung ermöglicht worden. Einer solchen Auslegung widerspricht hingegen bereits der maßgebliche Zweck der Haftung, der Schutz individueller Rechte des Gemeinschaftsrechts. Der Zweck einer Schadensabwendungspflicht liegt nun gerade in der Gewährleistung eines von den Pflichten des Fremdschädigers unabhängigen, eigenständigen Schutzes. Ist dieser Schutz in Form einer Schadensabwendungspflicht mit einem haftungsrechtlichen Schutzzweck versehen, so würde das damit korrespondierende Recht auf Schutz durch die restriktive Zurechnung wiederum vollständig bedeutungslos. Der haftungsrechtliche Schutz, welcher ihm mit Zuerkennung des Schutzzwecks zugesprochen worden ist, wäre ihm versagt.

Daher liegt in der Verletzung einer gemeinschaftsrechtlichen Schadensabwendungspflicht der einzige Fall einer möglichen parallelen konkurrierenden Haftungsverpflichtung von zwei Hoheitsträgern.

8. Verhältnis zum Anspruch gegen den Fremdschädiger

Da im Falle der Verletzung einer Schadensabwendungspflicht das Dazwischentreten eines Fremdschädigers nicht die Zurechnung ausschließt, konkurriert die Haftung des Fremdschädigers mit der des Schutzverpflichteten. Es fragt sich, wie eine solche Haftungskonkurrenz rechtlich zu werten ist.

Slg. 1995, II-2627, Rn. 40; Rs. T-175/94, International Procurement Services/Kommission, Slg. 1996, II-729, Rn. 55; Rs. T-7/96, Perillo/Kommission, Slg. 1997, II-1061, Rn. 41.

[782] So die Kommission in EuG Rs. T-107/96, Pantochin SA/Kommission, Slg. 1998, II-311, Rn. 44; sowie die Argumentation der Kommission in EuGH Rs. C-87/89, Sonito, Slg. 1990, I-1981, Rn. 11.

Aus der Darstellung der Kategorien möglicher haftungsrelevanter Schadensabwendungspflichten geht hervor, dass Haftungskonkurrenzen sowohl zwischen Union und Mitgliedstaaten als auch zwischen Mitgliedstaaten und Privatpersonen oder zwischen der Union und Drittstaaten möglich sind. Da die Haftung zwischen Union und Mitgliedstaaten der häufigste Fall und nach dem hier vertretenen Ansatz eines einheitlichen gemeinschaftsrechtlichen außervertraglichen Haftungsrechts ausschließlich auf der Grundlage des Gemeinschaftsrechts beurteilt werden kann, soll zunächst hierauf eingegangen werden.

a) Konkurrierende Haftung von Union und Mitgliedstaaten

Eine Haftungskonkurrenz von Union und Mitgliedstaaten ergibt sich im Bereich der Haftung für Verletzung von Schadensabwendungspflichten nur in Form von Kontroll- und Aufsichtspflichten der Kommission über die Rechtmäßigkeit mitgliedstaatlichen Verhaltens. Es fragt sich, wie sich konkurrierende Ansprüche beider Hoheitsträger zueinander verhalten.

aa) Rechtsprechung

In den bislang zwei einzigen Fällen der positiv festgestellten Konkurrenz der Haftung der Union und eines Mitgliedstaates, den Rechtssachen Kampffmeyer[783] und Becher[784], ging es um rechtswidrige Schutzmaßnahmen einer deutschen Behörde, die mehreren Getreideimporteuren die Erteilung von Einfuhrgenehmigungen verweigerte. In einer später vom Gerichtshof aufgehobenen rechtswidrigen Entscheidung hatte die Kommission die Bundesregierung zur Einführung der Schutzmaßnahmen ermächtigt[785]. Diese Ermächtigung war ebenso wie die Schutzmaßnahme Deutschlands selbst rechtswidrig. Hierin sah der Gerichtshof ein konkurrierendes rechtswidriges Verhalten von deutschen

---

[783] EuGH, verb. Rs. 5, 7 u. 13 bis 24/66, Kampffmeyer/Kommission, Slg. 1967, 331.

[784] EuGH, Rs. 30/66, Becher/Kommission, Slg. 1967, 385.

[785] Nach Art. 22 Verordnung Nr. 19/62 (EWG) des Rates über die schrittweise Errichtung einer gemeinsamen Marktordnung für Getreide, ABl. 1962, Nr. 30, 933 war die Kommission befugt, die Mitgliedstaaten in bestimmten Fällen zu ermächtigen, die Erteilung von Einfuhrgenehmigungen als Schutzmaßnahme zeitweise auszusetzen.

Behörden und Unionsorganen. Hinsichtlich der Schäden, die die betroffenen Getreideimporteure geltend machten, erkannte der Gerichtshof dem Grunde nach die Haftung der Union für die Schäden an, die den Importeuren einerseits durch Zahlung rechtswidriger Abschöpfungen, andererseits durch die Rückgängigmachung von in berechtigtem Vertrauen auf die Genehmigungserteilung abgeschlossenen Lieferverträgen entstanden waren. Um die Gewährung unzureichenden oder übermäßigen Schadensersatz durch doppelte Geltendmachung des Schadens bei der Union und dem Mitgliedstaat zu vermeiden, stellte der Gerichtshof die endgültige Entscheidung über die gegen die Union gerichtete Schadensersatzklage unter den Vorbehalt der vorherigen Erschöpfung des gleichfalls möglichen und bereits beschrittenen innerstaatlichen Rechtswegs. Erst nach Abschluss des innerstaatlichen Rechtswegs könne auch ein Endurteil über die Schadensersatzpflicht der Union ergehen[786].

Hinsichtlich des Schadensersatzes für die Kosten der Rückabwicklung bereits geschlossener Lieferverträge stellte der Gerichtshof für die Behandlung konkurrierender Schadensersatzansprüche gegen Union und Mitgliedstaaten, unabhängig davon, ob ein Verstoß gegen Gemeinschaftsrecht oder innerstaatliches Recht vorliegt, den Grundsatz der Subsidiarität auf.

In späteren Urteilen scheiterte die Haftung der Union bereits am Vorliegen eines rechtswidrigen Verhaltens der Unionsorgane, wie in anderen Fällen an der fehlenden Kausalität des Verhaltens der Unionsorgane. So konnte die Klägerin in der Rechtssache BAI nicht beweisen, dass das mangelhafte Verhalten der Kommission in der Beihilfenaufsicht zu dem geltend gemachten Schaden geführt hatte[787].

Da auch in den nachfolgenden Urteilen kein Hinweis auf eine Änderung der Rechtsprechung enthalten ist, kann davon ausgegangen werden, dass nach der Rechtsprechung eine mit Ansprüchen gegen Mitgliedstaaten konkurrierende Haftungsklage gegen Unionsorgane wegen einer Verletzung von Schadensabwendungspflichten grundsätzlich als materiell subsidiär anzusehen ist, d.h. eine Klage kann zulässig und auch begründet sein, sie muss aber ausgesetzt werden, solange konkur-

---

[786] EuGH, verb. Rs. 5, 7 u. 13 bis 24/66, Kampffmeyer/Kommission, Slg. 1967, 331, 358; ebenso allerdings ohne ausdrückliche Begründung entschied der Gerichtshof im Fall Becher, EuGH, Rs. 30/66, Becher/Kommission, Slg. 1967, 385, 405.

[787] EuG Rs. T-230/95, Société Bretagne Angleterre Irlande (BAI), Slg. 1999, II-125, Rn. 34.

rierende Schadensersatzansprüche gegen den Mitgliedstaat vor nationalen Gerichten geltend gemacht werden können.

bb) Anteilige Haftung im Außenverhältnis

Wenn ein gemeinschaftsrechtlicher außervertraglicher Haftungsanspruch mit weiteren Deliktsansprüchen konkurriert, ist zu fragen, ob der Geschädigte wahlweise den nach Gemeinschaftsrecht haftenden Hoheitsträger oder den unmittelbaren Schädiger auf Ersatz des gesamten Schadens in Anspruch nehmen kann oder ob die Haftung im Außenverhältnis aufzuteilen ist.

Das französische Staatshaftungsrecht sieht bei der Konkurrenz mehrerer öffentlich-rechtlicher Körperschaften eine Aufteilung der Schadensersatzansprüche entsprechend dem jeweiligen Verursachungsbeitrag vor[788]. Die Übertragung eines solchen Systems auf die gemeinschaftsrechtliche außervertragliche Haftung verbietet sich jedoch aus zwei Gründen.

Erstens würde eine anteilige Haftung den Rechtsschutz des Geschädigten unzumutbar erschweren. Der Geschädigte wäre gezwungen, zwei verschiedene Klagen zu erheben, um den vollen Ersatz seines Schadens zu erlangen. Dies wäre mit dem das gemeinschaftliche außervertragliche Haftungsrecht bestimmenden Grundsatz des effektiven Schutzes individueller Rechte nicht vereinbar[789].

Zweitens liefe der Geschädigte Gefahr, nicht den vollen Schadensersatz zu erhalten, wenn die zwei befassten Gerichte hinsichtlich des Schadensbeitrages der bei ihnen verklagten Schädiger unterschiedlich entschieden. Eine einheitliche Beurteilung kann aber nicht gewährleistet werden. Um eine volle Deckung des Schadensersatzes zu gewährleisten, müsste ein Gericht über die Haftungsquote beider Schädiger urteilen. So müsste beispielsweise der Gerichtshof über die Haftung der Union und die Haftung der Mitgliedstaaten urteilen. Gemeinschaftsgerichte können aber weder eine Haftung der Mitgliedstaaten feststellen, noch können mitgliedstaatliche Gerichte über die Haftung der Union urteilen[790]. Die Art. 235, 240 EG weisen den Gemeinschaftsgerichten die

---

788 *Chapus* (Fn. 97), Rn. 1434.

789 *André* (Fn. 455), 331, 334; *Aubin* (Fn. 5), 245; *Herdegen* (Fn. 44), 145; *Renzenbrink* (Fn. 5), 164.

790 Ausführlich *Oliver* (Fn. 339), 286 ff. Daher ist der gemeinschaftsrechtliche Staatshaftungsanspruch vor den mitgliedstaatlichen Gerichten geltend zu

ausschließliche Zuständigkeit über Haftungsklagen gegen Unionsorgane zu. Haftungsansprüche gegen Mitgliedstaaten liegen dagegen in der Zuständigkeit der mitgliedstaatlichen Gerichte. Die rechtlichen Feststellungen der jeweiligen Gerichte entfalten keine Bindungswirkung für das jeweils andere Gericht. Daher besteht aus Kompetenzgründen die Gefahr, dass der Geschädigte entweder nicht ausreichenden oder übermäßigen Ersatz seines Schadens erhält[791].

cc) Subsidiarität der Haftung der Union

Da eine anteilige Haftung aus den vorgenannten Gründen einstimmig abgelehnt wird, kann der Geschädigte Schadensersatz in voller Höhe sowohl von der Union als auch von den Mitgliedstaaten verlangen. Für das Verhältnis der Ansprüche gegen Union und Mitgliedstaaten folgen daraus zwei Möglichkeiten; einerseits die Subsidiarität des gemeinschaftsrechtlichen Haftungsanspruchs gegen die Union, andererseits die Annahme einer gleichgeordneten Haftung von Union und Mitgliedstaaten als Gesamtschuldner.

Eine prinzipielle Subsidiarität der Unionshaftung bei Verletzung von Schadensabwendungspflichten klingt verlockend, da hierbei die unmittelbaren Schädiger, welche die schadensnähere Ursache setzen, primär in Anspruch genommen würden. Dem stehen jedoch erhebliche Einwände entgegen.

Der Haupteinwand liegt in der eigenständigen Schadensverantwortung der Union, welche durch ein Abdrängen des Anspruchs auf die Mitgliedstaaten auf eine nachrangige, eben subsidiäre Auffangverantwortung der Union reduziert würde. Damit aber würde der eigenständige Pflichtverstoß der Union gegenüber der mitgliedstaatlichen Rechtsverletzung generell als nachrangig gewertet, was weder mit der Funktion des Rechtsbehelfs zur Sicherung der gemeinschaftsrechtlich verliehenen Rechte noch mit dem Schutzzweck der verletzten Schadensabwendungspflicht zu vereinbaren wäre, die gerade auf den Schutz durch

---

machen. Die Befassung des Gerichtshofs mit Fragen der Haftung der Mitgliedstaaten erfolgt allein im Wege von Vorlageverfahren. Im Rahmen des Vorlageverfahrens kann der Gerichtshof lediglich Gemeinschaftsrecht auslegen. Die Beurteilung der Rechtmäßigkeit mitgliedstaatlichen Verhaltens ist ihm versagt.

[791] *Aubin* (Fn. 5), 144 f.; *Constantinesco*, Responsabilité extra-contractuelle concomittante, 24; *Goffin*, (Fn. 67), 531, 544; *Herdegen* (Fn. 44), 144; *Renzenbrink* (Fn. 5), 164.

Schadensersatz abzielt. Im Übrigen widerspräche die Subsidiarität zumindest im Bereich des gemeinschaftsrechtswidrigen Handelns der Mitgliedstaaten der Parallelität von gemeinschaftsrechtlicher Staatshaftung und Unionshaftung. Darüber hinaus steht einer Subsidiaritätslösung auch der Mangel ihrer dogmatischen Begründbarkeit entgegen. Es ist nicht verständlich, warum durch Hinzutreten eines weiteren Haftungsschuldners die Union von einer Haftung entlastet werden sollte. Würde der Schaden ohne haftungsverantwortliches Zutun eines Mitgliedstaates entstehen, wäre ohnehin allein die Union verantwortlich.

dd) Gleichstufige gesamtschuldnerische Haftung

Der weit überwiegende Teil der Literatur lehnt daher die Subsidiaritätslösung ab. Stattdessen wird allgemein von einer gleichstufigen Haftung von Mitgliedstaaten und Union ausgegangen[792]. Der Geschädigte kann danach frei entscheiden, ob er die Union oder den betreffenden Mitgliedstaat verklagt.

Mit der Gleichordnung beider Ansprüche wird die Haftung den Anforderungen an die eigenständige Schadensverantwortlichkeit beider Haftungsverpflichteter gerecht. Da beide Haftungsschuldner die ihnen gegenüber dem Geschädigten obliegenden Rechte bzw. Pflichten verletzt haben, können beide auf die Verletzung dieser Rechte schadensersatzrechtlich in Anspruch genommen werden. Eine Rangordnung der Rechte besteht nicht. Der Mitgliedstaat ist ebenso verpflichtet, eine Schädigung zu unterlassen, wie den Unionsorganen die Pflicht der Schadensverhinderung obliegt. Dass die Gesamtschuld dem Gemeinschaftsrecht nicht fremd ist, ergibt sich aus Art. 27 Abs. 2 EAG[793]. Außerdem existiert auch im völkerrechtlichen Deliktsrecht das Institut der Gesamtschuld[794].

---

[792] *André* (Fn. 455), 331, 333 f.; *Aubin* (Fn. 5), 245; *Constantinesco* (Fn. 791), 39 ff.; *Czaja* (Fn. 4), 200 f.; *Fuß*, EuR 1968, 353, 366; *Gilsdorf/Niejahr* (Fn. 8), Art. 288, Rn. 93; *Herdegen*, Die Haftung der Europäischen Wirtschaftsgemeinschaft für fehlerhafte Rechtsetzungsakte, 157; *Ipsen* (Fn. 1), 540.

[793] Der hier verwandte Begriff der Gesamtschuld wird rein deklaratorisch verstanden. Daher bleiben die schwierigen Fragen über die Rechtsfolgen, z.B. die Tilgungswirkung der Zahlung durch einen Schuldner und die Figur der sog. unechten Gesamtschuld außer Betracht. Zur unechten Gesamtschuld, vgl. *Fikentscher*, Schuldrecht, Rn. 635.

[794] *André* (Fn. 455), 331, 333; Fuß, EuR 1968, 353, 366.

Auch seinem Zweck des Schutzes individueller Rechte wird das Haftungsrecht in diesen Fällen mit der Gewährung zweier gleichgeordneter Ansprüche voll gerecht. Da zwei verschiedene individuelle Rechte, nämlich einerseits das Recht auf Eingriffsfreiheit gegenüber dem unmittelbaren Schädiger und das Recht auf Schutz gegenüber dem schutzpflichtigen Hoheitsträger andererseits, verletzt worden sind, müssen dem Geschädigten konsequenterweise auch zwei Rechtsschutzmöglichkeiten und damit auch zwei Klagegegner zur Verfügung stehen.

ee) Gesamtschuldnerschaftliche Grundsätze als Verhältnisbestimmung der Ansprüche

Die Gewährung zweier Ansprüche für den gleichen Schaden darf aber nicht zu doppelten Schadensersatz führen. Dies würde dem Individualschutzzweck des gemeinschaftsrechtlichen Haftungsrechts nicht gerecht. Der Anspruch des Einzelnen erhielte mangels korrespondierenden Schadens in Höhe der übermäßigen Schadenswiedergutmachung reine Sanktionsfunktion, was nicht Zweck des gemeinschaftsrechtlichen Haftungsrechts ist. Der Sanktionscharakter kann sich ausschließlich im Rahmen des Zwecks des individuellen Rechtsschutzes entfalten.

Daher besteht zumindest in der Literatur Einigkeit darüber, dass die beiden Schuldner als Gesamtschuldner haften[795]. Eine solche Gesamtschuldnerschaft zwischen mehreren Deliktsschädigern ist eine allgemein akzeptierte Lösung im kontinentaleuropäischen Rechtskreis. Sie findet sich sowohl in § 840 Abs. 1 BGB als auch in den meisten anderen staatlichen Rechtsordnungen[796], so dass von einem allgemeinen Rechtsgrundsatz ausgegangen werden kann, nach dem die Union und ein Mitgliedstaat bei konkurrierenden Ansprüchen des Geschädigten nach außen gleichstufig als Gesamtschuldner haften.

Dagegen spricht auch nicht, dass die konkurrierenden Ansprüche verschiedenen Rechtsordnungen entstammen[797]. Wichtig sind allein die

---

[795] *André* (Fn. 455), 331, 333 f.; *Czaja* (Fn. 4), 200 f.; *Fuß*, EuR 1968, 353, 366; *Gilsdorf/Niejahr* (Fn. 8), Art. 288, Rn. 93; *Herdegen*, Die Haftung der Europäischen Wirtschaftsgemeinschaft für fehlerhafte Rechtsetzungsakte, 157; *Ipsen* (Fn. 1), 540.

[796] Siehe Überblick bei *Constantinesco* (Fn. 791), 39 ff.; *Renzenbrink* (Fn. 5), 169 f.

[797] So auch *Czaja* (Fn. 4), 201 mit Hinweis auf Art. 27 EAGV, der eine gesamtschuldnerische Haftung mehrerer Mitgliedstaaten entsprechend ihrem nationalen Recht anordnet.

Gleichstufigkeit und das gleichgerichtete Interesse der Ansprüche. Nur vereinzelt wird unter der derzeitigen gerichtlichen Zuständigkeitsverteilung die Gesamtschuldlösung abgelehnt, da die innerstaatlichen Gerichte nicht die Zuständigkeit hätten, über eine Gesamtschuld zu entscheiden[798]. Für die Verurteilung eines Mitgliedstaates zum Ersatz des gesamten Schadens, nicht bloß der ihm im Innenverhältnis obliegenden Quote, bedürfe es als Vorfrage der Klärung der Haftung der Union, um den gesamten Schadensumfang festlegen zu können. Für die Feststellung einer Haftung der Union seien aber gemäß Art. 235, 240 EG ausschließlich die Gemeinschaftsgerichte zuständig. Daher könnten mitgliedstaatliche Gerichte mangels Kompetenz zur Entscheidung über die Haftung der Union nur über die auf den jeweiligen Mitgliedstaat entfallende Haftungsquote urteilen. Die Feststellung einer Haftung des Mitgliedstaates als Gesamtschuldner neben der Union sei nicht möglich[799].

Der Einwand mangelnder Kompetenz mitgliedstaatlicher Gerichte zur Feststellung der Haftung der Union ist grundsätzlich zutreffend, denn in Gemengelagen unionalen und mitgliedstaatlichen Handelns, in denen es darum geht, den Beteiligten gegebenenfalls die verschiedenen Handlungsbeiträge, welche zu einer Schädigung führen, gegenseitig zuzurechnen, um eine Verurteilung zum Ersatz des gesamten Schadens zu begründen, bedarf es in der Tat einer Beurteilung der Haftung der Union.

Im Rahmen der Haftungsprüfung in den Fällen der Haftung wegen unterlassener oder mangelhafter Schadensabwehr durch Unionsorgane geht dieser Einwand jedoch in zweifacher Weise fehl. Zunächst bedarf es hierbei keiner wechselseitigen Zurechung von Handlungsbeiträgen. Die Fallgruppe ist gerade dadurch gekennzeichnet, dass die Mitgliedstaaten vollständig, ohne weitere Mitwirkung einen Schaden eigenverantwortlich herbeigeführt haben. Zur Verurteilung des Mitgliedstaates auf Ersatz des gesamten Schadens bedarf es daher keiner Feststellung über den Beitrag der Unionsorgane durch ein pflichtwidriges Untätigbleiben. Gewährt ein Mitgliedstaat z.B. eine nach Art. 87 EG rechtswidrige Beihilfe, so kann er vor nationalen Gerichten wegen des dadurch entstehenden Schadens in voller Höhe in Anspruch genommen werden[800]. Es spielt daher keine Rolle, ob daneben auch die Union haf-

---

798 *Renzenbrink* (Fn. 5), 173.

799 *Renzenbrink* (Fn. 5), 174.

800 Zum nationalen Rechtsschutz gegen gemeinschaftswidrige Beihilfen, siehe *Soltész* (Fn. 710), 202.

tet, weil die Kommission nicht in hinreichender Form versucht hatte, die Beihilfegewährung zu unterbinden. Die Haftung der Union tritt damit also gleichberechtigt neben die Staatshaftung.

Darüber hinaus ergibt sich das Gesamtschuldverhältnis nicht aus seiner konstitutiven Festlegung im Urteil, sondern aus dem identischen Interesse und der Gleichstufigkeit beider Ansprüche[801]. Für die Entstehung einer Gesamtschuld ist es nicht erforderlich, dass die Gesamtschuldner von vorneherein durch ein rechtliches Band untereinander verbunden sind, notwendig ist allein eine gewisse innere Verbundenheit, die bereits durch ein identisches Gläubigerinteresse und die Gleichstufigkeit der Ansprüche entsteht[802]. Maßgeblich ist dabei, dass keine der beiden Leistungen nur als vorläufiges Eintreten des Verpflichteten zu verstehen ist, sondern jede Leistung der einen Partei auch die Schuld gegenüber der anderen Partei zum Erlöschen bringt[803].

Damit ist gleichzeitig geklärt, dass die Tatsache der Gewährung weitergehender Ansprüche, welche eine nationale Rechtsordnung gegebenenfalls aufgrund innerstaatlichen Rechts und wegen des Diskriminierungsverbots auch im Rahmen des gemeinschaftsrechtlichen Staatshaftungsanspruchs gewährt, nicht die Gesamtschuldnerschaft von Mitgliedstaat und Union beeinträchtigt. Zu berücksichtigen ist dabei allerdings, dass die Gesamtschuld und ihre besondere Tilgungswirkung nur in Höhe des identischen Interesses entstehen[804].

ff) Ergebnis

Spätestens seit Einführung der gemeinschaftsrechtlichen Staatshaftung und der mit ihr postulierten Parallelität der Haftung von Union und

---

[801] A.A. *Czaja* (Fn. 4), 201, die irrigerweise aus dem Gesamtschuldgrundsatz die Gleichstufigkeit der Ansprüche folgert.

[802] Für das deutsche Recht *Bydlinski*, Münchener Kommentar, Bd. 2a, § 421, Rn. 11 ff.

[803] Handelte es sich nur um eine vorläufige Leistung, läge nach deutscher zivilrechtlicher Dogmatik nur eine sog. unechte Gesamtschuld vor, die dadurch gekennzeichnet ist, dass die Leistung an den vorläufig Verpflichteten die Schuld gegenüber dem anderen nicht zum Erlöschen bringt, sondern im Regelfall durch eine cessio legis geregelt wird, vgl. *Bydlinski*, Münchener Kommentar, Bd. 2a, § 421, Rn. 60.

[804] *André* (Fn. 455), 331, 336; a.A. *Oliver* (Fn. 339), 290, der von einer Gesamtschuld in Höhe des höheren nationalen Schadensersatzanspruchs ausgeht.

Mitgliedstaaten ist für die Kategorie einer konkurrierenden Haftung wegen Verletzung von Schadensabwendungspflichten von einer gleichstufigen Haftungsverantwortlichkeit der Union und der Mitgliedstaaten auszugehen. Diese haften als Gesamtschuldner.

b) Konkurrierende Haftung zwischen Union und Drittstaaten

Eine Gesamtschuldlösung zwischen Union und Mitgliedstaaten ist möglich, beziehen sich die Haftungsverhältnisse doch auf zwei Rechtsordnungen, die in vielfältiger Weise miteinander verzahnt und voneinander beeinflusst sind[805]. In einem Verhältnis von Haftungsansprüchen mit Drittstaaten handelt es sich hingegen um Ansprüche, die zwei vollständig getrennten Rechtsordnungen entstammen. Die Bildung eines Gesamtschuldverhältnisses ist daher hier nicht selbstverständlich. Vielmehr spräche einiges dafür, eine nur subsidiäre, nachrangige Haftung der Unionsorgane anzunehmen, da kein rechtlicher Grund erkennbar ist, dass die Union für eine durch einen Drittstaat hervorgerufene Schädigung haften sollte.

aa) Rechtsprechung

In der Rechtsprechung ist die Konkurrenz von Schadensersatzansprüchen zwischen Union und Drittstaaten selten aufgetaucht und wenn, nur angedeutet worden. In dem Fall Odigitria[806] ging es um den Ersatz des Schadens, den die Klägerin dadurch erlitten hatte, dass sie zum Fischfang in eine von den Staaten Senegal und Guinea-Bissau gleichermaßen für sich in Anspruch genommene Fischereizone eingedrungen war und sie, weil sie lediglich eine Lizenz des Staates Senegal vorweisen konnte, von den bissauischen Behörden aufgebracht und festgesetzt worden war. Da die Fischereilizenzen unter Einschaltung der Europäischen Kommission im Rahmen der von der Gemeinschaft geschlossenen Fischereiabkommen mit den betreffenden Staaten erteilt worden waren, machte die Klägerin geltend, die Kommission habe sie vor den Gefahren warnen müssen. Sie sei daher für den entstandenen Schaden verantwortlich. Die vom Gericht erhobenen Zeugenbeweise ergaben jedoch, dass die Klägerin bereits beim Einfahren in die umstrittene Fischereizone Kenntnis von der unsicheren Lage hatte; der Anspruch

---

[805] *Streinz*, HdStR VII, § 182, Rn. 1 ff., 6 ff. mwN.

[806] EuG Rs. T-572/93, Odigitria/Rat und Kommission, Slg. 1995, II-2025.

wurde daher schon mangels Kausalität abgelehnt. Das Gericht deutete die Möglichkeit eines Schadensersatzanspruchs gegen die Union zwar grundsätzlich an, ging aber wegen der fehlenden Kausalität weder näher auf den Anspruch noch überhaupt auf sein Verhältnis zu eventuellen Ansprüchen gegenüber dem Drittstaat Guinea-Bissau ein[807].

Im Fall Meyer[808] machte der Kläger die Verletzung einer Pflicht der Kommission zur Kontrolle der Verwendung der vom Europäischen Entwicklungsfonds (EEF) an Französisch-Polynesien geleisteten Mittel geltend[809]. Die dortigen Behörden hätten zwar einen Vertrag über eine im Rahmen dieser Entwicklungszusammenarbeit zu fördernde Maßnahme abgeschlossen, die zugesagten Mittel aber nie gezahlt. Das Gericht wies auch diese Klage ab, da der Kommission zwar die Kontrolle der ordnungsgemäßen Verwendung der Entwicklungshilfemittel obliege, nicht jedoch das weitere Verhalten des Drittstaates[810].

Auch die Rechtssache Forafrique betraf eine Aufsichtspflicht über die Mittelverwendung[811]. Der Kläger war Auftragnehmer eines im Rahmen des EEF finanzierten Vorhabens in Burkina Faso. Dieser Auftrag wurde von der Regierung in Burkina Faso, die offiziell Auftraggeber war, nicht bezahlt. Der Kläger teilte diesen Umstand der Kommission mit. Die Kommission nahm den Hinweis zwar zur Kenntnis, erstattete aber gleichwohl die von Burkina Faso im Rahmen von EEF-finanzierten Vorhaben angefallenen Beträge, ohne auf die Erfüllung der Forderung des Klägers zu dringen. Der Kläger machte daher geltend, die Kommission habe dadurch eine ihr im Rahmen des Entwicklungshilfeprogramms obliegende Pflicht verletzt, für ordnungsgemäße Durchführung der Mittelverteilung zu sorgen. Der EuGH hingegen urteilte, rechtliche Beziehungen bestünden allein zwischen dem Drittstaat und dem Unternehmer[812]; der Kommission oblägen dagegen keine Pflichten gegenüber dem Unternehmer; folglich sei ein Anspruch nicht gegeben. Die

[807] EuG Rs. T-572/93, Odigitria/Rat und Kommission, Slg. 1995, II-2025, Rn. 71.

[808] EuG Rs. T-72/99, Meyer/Kommission, Slg. 2000, II-2521.

[809] Französisch-Polynesien ist zwar Überseegebiet von Frankreich (territoire outre mer). Es gehört jedoch nicht unmittelbar zur EU, sondern ist nur mit der EU assoziiert.

[810] EuG Rs. T-72/99, Meyer/Kommission, Slg. 2000, II-2521, Rn. 88.

[811] EuGH Rs. C-182/91, Forafrique/Kommission, Slg. 1993, I-2161.

[812] EuGH Rs. C-182/91, Forafrique/Kommission, Slg. 1993, I-2161, Rn. 23.

Haftung scheiterte daher am mangelnden Nachweis einer Pflichtverletzung durch die Kommission.

Gemeinsam ist allen Urteilen, dass die Gemeinschaftsgerichte die Klagen als zulässig erachteten, weil sie sich nicht mit vorrangigen Klagen gegen die beteiligten Drittstaaten auseinandersetzten. Daraus kann gefolgert werden, dass die Gerichte eine eigenständige Schadensverantwortlichkeit der Union im Verhältnis zu Drittstaaten anerkennen. Eine Begründung warum hinsichtlich der hier interessierenden Frage des Verhältnisses konkurrierender Haftungsansprüche, die Gemeinschaftsgerichte in der Situation einer Haftungskonkurrenz von Drittstaaten und Union nicht von einem Subsidiaritätsverhältnis ausgehen, findet sich in der Rechtsprechung nicht.

bb) Gesamtschuldverhältnis

Im gleichen Maße, wie die Übertragung der Subsidiaritätsrechtsprechung auch auf Fälle der Konkurrenz zu drittstaatlichen Haftungsansprüchen wahrscheinlich erscheint, sprechen aber auch in dieser Situation die besseren Gründe für ein gesamtschuldnerisches Verhältnis zwischen den vorgenannten Ansprüchen, denn auch gegenüber den Drittstaaten sind keine Gründe ersichtlich, die die eigenständige Schadensverantwortlichkeit der Union gegenüber Drittstaaten zurücktreten lassen. Auch der Einwand einer möglicherweise mangelnden Berechtigung des Schutzes vor drittstaatlicher Schädigung vermag keine überzeugende Basis für eine Subsidiarität einer Haftungsklage gegen die Union darzustellen. Durch die Einführung einer Schadensabwendungspflicht mit haftungsrechtlichem Schutzzweck folgt gerade der Wille, eigenständig für gewisse Schädigungen zugunsten des Berechtigten, der im Übrigen in der Regel Unionsbürger ist[813], einstehen zu wollen. Der Verweis auf eine vorrangige Inanspruchnahme des Drittstaates wäre auch aufgrund der vielfach bestehenden Schwierigkeit des Rechtsschutzes in den betroffenen Drittstaaten und der Überprüfbarkeit durch die Gemeinschaftsgerichte besonders fragwürdig[814], wenn man den Haftungszweck der Gewährung effektiven Rechtsschutzes durch die ge-

[813] Die Vorschriften über die Entwicklungshilfe sehen in aller Regel die Auftragsvergabe an unionsangehörige Unternehmen oder solchen aus bestimmten assoziierten Staaten vor, siehe z.B. Art. 75 Finanzregelung vom 27. März 2003 für den 9. Europäischen Entwicklungsfonds, ABl. 2003, Nr. L 83, 1.

[814] So war im Fall Forafrique die Geltendmachung der Forderung in Burkina Faso problematisch.

meinschaftsrechtliche außervertragliche Haftung ernst nimmt. Daher muss auch hinsichtlich einer konkurrierenden Haftung zu Drittstaaten von einer Gleichstufigkeit der Forderungen und damit eines Gesamtschuldverhältnisses ausgegangen werden.

c) Konkurrierende Haftung zwischen Mitgliedstaaten und Privaten

Eine Anspruchskonkurrenz kann nicht nur zwischen Hoheitsträgern entstehen. Auch Schadensersatzansprüche gegenüber Privaten können in Konkurrenz zu Schadensersatzansprüchen gegenüber der Union oder den Mitgliedstaaten geraten. Diese nicht unübliche Situation entsteht immer dann, wenn die Union oder die Mitgliedstaaten nicht ausreichend ein ohnehin schon nach nationalem Recht rechtswidriges Verhalten verhindern.

aa) Rechtsprechung

Im Urteil Francesconi[815] ging es um auf den europäischen Weinmarkt gelangten methanolhaltigen Wein, an dessen Genus mehrere Personen gestorben waren. Zwei Gruppen von Klägern machten Haftungsansprüche gegen die Kommission geltend. Die Anspruchsberechtigten der verstorbenen Personen machten Ansprüche wegen des Todes ihrer Angehörigen geltend. Die Erzeuger italienischer Weine führten an, die Tatsache, dass verfälschter Wein auf den Markt gelangt sei, habe zu einem Rückgang der Ausfuhren und damit zu starken Umsatzeinbußen geführt. Sie begründeten ihre Ansprüche mit dem Vorbringen, die Kommission habe die ihr obliegenden Aufsichtspflichten über den Weinmarkt verletzt. Der Gerichtshof verneinte eine Haftung der Gemeinschaft, da nach den einschlägigen Verordnungen über die Marktorganisation für Wein die Überwachung der Einhaltung der Vorschriften über den Weinsektor den Mitgliedstaaten obliege[816]. Ausführlich erörtert der Gerichtshof, ob eine subsidiäre Aufsichtszuständigkeit der Kommission angenommen werden kann, die letztlich abgelehnt wird. Interessant an diesem Urteil ist, dass Ansprüche gegenüber den Produzenten des tödlichen Weines keine Erwähnung finden.

---

[815] EuGH verb. Rs. 326/86 und 66/88, Francesconi u.a./Kommission, Slg. 1989, 2087.

[816] EuGH verb. Rs. 326/86 und 66/88, Francesconi u.a./Kommission, Slg. 1989, 2087, Rn. 10 f.

Auch in dem bereits erwähnten Urteil Kommission gegen Frankreich (Agrarblockaden)[817] ging der Gerichtshof nicht auf das Verhältnis zwischen Schadensersatz wegen der Verletzung von Schadensabwendungspflichten der Mitgliedstaaten und Schadensersatzansprüchen gegen die unmittelbaren Schädiger ein. Frankreich wurde für eine Verletzung von Primärrecht verurteilt, die ausschließlich von Privaten in größtenteils rechtswidriger und damit zum Schadensersatz verpflichtender Form vorgenommen wurde. Obwohl ausdrücklich auf die Möglichkeit einer Entschädigung zur Beseitigung der individuellen Schäden hingewiesen worden war, fehlte jeglicher Hinweis auf eine mögliche Inanspruchnahme der einzelnen unmittelbar schadensverursachenden Personen. Jedoch ist diese Entscheidung weniger aussagekräftig, da im Rahmen eines Vorabentscheidungsverfahrens nur die jeweils vorgelegten Fragen zu beantworten waren. Dazu gehörte nicht die Klärung des Verhältnisses von unmittelbaren Schädigern und Mitgliedstaat.

Gleichwohl kann festgehalten werden, dass der Gerichtshof in dieser Situation keine Angaben hinsichtlich der Übertragung der Subsidiaritätslösung machte. Da der Gerichtshof andere Probleme durchaus umfassend erläutert, kann dies als beredtes Schweigen ausgelegt werden, sich einer wahlweisen, gleichstufigen Inanspruchnahme beider Schuldner durch den Geschädigten nicht zu widersetzen.

bb) Gesamtschuldverhältnis

Auch hinsichtlich einer Konkurrenz von gemeinschaftsrechtlichen Haftungsansprüchen gegen Mitgliedstaaten oder Hoheitsträger erweisen sich die Überlegungen gegen eine Subsidiaritätslösung und für eine gleichstufige Haftung der nach dem Gemeinschaftsrecht haftungsverpflichteten Hoheitsträger als zutreffend. Ebenso wie im Verhältnis zwischen Union und Mitgliedstaaten ist kein Grund ersichtlich den Schutzverpflichteten nachrangig haften zu lassen, nimmt man die eigenständig Schadensverantwortlichkeit nach dem Gemeinschaftsrecht ernst.

Ebenso wie im Verhältnis zu Drittstaaten gilt auch hier, dass die mit der Haftungsverantwortlichkeit geschützten Rechte durch die Annahme eines Subsidiaritätsverhältnisses besonders beeinträchtigt wären, da die Wiedergutmachung durch ein Vorgehen gegen die privaten Schädiger

---

[817] EuGH Rs. C-265/95, Kommission/Frankreich, Slg. 1997, I-6990.

oft langwierig und schwierig sein kann[818]. Insbesondere prekär dabei ist, dass Hintergrund der Haftungsverpflichtung für die Verletzung von Schadensabwendungspflichten nicht selten die faktische Unmöglichkeit des Vorgehens gegen die unmittelbaren Schädiger darstellt. So kam es im Fall der französischen Agrarblockaden zwar zum Ausgleich durch freiwillig von Frankreich gewährte Entschädigungsleistungen. Ansprüche gegen die unmittelbaren Schädiger wären indes schwer durchzusetzen gewesen, da die involvierten Privatpersonen kaum ausfindig zu machen gewesen wären.

Hinzu kommt, dass oftmals der haftungsrechtliche Schutzzweck der von den Hoheitsträgern verletzten Norm weiter reicht als der Schutzzweck der vom privaten unmittelbaren Schädiger verletzten Norm. So käme im Fall der französischen Agrarblockaden grundsätzlich auch der Ersatz des von Importeuren erlittenen Umsatzrückgangs in Betracht. Der Ersatz dieses Schadens von einem einzelnen privaten Schädiger ließe sich wohl nicht erlangen, da die Angriffe auf die Agrartransporte nur in ihrer Summe eine abschreckende Wirkung entfalteten. Der Schutz der weiter gehenden Rechte wäre aber in seiner Wirksamkeit stark abgeschwächt, wenn eine Haftungsklage vom Nachweis vorheriger gerichtlicher Inanspruchnahme der unmittelbaren Schädiger abhängig gemacht würde.

d) Ergebnis

Die Ansprüche aus gemeinschaftsrechtlicher außervertraglicher Haftung von Hoheitsträgern stehen wegen der eigenständigen haftungsrechtlichen Schadensverantwortlichkeit der Union und auch der Mitgliedstaaten nach dem Unionsrecht auf gleicher Stufe mit Ansprüchen gegen den unmittelbaren Schädiger. Dabei ist es irrelevant, ob der unmittelbare Schädiger ein Mitgliedstaat, ein Drittstaat oder ein Privater ist.

9. Verhältnis zu primärrechtlichen Ansprüchen

In den Fällen der Haftung wegen Verletzung von Schadensabwendungspflichten ist selten Primärrechtsschutz möglich. Zumeist handelt es sich um Fallgestaltungen, in denen es um den Ersatz eines Schadens geht, der durch Primärrechtsbehelfe nicht zu beheben ist, da nicht das

---

[818] *Kainer* (Fn. 755), 431, 436.

Recht wieder hergestellt werden kann, sondern lediglich die Folgen der Rechtsverletzung beseitigt werden können. Der Haftungsanspruch steht daher nicht in Konkurrenz zu Primärrechtsbehelfen. So waren im Fall Francesconi Privatpersonen bereits an verfälschtem Wein verstorben und hatten die italienischen Weinbauern bereits einen mit Umsatzrückgang verbundenen Imageschaden erlitten, bevor sie gegen die Schäden vorgehen konnten. Auch ein nachträgliches Einschreiten der zuständigen Behörden konnte die Schäden nicht mehr rückgängig machen.

Soweit aber im Einzelfall Primärrechtsschutzbehelfe geeignet sind, den Schaden zu beseitigen, ist auf die bereits für die Schädigung in Gemengelagen erarbeiteten Grundsätze zurückzugreifen. Ist daher ein Schaden durch Primärechtsschutzbehelfe zu beheben, sind Haftungsansprüche ausgeschlossen, da nur die Primärrechtsbehelfe nach dem Grundsatz der kohärenten Komplementarität die nach dem Gemeinschaftsrecht zulässigen und angemessenen Rechtsbehelfe darstellen[819]. Allerdings ist der Grundsatz der kohärenten Komplementarität auch in der hier behandelten Fallkategorie auf das Aufeinandertreffen von mitgliedstaatlichen und gemeinschaftsrechtlichen Rechtsbehelfen beschränkt. Daher hat das Gericht erster Instanz im bereits zitierten Fall Meyer die Zulässigkeitsrüge der Kommission, nach der das Verhältnis von Nichtigkeitsklage und Haftungsklage auch auf das Verhältnis zu drittstaatlichen Primärrechtsbehelfen zu übertragen sei, zurückgewiesen[820]. Unterschiede ergeben sich lediglich aus dem Umstand, dass jeweils zwei Primärrechtsbehelfe in Betracht kommen. Diese Rechtsbehelfe sind bei der Abgrenzung zum Sekundärrechtsschutz beide zu berücksichtigen. Kann einer von beiden den Schaden durch Wiederherstellung des Rechts beseitigen, ist eine Haftungsklage unzulässig.

III. Innenverhältnis

Ist einer der beiden Gesamtschuldner erfolgreich auf Ersatz des gesamten Schadens in Anspruch genommen worden, so stellt sich die Frage des Regresses. Ohne Innenausgleich kann es zu einer unberechtigten Privilegierung des nicht in Anspruch genommenen Schuldners kommen. Die Vornahme des Innenausgleiches erfordert die Erörterung von

---

[819] 2. Teil, C. III. 3.

[820] EuG Rs. T-72/99, Meyer/Kommission, Slg. 2000, II-2521, Rn.36.

zwei Problempunkten. Erstens ist zu erörtern, welche Anspruchsgrundlage für die Forderung gegen den anderen Gesamtschuldner heranzuziehen ist. Zweitens ist zu klären, nach welchen Kriterien der Schaden im Innenverhältnis aufzuteilen ist. Da die Antwort auf beide Fragen für Haftungsverhältnisse zwischen Union und Mitgliedstaaten sowie zwischen Union und Privaten nicht gleich lauten kann, sollen vorliegend die einzelnen Haftungsverhältnisse getrennt voneinander erläutert werden.

1. *Innenausgleich zwischen Union und Mitgliedstaaten*

Gewissermaßen die klassische Situation eines Innenausgleichs stellt die parallele Haftungsverpflichtung von Union und Mitgliedstaat dar.

a) Anspruchsgrundlage

Allgemein wird in dieser Situation von einem in etwa der Regelung des § 426 BGB entsprechend vorzunehmenden Gesamtschuldausgleich ausgegangen. Der Anspruch auf Innenausgleich zwischen Gesamtschuldnern ergebe sich aus einem allgemeinen Rechtsgrundsatz des Gemeinschaftsrechts[821]. In der Tat lässt sich in den meisten europäischen Rechtsordnungen eine der deutschen Gesamtschuld in etwa entsprechende Rechtsfigur finden[822]. Allgemeine Rechtsgrundsätze des Gemeinschaftsrechts dienen jedoch nur der Lückenfüllung, soweit bestimmte Problemlagen keiner geltenden rechtlichen Regelung unterliegen[823]. Der Umstand, dass man im Außenverhältnis bereits von einem Gesamtschuldverhältnis ausgeht, vermag das Erfordernis einer Lücke nicht zu beseitigen, da die Rechtsfigur der Gesamtschuld lediglich das Verhältnis der Schadensersatzansprüche im Außenverhältnis beschreibt, nicht jedoch ein eigenes Rechtsverhältnis der Beteiligten mit umfassenden Regelungen über die Rechtsfolgen einer Leistung an den Geschä-

---

[821] *André* (Fn. 455), 331, 335; *Aubin* (Fn. 5), 260; *Czaja* (Fn. 4), 200 f.; *Fuß*, EuR 1968, 353, 366; *Gilsdorf/Niejahr* (Fn. 8), Art. 288, Rn. 93; *Ipsen* (Fn. 1), 540; die Frage der Anspruchsgrundlage offen lassend *Oliver* (Fn. 339), 293.

[822] Siehe Überblick bei *Aubin* (Fn. 5), 259 f. Allein in Frankreich nehmen die Verwaltungsgerichte bereits im Urteil eine Aufteilung der Haftung zwischen den jeweiligen Schädigern vor, vgl. *Chapus* (Fn. 97), Rn. 1434.

[823] *Schilling* (Fn. 147), 3, 6; *Tridimas*, The General Principles of EC Law, 9.

digten im Innenverhältnis begründet[824]. Es ist folglich zu fragen, ob es im Gemeinschaftsrecht Regelungen eines Innenausgleichs zwischen Union und Mitgliedstaaten gibt. Diese folgen weder aus Art. 288 Abs. 2 EG noch aus dem Grundsatz des gemeinschaftsrechtlichen Staatshaftungsanspruchs, denn diese legen als individualschützende Normen lediglich die Voraussetzungen der Haftung nach außen fest. Über die Haftungsverteilung im Innenverhältnis treffen sie, wie bereits an anderer Stelle ausgeführt[825], keine Aussage.

Eine Regelung der Beziehungen zwischen Union und Mitgliedstaaten existiert indes in Art. 10 EG[826]. Hat die Union einen sowohl ihr als auch einem Mitgliedstaat nach den vorgenannten Grundsätzen obliegenden Schaden ersetzt und verweigert der Mitgliedstaat die Erstattung des ihm im Innenverhältnis obliegenden Anteils des Schadens, so löst er Spannungen zwischen der Union und dem Mitgliedstaat aus, die die gedeihliche Zusammenarbeit zwischen Union und Mitgliedstaaten erschweren. Z.B. kann die Union, die ihr obliegende Aufsicht über mitgliedstaatliches Verhalten nicht unvoreingenommen durchführen, wenn sie befürchten muss, bei eigenen Fehlern allein für den Schaden einstehen zu müssen. Dies beeinträchtigt die loyale Zusammenarbeit zwischen Union und Mitgliedstaaten in starkem Maße. Daher läge in der Weigerung des Mitgliedstaates, eine Ausgleichszahlung zu leisten, eine Verletzung des Art. 10 Abs. 2 EG[827]. Der Grundsatz der loyalen Zusammenarbeit ist ein Grundsatz, der sowohl die Mitgliedstaaten als auch die Unionsorgane zu loyaler Kooperation verpflichtet[828]. Daher besteht die spiegelbildliche Verpflichtung für den Fall, dass die Union die Erstattung des ihr im Innenverhältnis obliegenden Anteils des Schadens verweigert. Die gegenseitigen Ausgleichspflichten ergeben sich somit aus Art. 10 Abs. 2 EG. Eines Rückgriffs auf einen allgemeinen Rechtsgrundsatz des Gemeinschaftsrechts bedarf es nicht.

Da das Gemeinschaftsrecht weder eine Zahlungsklage gegen die Gemeinschaft noch gegen die Mitgliedstaaten vorsieht, sind die Ansprüche der Mitgliedstaaten gegen die Union im Wege einer Untätigkeitsklage

---

[824] Anders offensichtlich *Renzenbrink* (Fn. 5), 174, der die Rückgriffsmöglichkeit als konstitutives Merkmal der Rechtsfigur der Gesamtschuld ansieht.

[825] 2. Teil, C. IV. 2.

[826] So auch *André* (Fn. 455), 331, 335.

[827] *André* (Fn. 455), 331, 335.

[828] *v.Bogdandy* (Fn. 8), Art. 10, Rn. 14; *Hatje* (Fn. 586), 61; *Wille* (Fn. 585), 54.

gegen die Union wegen Unterlassen des Bedienens eines Ausgleichsanspruchs geltend zu machen. Ansprüche der Union sind hingegen durch eine Vertragsverletzungsklage einzufordern[829].

b) Verteilungsmaßstab

Für eine konkurrierende Haftung von Union und Mitgliedstaaten gibt es kaum Beispiele. Ein Maßstab für die interne Verteilung der Schadensverantwortlichkeit für den vorzunehmenden Innenausgleich kann daher nicht auf bereits bestehende Fallgruppen gestützt werden. Da, wie bereits ausgeführt, vielfach von einem Gesamtschuldverhältnis ausgegangen wird, könnte man z.B. überlegen, ob beide Schädiger entsprechend der Regelung des § 426 BGB zu gleichen Teilen einen Schaden zu tragen haben. Vorzugswürdig dürfte demgegenüber aber eine Lösung sein, nach der als Maßstab das Gewicht des Kausalbeitrags gewertet wird. Dieser Maßstab wird von den meisten Autoren herangezogen[830]. Er entspricht dem im französischen Recht verwandten Zurechnungsmaßstab der „gravité et l'influence des diverses fautes“[831], welcher auch im deutschen Recht in § 254 BGB seinen Niederschlag gefunden hat[832]. Hinzu tritt teilweise die Überlegung einer Verteilung nach der Nutznießung an der schadensstiftenden Handlung[833].

Diese Ansätze sind indes allein auf die generelle Möglichkeit einer konkurrierenden Haftung, insbesondere in Gemengelagen, zugeschnitten. Für die Schädigung wegen Verletzung von Schadensabwendungspflichten vermag die Überlegung, wessen Tatbeitrag schwerer wiegt oder wer den Nutzen aus der Schädigung zieht, kaum Aufklärung zu bieten. Der unmittelbare Schädiger verursacht den Schaden allein, der zuständige Hoheitsträger verhindert dies nur nicht. Jeder Schaden wäre allein dem unmittelbaren Schädiger zuzurechnen.

Ein Kriterium lässt sich aus dem Schutzzweck der vom schutzverpflichteten Hoheitsträger verletzten Pflicht gewinnen. Danach wäre grund-

---

[829] *André* (Fn. 455), 331, 335; *Aubin* (Fn. 5), 260 ff.; *Czaja* (Fn. 4), 202; *Constantinesco* (Fn. 791), 67; *Fuß*, EuR 1968, 353, 366; *Gilsdorf/Niejahr* (Fn. 8), Art. 288, Rn. 94; *Herdegen* (Fn. 44), 147; *Oliver* (Fn. 339), 129 f.

[830] *André* (Fn. 455), 331, 335; *Czaja* (Fn. 4), 200 f.; *Fuß*, EuR 1968, 353, 366.

[831] *André* (Fn. 455), 331, 335.

[832] § 254 BGB verdrängt weitgehend die Regelung des § 426 BGB, siehe *Larenz/Canaris* (Fn. 118), § 82 IV. 2. a.

[833] *Gilsdorf/Niejahr* (Fn. 8), Art. 288, Rn. 94.

sätzlich der unmittelbare Schädiger voll verantwortlich und hätte den Schaden zu tragen, da er ihn auch voll verursacht hat. Der Hoheitsträger müsste nur dann auch im Innenverhältnis einen Schadensanteil tragen, wenn die von ihm verletzte Norm gerade den Zweck hatte, den Beaufsichtigten selbst vor der Schädigung eines Dritten zu schützen. Umfasst der Schutzzweck der vom Hoheitsträger verletzten Schadensabwendungspflicht daher auch den unmittelbaren Schädiger, ist der Schaden zwischen beiden Schädiger aufzuteilen[834]. Andernfalls hat allein der unmittelbare Schädiger auch im Innenverhältnis voll zu haften.

Als Anhaltspunkt für die Feststellung des Schutzzwecks kann dabei die Überlegung dienen, ob die Aufsichtszuständigkeit der Union auch der Bestätigung mitgliedstaatlicher Behörden dient. So muss immer dann, wenn Unionsorganen mitgliedstaatliches Verhalten notifiziert werden muss, von einem Schutz auch gegenüber den mitgliedstaatlichen Behörden ausgegangen werden, da mit der Notifizierung notwendig die Unionsorgane über die rechtliche Zulässigkeit mitgliedstaatlicher Maßnahmen wachen und somit eine eigenständige Verantwortlichkeit für die Rechtmäßigkeit der notifizierten Maßnahmen auch gegenüber den Mitgliedstaaten übernehmen, was es rechtfertigt die Haftung im Innenverhältnis zu teilen. Beispielsweise wäre im Fall Kampffmeyer[835] danach eine Teilung der entstandenen Deliktsschäden zwischen Union und Mitgliedstaaten vorzunehmen gewesen.

2. *Innenausgleich gegenüber Drittstaaten*

Eine Übertragung der Regelungen über den Innenausgleich zwischen Union und Mitgliedstaaten auf das Verhältnis zu Drittstaaten ist nicht möglich. Art. 10 EG und der Grundsatz der loyalen Zusammenarbeit können Berechtigungen und Verpflichtungen nur im Zusammenspiel von Union und Mitgliedstaaten begründen[836]. Drittstaaten sind durch Art. 10 EG weder berechtigt noch verpflichtet. Auch ein Ausgleichsanspruch nach Gesamtschuldnergrundsätzen ist nicht möglich, da ein entsprechender Rechtsgrundsatz in dem Verhältnis zu Drittstaaten nicht existiert. Zwar gilt ein solcher Rechtsgrundsatz auch zwischen Völker-

---

[834] *Rebhahn* (Fn. 121), 290.

[835] EuGH verb. Rs. 5, 7 und 13 bis 24/66, Kampffmeyer/Kommission, Slg. 1967, 331.

[836] *Hatje* (Fn. 586), 61.

rechtssubjekten, die gemeinsam deliktisch haften[837]. Ein dafür vorauszusetzender beiderseitiger Völkerrechtsverstoß liegt allerdings in der Regel nicht vor.

Die Lösung in dieser Fallgruppe ergibt sich vielmehr aus den vertraglichen Beziehungen zu den Drittstaaten. Die der Union obliegenden Schadensabwendungspflichten in Form von Aufsichtspflichten folgen ausschließlich aus diesen vertraglichen Regelungen. Andere als vertraglich begründete Pflichtstellungen gegenüber Drittstaaten existieren nicht. Daher müssen auch die Folgen der Verletzung dieser Pflichten im Verhältnis zu den Drittstaaten aus diesen Abkommen hergeleitet werden. Dabei hängt die Möglichkeit der gegenseitigen Geltendmachung von geleisteten Zahlungen von den speziellen Regelungen in dem jeweiligen Vertrag ab. In der Regel dürfte aber davon auszugehen sein, dass die Aufsichts- und Kontrollvorschriften der Union Drittstaaten nicht vor der Schädigung eines Privaten schützen sollen, sondern der effektiven Durchsetzung der rechtlichen Bestimmungen um ihrer selbst willen dienen. Daher wird zumeist eine volle Erstattungspflicht des Drittstaates gegeben sein, die die Union im Wege der Aufrechnung mit anderen Leistungen wird geltend machen können.

3. Innenausgleich gegenüber Privaten

Eine Übertragung der Lösung über Art. 10 EG auf das Verhältnis zu konkurrierenden privaten Haftungsschuldnern ist ebenfalls nicht möglich. Denn ebenso wenig wie in Bezug auf Drittstaaten wird das Verhältnis von Privaten zu Mitgliedstaaten oder zu Unionsorganen durch Art. 10 EG geregelt. Es bedarf daher anderer Anspruchsgrundlagen. Dabei ist zwischen Union und Mitgliedstaaten zu trennen. Denn die mitgliedstaatliche Rechtsordnung ist insofern nicht von vorgängigem Unionsrecht bestimmt.

a) Innenausgleich zwischen Mitgliedstaat und Privaten

Als Beispiel für eine Situation konkurrierender Haftung zwischen Mitgliedstaat und Privaten und einem notwendigen Innenausgleich kann der Sachverhalt des Falles Francesconi herangezogen werden[838]. Hätte in diesem Fall der Mitgliedstaat Italien die ihm nach dem Gemein-

---

[837] *André* (Fn. 455), 331, 333.

[838] Sachverhalt s.o. 2. Teil, D. II. 5. a) cc).

schaftsrecht obliegende Aufsichtspflicht über den Weinmarkt verletzt und wäre dieses Verhalten kausal für einen Schaden, so bestünde gegen den Mitgliedstaat ein gemeinschaftsrechtlicher Staatshaftungsanspruch. Ein etwaiger Ausgleichsanspruch gegenüber dem gleichfalls deliktisch haftenden Privaten, der gegen die für die Weinproduktion geltenden Vorschriften verstoßen hat, ist aber nicht gemeinschaftsrechtlich geregelt. Insoweit handelt es sich lediglich um einen „Rumpftatbestand“[839]. Die Ausgestaltung des Innenausgleichs unterliegt damit allein dem nationalen Recht. Gemeinschaftsrechtliche Vorgaben für das nationale Recht existieren insofern nicht.

In Deutschland z.B. hätten mehrere Deliktsschädiger, auch unter Einschluss des Staates, nach § 840 BGB zu haften[840], was einen Innenausgleich nach dem Gesamtschuldnerausgleichsanspruch gemäß § 426 BGB nach sich zieht. Dabei werden aber die Wertungen des Schutzzwecks der Gemeinschaftsrechtsnorm zu berücksichtigen sein.

b) Innenausgleich zwischen Union und Privaten

Anders stellt sich die Vornahme eines Innenausgleichs zwischen Union und Privatpersonen dar, denn etwaige Ausgleichsansprüche müssten dem Gemeinschaftsrecht entnommen werden können. Im kodifizierten Gemeinschaftsrecht existieren indes keine Gesamtschuldnerausgleichsansprüche. Solche sind aber unabdingbar, nimmt man wie hier eine Gleichstufigkeit der Ansprüche gegen die Union und gegen den Einzelnen an. Andernfalls hinge es lediglich vom Zufall ab, welcher Schuldner vom Geschädigten in Anspruch genommen würde und letztlich den Schaden zu tragen hätte. Eine solche Lösung widerspräche aber dem Schutzzweck der einen wie der anderen verletzten Gemeinschaftsrechtsnorm. Sie wäre nur hinnehmbar, wenn die Gesamtschuldnerschaft aufgegeben würde und die Ansprüche auch im Außenverhältnis nur entsprechend der Haftungsquote bedient würden. Da aber im Außenverhältnis von der Gleichstufigkeit auszugehen ist, bedarf es notwendig eines Innenausgleichs.

Dieser kann durch das Instrument des Gesamtschuldnerausgleichs als allgemeinem Rechtsgrundsatz eingeführt werden. Wie bereits ausgeführt, gehen die meisten europäischen Rechtsordnungen von einem Gesamtschuldverhältnis für die Beziehung mehrerer Deliktsschuldner zu-

---

[839] *Goffin*, (Fn. 67), 531, 549 ff.; *Kluth* (Fn. 169), § 70, Rn. 27.

[840] *Sprau*, in: Palandt, Bürgerliches Gesetzbuch, § 839 Rn. 63.

einander aus[841]. Diesem gemeinsamen allgemeinen Rechtsgrundsatz in den Mitgliedstaaten entspricht es, dass nach der Inanspruchnahme eines Haftungsschuldners auf den vollen Schaden ein Innenausgleich zwischen den Gesamtschuldnern stattfindet[842].

Dem steht auch nicht entgegen, dass der durch einen allgemeinen Rechtsgrundsatz entwickelte Anspruch zulasten des Einzelnen wirken würde. Zwar sind die allgemeinen Rechtsgrundsätze bislang im Wesentlichen zugunsten Einzelner entwickelt worden. Zu diesen maßgeblichen Rechtsschöpfungen im Wege der Entwicklung allgemeiner Rechtsgrundsätze zählen die Grundrechte[843] und das gemeinschaftsrechtliche Rechtsprinzip einschließlich seiner zahlreichen Ausprägungen[844]. Gleichwohl spricht nichts dagegen, auch belastende Maßnahmen wie die Einführung von notwendig erforderlichen Ansprüchen auf Grundlage allgemeiner Rechtsgrundsätze herzuleiten. Im Übrigen kann die Einführung eines Gesamtschuldnerausgleichsanspruchs nicht als Belastung des Einzelnen angesehen werden, denn durch die Einführung eines Regressanspruchs wird der private Schädiger lediglich mit Ansprüchen in der Höhe belastet, in der er ohnehin verantwortlich ist.

Als Maßstab für den Innenausgleich können die gleichen Überlegungen wie für das Verhältnis zwischen Union und Mitgliedstaaten herangezogen werden[845]. Danach kommt es auf den Grad der Mitverursachung und insbesondere darauf an, ob die Aufsichtspflicht den Zweck verfolgte, auch den privaten Schädiger vor einer Schädigung zu schützen. Ist dies nicht der Fall, muss der Schaden letztlich von dem privaten Schädiger allein getragen werden.

IV. Zusammenfassung

Die Verletzung von Schadensabwendungspflichten ist in vielfacher Weise möglich. Der Verletzung dieser Pflichten kann im Einzelfall auch ein schadensersatzrechtlicher Schutzzweck zukommen und damit eine Haftung begründen. Der erforderliche Nachweis ist im Einzelfall indes

---

[841] S.o. 2. Teil, D. II. 8. a) ee).

[842] *Aubin* (Fn. 5), 260; *Constantinesco* (Fn. 791), 66; *Ipsen* (Fn. 1), 540.

[843] Für einen Überblick siehe *Schilling* (Fn. 147), 3.

[844] Vgl. *Zuleeg*, in: v.d.Groeben/Schwarze, Art. 1, Rn. 44.

[845] S.o. 2. Teil, D. III. 1. b).

schwer zu führen, da im Wege der Hypothese nachzuweisen ist, dass bei ordnungsgemäßer Ausübung der Pflicht die Schädigung hätte verhindert werden können.

Parallel zu einer Haftung des zur Schadensabwendung Verpflichteten können Ansprüche gegen den unmittelbaren Schädiger bestehen. Durch diese Ansprüche wird eine Haftung des verpflichteten Hoheitsträgers nicht ausgeschlossen, soweit der Schutzzweck der Pflicht zumindest auch darin liegt, eine eigenständige Pflicht zur Verhinderung einer Schädigung zu begründen.

Kommt es aufgrund einer solchen parallelen Schadensersatzverpflichtung zu einer Haftungskonkurrenz zwischen einem Mitgliedstaat und der Union, so stehen beide Ansprüche auf gleicher Stufe, das heißt beide Ebenen haften als Gesamtschuldner. Die Gesamtschuldnerlösung lässt sich ebenso auf Haftungsverhältnisse zwischen Union und Drittstaaten übertragen wie auf Haftungskonkurrenzen zwischen Mitgliedstaaten und Privaten.

Das Verhältnis zu gegebenenfalls bestehenden Möglichkeiten der Einlegung von Primärrechtsbehelfen auf beiden Ebenen lässt sich ebenso wie im Falle der Schädigung in Gemengelagen als ein solches der kohärenten Komplementarität kennzeichnen, d.h. dort wo Primärrechtsbehelfe zur Verfügung stehen, sind diese zu nutzen. Nur im Falle eventueller Rechtsverweigerung ist eine Haftungsklage auch ohne theoretisch möglichen Primärrechtsschutz zulässig.

Im Falle einer konkurrierenden Haftung zwischen Union und Mitgliedstaaten bestehen im Innenverhältnis zwischen den Haftenden nach Art. 10 EG Ansprüche auf Ausgleich des im Außenverhältnis zu tragenden Schadens. Der Maßstab der Haftungsaufteilung ergibt sich aus dem Schutzzweck der jeweils verletzten Schadensabwendungspflicht. Im Verhältnis zu Drittstaaten hängen die Möglichkeit und die Ausgestaltung eines Innenausgleiches zwischen den Schädigern allein von den vertraglichen Beziehungen zwischen den beteiligten Ebenen ab. Im Verhältnis zu Privaten bestehen Ausgleichsansprüche nach nationalem Recht bei einer Konkurrenz zwischen einem Mitgliedstaat und einem Privaten sowie aus einem allgemeinen Rechtsgrundsatz für die Haftungskonkurrenz zwischen Privaten und der Union.

E. Unterlassene oder fehlerhafte Richtlinienumsetzung

Wie eingangs unter Teil 2 A. II. 3. erläutert, handelt es sich auch im Fall der Unterlassung oder der fehlerhaften Umsetzung privatrechtsgestaltender Richtlinien um ein Mehrpersonenverhältnis. Der Staat verletzt seine Pflicht zur ordnungsgemäßen Umsetzung einer privatrechtsgestaltenden Richtlinie. Ein materieller Schaden, der bei ordnungsgemäßer Umsetzung der betreffenden Richtlinie verhindert worden wäre, stellt sich bei dem Geschädigten aber erst durch ein Handeln Dritter ein.

Die Probleme dieser Haftungskategorie liegen ein wenig zwischen den beiden vorangehend erörterten Haftungskonstellationen. Der Untersuchung bedarf zunächst die Frage, welche Vorschriften dazu führen, dass der Staat einen unmittelbar durch einen Dritten verursachten Schaden zu übernehmen hat. Des Weiteren ist zu untersuchen, ob dem Verhalten des unmittelbaren Schädigers eine haftungsspezifische Relevanz zukommt, d.h. ob ein bestimmtes Verhalten des unmittelbaren Schädigers sich auf die Zurechnung des Schadens zum staatlichen Unterlassen auswirken kann. Zu guter Letzt stellt sich auch in dieser Kategorie die Frage nach dem Verhältnis des Haftungsanspruchs zu gegebenenfalls zur Verfügung stehenden Primärrechtsbehelfen.

I. Zweck der Haftung

Nach der vorliegenden einheitlichen Konzeption der gemeinschaftsrechtlichen außervertraglichen Haftung der Hoheitsträger finden die eingangs dargestellten Haftungszwecke auch auf die Haftung eines Mitgliedstaates wegen fehlerhafter oder unterlassener Umsetzung privatrechtsgestaltender Richtlinien durch einen Mitgliedstaat Anwendung. Maßgeblicher Haftungszweck bleibt daher auch in dieser Konstellation der Schutz individueller Rechte durch Ausgleich des bei ihrer Verletzung eintretenden Schadens, denn haftungsbegründend wirkt auch in diesem Fall die Verletzung einer Norm, „die bezweckt, dem Einzelnen Rechte zu verleihen“[846].

Zunächst hatte jedoch der Gerichtshof den Haftungsanspruch gegen Mitgliedstaaten, welche rechtswidrig die Richtlinienumsetzung unter-

---

[846] EuGH verb. Rs. C-46/93 und C-48/93, Brasserie du Pêcheur, Slg. 1996, I-1029, Rn. 51, 74; verb. Rs. C-178/94, C-179/94, C-189/94 und C-190/94, Dillenkofer, Slg. 1996, I-4845, Rn. 21.

lassen hatten, auf das Ziel der Richtlinie gestützt[847]. Dies führte bei vielen Autoren zu der Annahme, einziger Zweck der gemeinschaftsrechtlichen Staatshaftung wegen Nichtumsetzung von Richtlinien sei die Durchsetzung des Gemeinschaftsrechts, d.h. die Haftung stelle lediglich ein Instrument der Integrationsförderung dar[848]. Nach diesem Verständnis müsste der gemeinschaftsrechtliche Staatshaftungsanspruch auf die Situation der Nichtumsetzung von Richtlinien begrenzt bleiben. Mit der Entscheidung in der Rechtssache Brasserie du Pêcheur stellte der Gerichtshof nachfolgend aber klar, dass auch die gemeinschaftsrechtliche Staatshaftung die Verletzung einer Norm voraussetzt, „die bezweckt, dem Einzelnen Rechte zu verleihen“[849]. Auch speziell für die Nichtumsetzung von Richtlinien bestätigte der Gerichtshof diesen Ansatz in der Entscheidung Dillenkofer[850]. Jedoch stellte er deutlich heraus, dass neben der Durchsetzung der gemeinschaftsrechtlich verliehenen Rechte auch die Sicherung der Effektivität des Gemeinschaftsrechts für die Haftung von Bedeutung sei[851]. Darüber hinaus hatte der Gerichtshof, wie bereits beschrieben[852], durch die nähere Bestimmung der Haftungsvoraussetzungen in der Rechtssache Brasserie du Pêcheur klargestellt, dass nicht jede Rechtsverletzung eines Mitgliedstaates eine Haftung auslöst, sondern dass es ebenso wie bei Haftungsansprüchen gegen die Union einer qualifizierten Rechtsverletzung bedürfe[853]. Für den Fall der Unterlassung der Richtlinienumsetzung stellte der Gerichtshof in der nachfolgenden Entscheidung Dillenkofer klar, dieses Verhalten sei per se als eine qualifizierte Verletzung des Gemeinschafts-

---

[847] EuGH, Rs. C-6/90 und C-9/90, Francovich u.a./Italienische Republik, Slg. 1991, I-5357, Rn. 18.

[848] So noch immer *v.Danwitz* (Fn. 179), 175; *Masing* (Fn. 179), 48 f. für den gesamten Bereich der gemeinschaftsrechtlichen Staatshaftung.

[849] EuGH verb. Rs. C-46/93 und C-48/93, Brasserie du Pêcheur, Slg. 1996, I-1029, Rn. 51, 74. Seither kann die Diskussion, ob sich der gemeinschaftsrechtliche Staatshaftungsanspruch auf die Verletzung nicht unmittelbar anwendbarer Normen beschränkt, als entschieden gelten, vgl. hierzu *Wolf* (Fn. 3), 54 ff.

[850] EuGH verb. Rs. C-178/94, C-179/94, C-189/94 und C-190/94, Dillenkofer, Slg. 1996, I-4845, Rn. 21.

[851] EuGH verb. Rs. C-178/94, C-179/94, C-189/94 und C-190/94, Dillenkofer, Slg. 1996, I-4845, Rn. 22.

[852] S.o. 1. Teil, D. II. 2.

[853] EuGH verb. Rs. C-46/93 und C-48/93, Brasserie du Pêcheur, Slg. 1996, I-1029, Rn. 51, 55.

rechts zu beurteilen[854]. Darüber hinaus übertrug der Gerichtshof ausdrücklich die Rechtsprechung zur qualifizierten Rechtsverletzung durch Unionsorgane auch auf die Haftung der Mitgliedstaaten[855]. Damit kann auch die Fallgruppe der Haftung wegen Unterlassung der Richtlinienumsetzung grundsätzlich auf der Grundlage der generellen Haftungszwecke des außervertraglichen gemeinschaftsrechtlichen Haftungsrechts beurteilt werden. Der Präventionsfunktion kommt dabei auch hier eine nachgeordnete Bedeutung zu[856].

Eine Besonderheit dieser Situation liegt indessen in der herausgehobenen Bedeutung der Lückenfüllungsfunktion des Haftungsanspruchs[857]. Stellt sich der Haftungsanspruch in den beiden vorstehenden Kategorien als ein Rechtsschutzinstrument unter mehreren möglichen dar, stand am Anfang der Haftung wegen Nichtumsetzung von Richtlinien das Bedürfnis, den Rechtsschutz des Einzelnen einzurichten, da der Einzelne in dieser Situation ohne Haftungsanspruch vollkommen schutzlos blieb[858]. Weder kann sich der Geschädigte auf die in der Richtlinie vorgesehenen Rechte im Verhältnis zum Dritten berufen noch kann er vom Staat die Umsetzung der Richtlinie verlangen. Erst durch einen gegen den Staat gerichteten Anspruch kann der Einzelne von dem ihm zu verleihenden Recht profitieren. Daher steht dieser Haftungsanspruch besonders in der Perspektive eines unerlässlichen Rechtsschutzinstrumentes zum vermögenswerten Schutz individueller Rechte[859].

---

[854] EuGH verb. Rs. C-178/94, C-179/94, C-189/94 und C-190/94, Dillenkofer, Slg. 1996, I-4845, Rn. 26.

[855] EuGH verb. Rs. C-178/94, C-179/94, C-189/94 und C-190/94, Dillenkofer, Slg. 1996, I-4845, Rn. 25.

[856] So wohl auch *Classen* (Fn. 171), 645, 673, 677.

[857] *Schockweiler*, FS Everling, 1315, 1320.

[858] EuGH, Rs. C-6/90 und C-9/90, Francovich u.a./Italienische Republik, Slg. 1991, I-5357, Rn. 26.

[859] EuGH, Rs. C-6/90 und C-9/90, Francovich u.a./Italienische Republik, Slg. 1991, I-5357, Rn. 27, 34.

II. Folgerungen für die Haftung wegen Nichtumsetzung privatrechtsgestaltender Richtlinien

Versteht man, wie hier vorgeschlagen, den Schutz individueller Rechte als maßgeblichen Haftungszweck jeglicher außervertraglicher Haftung von Hoheitsträgern nach dem Gemeinschaftsrecht, d.h. auch im Falle der Haftung wegen Nicht- oder Schlechtumsetzung privatrechtsgestaltender Richtlinien, setzt dieses Verständnis voraus, dass durch den Haftungsanspruch individuelle Rechte geschützt werden.

1. Geschütztes Recht

Die Besonderheit dieser Fallgruppe der Mehrpersonen-Haftungsverhältnisse, welche sich auf der Ebene der Haftungszwecke durch die hervorgehobene Bedeutung der Lückenfüllungsfunktion manifestiert, zeigt sich insbesondere bei der Bestimmung der Rechtsverletzung. Denn die Festlegung des Rechtes, dessen Verletzung eine Schadenszurechnung rechtfertigt, ist heftig umstritten.

Bei der Haftung wegen Verstoßes gegen Normen des Gemeinschaftsrecht, auf die sich der Einzelne wegen ihrer unmittelbaren Anwendbarkeit unmittelbar berufen kann, wie beispielsweise Art. 28 EG[860], besteht der haftungsauslösende Rechtsverstoß in der Missachtung der unmittelbar anwendbaren Norm selbst[861]. Geschützt wird in diesem Fall das Recht, gegen welches verstoßen wird. Im Falle der Nicht- oder Schlechtumsetzung von Richtlinien ist die Bestimmung des geschützten Rechts und der Normverletzung schwieriger. Der Gerichtshof spricht in diesem Zusammenhang davon, es müsse sich um eine Richtlinie handeln, deren „Ziel" die Verleihung von Rechten an den Einzelnen umfasse. Der Inhalt dieser Rechte müsse auf der Grundlage der Richtlinie bestimmbar sein[862]. Teilweise wurde daher angenommen, der Haftungsan-

---

[860] So etwa im Fall Brasserie du Pêcheur, EuGH verb. Rs. C-46/93 und C-48/93, Brasserie du Pêcheur, Slg. 1996, I-1029.

[861] EuGH verb. Rs. C-46/93 und C-48/93, Brasserie du Pêcheur, Slg. 1996, I-1029, Rn. 23; insbesondere auch GA Tesauro Schlussanträge, verb. Rs. C-46/93 und C-48/93, Brasserie du Pêcheur, Slg. 1996, I-1029, Rn. 25, 77 ; *van Gerven,* in: van Gerven/Zuleeg, Sanktionen als Mittel zur Durchsetzung des Gemeinschaftsrechts, 29, 39; vgl. auch *Geiger* (Fn. 3), 153.

[862] EuGH, Rs. C-6/90 und C-9/90, Francovich, Slg. 1991, I-5357, Rn. 40; verb. Rs. C-178/94, C-179/94, C-189/94 und C-190/94, Dillenkofer, Slg. 1996, I-4845, Rn. 22.

spruch ergebe sich als Sekundäranspruch eines gemeinschaftsrechtlich schon durch die Richtlinie selbst verliehenen Rechts, d.h. der Haftungsanspruch sei eine Fortentwicklung der Kategorie der unmittelbaren Wirkung von Richtlinien, der diese Kategorie um die Richtlinienbestimmungen erweitere, welche aufgrund einer gewissermaßen schwachen unmittelbaren Wirkung lediglich sekundärrechtlichen Schutz begründen[863]. Eine Unterteilung in starke oder schwache unmittelbare Wirkung ist jedoch dem Gemeinschaftsrecht unbekannt. Die Besonderheit liegt in dieser Kategorie gerade darin, dass keinerlei unmittelbare Wirkung der Richtlinie angenommen werden kann, weder in Bezug auf den Dritten noch in Bezug auf den Staat. Die Verleihung von Rechten und damit die Etablierung einer unmittelbaren Wirkung der Rechte für den Einzelnen ist gerade ausdrücklich das Ziel der Richtlinie. Der Geschädigte hat somit kein Recht aus der Richtlinie, denn es ist ihm noch nicht verliehen worden und auch die Voraussetzungen der unmittelbaren Anwendbarkeit liegen nicht vor. Wollte man ein Recht auf Schadensersatz aus den Bestimmungen der Richtlinie herleiten, so geriete die Argumentation zu einem Zirkelschluss. Dem Geschädigten würde durch ein noch nicht verliehenes Recht ein Recht verliehen, weil ihm für den Fall, dass eine nicht unmittelbar anwendbare Richtlinie hinreichend genau und bestimmt ist, ein Anspruch auf Schadensersatz gegen den Staat zustünde[864].

Dieser Zirkelschluss ließe sich vermeiden, wenn man den haftungsbegründenden Rechtsverstoß in der Verletzung von Art. 249 Abs. 3 EG erblicken könnte. Der Vorwurf an den Mitgliedstaat besteht darin, dass er eine Richtlinie nicht oder nicht hinreichend in nationales Recht umgesetzt hat. Diese Umsetzungspflicht folgt aus Art. 249 Abs. 3 EG[865]. Dementsprechend fordert der Gerichtshof seit der Entscheidung Brasserie du Pêcheur durchgehend auch für Fälle unterlassener oder fehlerhafter Umsetzung die Verletzung einer Norm, die bezweckt, dem Einzelnen Rechte zu verleihen[866]. Eine solche Norm besteht in Art. 249

[863] *Liesa/Rodriguez-Pinero Royo*, Responsabilidad del Estado, 101 f.; *Triantafyllou*, DÖV 1992, 564, 567.

[864] So treffend die Kritik bei *v.Bogdandy* (Fn. 8), Art. 288 EG, Rn. 133.

[865] EuGH, Rs. C-6/90 und C-9/90, Francovich u.a./Italienische Republik, Slg. 1991, I-5357, Rn. 39; *Albers* (Fn. 3), 98 f.; *Leonard*, Die Rechtsfolgen der Nichtumsetzung von EG-Richtlinien, 149.

[866] EuGH verb. Rs. C-46/93 und C-48/93, Brasserie du Pêcheur, Slg. 1996, I-1029, Rn. 51, 74; verb. Rs. C-178/94, C-179/94, C-189/94 und C-190/94, Dillenkofer, Slg. 1996, I-4845, Rn. 21.

Abs. 3 EG, der den Staat zur Umsetzung der betreffenden Richtlinie verpflichtet. Die Individualisierung dieser zunächst allgemeinen Pflicht zur Umsetzung erfolgt erst über die Einbeziehung des Richtlinieninhalts in die Umsetzungsverpflichtung[867]. Unmittelbare Anwendbarkeit, im Sinne der Vermittlung eines subjektiven Rechtes, ist dabei, wie bereits an anderer Stelle ausgeführt, nicht erforderlich[868]. Es reicht aus, dass die verletzte Norm bezweckt, dem Einzelnen Rechte zu verleihen und ihr ein schadensersatzrechtlicher Schutzzweck immanent ist[869].

Diese Konstruktion des Individualschutzes ist dem Gemeinschaftsrecht nicht fremd. In ähnlicher Weise erklärt sich die Herleitung der Individualrechte aus den Vorschriften über die Beihilfenaufsicht nach Art. 88 EG. Verstößt ein Mitgliedstaat gegen seine Pflicht, eine Beihilfe der Kommission gemäß Art. 88 Abs. 3 EG zu notifizieren, so verstößt er nicht gegen eine den Einzelnen berechtigende Norm. Der Individualschutz entsteht erst in Verbindung mit der allgemeinen Pflicht zur Beihilfenaufsicht aus Art. 88 Abs. 2 EG, die für sich genommen ebenfalls kein individuelles Recht vermitteln kann.

Der haftungsauslösende Rechtsverstoß liegt mithin in der Verletzung von Art. 249 Abs. 3 EG in Verbindung mit der jeweiligen hinreichend bestimmten und unbedingten Richtlinienbestimmung[870]. Dieses Ergebnis steht im Übrigen auch mit dem Zweck des Individualrechtsschutzes in Einklang. Aus der dargestellten Trennung der Rechte aus der Richtlinie von der Verletzung der Umsetzungspflicht ergibt sich, dass Normverletzung und geschütztes Recht auseinander fallen. Der Anspruch ist in dieser Konstellation nicht als Folge der Verletzung gemeinschaftsrechtlich verliehener Rechte zu verstehen, sondern als Ausgleich für die Vorenthaltung gemeinschaftsrechtlich zu gewährender Rechte[871]. Dies macht die Bedeutung der Lückenfüllungsfunktion in dieser Haftungs-

---

[867] *Geiger* (Fn. 3), 109; *Wolf*, Die Staatshaftung der Bundesrepublik Deutschland und der Französischen Republik für Verstöße gegen das Europäische Gemeinschaftsrecht, 119.

[868] A.A. *Musil* (Fn. 640),705, 707.

[869] Im Ergebnis so auch *Geiger* (Fn. 3), 75. *Albers* (Fn. 3), 106 f. spricht insofern von „beschränkt unmittelbarer Wirkung". Damit bezeichnet er letztlich aber nur den Umstand, dass eine Norm für den Einzelnen unmittelbar Rechte erzeugt. Dies müssen keine subjektiven Rechte sein, die ihn zur Vornahme von Primärrechtsschutz ermächtigen.

[870] *van Gerven*, in: van Gerven/Zuleeg (Fn. 861), 29, 41.

[871] *Geiger* (Fn. 3), 76; *Hidien* (Fn. 146), 48.

kategorie deutlich, steht aber nicht dem Zweck des Individualschutzes entgegen, da das Anspruchsziel gerade im Schutz gemeinschaftsrechtlich vorgeschriebener Rechtspositionen des Einzelnen besteht.

2. *Haftung bei Nichtumsetzung horizontal wirkender Richtlinien?*

Vereinzelt wird angenommen, die Nichtumsetzung privatrechtsgestaltender Richtlinien sei nicht geeignet, einen gemeinschaftsrechtlichen Staatshaftungsanspruch auszulösen. Eine solche Richtlinie bezwecke lediglich die Begründung von Rechten gegenüber Dritten. Da Rechte gegenüber dem Staat nicht vorgesehen seien, könne die Nichtumsetzung einer solchen allein zu horizontaler Wirkung bestimmten Richtlinie auch nicht Grundlage einer Haftung des Staates sein[872]. Dem widerspreche auch nicht die Rechtsprechung in der Rechtssache Francovich, in der es nicht um den Anspruch aus der Richtlinie, sondern um den Anspruch auf Einrichtung eines Garantiesystems durch den Staat gegangen sei[873]. In die gleiche Richtung zielt der Einwand, es bedürfe eines Komplementärverhältnisses zwischen dem „verheißenen" primären Recht aus der Richtlinie und dem sekundären Schadensersatzanspruch. Der in der Richtlinie vorgesehene Anspruch könne nur von einem Dritten, nicht vom Staat erfüllt werden. Daher stünden der in der Richtlinie vorgesehene Anspruch und der Schadensersatzanspruch nicht in der für den Haftungsanspruch notwendigen Korrelation. Ein Haftungsanspruch scheide somit aus[874].

Diese Ansicht vermag nicht zu überzeugen. Soweit damit das Urteil in der Rechtssache Francovich für sich in Anspruch genommen wird, geht die Argumentation fehl. Der Gerichtshof nimmt in diesem Urteil gerade keine Unterscheidung zwischen horizontal und vertikal wirkenden Richtlinien vor[875]. Nach hier vertretener Ansicht besteht die haftungsrelevante Rechtsverletzung in *allen* Fällen der Nichtumsetzung von Richtlinien in der Verletzung der durch die Richtlinie nur individualisierten Rechte. Auf die Rechtsverhältnisse, welche durch die Richtlinienbestimmungen selbst zwischen Privaten geschaffen werden, kommt es daher für die Begründung der Haftung zunächst nicht an.

---

[872] *Bahlmann*, Die Haftung der Mitgliedstaaten bei fehlerhafter Umsetzung von EG-Richtlinien, DWiR 1992, 61, 63 f.

[873] *Bahlmann* (Fn. 872), 61, 63 f.

[874] *Cornils*, Der gemeinschaftsrechtliche Staatshaftungsanspruch, 232 f.

[875] So auch *Albers* (Fn. 3), 143; *Leonard* (Fn. 865), 256.

Das wird auch durch die Rechtsprechung bestätigt. In der Rechtssache Faccini Dori lehnt der Gerichtshof eindeutig eine horizontale Direktwirkung von Richtlinien ab und weist auf die Möglichkeit der Schadensersatzhaftung des Staates nach den Grundsätzen des Francovich-Urteils hin[876]. Im Übrigen besteht eine der wichtigsten Funktionen des gemeinschaftsrechtlichen Staatshaftungsanspruchs eindeutig darin, Rechtsschutzlücken für den Fall eines nicht hinreichenden Schutzes der gemeinschaftsrechtlich zuerkannten Rechte zu schließen. Daher bedarf es gerade nicht der Möglichkeit des Primärrechtsschutzes für den Geschädigten. Der Staatshaftungsanspruch dient als funktionales Äquivalent der von der Rechtsprechung eindeutig ausgeschlossenen horizontalen Richtlinienwirkung, die nach der oben angeführten Ansicht allein einen korrespondierenden Primäranspruch darstellen könnte.

Dem stehen auch nicht die Gründe entgegen, die gegen eine horizontale Direktwirkung von Richtlinien sprechen[877]. Denn mit der Gewährung eines Schadensersatzanspruchs gegen den Staat werden Einzelne nicht belastet. Daher kommt es für die Begründung eines Staatshaftungsanspruchs – wie im Übrigen auch der Gerichtshof schon in der Rechtssache Francovich ausgeführt hat – darauf an, dass der Staat seine Pflicht zur Umsetzung einer Richtlinie verletzt hat, auf die sich der Einzelne schadensersatzrechtlich berufen kann. Diese Voraussetzungen existieren unabhängig davon, ob die Richtlinie einen Schutz des Einzelnen durch Rechte gegenüber dem Staat oder Dritten vorsieht.

3. Bestimmung der individuellen Rechte

Ebenso wie bei der Haftung für die Verletzung von Schadensabwendungspflichten bedarf es auch hier einer näheren Bestimmung der haftungsbegründenden Normen, da der Individualschutz nicht von vorneherein feststeht. Der Gerichtshof gibt in diesem Zusammenhang allein vor, dass es sich um eine Norm handeln muss, „die bezweckt, dem Einzelnen Rechte zu verleihen“[878]. Auch hier muss sowohl nach der Formulierung „bezweckt“ als auch nach dem hier vertretenen Ansatz der Einheitlichkeit des Haftungsanspruchs der schadensersatzrechtliche

[876] EuGH Rs. C-91/92, Faccini Dori, Slg. 1994, I-3325, Rn. 27 f.

[877] *Albers* (Fn. 3), 144.

[878] EuGH verb. Rs. C-46/93 und C-48/93, Brasserie du Pêcheur, Slg. 1996, I-1029, Rn. 51, 74; verb. Rs. C-178/94, C-179/94, C-189/94 und C-190/94, Dillenkofer, Slg. 1996, I-4845, Rn. 21.

Schutzzweck ermittelt werden. Ein Rückgriff auf die für die Kategorie der Haftung wegen Verletzung von Schadensabwendungspflichten entwickelten Anhaltspunkte für die Bestimmung des Schutzzwecks ist jedoch nicht möglich. Denn diese beziehen sich auf die Bestimmung des Schutzzwecks einzelner Pflichten der Hoheitsträger. Im Falle der Nichtumsetzung von Richtlinien geht es dagegen nicht um den Schutzzweck der Umsetzungspflicht. Die Umsetzungspflicht kann gewissermaßen als schutzzweckneutral betrachtet werden. Sie stellt nur das notwendige Verbindungsglied zwischen dem Einzelnen und dem Staat dar, welches der Konkretisierung durch die Bestimmungen der nicht umgesetzten Richtlinie bedarf. Der haftungsrechtliche Schutzzweck ist erst der nicht umgesetzten oder nicht ordnungsgemäßen Richtlinie zu entnehmen[879].

a) Rechte auf der Grundlage der Richtlinie

Welche Anforderungen an eine Richtlinienbestimmung zu stellen sind, um ihnen einen schadensersatzrechtlichen Schutzzweck zuzusprechen, unterliegt unterschiedlichen Interpretationen.

Teilweise wird aus der damit verbundenen Aufgabe der Haftungsvoraussetzung einer unmittelbar anwendbaren Norm gefolgert, dass es für die Haftungsbegründung ausreicht, wenn die in der Richtlinie vorgesehene aber nicht verliehene Rechtsposition lediglich den Interessen des Geschädigten förderlich ist[880]. Damit könnte der Kreis der haftungsrechtlich geschützten Personen sehr weit gezogen werden. So könnten z.B. konkurrierende Unternehmen quantifizierbare Wettbewerbsnachteile geltend machen, die sie durch den Umstand erleiden, dass ein Mitgliedstaat eine Richtlinie nicht umgesetzt hat und die bei ihm angesiedelten Unternehmen dadurch finanzielle Vorteile haben[881]. Das würde voraussetzen, dass die haftungsrelevanten Normen dem französischen Modell des contentieux objectif entsprechend vorrangig der Durchsetzung der objektiven Gemeinschaftsrechtsordnung dienten[882].

Zumeist hingegen wird die Wendung der „Bezweckung der Verleihung von Rechten an Einzelne" so verstanden, dass nur die Nichtumsetzung

---

[879] EuGH verb. Rs. C-178/94, C-179/94, C-189/94 und C-190/94, Dillenkofer, Slg. 1996, I-4845, Rn. 33 ff.

[880] *Wathelet/van Raepenbusch* (Fn. 13), 13, 45.

[881] *Furrer/Epiney*, JZ 1995, 1025 ff.

[882] So z.B. *Schilling* (Fn. 147), 3, 29.

solcher Richtlinienbestimmungen eine Haftung auslösen kann, die den Mitgliedstaat verpflichten, bestimmte Interessen durch die Verleihung individueller Rechte im nationalen Recht zu schützen. Das heißt, nur solche Richtlinienbestimmungen kommen in Betracht, bei deren korrekter Umsetzung der Einzelne eine Schädigung mit Hilfe eines Primäranspruchs abwenden könnte[883]. Damit werden die Klagevoraussetzungen hinsichtlich der Bestimmung der individuellen Rechtsverletzung letztlich an die Voraussetzungen des Primärschutzes geknüpft.

Zumindest für den Bereich der Nichtumsetzung privatrechtsgestaltender Richtlinien ist allein die letztere Lösung überzeugend, da die Umsetzung privatrechtsgestaltender Richtlinien regelmäßig die Einräumung individueller Rechte fordert, auf die sich der Einzelne direkt berufen kann[884].

In der bisherigen Rechtsprechung zur Nichtumsetzung privatrechtsgestaltender Richtlinien trifft dieser Ansatz zu. In den beiden entschiedenen Fällen ging es um die Unterlassung der Verleihung oder fehlerhafte Verleihung einer Rechtsposition, deren Möglichkeit der Durchsetzung im nationalen Recht vorzusehen war. In der Rechtssache Faccini Dori stützte die Klägerin ihren Anspruch auf Art. 5 der Richtlinie 85/577 betreffend den Verbraucherschutz im Falle von außerhalb von Geschäftsräumen geschlossenen Verträgen[885], nach der ihr eindeutig ein Rücktrittsrecht einzuräumen war[886]. Im Fall Corte Inglés machte die Klägerin ein Recht auf Einwendungsdurchgriff in einem verbundenen Kreditgeschäfts gegenüber dem Kreditgeber aus Art. 11 Abs. 2 der Richtlinie 87/102/EWG über den Verbraucherkredit [887] geltend, nach der dem Einzelnen ein Recht zu gewähren ist, bei so genannten verbundenen Rechtsgeschäften Mängel des Hauptgeschäfts auch gegenüber

---

883 *Albers* (Fn. 3), 108; *Geiger* (Fn. 3), 108 f.; *Hidien* (Fn. 146), 46, *Schockweiler* (Fn. 176), 109, 114 f. So im Grunde auch *Wolf*, Die Staatshaftung der Bundesrepublik Deutschland und der Französischen Republik für Verstöße gegen das Europäische Gemeinschaftsrecht, 122 ff., der die haftungsrelevanten Richtlinienbestimmungen als „kupierte" subjektive Rechte bezeichnet, da sie bis auf die Bestimmung des Anspruchsgegners alle Voraussetzungen für eine unmittelbare Anwendbarkeit und damit eines individuellen Rechts aufweisen.

884 EuGH Rs. 168/85, Kommission/Italien, Slg. 1986, 2945, Rn. 13.

885 ABl. 1985, Nr. 372, 31.

886 EuGH Rs. C-91/92, Faccini Dori, Slg. 1994, I-3325, Rn. 16 ff.

887 ABl. 1987, Nr. L 42, 48.

dem Anspruch des Kreditgebers auf Bezahlung des Darlehens geltend machen zu können[888].

b) Auslegung der einzelnen Richtlinienbestimmung

Eine Besonderheit bei der Ermittlung der Berechtigung zum Schadensersatz ergibt sich hinsichtlich der Ermittlung der geschützten Interessen aus der Norm selbst. Richtlinien unterliegen gem. Art. 253 EG der Pflicht zur Begründung. Diese erfolgt durch Voranstellung von Erwägungsgründen für den Erlass der Richtlinie. In den Erwägungsgründen finden sich zahlreiche Ausführungen zu Gründen, die für den Erlass des Rechtsaktes angeführt werden können.

Es fragt sich, ob aus der Erwähnung eines Interesses in den Erwägungsgründen gefolgert werden muss, dass dieses auch durch einen Schadensersatzanspruch geschützt werden soll. Man könnte annehmen, die Tatsache der Erwähnung von Individualrechtsgütern führe automatisch zur Annahme eines schadensersatzrechtlichen Schutzzwecks[889]. Entnimmt man die Ziele einer Richtlinienregelung dem Rechtsakt als Ganzem, ist dies gut vertretbar. Allerdings sollte insofern keine Automatik angenommen werden[890]. Denn aus der Tatsache der Nennung eines rechtlichen individuellen Interesses in den Erwägungsgründen folgt nicht zwangsläufig, dass dieses Interesse auch schadensersatzrechtlich geschützt werden soll. Auch bezieht sich nicht jeder Erwägungsgrund zwangsläufig auf die im Einzelfall auszulegende Richtliniennorm. Daher sollten die Erwägungsgründe gleichbedeutend neben den anderen bereits erwähnten Wertungselementen[891] für die Ermittlung des schadensersatzrechtlichen Schutzzwecks herangezogen werden. Dabei muss insbesondere gesondert ermittelt werden, ob sich die Erwähnung eines Interesses in den Erwägungsgründen überhaupt auf eine spezielle Norm bezieht. Berücksichtigt man die Erwägungsgründe neben anderen Wertungselementen, so bedürfen auch sie einer Auslegung. Je weiter der Kreis der zu schützenden Interessen gezogen wird, desto unspezifischer ist die Erwähnung des für einen konkreten Fall relevanten Interesses und desto weniger zwingend ist die Annahme eines schadensersatzrechtlichen Schutzzwecks.

---

888 Rs. C-192/94, Corte Inglés, Slg. 1996, I-1281, Rn. 23.

889 So wohl *Kadelbach* (Fn. 148), 168 f.

890 So auch *Rebhahn* (Fn. 121), 284.

891 S.o. 2. Teil, D II 3. d).

III. Zurechnung

Wie eingangs in der Bestimmung der verschiedenen Haftungsfälle dargestellt, weist die Kategorie der Haftung für unterlassene oder fehlerhafte Umsetzung von Richtlinien in der Konstruktion der Fälle gewisse Übereinstimmungen sowohl mit Haftungsfällen in Gemengelagen als auch bei Verletzung von Schadensabwendungspflichten auf. Einerseits ist die Stellung des Staates mit der aller Hoheitsträger in der Kategorie der Verletzung von Schadensabwendungspflichten vergleichbar. Denn der Staat hat durch die Verleihung von Rechten dafür zu sorgen, dass ein Schaden nicht eintritt. Die Schädigung wird von dem betreffenden Staat erst ermöglicht, da sich der Einzelne nach nationalem Recht rechtstreu verhalten hat. Andererseits kann die Haftungskonstellation auch mit der Kategorie der Schädigung in Gemengelagen verglichen werden, denn die Schädigung erfolgt in gewisser Weise arbeitsteilig. Durch die Nichtumsetzung oder fehlerhafte Umsetzung der Richtlinie wird das Verhalten des unmittelbaren Schädigers erst zum tatbestandsgemäßen Verhalten. Der Schädiger könnte seine Handlung ohne Zutun des Staates nicht ausüben, das Verhalten des Staates würde ohne Intervention des unmittelbaren Schädigers keinen finanziellen Schaden auslösen.

Das Ergebnis der Untersuchung einer Haftung für die Schädigung in Gemengelagen war, dass jeweils der Schädiger für die Haftung in Anspruch zu nehmen ist, dem die rechtliche Gestaltungsmacht zusteht. In Fällen der Haftung wegen Verletzung von Schadensabwendungspflichten hingegen haftet der Schutzpflichtige, gleich wie sich das Verhalten des unmittelbaren Schädigers darstellt. Bei der Haftung für die unterlassene oder fehlerhafte Richtlinienumsetzung fragt es sich, ob das Ergebnis einer der beiden Kategorien hierauf übertragen werden kann. Anders formuliert: Kann ein bestimmtes Verhalten des unmittelbaren Schädigers die Zurechnung des Schadens an den Mitgliedstaat ausschließen?

In Betracht kommen Fälle, in denen völlig außergewöhnliche Umstände zu einer Schädigung führen. Der Gerichtshof hatte bislang erst einmal über ein solches unvorhersehbares Verhalten eines unmittelbaren Schädigers zu entscheiden. In der Rechtssache Rechberger[892] ging es wie in der Rechtssache Dillenkofer um die Nichtumsetzung der Pauschalreiserichtlinie 90/314[893]. Ein Zeitungsverlag hatte im Rahmen einer Werbe-

---

[892] EuGH Rs. C-140/97, Rechberger, Slg. 1999, I-3499.

[893] ABl. 1990, Nr. L 158, 59.

aktion treuen Kunden Reisen als Geschenk angeboten. Da dieses Angebot auf vorher nicht einkalkulierte Resonanz der Kunden stieß, geriet der Zeitungsverlag in die Insolvenz. Obwohl dieser Sachverhalt prinzipiell in den Anwendungsbereich der Pauschalreiserichtlinie fiel, erhielten die Kunden, welche bereits die Reise gebucht hatten, weder einen Ausgleich für die Reise noch eine Rückzahlung bereits geleisteter Zuzahlungen für Einzelzimmerzuschlag und Flughafensteuer, weil Österreich die Pauschalreiserichtlinie nicht umgesetzt hatte. Österreich berief sich darauf, dass außergewöhnliche Umstände, insbesondere das fahrlässige Verhalten des Veranstalters zu dem Schaden geführt hätten. Der Gerichtshof lehnte diese Begründung ab. Weder fahrlässiges Verhalten des Veranstalters noch sonstige außergewöhnliche Umstände seien geeignet, den unmittelbaren Kausalzusammenhang zwischen Rechtsverletzung und Schaden zu unterbrechen, denn die Pauschalreiserichtlinie stelle eine Erfolgspflicht auf[894]. Diesem Ergebnis kann zugestimmt werden.

Zum einen lässt sich die Lösung der Haftungsfälle in Gemengelagen nicht auf die Situation der Unterlassung der Umsetzung einer Richtlinie übertragen. Der Mitgliedstaat und der unmittelbare Schädiger wirken nicht arbeitsteilig zusammen. Vielmehr ist ihr Zusammentreffen völlig unabhängig, eher zufällig. Daher gleicht die Situation eher der Kategorie der Haftung für die Verletzung von Schadensabwendungspflichten. Das Verhalten beider Beteiligten ist unabhängig voneinander. Der gleichermaßen hinter dem unmittelbaren Schädiger stehende Hoheitsträger ist verpflichtet, den Einzelnen zu schützen und eine Schädigung durch den unmittelbaren Schädiger abzuwenden. Wie in dieser Kategorie unterbricht auch hier das Verhalten des unmittelbaren Schädigers nicht den unmittelbaren Ursachenzusammenhang. Zum anderen entspricht dieses Resultat auch dem Schutzzweck der Umsetzungspflicht in Verbindung mit der Richtlinie. Denn der durch die Pauschalreiserichtlinie zu schaffende Insolvenzschutz stellt für den Mitgliedstaat keine obligation de moyen, sondern eine obligation de résultat dar, die erst erfüllt ist, wenn dem Einzelnen Schutz gegen die Insolvenz des Reiseveranstalters gewährt wird[895]. Dieses Ergebnis lässt sich verallgemeinern, denn die Staatshaftung wegen unterlassener oder fehlerhafter Umsetzung von Richtlinien durch die Mitgliedstaaten ist prinzipiell als Erfolgshaftung ausgestaltet[896]. Sobald eine den Einzelnen schützende Richtlinie nach

---

[894] EuGH Rs. C-140/97, Rechberger, Slg. 1999, I-3499, Rn. 75.

[895] *Reich*, EuZW 1996, 709, 711.

[896] *Reich*, EuZW 1996, 709, 711.

Ablauf der dafür vorgesehenen Frist nicht umgesetzt ist, liegt eine haftungsrelevante Rechtsverletzung vor, die für die ursächlich daraus entstehenden Schäden zu einer Haftung führt. Ein Dazwischentreten privater Schädiger kann den Ursachenzusammenhang nicht unterbrechen, da Inhalt der Richtlinie gerade der Schutz vor einem bestimmten Risiko ist.

Dies muss selbst in den Fällen gelten, in denen der unmittelbare Schädiger die Nichtumsetzung einer Richtlinie bewusst ausnutzt. So lag zum Beispiel einer Serie von Fällen, die vor deutschen Zivilgerichten verhandelt worden waren, ein Sachverhalt zugrunde, nach dem deutsche Unternehmen auf Gran Canaria deutsche Touristen kontaktiert und mit ihnen Verkaufsfahrten durchgeführt hatten, auf denen sie überteuerte Waren verkauften. In den Kaufverträgen wurde die Geltung spanischen Rechts vereinbart. Als die Käufer sich später unter Berufung auf das ihnen nach der Haustürwiderrufsrichtlinie zu gewährende Widerrufsrecht von den Verträgen lösen wollten, verwiesen die Verkäufer auf die Vereinbarung spanischen Rechts. Spanien hatte die Haustürwiderrufsrichtlinie innerhalb der Frist noch nicht umgesetzt. Daher stand den Geschädigten nach spanischem Recht kein Widerrufsrecht zu[897].

Das OLG Celle und das AG Bremerhaven nahmen rechtsirrtümlich eine unmittelbare Wirkung der Richtlinie an und gestanden den Käufern damit ein Widerrufsrecht zu. Bei Respektierung der vorrangigen Rechtsprechung des Europäischen Gerichtshofs hätte ein solches Widerrufsrecht wegen der mangelnden Horizontalwirkung von Richtlinien ausscheiden müssen. Hier wäre aber eine Haftung Spaniens in Betracht zu ziehen gewesen. Da das Ziel der Richtlinie darin bestand, ein Widerrufsrecht einzuräumen, hätte sich Spanien auch nicht auf die planmäßige Umgehungsstrategie der Verkäufer berufen können. Denn in jedem Fall wäre die Situation vermieden worden, wenn die Richtlinie ordnungsgemäß und fristgerecht umgesetzt worden wäre. Da es Zweck der Haustürwiderrufsrichtlinie ist, dem Verbraucher ein Recht zu verleihen, mit dem er sich in dieser Situation hätte wehren können, kann selbst das vorsätzliche Dazwischentreten Dritter, die die Nichtumsetzung bewusst ausnutzen, nicht den Ursachenzusammenhang unterbrechen. Eine Grenze wird wohl erst dort zu ziehen sein, wo der Einzelne bewusst die Nichtumsetzung einer Richtlinie ausnutzt, um gegenüber dem Staat

---

[897] Sachverhalt nach OLG Hamm, IPRax 1990, 244; OLG Celle, EuZW 1990, 550; OLG Frankfurt, IPRax 1990, 238; OLG Stuttgart, NJW-RR 1990, 1082; AG Bremerhaven, EuZW 1990, 150 m.w.N.

Schadensersatzansprüche zu erwirken[898]. Denn in dieser Situation wird eindeutig der sich aus der Richtlinie und der Umsetzungspflicht ergebende Schutzzweck überschritten. Denn es kann nicht der haftungsrechtliche Schutzzweck der Umsetzungspflicht für eine Richtlinie sein, vor der planmäßigen Umgehung der durch die Richtlinie zu verleihenden Rechte durch den Geschützten selbst zu schützen.

IV. Verhältnis zu anderen Rechtsbehelfen

Das Verhältnis zu anderen Rechtsbehelfen ist durch die Rechtsprechung nicht ausdrücklich festgelegt. Der Gerichtshof hat den Anspruch lediglich als Rumpftatbestand ausgestaltet, der der Ergänzung und Ausgestaltung im nationalen Staatshaftungsrecht bedarf[899]. Die gemeinschaftsrechtlichen Voraussetzungen Rechtsverletzung, Schaden und Kausalität werden lediglich als die unabdingbaren Grundvoraussetzungen dargestellt, derer es für die Formulierung eines Haftungstatbestandes bedarf[900]. Fragen des Verhältnisses der Staatshaftung zu anderen Rechtsbehelfen oder des Mitverschuldens des Geschädigten unterliegen zumindest nicht ausdrücklich der gemeinschaftsrechtlichen Ausgestaltung[901].

Das nationale Recht hat allerdings die Grundsätze der Gleichwertigkeit und Effektivität zu wahren hat, d.h. es dürfen keine höheren Anforderungen an die Erfüllung des gemeinschaftsrechtlichen Staatshaftungsanspruchs gestellt werden, als sie für die Erfüllung der nationalen Staatshaftungsansprüche angewandt werden und die nationalen Voraussetzungen dürfen nicht die Erlangung von Schadensersatz durch den gemeinschaftsrechtlichen Staatshaftungsanspruch praktisch unmöglich machen[902]. Dadurch ist es möglich unter gemeinschaftsrechtlichen Ge-

---

[898] *Zenner* (Fn. 303), 107.

[899] *Goffin* (Fn. 67), 531, 549 ff.; *Kluth* (Fn. 169), § 70, Rn. 27.

[900] EuGH, verb. Rs. C-46/93 und C-48/93, Brasserie du Pêcheur, Slg. 1996, I-1029, Rn. 66.

[901] *Goffin* (Fn. 67), 531, 544 ff.; *Kluth* (Fn. 169), § 70, Rn. 27.

[902] EuGH, Rs. C-6/90 und C-9/90, Francovich u.a./Italienische Republik, Slg. 1991, I-5357, Rn. 43; verb. Rs. C-46/93 und C-48/93, Brasserie du Pêcheur, Slg. 1996, I-1029, Rn. 67.

sichtspunkten einen Standard festzulegen, der die nationale Ausgestaltung bestimmen kann[903].

1. *In Betracht kommende primäre Rechtsschutzmöglichkeiten*

Bei der Haftung wegen Nichtumsetzung privatrechtsgestaltender Richtlinien kommen für den Geschädigten ausschließlich Primärrechtsbehelfe vor nationalen Zivilgerichten in Betracht, denn ein Anspruch auf Normerlass gegen den Staat folgt aus der Umsetzungspflicht nicht und wird daher auch nicht zur Voraussetzung für den Staatshaftungsanspruch gemacht[904]. Ansprüche können allein gegen den unmittelbaren privaten Schädiger sowie gegen den jeweiligen Mitgliedstaat gerichtet werden. Die Auswahl zwischen den Schuldnern erfolgt danach, gegen wen sich der in der umzusetzenden Richtlinie enthaltene Anspruch richtet. Damit ergibt sich eine Zweiteilung der Erörterungen zur Notwendigkeit des Primärrechtsschutzes. Bei horizontal zwischen Privaten zu wirken bestimmten Richtlinien fragt es sich, ob gegen den unmittelbar schädigenden Privaten vorzugehen ist. Bei vertikal gegenüber dem Staat wirkenden Richtlinien könnte eine Klage gegen den Staat einem Staatshaftungsanspruch vorgehen.

2. *Vorrang des Primärrechtsschutzes bei horizontal wirkenden Richtlinien?*

Bei Richtlinien mit Horizontalwirkung erfolgt die Schädigung aufgrund des Handelns eines privaten unmittelbaren Schädigers. Primäransprüche gegen den Staat, etwa auf Normerlass, existieren nicht. Primäre Rechtsbehelfe können daher allein gegenüber dem unmittelbaren Schädiger geltend gemacht werden. Dabei ist jedoch zu berücksichtigen, dass eine horizontale unmittelbare Anwendbarkeit nach ständiger Rechtsprechung des Gerichtshofs ausgeschlossen ist[905], denn Richtli-

---

[903] *Wolf*, Die Staatshaftung der Bundesrepublik Deutschland und der Französischen Republik für Verstöße gegen das Europäische Gemeinschaftsrecht, 117.

[904] *Kadelbach* (Fn. 148), 402; a.A. *Leonard* (Fn. 865), 197 ff.

[905] Ständige Rechtsprechung seit EuGH Rs. 152/84, Marshall, Slg. 1986, 723, Tz. 48; Rs. 80/86, Kolpinghuis Nijmegen, Slg. 1987, 3969, Tz. 10; Rs. C-188/89, Foster/British Gas, Slg. 1994, I-3325, 16 ff.; Rs. C-91/92, Faccini Dori, Slg. 1994, I-3325, Rn. 22 ff.

nien können dem Einzelnen nie unmittelbar Pflichten auferlegen[906]. Der Primärrechtsschutz, d.h. Leistungs- oder Unterlassungsklagen vor nationalen Zivilgerichten können mithin nur erfolgreich auf die Geltendmachung der Richtlinienrechte gestützt werden, wenn sich der Geschädigte auf die nicht umgesetzten Richtlinienbestimmungen im Wege der richtlinienkonformen Auslegung des nationalen Rechts berufen kann. Alle mitgliedstaatlichen Stellen sind zur richtlinienkonformen Auslegung des nationalen Rechts verpflichtet[907].

Wie bereits erwähnt stellt jedoch die gemeinschaftsrechtliche Staatshaftung lediglich einen Rumpftatbestand dar. Die Ausgestaltung erfolgt durch die Mitgliedstaaten. Daher verbietet sich in diesem Fall die Übertragung der für die Schädigung in Gemengelagen gefundenen Lösung der kohärenten Komplementarität für die Bestimmung des Verhältnisses zu Primärrechtsbehelfen, denn über den Grundsatz der kohärenten Komplementarität werden auch die nationalen Primärrechtsbehelfe in die Ausgestaltung des gemeinschaftsrechtlichen Rechtsschutzes einbezogen. In der vorliegenden Kategorie hingegen handelt es sich nur um eine partielle Ausgestaltung.

Jedoch spricht grundsätzlich nichts dagegen, die Schadensersatzklage als gegenüber den Primärrechtsbehelfen nachrangig zu betrachten[908], denn dadurch würde die gemeinschaftsrechtliche Staatshaftung auf ein Mindestmaß begrenzt und gleichzeitig der Eingriff in das nationale Recht auf das Notwendige beschränkt. Allein grundsätzlich müsste ein Haftungsanspruch wegen Nichtumsetzung von Richtlinien gewährt werden. Dies würde auch mit den Zwecken des Haftungsanspruchs im Einklang stehen. Kann der Geschädigte für den Fall, dass er gemeinschaftsrechtswidrig geschädigt wurde, die Durchsetzung seiner Rechte im nationalen Primärrechtsschutz erlangen, wäre dem Erfordernis des effektiven Schutzes gemeinschaftsrechtlich durch die Richtlinie zu verleihender Rechte entsprochen. Gegen eine solche materielle Subsidiarität der Staatshaftung spricht auch nicht die Gefahr einer extensiven Auslegung des nationalen Rechts durch mitgliedstaatliche Gerichte mit

---

[906] EuGH Rs. 152/84, Marshall, Slg. 1986, 723, Tz. 43 f.; Rs. 80/86, Kolpinghuis Nijmegen, Slg. 1987, 3969, Tz. 8 f.

[907] EuGH Rs. 14/83, Colson und Kaman, Slg. 1984, 1891, Rn. 25; Rs. 80/86, Kolpinghuis Nijmegen, Slg. 1987, 3969, Tz. 12; Rs. 31/87, Beentjes, Slg. 1988, 4635, Rn. 39; Rs. C-106/89, Marleasing, Slg. 1990, I-4135, Rn. 8 f.

[908] *Albers* (Fn. 3), 146; *v.Danwitz*, JZ 1994, 335, 339; *Grzeszick* (Fn. 217), 417, 431; *Reich* (Fn. 217), 709, 715.

dem Ziel, eine Haftung zu vermeiden[909]. Denn mit der richtlinienkonformen Auslegung des nationalen Rechts werden die Rechte des Einzelnen ebenso gewahrt wie mit der ordnungsgemäßen Umsetzung. Jegliche finanzielle Belastung, z.B. in Form von Prozesskosten, ist dem Kläger zu erstatten. Darüber hinaus schließt die richtlinienkonforme Auslegung des nationalen Rechts nicht aus, dass der betreffende Mitgliedstaat in einem nachfolgenden Vertragsverletzungsverfahren, welches das adäquate Mittel zur allgemeinen Durchsetzung des Gemeinschaftsrechts ist, unterliegt.

Auch die Rechtsprechung sieht die Möglichkeit einer Staatshaftung als „letztes Mittel" des Einzelnen sich gegen eine Schädigung zur Wehr zu setzen[910]. Der gemeinschaftsrechtliche Staatshaftungsanspruch sei daher auf den Fall beschränkt, „dass das von der Richtlinie vorgeschriebene Ziel nicht im Wege der Auslegung erreicht werden kann"[911]. Unter gemeinschaftsrechtlichen Gesichtspunkten[912] soll ein Schadensersatzanspruch daher ausgeschlossen sein, wenn der Geschädigte nicht durch Inanspruchnahme der ihm zur Verfügung stehenden primären Rechtsbehelfe den Schaden mindert oder gar vermeidet[913].

Allerdings gebietet der Zweck des Individualrechtsschutzes eine Begrenzung der Subsidiarität auch hier auf die Verpflichtung zur Inanspruchnahme allein des zumutbaren Primärrechtsschutzes[914]. Daher ist die Verweisung auf das Ausschöpfen der Möglichkeiten richtlinienkonformer Auslegung Einschränkungen zu unterwerfen. Die richtlinienkonforme Auslegung des nationalen Rechts erfordert eine Änderung der bisherigen Rechtsprechung. Andernfalls käme es gar nicht zur Schädigung, da das nationale Recht ohnehin von Anfang an dem Richtlinieninhalt entspräche. Dies bedeutet für den Geschädigten eine große Unsicherheit, da er sich zur Geltendmachung seines Anspruchs über die bisherige Auslegung des nationalen Rechts hinwegsetzen muss. Gerade in Fällen, in denen die Möglichkeit einer Auslegungsänderung wenig

---

[909] So aber *Ress*, DÖV 1994, 489, 496.

[910] EuGH Rs. C-334/92, Wagner Miret, Slg. 1993, I-6911, Rn. 23.

[911] EuGH Rs. C-91/92, Faccini Dori, Slg. 1994, I-3325, Rn. 27.

[912] *Eilmansberger* (Fn. 126), 229 f. bemängelt zu Recht, dass unklar bliebe, ob die Subsidiarität eine gemeinschaftsrechtliche Vorgabe sei oder optional von den nationalen Rechtssystem zur Ausgestaltung des Anspruchs aufgenommen werden könne.

[913] *v.Bogdandy* (Fn. 8), Art. 288 EG, Rn. 161.

[914] Siehe dazu oben 2. Teil, C. III. 3. b).

wahrscheinlich ist, erscheint es unzumutbar, dem Geschädigten die Durchführung eines Rechtsstreits aufzubürden, um den mitgliedstaatlichen Gerichten die Gelegenheit zu bieten, die Möglichkeit der Durchsetzung der Richtlinie durch richtlinienkonforme Auslegung zu überprüfen[915]. Dieser Überlegung steht aber entgegen, dass die Mitgliedstaaten aus Art. 249 UAbs. 3 EG i.V.m. Art. 10 EG verpflichtet sind, ihr nationales Recht gegebenenfalls richtlinienkonform auszulegen[916]. Ein Verstoß gegen diese Pflicht durch das von dem Geschädigten angerufene Gericht kann ebenso wie sonstige Verstöße gegen das Unionsrecht zur Haftung des Mitgliedstaates führen, da die Mitgliedstaaten auch wegen judikativer Verstöße gegen das Gemeinschaftsrecht haften können[917]. Eine Haftung kommt allerdings nur in Betracht, wenn das Gericht bei der Auslegung des nationalen Rechts in qualifizierter Weise gegen das Unionsrecht verstoßen hat[918]. Dies ist der Fall, wenn die Entscheidung des zuständigen Gerichtes offenkundig das Gemeinschaftsrecht verkennt, d.h. wenn das Gericht eine offenkundig mögliche gemeinschaftsrechtskonforme Auslegung des nationalen Rechts unterlässt.

Für die Maßstäbe der Verweisung auf die Inanspruchnahme nationaler Primärrechtsbehelfe bietet es sich daher an, den Zumutbarkeitsmaßstab des Art. 288 Abs. 2 EG auch für die Verweisung des Geschädigten auf vorrangige Inanspruchnahme nationaler Primärrechtsbehelfe heranzuziehen. Denn damit kann vermieden werden, dass er zwischen den Fronten zweier Rechtsbehelfe seine Rechtsschutzmöglichkeiten einbüßt. Eine Verweisung des Geschädigten auf nationale Primärrechtsbehelfe ist daher im Fall der Nichtumsetzung horizontal wirkender Richtlinien nur insoweit möglich, als es offensichtliche Möglichkeiten der richtlinienkonformen Auslegung des nationalen Rechts gibt.

Es kann also festgehalten werden, dass im Falle der Nichtumsetzung horizontal wirkender Richtlinien ein materielles Subsidiaritätsverhältnis zwischen den gemeinschaftsrechtlichen Instituten der Staatshaftung und der richtlinienkonformen Auslegung besteht. Ergibt sich hinreichend klar und eindeutig die Gewährleistung des durch die Richtlinie ange-

---

[915] *Geiger* (Fn. 3), 103; im Ergebnis wohl auch *Wolf*, Die Staatshaftung der Bundesrepublik Deutschland und der Französischen Republik für Verstöße gegen das Europäische Gemeinschaftsrecht, 63.

[916] EuGH Rs. 106/89, Marleasing, Slg. 1990, 4135, Rn. 8.

[917] EuGH Rs. C-224/01, Köbler, Slg. 2003, I-10239.

[918] EuGH Rs. C-224/01, Köbler, Slg. 2003, I-10239, Rn. 56.

strebten Ziels im Wege der richtlinienkonformen Auslegung, ist eine Staatshaftungsklage unbegründet, nicht jedoch unzulässig[919].

V. Regressmöglichkeiten

Ausgleichsansprüche im Innenverhältnis zwischen den beteiligten „Schädigern" bei Nichtumsetzung von Richtlinien sind kein Problem des gemeinschaftsrechtlichen Staatshaftungsanspruchs. Sie unterliegen nicht der gemeinschaftsrechtlichen Ausgestaltung, sondern können allenfalls vom nationalen Recht vorgesehen werden. Bereits im Rahmen der Erörterung der Zurechnungsprobleme in dieser Kategorie ist aber deutlich geworden, dass der unmittelbare Schädiger sich nach nationalem Recht rechtmäßig verhält und eher als „Werkzeug" des Staates zur Schädigung denn als selbständiger Schädiger anzusehen ist. Daher kommt eine anteilige Haftungsübernahme seinerseits nicht in Betracht. Gegen eine Inanspruchnahme des unmittelbaren Schädigers sprächen auch gemeinschaftsrechtliche Gründe, denn es wäre schlichtweg nicht einzusehen, warum der Staat eine Schadensersatzpflicht, die er erst ermöglicht hat, auf einen Privaten sollte abwälzen können. Überdies kommt dem Staat in dieser Situation die gesamte rechtliche Gestaltungsmacht zu, so dass kaum von einer eigenständigen Mitverursachung durch den unmittelbaren Schädiger gesprochen werden kann.

Ansprüche kommen allenfalls gegenüber dem Geschädigten in Betracht. Solche richten sich jedoch allein nach dem nationalen Recht, da der gemeinschaftsrechtliche Staatshaftungstatbestand der mitgliedstaatlichen Ausgestaltung unterliegt. Wie oben ausgeführt übernimmt der Staat den entstehenden Schaden unabhängig von einer etwaigen Sorgfaltswidrigkeit. Dem Haftungsanspruch kommt sozusagen eine Versicherungswirkung zu. Der Geschädigte wird unter Anwendung der Differenzhypothese grundsätzlich so gestellt, wie er stünde, wenn das schadensstiftende Ereignis nicht eingetreten wäre[920]. Unter Berücksichtigung der Priorität des Zwecks des individuellen Rechtsschutzes muss dabei die Belastung des Geschädigten mit unsicheren Forderungen oder unnützen Leistungen vermieden werden. Dies kann aber im Einzelfall zu einer Überkompensation des Schadens führen, wenn der Geschädigte durch

---

919 Im Ergebnis ähnlich *Geiger* (Fn. 3), 104.

920 EuGH verb. Rs. C-104/89 und C-37/90, Mulder, Slg. 1992, I-3061, Rn. 26; *Hidien* (Fn. 146), 65.

den Staatshaftungsanspruch vollständig entschädigt wird, ihm aber gleichzeitig zusätzliche Ansprüche zustehen. So wandelte sich der ursprüngliche Entgeltanspruch im Fall Francovich in eine Insolvenzforderung um, die fortbestand. Im Fall Faccini Dori wäre es kaum gerechtfertigt gewesen, der Geschädigten den Sprachkurs zu ersetzen, ihr aber zugleich den vertraglichen Anspruch auf Teilnahme an dem Sprachkurs zu belassen[921].

Eine Überkompensation lässt sich jedoch nicht mit dem aus der Funktion des reinen Schadensausgleichs folgenden Ziel des Schutzes individueller Rechte vereinbaren. Denn dadurch würde der Präventionszweck in den Vordergrund gestellt. Im Übrigen ist ein Strafschadenersatz vom Gemeinschaftsrecht nicht gefordert[922]. Zur Lösung bieten sich zwei Möglichkeiten an: Entweder dem Staat wird ein Abtretungsanspruch bereits erworbener Rechte des Geschädigten gewährt oder der Schadensersatzanspruch wird entsprechend dem Vermögenswert der erlangten Rechte gekürzt.

Im Fall Francovich kommt ohne Zweifel die erste Möglichkeit in Betracht. Denn der Einzelne kann nicht auf eine unsichere Insolvenzforderung verwiesen werden. Ähnlich wie bei einem Versicherungsverhältnis wird man daher von der Zulässigkeit staatlicher Abtretungsansprüche ausgehen können, wenn dem Geschädigten Geldforderungen aus dem ursprünglichen Rechtsverhältnis erwachsen sind[923]. Schwieriger stellt sich die Sachlage dar, wenn der Geschädigte sonstige Ansprüche erworben hat. Einerseits könnte auch hier angenommen werden, dass der Staat grundsätzlich den gesamten Schaden zu liquidieren habe, er im Ausgleich aber einen Anspruch auf alle Forderungen des Geschädigten gegen den unmittelbaren Schädiger aus dem durch die nicht umgesetzte Richtlinie fehlgestalteten Rechtsverhältnis habe[924]. Dieser Lösung stehen in anschaulicher Weise nahezu unüberwindliche praktische Probleme entgegen. Zur Verdeutlichung kann der Fall der Nichtumsetzung der Haustürwiderrufsrichtlinie herangezogen werden. Der Staat müsste alle Waren abnehmen, über die der Geschädigte Kaufverträge abgeschlossen hat, welche er infolge der Nichtumsetzung der Haustür-

[921] So auch *Schockweiler* (Fn. 857), 1315, 1319.

[922] *Kadelbach* (Fn. 148), 177.

[923] So auch OLG Bonn, NJW 2000, 815, 818. Das Gericht nahm einen Staatshaftungsanspruch Zug um Zug gegen Abtretung der Forderung des Klägers aus der Konkursmasse an.

[924] *Eidenmüller* (Fn. 620), 201, 203.

widerrufsrichtlinie nicht rückgängig machen kann. Daher spricht mehr für eine Lösung, die an der Bestimmung des Schadens anknüpft[925]. Der Geschädigte hat sich den Betrag auf seinen Schadensersatzanspruch anrechnen zu lassen, der dem Nutzen entspricht, welchen er aus einer bereits übergebenen Kaufsache oder einer bereits in Anspruch genommenen Dienstleistung gezogen hat[926]. Dabei ist aber der Schutzzweck der Richtlinie zu beachten. Sieht diese wie im Fall Faccini Dori beispielsweise eine Widerrufsmöglichkeit ohne besondere Gründe vor, so muss es ausreichen, dass der Geschädigte sich auf einen Sinneswandel beruft und nicht mehr an einem Sprachkurs teilnehmen möchte. Würde er verpflichtet, sich einen etwaigen Gebrauchswert der Leistung anrechnen zu lassen, wäre das Ziel der Richtlinie nicht erreicht.

Es kann daher gefolgert werden, dass der Einzelne sich den Gebrauchswert der ihm noch immer zustehenden Leistung anrechnen lassen kann, sofern er Interesse an der Leistung hat. Für die Anrechnung ist dann aber der marktübliche Wert der Leistung anzusetzen[927]. Lehnt der Geschädigte hingegen die Leistung grundsätzlich ab und steht ihm ein solches Ablehnungsrecht nach der Richtlinie auch zu, so hat der Staat den gesamten Nachteil zu ersetzen, kann aber gegebenenfalls nach den jeweiligen nationalen Rechtsvorschriften die Abtretung der Leistung verlangen.

VI. Zusammenfassung

Das Unterlassen der Umsetzung privatrechtsgestaltender Richtlinien kann einen gemeinschaftsrechtlichen Staatshaftungsanspruch begründen. Jedoch kann es in dieser Situation trotz der Nähe zu der Fallgruppe der Schadensabwendungspflichten nicht zu einer parallelen Haftungsverantwortlichkeit des unmittelbaren Schädigers kommen. Ansprüche können nicht einmal im Wege des Regresses gegen ihn geltend gemacht werden, wenn er sich vorsätzlich die Tatsache der Nichtumsetzung zunutze macht, um die rechtliche Vorteile zu erlangen.

---

925 So wohl auch *v.Bogdandy* (Fn. 8), Art. 288 EG, Rn. 167;

926 *Geiger* (Fn. 3), 101.

927 Der Vorteilsausgleich kann dann nach den im deutschen Haftungsrecht üblichen Regeln erfolgen, *Deckert* (Fn. 240), 203, 231.

3. Teil

Ergebnisse

1. Mit der Einführung des gemeinschaftsrechtlichen Staatshaftungsanspruchs durch die Francovich-Rechtsprechung ist der Grundstein für ein einheitliches gemeinschaftsrechtliches außervertragliches Haftungsrecht gelegt worden. Waren die Haftungsansprüche gegen die Union und die Mitgliedstaaten zunächst noch im Einzelnen unterschiedlich ausgestaltet, so ist seit dem Jahr 2000 in der Rechtsprechung eine inhaltliche und terminologische Angleichung der Tatbestandsvoraussetzungen beider Haftungstatbestände zu beobachten. Diese Annäherung rechtfertigt es von einem kohärenten und umfassenden Rechtsschutzsystem im Gemeinschaftsrecht zu sprechen, welches auch die Haftungsansprüche gegen die Union und gegen die Mitgliedstaaten umfasst. Zwar ist der gemeinschaftsrechtliche Staatshaftungsanspruch noch immer nur als Rumpftatbestand hinsichtlich der grundlegenden Tatbestandsmerkmale gemeinschaftsrechtlich festgelegt. Der Stand der Annäherung der Tatbestandsvoraussetzungen rechtfertigt aber bereits jetzt nicht mehr von einem durch die Mitgliedstaaten zu wahrenden Mindeststandard zu sprechen, sondern es ist von einer einheitlichen Garantie haftungsrechtlichen Schutzes gegen gemeinschaftsrechtswidriges Verhalten der Unionsorgane und nationaler Stellen auszugehen, so dass es keiner wechselseitigen Abstützung der Garantie effektiven Rechtsschutzes bedarf.

2. Diesem gleichwertigen Schutzstandard entspricht die weitgehend identische Ausrichtung der Funktion der Haftung der Union nach Art. 288 Abs. 2 EG und der gemeinschaftsrechtlichen Staatshaftung. Eine Analyse der Haftungsvoraussetzungen ergibt, dass beide Haftungstatbestände konsequent auf den effektiven Schutz gemeinschaftsrechtlich verliehener Individualrechte ausgerichtet sind. Dem steht nicht entgegen, dass mit dem gemeinschaftsrechtlichen Staatshaftungsanspruch gleichzeitig auf die Durchsetzung des Gemeinschaftsrechts in den Mitgliedstaaten gefördert wird, denn der Zweck der Prävention und Steuerung des Verhaltens durch Prävention ist Bestandteil jedes Tatbestandes einer Unrechtshaftung. Zwar besteht ein spezifisches Interesse seitens der Union an der effektiven Durchsetzung des Gemeinschaftsrechts ge-

genüber den Mitgliedstaaten. Aus der Sicht der Rechtsunterworfenen besteht ein identisches Interesse aber auch gegenüber dem Handeln der Unionsorgane.

3. Unter Zugrundelegung der Ausrichtung des Haftungsrechts auf den effektiven Schutz gemeinschaftsrechtlich verliehener Individualrechte ergibt sich, dass eine Konkurrenz außervertraglicher Haftung der Union und der Mitgliedstaaten allein in der Situation der Verletzung von Schadensabwendungspflichten besteht. In allen anderen Fällen kann nach dem die Unrechtshaftung bestimmenden Kriterium der rechtlichen Gestaltungsmacht eine eindeutige und exklusive Zurechnung der Haftungsverantwortlichkeit erfolgen. Danach haftet die Ebene, die rechtlich verbindlich eine Rechtsposition gestaltet. Folgt ein Rechtsträger lediglich für ihn rechtlich verbindlichen Anweisungen, kann ein Anspruch gegen ihn nicht durchgreifen, da in diesem Fall einerseits durch die Gleichwertigkeit des Rechtsschutzes ein ausreichender Rechtsschutz gegen die verantwortliche Ebene geltend gemacht werden kann und andererseits dem Haftungsanspruch im Rahmen des Individualschutzes zukommenden Zweck Verhaltensleitung durch Prävention nicht entsprochen werden kann.

4. Entsteht im Fall der Verletzung von Schadensabwendungspflichten die Situation einer konkurrierenden Haftung zwischen der Union und einem Mitgliedstaat, so haften beide Ebenen wegen der Parallelität der Ausgestaltung der außervertraglichen Haftung entgegen der Auffassung der Rechtsprechung gleichrangig nebeneinander. Da beiden Ebenen ein eigenständiges, von der Wertung des Verhaltens des jeweils anderen Hoheitsträgers unabhängiges Fehlverhalten vorzuwerfen ist, steht einer Gleichstufigkeit der Haftung nicht die Gefahr divergierender Gerichtsentscheidungen durch die nationalen Gerichte und die Gemeinschaftsgerichte entgegen. Die Gleichrangigkeit beider Ansprüche führt zu einem materiellen Gesamtschuldverhältnis, wonach der Geschädigte frei wählen kann, von wem er den Ersatz seiner Schäden verlangt. Durch die Entstehung des Gesamtschuldverhältnisses ist es ihm aber verwehrt, doppelten Ersatz seines Schadens zu verlangen.

5. Gegenüber den so genannten Primärrechtsbehelfen im Gemeinschaftsrecht und in den mitgliedstaatlichen Rechtsschutzsystemen stehen die gemeinschaftsrechtlichen Haftungsansprüche in einem Verhältnis kohärenter Komplementarität, d.h. soweit ein nationaler Primärrechtsbehelf grundsätzlich geeignet ist, die Belastung des Einzelnen mit einem Schaden zu beseitigen, ist allein dieser Rechtsbehelf zulässig. Aufgrund des Haftungszwecks des effektiven Schutzes gemeinschaftsrechtlich verliehener Individualrechte und des Zwecks der Füllung von

Rechtsschutzlücken, ist diese grundsätzliche Aufteilung der Funktionsbereiche der verschiedenen Rechtsschutzbehelfe jedoch im Falle der Rechtsschutzverweigerung durch mitgliedstaatliche Gerichte zu durchbrechen. Die Haftungsklage übernimmt in diesem Fall als funktionales Äquivalent die Aufgabe des verweigerten primären Rechtsschutzbehelfs. Auf der Grundlage dieser Begründung lässt sich eine grobe Einteilung in Bereicherungsansprüche und Deliktsansprüche treffen. Während Bereicherungsansprüche, wie etwa die Erhebung rechtswidriger Gemeinschaftsabgaben der Kompetenzverteilung des indirekten Verwaltungsvollzugs entsprechend im Wege des Primärrechtsschutzes von der ausführenden Stelle einzufordern sind, können Deliktsansprüche direkt gegenüber dem Deliktsschädiger geltend gemacht werden, dem insoweit die rechtliche Gestaltungsmacht zukommt. Daneben bestehen einzelne Fälle, die sich nicht generell kategorisieren lassen, jedoch grundsätzlich dem vorgenannten Grundsatz der kohärenten Komplementarität der Rechtsbehelfe folgen. Von dem in der Rechtsprechung herangezogenen Subsidiaritätsgrundsatz weicht die hier vertretene Ansicht allein in der Begründung ab. Inhaltlich lässt sich dadurch kein Unterschied feststellen.

6. Ein Innenausgleich zwischen Mitgliedstaaten und der Union ist nur notwendig, wenn sich die Verantwortlichkeit im Innen- und im Außenverhältnis widerspricht. Eine solche Divergenz der Außenhaftung zur internen Verantwortlichkeit des jeweiligen Rechtsträgers kann in zwei Fällen angenommen werden: Zum einen kann ein Anspruch auf internen Ausgleich in den Fällen angenommen werden, wenn Unionsorgane zwar nicht in rechtlich, jedoch in faktisch verbindlicher Weise nationale Stellen zu einem schädigenden Verhalten bewegen, welches im Außenverhältnis zu einem Anspruch gegen den betreffenden Mitgliedstaat führt. Zum anderen bestehen Ausgleichsansprüche im Innenverhältnis in den Fällen konkurrierender Haftung zwischen Union und Mitgliedstaaten. In beiden Fällen ergibt sich ein Anspruch aus Art. 10 EG.

7. Das hier behandelte Verhältnis der Haftung der Union und der Mitgliedstaaten ist stark bestimmt durch die Annahme der Gleichwertigkeit des gemeinschaftsrechtlichen und des nationalen Rechtsschutzes und durch die Zuständigkeitsverteilung beim Vollzug des Gemeinschaftsrechts. Daher ist eine Übertragung auf andere Haftungsverhältnisse, an denen Mitgliedstaaten oder die Union als mögliche Haftungsverpflichtete beteiligt sind, nicht generell möglich. So zeigt sich, dass in Gemengelagen mit Drittstaaten und internationalen Organisationen teilweise andere Maßstäbe anzulegen sind. Insbesondere können die Wertungen der Verantwortlichkeit der Mitgliedstaaten und der Notwendigkeit ei-

nes Innenausgleichs nicht auf den Fall übertragen werden, in dem ein Privater vorsätzlich die Unterlassung der Umsetzung privatrechtsgestaltender Richtlinien ausnutzt. Eine Übertragung der Ergebnisse ist allein für den Fall der mit der Haftung Privater konkurrierenden mitgliedstaatlichen Haftung oder Haftung der Union bei der Verletzung von Schadensabwendungspflichten möglich. Auch hier haften alle Schädiger gleichrangig. Ausgleichsansprüche, die allein gegen den unmittelbaren Schädiger begründet sein können, sind dabei zumindest nicht ausgeschlossen.

Summary

Liability in European Community Law. A Study of the cases involving damage caused by several parties

The study concerns the problem of attributing liability when two different parties under Art. 288 (2) EC and under the Francovich doctrine cause damage to an individual. The main focus is on liability for damage caused by the European Union and the Member States as joint tortfeasors. The study also examines contributory negligence involving one or both of those public entities together with a third party, such as international organisations, third countries or individuals.

The fundamental problem is ensuring effective legal protection within in the EU when two different legal orders cause damage. To this end the study presents tort claims[1] under EU and the Member State law as two different but interdependent legal actions that are embedded in a coherent system of legal protection of individual rights in the EU. Furthermore, the EU's and the Member State's conduct must also conform to the main purposes of European liability law under Art. 288 (2) EC and the Francovich doctrine.

The study develops its arguments in three parts. Part one presents the cases dealt with, the method and the basic premises. Part two elaborates the theoretical bases and applies them to different classes of damage caused by several parties. Part three advances the conclusions to be drawn.

In the first part, the principal approach of the study is set forth. It is demonstrated that, while the traditional way of dealing with non-contractual liability in EC Law, namely elaborating legal principles common to the Member States, has the advantage of detecting different mechanisms and motivations for liability in Member State law, it fails to provide criteria for choosing the appropriate legal principle common to the Member State's legal orders. Therefore, the study interprets the different elements of tort claims in light of their purpose(s) and functions in European liability law and legal protection in EC Law.

---

1 Tort is used here to mean non-contractual liability.

The study bases its arguments on the idea of equal legal protection by actions for damages against the EU and the Member States. Although the elements of liability of the EU under Art. 288 (2) EC and the Member States under the Francovich doctrine are not identical, since 2000 there has been a considerable convergence in respect to the elements of liability as well in terminology. This convergence justifies conceiving tort claims against the EU and the Member States in their respective legal orders as a type of parallel legal protection designed to ensure a minimum standard of legal protection for the individual. This has resulted in two systems, which, taken together, provide comprehensive legal protection for the individual. Therefore, although the EC's and Member State's legal orders are intertwined, neither the EC's nor the Member States' legal order needs a "subsidiary coverage" of the other for tort claims.

The key part of the study is found in part two, which is divided into five sections.

Section one considers the premises and conclusions in part one in more detail and establishes the framework and the instruments for later analysis. The study bases the duty to compensate for damage in European liability law on the attribution of damage to harmful conduct. Three different case groups are developed:

liability for damage in the case of joint tort-feasors, whether they acted together or independently of each other (*Haftung für Schädigung in Gemengelagen*),

liability for failure to prevent another party from causing damage (*Haftung wegen Schädigung durch Verletzung von Schadensabwendungspflichten*) and

liability for failure to implement or inadequate implementation of European directives by Member States (*Haftung wegen Schädigung durch Unterlassung der Umsetzung von Richtlinien*).

As the study defines the attribution of damage as the fundamental reason for liability, criteria for the attribution are needed. Those are found in the purposes of actions for damages under EC Law, which are the focus of section two. In this key part, the study develops the main purposes of tort liability in EC Law. Three main purposes are revealed: legal protection of individual rights, prevention of tortious conduct, and gap filling. Those purposes are limited by the contrasting purpose of the guaranty of the well-functioning of the EU-Institutions.

Building on and paralleling the discussion of the function of individual rights in the EU, the study demonstrates that the primary purpose of actions for damages, both under Art. 288 (2) EC and under the Francovich doctrine, is the protection of individual rights. Prevention and gap filling are only of secondary importance. These reasons can only then be considered by the court when different solutions provide adequate legal protection for the claimant.

In each of the three case groups, the study then examines the three major questions of causation of damage by two parties involving joint tortfeasors:

the attribution and allocation of responsibility between two parties,

the relation between the action for damages and national actions of annulment,

and the internal relationship of the parties responsible for the damage.

In cases of two entities acting together, liability lies with the entity that possesses the capacity to create a legally binding position. The study shows that the criteria for attributing liability allows allocating liability to only one entity, even if two different entities have acted jointly, e.g. the exercise of EC Law by the Member States. Even in cases of joint or reciprocal execution of EC Law, the spheres of exclusive liability can be defined. Liability is restricted to the legal capacity to create a legal position; factual influence is not sufficient to trigger liability. This solution has the advantage that the protection of individual rights is guaranteed, while at the same time the responsible entity can be deduced from the relevant enabling law. The criterion of liability based on legal capacity can also be used to reconstruct the jurisprudence of the ECJ.

The study then analyses the relation between actions for damages and national actions of annulment. The question arising is whether one first has to apply to the national courts for annulment before bringing a claim for damages. It is shown that national annulment actions are closely linked to European legal protection through the preliminary ruling procedure under Art. 234 EC. Therefore, any adequate conception of the system of legal protection under EC Law must include as an integral aspect the preliminary ruling procedure and, to this extent, national remedies. The study then develops the idea of what it calls coherent complementarity. When one examines the two legal orders, one finds that there is only one legal action which is specifically designed for any given case. The principle of coherent complementarity states that is this legal action which must be used by the plaintiff. Consequently, national legal remedies have to be used whenever they are available and adequate for the purpose of the claimant. This analysis thus rejects the idea of European actions for damages being subsidiary to national remedies. The study develops the idea of a coherent complementarity of European and national remedies based on their functions. This leads to the result that national remedies have to be used whenever they provide full relief to the injured person. European actions for damages are admissible only where national remedies are not provided. Even though this question has to be answered on a case by case basis, it is possible to create case groups. For example, in cases of an illegal imposition of European duties, judicial relief is to be sought before national courts, as the appropriate remedy is a national annulment action. In contrast, claims based on the illegal rejection of applications for subsidies and "standard" tortious claims cannot be brought before national courts and therefore have to be judged before the European Courts.

The situation is different where third countries are involved. The study shows that the results sketched above cannot be applied to this situation. This is particularly the case when considering the attribution of damage. For example, in contrast to the results found in the relation between joint or several acts of Member States and EU, the EU has to be liable also in the event of factual influence on third countries' authorities. Nor can the principle of coherent complementarity be applied to this constellation.

Finally, in cases where two parties acted jointly, the relationship between the parties *inter se* is examined. This relation has been rarely discussed in the literature and has never been an issue in the European jurisprudence. The study shows that in the area of customs and agriculture law, the internal relationship between European and national authorities is governed by secondary European legislation. There is a need for an *inter se* settlement in only one constellation: where there is a factual influence by European authorities on national authorities, that factual influence has a *quasi*-binding effect for the national authorities, and the Member State thereby becomes liable to a third party. In this case, a compensatory claim against the EU must be granted to the injured Member State. This claim for *inter se* compensation between EU and Member States finds its basis in Art. 10 EC.

In the fourth section of part two, the liability for the breach of duty to prevent damage is examined. This section relates to cases where a community rule requires the prevention of damage, which is directly caused by a third party. This constellation is quite different to where both the EU and Member State cause damage by positive and joint action. In the situation examined in this section, attribution of liability cannot be found in the act, but rather in the omission to prevent a third person from suffering damage or loss. Therefore the necessity of granting a claim is weaker than in cases of commission, where the damage has been directly and actively caused by a third person. Consequently, a compensatory claim based on a breach of duty to prevent an injury needs a stronger justification. This justification can be found in the criterion of the protective purpose of the norm. The underlying criteria to determine whether a norm has a protective purpose, and thus triggers a compensatory claim, are examined in detail. The study shows how the protective purpose of a norm can be discerned. The method parallels the one used to determine whether an EU directive is directly applicable. In this instance, however, it is the protective purpose of the individual that has to be imminent to a norm, and the protective purpose must be actionable, i.e. one of the norm's purposes must be to give the protected person the right to claim damages. The nature of the action, whether it is, for instance, a demand for action to prevent the damage in the first place, or whether the damage can only be liquidated, is a different, though related question. This means that there are cases where a person may not be able to institute proceedings which would prevent the damage from occurring, but instead must accept the injury and later claim his loss.

The foregoing also applies to infringements of public international law, which are incorporated into EC law by Article 307 EC, by the EU.

Using the different criteria for determining the protective purpose of a norm, the study defines two different case groups relating to the duty to prevent damage: administrative duties of surveillance and control, one the hand, and an obligation of protection of fundamental freedoms and human rights, on the other. Referring to the criteria developed at the beginning of this section, the study argues that, in the case of surveillance and control, a protective purpose is only imminent in relation to specialised duties. For example, if the European Commission breaches its general duty of supervision, EU liability will not be triggered for damage caused by a Member State acting in breach of Community law. The second case group is then discussed. Here it is argued that liability is more likely to result from a breach of an obligation of protection of the four fundamental freedoms than from the breach of European human rights under the EU.

Having defined the principle instances whereby a duty to prevent another person from suffering damage or loss is breached, the study then re-examines the relationship between the entity that directly and actively caused the damage and the entity that breached the obligation to prevent the damage. This constellation is highlighted in cases of public health, e.g. where a manufacturer introduces an unsafe product (under EU law) on the market thereby causing injury to the consumers. The manufacturer directly and actively caused the injury, whereas the Member State failed in its control and inspection duties and the EU in its oversight of the Member State. In contrast to the situation where one entity creates a legally binding position (and thus only that party is liable), in this case all of the tort-feasors are jointly and severally liable for the full amount of the damage. This relation between several parties who cause damage can partly be applied to concurrent liability between the EU and a third country. Coherent complementarity can be applied here, so that relief must be sought from the party that provides full relief, just when the EU and the Member State jointly cause damage.

Due to the fact that all tort-feasors are jointly and severally liable *vis-à-vis* the injured party – each tort-feasor is liable for the full amount – there has to be a mechanism to allocate the liability *inter se*. This mechanism is again found in Article 10 EC. The criterion for the allocation can again be found in the protective purpose of the duty breached. As a general principle, the party that directly and actively caused the damage has to compensate it in full. Liability must be shared between both parties *inter se* only if the duty breached aims to protect not only the injured party but also the other party responsible for the damage.

In the third case group the study examines the allocation of liability in cases of non-implementation of European directives. It is argued that the attribution of the damage is effected through the breach of the duty arising from Article 249 EC, which is specified by the right which had to be established for the individual.

Finally, the second part examines the application of coherent complementarity to the third case group and shows that it is applicable here as well. Thus, the injured party must first apply to the national courts for an action of voidance (or other such actions) as long as the national law permits this and such actions are just and reasonable for the injured party, before seeking damages.

In the third and last part of the study the main results are grouped and formed as theses.

Literaturverzeichnis

Albers, Carsten, Die Haftung der Bundesrepublik Deutschland für die Nichtumsetzung von EG-Richtlinien, Baden Baden 1995. (zit.: Haftung der Bundesrepublik).

Allkemper, Ludwig, Der Rechtsschutz des Einzelnen nach dem EG-Vertrag, Baden-Baden 1995.

Anagnostaras, Georgios, The Principle of State Liability for Judicial Breaches: The Impact of European Community Law, EPL 7 (2001), 281.

ders., The allocation of responsibility in State liability actions for breach of Community Law: a modern gordion knot?, ELR 26 (2001), 139.

André, Achim, Konkurrierende Ersatzansprüche vor deutschen Gerichten und dem Europäischen Gerichtshof, NJW 1968, 331.

Aubin, Peter, Die Haftung der Europäischen Wirtschaftsgemeinschaft und ihrer Mitgliedstaaten bei gemeinschaftsrechtswidrigen nationalen Verwaltungsakten, Baden Baden 1982. (zit.: Haftung der EWG und ihrer Mitgliedstaaten).

Bahlmann, Kai, Haftung der Mitgliedstaaten bei fehlerhafter Umsetzung von EG-Richtlinien, DWiR 1992, 61.

von Bar, Christian, Gemeineuropäisches Deliktsrecht, Bd. II, München 1999. (zit.: Gemeineuropäisches Deliktsrecht).

Bast, Jürgen, Handlungsformen, in: Armin v. Bogdandy, Europäisches Verfassungsrecht, S. 479 ff., Berlin, Heidelberg 2003. (zit.: Handlungsformen).

Bauer, Ralf, Das Recht auf eine gute Verwaltung im europäischen Gemeinschaftsrecht – Inhalt, Anwendungsbereich und Einschränkungsvoraussetzungen des Grundrechts auf eine gute Verwaltung in Artikel 41 der Charta der Grundrechte der Europäischen Union, Frankfurt 2002.

Beljin, Saša, Staatshaftung im Europarecht, Köln, Berlin, Bonn, München 2000.

Bender, Bernd, Staatshaftungsrecht, 3. Aufl., Heidelberg 1981.

Berrisch, Georg/Kamann, Hans-Georg, WTO-Recht im Gemeinschaftsrecht – (k)eine Kehrtwende des EuGH, EWS 2000, 89.

Blanquet, Marc, L'article 5 du traité C.E.E.: recherches sur les obligations de fidélité des États membres de la communauté, Paris 1994.
(zit.: L'article 5 du traité C.E.E.).

Bleckmann, Albert, Methoden der Bildung europäischen Verwaltungsrechts, DÖV 1993, 837.

ders., Zur Verbindlichkeit von Rechtsauskünften der EG-Kommission, RIW 1988, 963.

ders., Art. 5 EWG-Vertrag und die Gemeinschaftstreue, DVBl. 1976, 483.

von Bogdandy, Armin, Rechtswirkungen von WTO-Entscheidungen im Unionsrecht, in: Dörr, Oliver (Hg.), Ein Rechtslehrer in Berlin, Symposium für Albrecht Randelzhofer, Berlin, New York, Heidelberg 2004.

ders./Bast, Jürgen/Arndt, Felix, Handlungsformen im Unionsrecht – Empirische Analysen und dogmatische Strukturen in einem vermeintlichen Dschungel, ZaöRV 62 (2002), 77.

ders., Grundrechtsgemeinschaft als Integrationsziel?, JZ 2001, 157.

ders./Makatsch, Tilmann, Kollision, Koexistenz oder Kooperation, EuZW 2000, 261.

ders., Die Europäische Union als einheitlicher Verband, EuR Beiheft 2/1998, 165.

ders., Europäisches Recht der Ersatzleistungen: eine Diskussion kritischer Punkte anhand jüngster Publikationen, EuR 1997, 321.

ders., Das deutsche Staatshaftungsrecht vor der Herausforderung der Internationalisierung: Zum Verhältnis von rechtlicher Gestaltungsmacht und Schadensverantwortung, AöR 122 (1997), 268.

ders./Nettesheim, Martin, Die Verschmelzung der Europäischen Gemeinschaften in der Europäischen Union, NJW 1995, 2324.

Brüggemeier, Gert, Harmonisierung von Haftungsrecht durch Nicht-Harmonisierung – Entwicklungstendenzen im europäischen und deutschen Schadensersatzrecht, in: Jürgen Ahrens, Christian von Bar, Gerfried Fischer, Andreas Spickhoff, Jochen Taupitz (Hg.), Festschrift für Erwin Deutsch, Köln 1999, S. 45.
(zit.: FS Deutsch).

ders., Prinzipien des Haftungsrechts - Eine systematische Darstellung auf rechtsvergleichender Grundlage, Baden-Baden 1999. (zit.: Prinzipien des Haftungsrechts).

ders., Deliktsrecht, Baden Baden 1986.

Brugger, Winfried, Gestalt und Begründung des Folgenbeseitigungsanspruchs, JuS 1999, 625.

Bünten, Wilfried, Staatsgewalt und Gemeinschaftshoheit bei der innerstaatlichen Durchführung des Rechts der Europäischen Gemeinschaften durch die Mitgliedstaaten, Berlin 1977.

Bydlinski, Franz, Juristische Methodenlehre und Rechtsbegriff, 2. Aufl., Wien, New York 1991.

Callies, Christian/Ruffert, Matthias (Hg.), Kommentar des Vertrages über die Europäische Union und des Vertrages zur Gründung der Europäischen Gemeinschaft – EUV/EG – , 2. Aufl., Berlin 2002
(zit.: *Bearbeiter* in: Callies/Ruffert)

Chapus, René, Droit administratif général, Tome 1, 15. Aufl., Paris 2001.

Charrier, Carmenza, L'effectivité du droit à réparation conféré par le droit communautaire européen: élaboration d'une théorie générale de la responsabilité, Revue d'Integration Européene 20 (1996), 35.

Classen, Claus Dieter, Der einzelne als Instrument zur Durchsetzung des Gemeinschaftsrechts?, Verwaltungsarchiv 88 (1997), 645.

Constantinesco, Léontin-Jean, Les problèmes résultant de la responsabilité extra-contractuelle concomittante de la Communauté et d'un Etat membre, Brüssel 1980.

Cornils, Matthias, Der gemeinschaftsrechtliche Staatshaftungsanspruch: Rechtsnatur und Legitimität eines richterrechtlichen Haftungsinstituts, Baden Baden 1995.
(zit.: Der gemeinschaftsrechtliche Staatshaftungsanspruch).

Craig, Paul/de Búrca, Gráinne, EU Law – Text, Cases and Materials, 3. Aufl., Oxford 2003.

Czaja, Astrid, Die außervertragliche Haftung der EG für ihre Organe, Baden Baden 1995.
(zit.: Außervertragliche Haftung).

von Danwitz, Thomas, Die gemeinschaftsrechtliche Staatshaftung der Mitgliedstaaten – Entwicklung, Stand und Perspektiven der europäischen Haftung aus Richterhand, DVBl. 1997,1.

ders., Verwaltungsrechtliches System und Europäische Integration, Tübingen 1996.

ders., Zur Entwicklung der gemeinschaftsrechtlichen Staatshaftung, JZ 1994, 335.

Deckert, Martina, Zur Haftung des Mitgliedstaates bei Verstößen seiner Organe gegen europäisches Gmeinschaftsrecht, EuR 1997, 203.

Denninger, Erhardt, Der Präventionsstaat, KJ 1988, 1.

Deringer, Arved, Stellungnahme zum Weißbuch der Europäischen Kommission über die Modernisierung der Vorschriften zur Anwendung der Atr. 85 und 86 EG-Vertrag (Art.81 und 82 EG), EuZW 2000, 5.

Detterbeck, Steffen, Staatshaftung und Europäisches Gemeinschaftsrecht, in: Steffen Detterbeck/Kay Windthorst/Hans-Dieter Sproll, Staatshaftungsrecht, München 2000.

ders., Haftung der Europäischen Gemeinschaft und gemeinschaftsrechtlicher Staatshaftungsanspruch, AöR 125 (2000), 202.

Deutsch, Erwin, Allgemeines Haftungsrecht, 2. Aufl., Köln, Berlin, Bonn, München, 1996.
(zit.: Haftungsrecht).

ders., Die Zwecke des Haftungsrechts, JZ 1971, 244.

Diehr, Uwe, Der Staatshaftungsanspruch des Bürgers wegen Verletzung des Gemeinschaftsrechts durch die deutsche öffentliche Gewalt, Frankfurt 1997.
(zit.: Der Staatshaftungsanspruch des Bürgers).

Drews, Bill/Wacke, Gerhard/Vogel, Klaus/Martens, Wolfgang, Gefahrenabwehr, Allgemeines Polizeirecht (Ordnungsrecht) des Bundes und der Länder, Köln, Berlin, Bonn, München 1986.

Durand, C. F., in: De Cockborne u.a., Commentaire Mégret, Bd. 1, 2. Aufl., Brüssel 1992.

Edward, David/Robinson, William, Is there a place for private law principles in Community law?, in: Heukels, Ton / McDonnell, Alison (Hg.), The Action for Damages in Community Law, S. 339, Den Haag, London, Boston 1997, S. 339.

Eeckhout, Piet, The Domestic Legal Status of the WTO Agreement: Interconnecting Legal Systems, CMLRev. 34 (1997), 11.

Ehricke, Ulrich, Vermerke der Kommission zur Umsetzung von Richtlinien, EuZW 2004, 359.

Eidenmüller, Thomas, Anmerkung zu EuGH, Urteil vom 8.10.1996, verb. Rs. C-178, 179, 188, 189, 190/94, Dillenkofer u.a./Bundesrepublik Deutschland, JZ 1997, 201.

Eilmansberger, Thomas, Rechtsfolgen und subjektives Recht im Gemeinschaftsrecht, Baden Baden 1997.

Ellis E./Tridimas, Takis, Public Law of the European Community I, London 1995.

Epiney, Astrid, Primär- und Sekundärrechtsschutz im Öffentlichen Recht, VVDStRL 61 (2001), 362.

Erbguth, Wilfried, Primär- und Sekundärrechtsschutz im Öffentlichen Recht, VVDStRL 61 (2001), 221.

Esser, Josef/Weyers, Hans-Leo, Schuldrecht, Besonderer Teil, Bd. 2, Heidelberg 1991.

Fernández Liesa, C. F. /Rodriguez-Pinero Royo, M. C., Sobre la responsabilidad del Estado y el efecto directo de las Directivas comunitarias, y su posible incidencia en el Derecho laboral español, Revista Relaciones laborales, tomo 1993-I, 1157.

Fikentscher, Wolfgang, Schuldrecht, 9. Aufl., Berlin, New York, 1997.

Fines, Francette, Étude de la responsabilité extracontractuelle de la Communauté Économique Européenne, Paris 1990.
(zit.: La responsabilité extracontractuelle de la CEE).

Friese, Christian, Kompensation von Embargoschäden bei Embargomaßnahmen der Europäischen Union, Köln, Berlin, Bonn, München 2000.
(zit.: Kompensation von Embargoschäden).

Furrer, Andrea/Epiney, Astrid, Staatliche Haftung für quantifizierbare Wettbewerbsnachteile aus nicht umgesetzten Richtlinien, JZ 1995, 1025.

Fuß, Ernst-Werner, Die allgemeinen Rechtsgrundsätze über die außervertragliche Haftung der Europäischen Gemeinschaften, in: Abelein, Manfred / Kimminich, Otto (Hg.), Studien zum Staats- und Völkerrecht – Festschrift für Herrmann Raschhofer, Kallmünz 1977, S. 43.
(zit.: FS Raschhofer).

ders., Zur Zulässigkeit der Schadensersatzklage wegen Gemeinschaftshaftung für rechtswidrige Verordnungen, in: Stödter, Rolf /

Thieme, Werner, Hamburg – Deutschland – Europa, Festschrift für Hans-Peter Ipsen zum siebzigsten Geburtstag, Tübingen 1977, S. 617.
(zit.: FS Ipsen).

ders., Grundfragen der Gemeinschaftshaftung, EuR 1968, 353.

Gasparon, Philipp, The Transposition of the Principle of Member State Liability into the Context of External Relations, EJIL 10 (1999), 605.

Geiger, Jutta, Der gemeinschaftsrechtliche Grundsatz der Staatshaftung, Baden Baden 1997.

Gerkrath, Jörg, L'émergence d'un droit constitutionnel pour l'Europe, Brüssel 1997.

van Gerven, Walter, The invader invaded, in: Rodríguez Iglesias, Gil Carlos/Due, Ole/Schintgen, Romain/Elsen, Charles (Hg.), Mélanges en hommage à Fernand Schockweiler, 1999, S. 593.
(zit.: Mélanges Schockweiler).

ders., Non-contractual Liability of Member States, Community Institutions and Individuals for Breaches of Community Law with a View to a Common Law for Europe, in: Zuleeg, Manfred/van Gerven, Walter (Hg.), Sanktionen als Mittel zur Durchsetzung des Gemeinschaftsrechts, Schriftenreihe der Europäischen Rechtsakademie Trier, Bd. 12, Trier 1996, S. 29.

Gilsdorf, Peter, Die außervertragliche Haftung der Gemeinschaft, in: Zuleeg, Manfred/van Gerven, Walter (Hg.), Sanktionen als Mittel zur Durchsetzung des Gemeinschaftsrechts, Schriftenreihe der Europäischen Rechtsakademie Trier, Bd. 12, Trier 1996, S. 125.

ders., Die Haftung der Gemeinschaft aus normativem Handeln auf dem Hintergrund der Rechtsprechung des Europäischen Gerichtshofs, EuR 1975, 73.

Goffin, Léon, À propos des principes régissant la responsabilité non contractuelle des États Membres en cas de violation du droit communautaire, CDE 33 (1997), 531.

Grabitz, Eberhard/Hilf, Meinhard (Hg.), Das Recht der Europäischen Union, Bd. 1 u. 2, Loseblattslg., München, 22. EL Stand August 2003.
(zit.: *Bearbeiter*, in: Grabitz/Hilf)

Grabitz, Eberhard, Das Amtshaftungsrecht der Gemeinschaft, in: Schweitzer, Michael (Hg.), Europäisches Verwaltungsrecht, Wien, 1991, S. 166.

ders., Zur Haftung der Europäischen Gemeinschaften für normatives Unrecht, in: Grewe, Wilhelm / Rupp, Hans / Schneider, Hans (Hg.), Europäische Gerichtsbarkeit und nationale Verfassungsgerichtsbarkeit, Festschrift zum 70. Geburtstag von Hans Kutscher, Baden-Baden 1981, S. 215.
(zit.: FS Kutscher)

von der Groeben, Hans/Schwarze, Jürgen (Hg.), Kommentar zum Vertrag über die Europäische Union und zur Gründung der Europäischen Gemeinschaft, Bd. 1 (Art. 1-53 EUV, Art. 1-80 EGV), 6. Aufl., Baden Baden 2003.
(zit.: *Bearbeiter*, in: v.d.Groeben/Schwarze)

dies., Kommentar zum Vertrag über die Europäische Union und zur Gründung der Europäischen Gemeinschaft, Bd. 4 (Art. 189-314 EGV), 6. Aufl., Baden Baden 2004.

von der Groeben, Hans/Thiesing, Jochen/Ehlermann, Claus-Dieter (Hg.), Kommentar zum EU-/EG-Vertrag, Bd. 5 (Art. H-S EUV, Art. 210-248), 5. Aufl., Baden Baden 1997.
(zit.: *Bearbeiter*, in: v.d.Groeben/Thiesing/Ehlermann)

Grossrieder Tissot, Sophie, La responsabilité de la Communauté européenne du fait de l'activité normative de la Commission, RTDE 37 (2001), 91.

Grzeszick, Bernd, Subjektive Gemeinschaftsrechte als Grundlage des europäischen Staatshaftungsrechts, EuR 1998, 417.

Haack, Stefan Andreas, Die außervertragliche Haftung der Europäischen Gemeinschaft für rechtmäßiges Verhalten ihrer Organe, Frankfurt 1995.

Härtel, Ines, Durchsetzbarkeit von Zwangsgeld-Urteilen des EuGH gegen Mitgliedstaaten, EuR 2001, 617.

Hallstein, Walter, Die Europäische Gemeinschaft, Düsseldorf, Wien 1979.

Harlow, Carol, Francovich and the Problem of the Disobedient State, ELJ 2 (1996), 199.

Hatje, Armin, Loyalität als Rechtsprinzip in der Europäischen Union, Baden Baden 2001.

Hegels, Susanne, EG-Eigenverwaltungsrecht und Gemeinschaftsverwaltungsrecht, Baden Baden 2001.

Heitzer, Anne, Punitive Sanktionen im Europäischen Gemeinschaftsrecht, Heidelberg 1997.

Herdegen, Matthias/Rensmann, Thilo, Die neuen Konturen der gemeinschaftsrechtlichen Staatshaftung, ZHR 161 (1997), 522.

Herdegen, Matthias, Die Haftung der Europäischen Wirtschaftsgemeinschaft für fehlerhafte Rechtssetzungsakte, Berlin 1983.

Hermes, Georg, Das Grundrecht auf Schutz von Leben und Gesundheit, Heidelberg, 1987.

Hesse, Hans Albrecht, Der Schutzstaat - Rechtssoziologische Skizzen in dunkler Zeit, Baden-Baden, 1994.

Jürgen Hidien, Die gemeinschaftsrechtliche Staatshaftung der EU-Mitgliedstaaten, Baden Baden 1999.

Hilf, Meinhard/Schorkopf, Frank, WTO und EG: Rechtskonflikte vor den EuGH? Anm. zum Urt. des EuGH v. 23.11.1999 - Rs. C-149/96, EuR 2000, 74.

Höfling, Wolfram, Primär- und Sekundärrechtsschutz im Öffentlichen Recht, VVDStRL 61 (2001), 260.

Hölscheidt, Sven, Abschied vom subjektiv-öffentlichen Recht?, EuR 2001, 376.

Hossenfelder, Silke/Lutz, Martin, Die neue Durchführungsverordnung zu den Artikeln 81 und 82 EG-Vertrag, WuW 2003, 118.

Hutka, Rainer, Gemeinschaftsbezogene Prüfungs- und Verwerfungskompetenz der deutschen Verwaltung gegenüber Rechtsnormen nach europäischem und nach deutschem Recht, Würzburg 1999. (zit.: Gemeinschaftsbezogene Prüfungs- und Verwerfungskompetenz der deutschen Verwaltung)

Ipsen, Hans Peter, Europäisches Gemeinschaftsrecht, Tübingen 1972.

Jaeckel, Liv, Schutzpflichten im deutschen und europäischen Recht, Baden Baden 2001.

Jaenicke, Günther, Die Staatshaftung in rechtsvergleichender Sicht in: Haftung des Staates für rechtswidriges Verhalten seiner Organe, Länderberichte und Rechtsvergleichung, Beiträge zum ausländischen öffentlichen Recht und Völkerrecht, Bd. 44, 1967, S. 859. (zit.: Die Staatshaftung in rechtsvergleichender Sicht).

Jurina, Josef, Die Auslegung von Art. 215 II EWGV durch den Gerichtshof de Europäischen Gemeinschaften, ZaöRV 28 (1968), 365.

Kadelbach, Stefan/Petersen, Niels, Die gemeinschaftsrechtliche Haftung für Verletzungen von Grundfreiheiten aus Anlass von privaten Handeln, EuGRZ 2002, 213.

ders., Allgemeines Verwaltungsrecht unter europäischem Einfluß, Tübingen 1999.

ders., Staatshaftung für Embargoschäden, JZ 1993, 1134.

Kahl, Wolfgang, Europäisches und nationales Verwaltungsorganisationsrecht, DV 29 (1996), 341.

Kainer, Friedemann, Grundfreiheiten und staatliche Schutzpflichten – EuGH NJW 1998, 1931, JuS 2000, 431.

Kakouris, Constantinos N., Do the Member States Possess Judicial Procedural "Autonomy"?, CMLRev. 34 (1997), 1389, 1395.

Kapteyn, P. J. G./van Themaat, P. Verloren, Introduction to the Law of the European Communities, 2. Aufl., Deventer, London, Dordrecht, Boston, Lancaster 1990.

Karpenschif, Michaël, La récupération des aides nationales versées en violation du droit communautaire à l'aune du règlement n° 659/1999: du mythe à la réalité?, RTDE 2001, 551.

Klösters, Anton, Kompetenzen der EG-Kommission im innerstaatlichen Vollzug von Gemeinschaftsrecht, Köln 1994.

Kluth, Winfried, Die Haftung der EG nach Art. 288 II EGV, in: Wolff, Hans Julius /Bachof, Otto /Stober, Rolf (Hg.), Verwaltungsrecht, Bd. 2, § 74, 6. Aufl., München 2000.

Köck, Heribert Franz/Hintersteininger, Margit, The Concept of Member State Liability for Violation of Community Law and its Shortcomings – An Analysis of the Case Law of the European Court of Justice on this Matter, Austrian Review of International and European Law 3 (1998), 17.

Koenig, Christian, Die Europäische Union als bloßer materiell-rechtlicher Verbundrahmen, EuR Beiheft 2/1998, 139.

ders./Sander, Claude, Einführung in das EG-Prozeßrecht, Tübingen 1997.

Komorowski, Alexis, Amtshaftungsansprüche von Gemeinden gegen andere Verwaltungsträger, Verwaltungsarchiv 2002, 62.

Kovar, Robert, Le pouvoir réglementaire de la Communauté Européenne du Charbon et de l'Acier, Paris 1967.

Kühling, Jürgen, Staatliche Handlungspflichten zur Sicherung der Grundfreiheiten, 09.12.1997, Rs. C-265/95 (Kommission v. Frankreich), NJW 1999, 403.

Kutscher, Hans, Thesen zu den Methoden der Auslegung des Gemeinschaftsrechts aus der Sicht eines Richters, in: Gerichtshof der Europäischen Gemeinschaften (Hg), Begegnung von Justiz und Hochschule 27. – 28. September Luxemburg 1976, S. I-1. (zit.: Thesen zur Auslegung des Gemeinschaftsrechts).

Larenz, Karl/Canaris, Claus-Wilhelm, Lehrbuch des Schuldrechts, Bd. II/2, Besonderer Teil, 13. Aufl., München 1994.

Larenz, Karl, Methodenlehre der Rechtswissenschaft, 6. Aufl., Berlin, New York, Heidelberg 1991.

ders., Lehrbuch des Schuldrechts, Bd. 1, Allgemeiner Teil, 14 Aufl., München 1987.

Lee, Ian B., In Search of a Theory of State Liability in the European Union, Jean Monnet Working Paper no. 9/99, erhältlich unter http://www.jeanmonnetprogram.org/papers/99/990901.html.

Lee, Maria, From Private to Public: The Multiple Roles of Environmental Liability, EPL 7 (2001), 375.

Lenaerts, Koen, Le droit comparé dans le travail du juge communautaire, RTDE 37 (2001), 487.

Leonard, Axel, Die Rechtsfolgen der Nichtumsetzung von EG-Richtlinien, Frankfurt 1997.

Magiera, Siegfried, Verwaltungsorganisation: Finanz- und Fondsverwaltung, in: Schweitzer, Michael, Europäisches Verwaltungsrecht, Wien 1991, S. 115.

Manin, Phillipe, Les Communautés Européennes, l'Union Européenne, Droit Institutionnelle, 5. Aufl., Paris 1999.

ders., A propos de l'accord instituant l'Organisation mondiale du commerce et de l'accord sur les marchés publics: la question de l'invocabilité des accords internationaux conclus par la Communauté européenne, RTDE 33 (1997), 399.

Masing, Johannes, Die Mobilisierung des Bürgers für die Durchsetzung des Rechts, Berlin 1997.

Maurer, Hartmut, Allgemeines Verwaltungsrecht,14. Aufl., München 2002.

Mayer, Otto, Deutsches Verwaltungsrecht, Bd. II, Berlin 1896.

Mead, Philip, The relationship between an Action for Damages and an Action for Annulment: the Return of Plaumann, in: Heukels, Ton/McDonnell, Alison, The Action for Damages in Community Law, Den Haag, London, Boston 1996, S. 243.

Meij, Arjen W. H., Article 215 (2) EC and Local Remedies, in: Heukels, Ton/McDonnell, Alison, The Action for Damages in Community Law, Den Haag, London, Boston 1996, S. 273.

Mestmäcker, Ernst-Joachim/Engel, Christoph, Das Embargo gegen Irak und Kuwait, Baden Baden 1991.

Münchener Kommentar, Kommentar zum Bürgerlichen Gesetzbuch, Bd. 2 a Schuldrecht, Allgemeiner Teil (§§ 241 - 432), 3. Aufl., München 2003.
(zit.: *Bearbeiter*, in: Münchener Kommentar, Bd. 2a)

Münchener Kommentar, Kommentar zum Bürgerlichen Gesetzbuch, Bd. 5 Schuldrecht, Besonderer Teil III (§§ 652 – 853), 3. Aufl., München 1997.
(zit.: *Bearbeiter*, in: Münchener Kommentar, Bd. 5)

Musil, Andreas, Richtlinienumsetzung und Normerlaßanspruch, EuR 1998, 705.

Nettesheim, Martin, Effektive Rechtsschutzgewährleistung im arbeitsteiligen System europäischen Rechtsschutzes, JZ 2002, 928

Nicolaysen, Gert, Der Gerichtshof, Funktion und Bewährung der Judikative, EuR 1972, 375.

Nowak, Carsten, Das Verhältnis zwischen zentralem und dezentralem Individualrechtsschutz im Europäischen Gemeinschaftsrecht, EuR 2000, 724.

Oliver, Peter, Joint liability of the Community and the Member States, in: Heukels, Ton / McDonnell, Alison, The Action for Damages in Community Law, Den Haag, London, Boston 1996, S. 285.

Ophüls, C. F., Staatshoheit und Gemeinschaftshoheit, in: Recht im Wandel – Festschrift Hundertfünfzig Jahre Carl Heymanns Verlag KG, Köln, Berlin, Bonn, München 1965, S. 519.
(zit.: FS Carl Heymanns Verlag).

ders., Über die Auslegung der Europäischen Gemeinschaftsverträge, in: Greiß, Franz / Meyer, Fritz W. (Hg.), Wirtschaft, Gesellschaft und Kultur. Festgabe für Alfred Müller-Armack, Berlin 1961, S. 279.
(zit.: Festgabe Müller-Armack).

Oppermann, Thomas, Europarecht: ein Studienbuch, 2. Auflage, München1999.

Ossenbühl, Fritz, Staatshaftungsrecht, 5. Auflage, München 1998.

Palandt, Otto (Hg.), Bürgerliches Gesetzbuch,` 63. Aufl., München 2004.
(zit.: *Bearbeiter*, in: Palandt, Bürgerliches Gesetzbuch)

Pfab, Susanne, Staatshaftung in Deutschland, München 1997.

Priebe, Reinhard, Sanktionen und sanktionsgleiche Maßnahmen im Rahmen der Gemeinschaftsfonds – Neue Entwicklungen in der Gemeinschaftsgesetzgebung, in: Zuleeg, Manfred/van Gerven, Walter (Hg.), Sanktionen als Mittel zur Durchsetzung des Gemeinschaftsrechts, Schriftenreihe der Europäischen Rechtsakademie Trier, Bd. 12, Trier 1996, S. 55.

Rebhahn, Robert, Staatshaftung wegen mangelnder Gefahrenabwehr, Wien 1997.

Reich, Norbert, Bürgerrechte in der Europäischen Union, Baden Baden 1999.

ders., Der Schutz subjektiver Gemeinschaftsrechte durch Staatshaftung, EuZW 1996, 709.

Reinisch, August, Entschädigung für die unbeteiligten „Opfer" des Hormon- und Bananenstreites nach Art. 288 II EG?, EuZW 2000, 42.

Rengeling, Hans-Werner, Deutsches und europäisches Verwaltungsrecht – wechselseitige Einwirkungen, VVDStRL 53 (1994), 202.

Renzenbrink, Ulf Friedrich, Gemeinschaftshaftung und mitgliedstaatliche Rechtsbehelfe: Vorrang, Subsidiarität oder Gleichstufigkeit?, Frankfurt, Berlin, Bern, Brüssel, New York, Oxford, Wien 2000.

Ress, Georg, Die richtlinienkonforme Interpretation innerstaatlichen Rechts, DÖV 1994, 489.

Scelle, Georges, Dédoublement fonctionnel, in: Walter Schätzel/Hans-Jürgen Schlochauer (Hg.), Rechtsfragen der Internationalen Organisation Festschrift für Hans Wehberg zum 70. Geburtstag, Frankfurt 1956, S. 324.
(zit.: FS Wehberg)

Scherer, Joachim, Das Rechnungsabschlussverfahren – ein Instrument zur Durchsetzung europäischen Verwaltungsrechts?, EuR 1986, 52.

Scherzberg, Arno, Verordnung – Richtlinie – Entscheidung, in: H. Siedentopf (Hg.), Europäische Integration von nationalstaatlicher Verwaltung, Nassauer Gespräche der Freiherr-vom-Stein-Gesellschaft, Bd. 4, Stuttgart 1991, S. 17.

(zit.: Verordnung – Richtlinie – Entscheidung).

Scheuing, Dieter Helmut, Europarechtliche Impulse für innovative Ansätze im deutschen Verwaltungsrecht, in: Hoffmann-Riem / Schmidt-Aßmann (Hg.), Innovation und Flexibilität, Baden Baden 1994, S. 289.

Schilling, Theodor, Bestand und Lehren der bürgerschützenden allgemeinen Rechtsgrundsätze des Gemeinschaftsrechts, EuGRZ 2000, 3.

Schlemmer-Schulte, Sabine/Ukrow, Jörg, Haftung des Staates gegenüber dem Marktbürger für gemeinschaftsrechtswidriges Verhalten, EuR 1992, 82.

Schmahl, Stefanie, Ungereimtheiten und Rechtsschutzlücken bei der außervertraglichen Haftung der Europäischen Gemeinschaft, ZEuS 1999, 415.

Schmidt, Karsten, Umdenken im Kartellverfahrensrecht! – Gedanken zur Europäischen VO Nr. 1/2003, BB 2003, 1237.

Schmidt-Aßmann, Eberhard, Verwaltungskooperation und Verwaltungskooperationsrecht in der Europäischen Gemeinschaft, EuR 1996, 270.

Schmitz, Bernhard, Die Haftung der Europäischen Wirtschaftsgemeinschaft für Verordnungsunrecht im Abgaben- und Beihilfenbereich, Frankfurt 1987.

Schoch, Friedrich, Effektivierung des Sekundärrechtsschutzes, Die Verwaltung 2001, 261.

ders., Individualrechtsschutz im deutschen Umweltrecht unter Einfluß des Gemeinschaftsrechts, NVwZ 1999, 457.

Schockweiler, Fernand, Der Schadensersatzanspruch gegenüber dem Staat: Eine vollwertige Alternative zur „horizontalen Wirkung" von nicht fristgerecht umgesetzten Richtlinien?, in: Due, Ole / Lutter, Marcus / Schwarze, Jürgen (Hg.), Festschrift für Ulrich Everling, Bd. II, Baden Baden 1995, S. 1315.
(zit.: FS Everling).

ders., Die Haftung der EG-Mitgliedstaaten gegenüber dem einzelnen bei Verletzung des Gemeinschaftsrechts, EuR 1993, 107.

Schoißwohl, Birgit, Haftung der Gemeinschaft für WTO-Rechtsverletzungen Ihrer Organe: Doktrin der „Nichtverantwortung"?, ZEuS 2001, 689.

Schroeder, Werner, Die Auslegung des EU-Rechts, JuS 2004, 180.

Schwarze, Jürgen, Der Rechtsschutz Privater vor dem Europäischen Gerichtshof: Grundlagen, Entwicklungen und Perspektiven des Individualrechtsschutzes im Gemeinschaftsrecht, DVBl. 2002, 1297.

ders. (Hg.), EU-Kommentar, Baden Baden, 2000.
(zit.: *Bearbeiter*, in: Schwarze, EU-Kommentar)

ders., Europäisches Verwaltungsrecht, Bd. 1, Baden Baden 1988.

Soltész, Ulrich, Der Rechtsschutz des Konkurrenten gegen gemeinschaftsrechtswidrige Beihilfen vor nationalen Gerichten, EuZW 2001, 202.

Stefanou, Constantin/Xanthaki, Helen, A legal and political interpretation of Article 215 (2) [new article 288 (2)] of the Treaty of Rome: the individual strikes back, Aldershot, Brookfield, Singapur, Sydney 2000.

Steinberger, Helmut, Der Verfassungsstaat als Glied einer europäischen Gemeinschaft, VVDStRL 50 (1991), 9.

Steiner, Josephine, The Limits of State Liability for Breach of European Community Law, EPL 4 (1998), 69.

Stober, Rolf, Sanktionsrecht und Ahndung von Verwaltungsunrecht, in: Wolff, Hans Julius/Bachof, Otto/Stober, Rolf (Hg.), Verwaltungsrecht, Bd. 2, München 2000.

Streinz, Rudolf (Hg.), EUV/EGV, Vertrag über die Europäische Union und Vertrag zur Gründung der Europäischen Gemeinschaft, München 2003.
(zit.: *Bearbeiter*, in: Streinz, EUV/EGV)

ders., Europarecht, Heidelberg 2001.

ders., Der Vollzug des Europäischen Gemeinschaftsrechts durch deutsche Staatsorgane, in: Isensee, Josef/Kirchhof, Paul (Hg.), Handbuch des Staatsrechts der Bundesrepublik Deutschland, Bd. VII (1992), § 182.
(zit.: Streinz, HStR VII).

Suerbaum, Joachim, Die Kompetenzverteilung beim Verwaltungsvollzug des Europäischen Gemeinschaftsrechts in Deutschland, Berlin 1998.

Szczekalla, Peter, Die sogenannten grundrechtlichen Schutzpflichten im deutschen und europäischen Recht – Inhalt und Reichweite einer „gemeineuropäischen Grundrechtsfunktion“, Berlin 2002.

ders., Grundfreiheitliche Schutzpflichten – eine “neue” Funktion der Grundfreiheiten des Gemeinschaftsrechts. Zugleich Besprechung von EuGH, Urteil vom 09.12.1997 – Rs. C-265/95, Kommission/Frankreich, DVBl. 1998, 219.

Tesauro, Giuseppe, Les sanctions pour le non-respect d’une obligation découlant du droit communautaire par les États membres, in: Zuleeg, Manfred/van Gerven, Walter (Hg.), Sanktionen als Mittel zur Durchsetzung des Gemeinschaftsrechts, Schriftenreihe der Europäischen Rechtsakademie Trier, Bd. 12, Trier 1996, S. 17.

Tomuschat, Christian, Das Francovich-Urteil des EuGH – Ein Lehrstück zum Europarecht, in: Due, Ole / Lutter, Marcus / Schwarze, Jürgen (Hg.), Festschrift Everling, Bd. 2, Baden Baden 1995, S. 1585.
(zit.: FS Everling).

Tonne, Michael, Effektiver Rechtsschutz durch staatliche Gerichte als Forderung des Europäischen Gemeinschaftsrechts, Köln, Berlin 1997.

Toth, A. G., The Concepts of Damage and Causality as Elements of Non-contractual Liability, in: Heukels, Ton/McDonnell, Alison, The Action for Damages in Community Law, Den Haag, London, Boston 1996, S. 179.

Triantafyllou, Dimitris, Haftung der Mitgliedstaaten für Nichtumsetzung von EG-Recht – Zur Europäisierung des Staatshaftungsrechts -, DÖV 1992, 564.

Tridimas, Takis, Liability for breach of community law: Growing up and mellowing down?, CMLRev. 2001, 301.

ders., General Principals of EC Law, New York 1999.

Wathelet, Melchior/van Raepenbusch, Sean, La responsabilité des États membres en cas de violation du droit communautaire. Vers un alignement de la responsabilité de l´État sur celle de la Communauté ou l’inverse, CDE 33 (1997), 13.

Weber, Albrecht, Die Europäische Grundrechtscharta – auf dem Weg zu einer europäischen Verfassung, NJW 2000, 537.

Wille, Angelo, Die Pflicht der Organe der Europäischen Gemeinschaft zur loyalen Zusammenarbeit mit den Mitgliedstaaten, Baden Baden 2003.

Wils, Wouter, Concurrent Liability of the Community and a Member State, ELRev. 17 (1992), 191.

Winter, Gerd, Individualrechtsschutz im deutschen Umweltrecht unter Einfluß des Gemeinschaftsrechts, NVwZ 1999, 467 .

Wolf, Christoph, Die Staatshaftung der Bundesrepublik Deutschland und der Französischen Republik für Verstöße gegen das Europäische Gemeinschaftsrecht, Berlin 1999.

van der Woude, Marc H., Liability for Administrative Acts under Article 215 (2) EC, in: Heukels, Ton / McDonnell, Alison, The Action for Damages in Community Law, Den Haag, London, Boston 1996, S. 109.

Wuermeling, Joachim, Kooperatives Gemeinschaftsrecht: die Rechtsakte der Gesamtheit der EG-Mitgliedstaaten, insbesondere der Gemeinschaftskonventionen nach Art. 220 EWGV, Kehl 1988. (zit.: Kooperatives Gemeinschaftsrecht).

Zenner, Martin, Die Haftung der EG-Mitgliedstaaten für die Anwendung europarechtswidriger Rechtsnormen, München 1995.

Zuleeg, Manfred, Die Organisationsstruktur der Europäischen Union – Eine Analyse der Klammerbestimmungen des Vertrags von Amsterdam, EuR Beiheft 2/1998, 151.

ders., Die Europäische Gemeinschaft als Rechtsgemeinschaft als Rechtsgemeinschaft, NJW 1994, 545.

ders., Das Recht der Europäischen Gemeinschaften im innerstaatlichen Bereich, Köln u.a. 1969.

ders., Die Auslegung des Europäischen Gemeinschaftsrechts, EuR 1969, 97.

Zweigert, Konrad, Der Einfluß des europäischen Gemeinschaftsrechts auf die Rechtsordnungen der Mitgliedstaaten, RabelsZ 28 (1964), 601.

Sachregister

Max-Planck-Institut für ausländisches öffentliches Recht und Völkerrecht

Beiträge zum ausländischen öffentlichen Recht und Völkerrecht

Hrsg.: A. von Bogdandy, R. Wolfrum

Bde. 27–59 erschienen im Carl Heymanns Verlag KG Köln, Berlin (Bestellung an: Max-Planck-Institut für Völkerrecht, Im Neuenheimer Feld 535, 69120 Heidelberg); ab Band 60 im Springer Berlin, Heidelberg, New York, London, Paris, Tokyo, Hong Kong, Barcelona

---

183 Uwe *Säuberlich:* **Die außervertragliche Haftung im Gemeinschaftsrecht.** 2005. XV, 329 Seiten. Geb. € 74,95

180 Jeanine *Bucherer:* **Die Vereinbarkeit von Militärgerichten mit dem Recht auf ein faires Verfahren gemäß Art. 6 Abs. 1 EMRK, Art. 8 Abs. 1 AMRK und Art. 14 Abs. 1 des UN-Paktes über bürgerliche und politische Rechte.** 2005. XVIII, 307 Seiten. Geb. € 74,95

179 Annette *Simon:* **UN-Schutzzonen – Ein Schutzinstrument für verfolgte Personen?** 2005. XXI, 322 Seiten. Geb. € 74,95

178 Petra *Minnerop:* **Paria-Staaten im Völkerrecht?** 2004. XXIII, 579 Seiten. Geb. € 99,95

177 Rüdiger *Wolfrum,* Volker *Röben* (eds.): **Developments of International Law in Treaty Making.** 2005. VIII, 632 Seiten. Geb. € 99,95 zzgl. landesüblicher MwSt.

176 Christiane *Höhn:* **Zwischen Menschenrechten und Konfliktprävention. Der Minderheitenschutz im Rahmen der Organisation für Sicherheit und Zusammenarbeit in Europa (OSZE).** 2005. XX, 418 Seiten. Geb. € 84,95

175 Nele *Matz:* **Wege zur Koordinierung völkerrechtlicher Verträge. Völkervertragsrechtliche und institutionelle Ansätze.** 2005. XXIV, 423 Seiten. Geb. € 84,95

174 Jochen Abr. *Frowein:* **Völkerrecht – Menschenrechte – Verfassungsfragen Deutschlands und Europas. Ausgewählte Schriften.** Hrsg. von Matthias *Hartwig,* Georg *Nolte,* Stefan *Oeter,* Christian *Walter.* 2004. VIII, 732 Seiten. Geb. € 119,95

173 Oliver *Dörr* (Hrsg.): **Ein Rechtslehrer in Berlin. Symposium für Albrecht Randelzhofer.** 2004. VII, 117 Seiten. Geb. € 54,95

172 Lars-Jörgen *Geburtig:* **Konkurrentenrechtsschutz aus Art. 88 Abs. 3 Satz 3 EGV. Am Beispiel von Steuervergünstigungen.** 2004. XVII, 412 Seiten (4 Seiten English Summary). Geb. € 84,95

171 Markus *Böckenförde:* **Grüne Gentechnik und Welthandel. Das Biosafety-Protokoll und seine Auswirkungen auf das Regime der WTO.** 2004. XXIX, 620 Seiten. Geb. € 99,95

170 Anja *v. Hahn:* **Traditionelles Wissen indigener und lokaler Gemeinschaften zwischen geistigen Eigentumsrechten und der *public domain.*** 2004. XXV, 415 Seiten. Geb. € 84,95

169 Christian *Walter,* Silja *Vöneky,* Volker *Röben,* Frank *Schorkopf* (eds.): **Terrorism as a Challenge for National and International Law: Security versus Liberty?** 2004. XI, 1484 Seiten. Geb. € 169,95 zzgl. landesüblicher MwSt.

168 Kathrin *Osteneck:* **Die Umsetzung von UN-Wirtschaftssanktionen durch die Europäische Gemeinschaft.** 2004. XXXIX, 579 Seiten. Geb. € 99,95

167 Stephan *Sina:* **Der völkerrechtliche Status des Westjordanlandes und des Gaza-Streifens nach den Osloer Verträgen.** 2004. XXI, 410 Seiten. Geb. € 84,95

166 Philipp *Dann:* **Parlamente im Exekutivföderalismus.** 2004. XXIII, 474 Seiten. Geb. € 89,95

165 Rüdiger *Wolfrum* (Hrsg.): **Gleichheit und Nichtdiskriminierung im nationalen und internationalen Menschenrechtsschutz.** 2003. VIII, 299 Seiten. Geb. € 74,95

164 *Rüdiger Wolfrum, Nele Matz:* **Conflicts in International Environmental Law.** 2003. XI, 213 Seiten. Geb. € 64,95 zzgl. landesüblicher MwSt.

163 Adam *Bodnar,* Michał *Kowalski,* Karen *Raible,* Frank *Schorkopf* (eds.): **The Emerging Constitutional Law of the European Union.** 2003. IX, 595 Seiten. Geb. € 99,95 zzgl. landesüblicher MwSt.

162 Jochen Abr. *Frowein,* Klaus *Scharioth,* Ingo *Winkelmann,* Rüdiger *Wolfrum* (Hrsg.): **Verhandeln für den Frieden/Negotiating for Peace. Liber Amicorum Tono Eitel.** 2003. XIII, 866 Seiten. Geb. € 129,95

161 Michaela *Fries:* **Die Bedeutung von Artikel 5 (f) der Rassendiskriminierungskonvention** im deutschen Recht. 2003. XIX, 429 Seiten. Geb. € 84,95

160 Helen *Keller:* **Rezeption des Völkerrechts.** 2003. XXXV, 855 Seiten. Geb. € 129,95

159 Cordula *Dröge:* **Positive Verpflichtungen der Staaten in der Europäischen Menschenrechtskonvention.** 2003. XX, 432 Seiten. Geb. € 89,95

158 Dagmar *Richter:* **Sprachenordnung und Minderheitenschutz im schweizerischen Bundesstaat.** 2005. LIV, 1315 Seiten. Geb. € 179,95

157 Thomas *Giegerich:* **Europäische Verfassung und deutsche Verfassung im transnationalen Konstitutionalisierungsprozeß: Wechselseitige Rezeption, konstitutionelle Evolution und föderale Verflechtung.** 2003. LXV, 1534 Seiten. Geb. € 199,95

156 Julia *Sommer:* **Verwaltungskooperation am Beispiel administrativer Informationsverfahren im Europäischen Umweltrecht.** 2003. XXX, 891 Seiten. Geb. € 129,95

155 Frank *Schorkopf:* **Die Maßnahmen der XIV EU-Mitgliedstaaten gegen Österreich – Möglichkeiten und Grenzen einer „streitbaren Demokratie" auf europäischer Ebene.** 2002. XIII, 217 Seiten. Geb. € 64,95

154 *Hanri Mostert:* **The Constitutional Protection and Regulation of Property and its Influence on the Reform of Private Law and Landownership in South Africa and Germany.** 2002. XXV, 643 Seiten. Geb. € 99,95 zzgl. landesüblicher MwSt.

153 Stefan *Ohlhoff:* **Methoden der Konfliktbewältigung bei grenzüberschreitenden Umweltproblemen im Wandel.** 2003. XXX, 651 Seiten. Geb. € 99,95

152 Hans-Joachim *Cremer,* Thomas *Giegerich,* Dagmar *Richter,* Andreas *Zimmermann* (Hrsg.): **Tradition und Weltoffenheit des Rechts. Festschrift für Helmut Steinberger.** 2002. XVI, 1483 Seiten. Geb. € 199,–

151 Nico *Krisch:* **Selbstverteidigung und kollektive Sicherheit.** 2001. VIII, 449 Seiten. Geb. € 84,95

150 Beate *Schulte zu Sodingen:* **Der völkerrechtliche Schutz der Wälder: nationale Souveränität, multilaterale Schutzkonzepte und unilaterale Regelungsansätze.** 2002. XXXI, 575 Seiten. Geb. € 99,95

149 Mahendra *Singh:* **German Administrative Law in Common Law Perspective.** 2001. XXXI, 377 Seiten. Geb. € 79,95 zzgl. landesüblicher MwSt.

148 Utz *Remlinger:* **Die Einwirkung des Gemeinschaftsrechts auf die Rückabwicklung rechtswidriger Beihilfeverhältnisse.** 2001. XXVI, 393 Seiten. Geb. € 84,95

147 *Dagmar Patricia Stroh:* **Die nationale Zusammenarbeit mit den Internationalen Straftribunalen für das ehemalige Jugoslawien und für Ruanda.** 2002. XXVII, 395 Seiten. Geb. € 84,95

146 Rainer *Grote,* Thilo *Marauhn* (Hrsg.): **Religionsfreiheit zwischen individueller Selbstbestimmung, Minderheitenschutz und Staatskirchenrecht – Völker- und verfassungsrechtliche Perspektiven.** 2001. VIII, 632 Seiten. Geb. € 99,95

145 Silja *Vöneky:* **Die Fortgeltung des Umweltvölkerrechts in internationalen bewaffneten Konflikten.** 2001. XXVIII, 593 Seiten. Geb. € 99,95

144 Niels *Krüger:* **Anwendbarkeit von Umweltschutzverträgen in der Antarktis.** 2000. XXII, 360 Seiten. Geb. € 79,95

143 Bettina *Kellersmann:* **Die gemeinsame, aber differenzierte Verantwortlichkeit von Industriestaaten und Entwicklungsländern für den Schutz der globalen Umwelt.** 2000. XXII, 380 Seiten. Geb. € 79,95

142 Beate *Rudolf:* **Die thematischen Berichterstatter und Arbeitsgruppen der UN-Menschenrechtskommission.** 2000. XXVI, 663 Seiten. Geb. € 114,00

Druck und Bindung: Strauss GmbH, Mörlenbach

GPSR Compliance

The European Union's (EU) General Product Safety Regulation (GPSR) is a set of rules that requires consumer products to be safe and our obligations to ensure this.

If you have any concerns about our products, you can contact us on ProductSafety@springernature.com

In case Publisher is established outside the EU, the EU authorized representative is:

Springer Nature Customer Service Center GmbH
Europaplatz 3
69115 Heidelberg, Germany

Batch number: 10704035

Printed by Printforce, the Netherlands